文史知识文库典藏本

中华交通史话

陈鸿彝 著

中华书局

图书在版编目(CIP)数据

中华交通史话／陈鸿彝著．—北京：中华书局，
2013.4

（文史知识文库典藏本）

ISBN 978 - 7 - 101 - 08333 - 0

Ⅰ.中… Ⅱ.陈… Ⅲ.交通运输史—中国 Ⅳ.F512.9

中国版本图书馆 CIP 数据核字(2011)第 227973 号

书　　名	中华交通史话	
著　　者	陈鸿彝	
丛 书 名	文史知识文库典藏本	
责任编辑	刘淑丽　张彦周	
出版发行	中华书局	
	（北京市丰台区太平桥西里 38 号　100073）	
	http://www.zhbc.com.cn	
	E-mail:zhbc@zhbc.com.cn	
印　　刷	北京天来印务有限公司	
版　　次	2013 年 4 月北京第 1 版	
	2013 年 4 月北京第 1 次印刷	
规　　格	开本 /880 × 1230 毫米　1/32	
	印张 16¼　插页 2　字数 300 千字	
印　　数	1-6000 册	
国际书号	ISBN 978 - 7 - 101 - 08333 - 0	
定　　价	49.00 元	

目　录

引言：路是人走出来的_____1

　一　创业必从开路起_____2

　二　发展更有赖于交通_____2

第一章　华夏交通的草创_____7

　一　炎黄创业　先行筑路_____8

　二　时空的测定与跨越_____15

　三　夏代：洛渭联线　华夏奠基_____23

　四　商人对古黄河中下游的开发_____26

　五　周人立国　经营关中与河洛_____30

　六　封土建国　开发民智　开发国土_____35

　七　井田定制　统筹城邑　渠路并修_____43

　八　周道如砥　其直如矢_____47

第二章　华夏的交通文化（上）_____50

　一　黄河流域的交通大势_____50

　二　长江流域的交通大势_____61

　三　国际交通的政治功能_____67

　四　车辆制作和车马驾驭是门艺术_____75

　五　经途有别　出行守礼_____82

六　亭：小国寡民时代的地标建筑_____87

第三章　华夏的交通文化（下）_____91

一　战国路网的灵活运作_____91

二　先秦国家交通设施_____103

三　诸子游学与养士之风_____111

四　什伍编制与关卡稽查_____114

五　战时交通的治安管制_____118

六　大自然的地理坐标_____122

第四章　强秦的帝国交通_____127

一　秦代的交通网络_____127

二　艰巨的筑路工程_____132

三　秦人从番禺出海_____137

四　秦人的法制管理_____138

五　秦始皇的巡游与安保_____144

六　覆道·甬道及其他_____147

七　对社会流动者的高压监控_____150

第五章　大汉的交通伟业_____154

一　汉初交通的恢复_____154

二　汉武帝拓展水陆交通_____157

三　都市交通及其管理_____162

四　汉代的交通服务_____170

五　国际通道与丝绸之路_____177

六　中华城乡生态的优化_____186

七　安西屯田：国土开发的新方式＿＿＿190

八　流民潮涌　尸骸枕藉＿＿＿192

第六章　动荡年代的六朝交通＿＿＿201

一　政权对立　道路联网＿＿＿202

二　六朝的南北互市＿＿＿211

三　六朝的对外交往＿＿＿213

四　六朝交通的新变＿＿＿222

五　庄园经济：社会交通的支撑力＿＿＿236

六　世界多纷扰　商旅行路难＿＿＿239

七　《水经注》：对东方世界的真切认知＿＿＿243

八　僧侣：国际交通线上的要角＿＿＿245

第七章　隋唐大联网的境内外交通＿＿＿250

一　短命王朝的长期工程＿＿＿251

二　打开对外交往的新局面＿＿＿255

三　大运河的开凿与东部经济的勃兴＿＿＿257

四　唐代国家交通网的全覆盖＿＿＿262

五　凿山平险　疏理交通工程＿＿＿276

六　唐的交通设施＿＿＿279

七　唐代的交通立法与管理＿＿＿286

八　玄奘孤征与鉴真东渡＿＿＿288

九　名符其实的丝绸之路＿＿＿294

十　中外文化映照大唐贡路＿＿＿298

第八章　辽金宋交通体制的大变迁＿＿＿303

一 五代十国的交通：各有进退_____304

二 辽的城建特色与驿道的开通_____310

三 金的国家交通与巡检制_____313

四 宋代京师交通及其管理_____316

五 两宋的长江航运线_____322

六 邮驿分工　家书附递_____326

七 迎来送往　馆驿有本账_____331

八 莫以"半壁江山"轻南宋_____333

九 江海求利　岂不胜取于吾民_____339

十 为海上航运立法_____342

〔附录〕资料链接：中世纪的西欧城市_____344

第九章　大开放的元代海陆交通_____347

一 活跃非凡的蒙元交通_____348

二 蜚声海外的"站赤"_____355

三 元代的河运与海漕_____358

四 元代外贸　海陆并举_____365

五 元代的旅店业管理_____366

六 中西大发现与地理大开发_____370

第十章　大航海时期的明代交通_____375

一 明初恢复全国水陆交通网_____375

二 道路新景观：随地宣讲　倡言人欲_____379

三 特务统治　道路萧然_____383

四 文明友好的海上交往_____390

五　中日交往与倭寇为害＿＿＿401

六　大航海时代的到来与海盗式贸易＿＿＿407

七　大航海时代的中西文化对接＿＿＿416

八　中华文明的存在让西方走出迷惘＿＿＿424

第十一章　集大成的清代交通＿＿＿427

一　清代的官马大路＿＿＿427

二　辽阔国土的文明共建＿＿＿434

三　邮驿：在传统体制下艰难运行＿＿＿442

四　徽商和晋商：与清廷共兴衰＿＿＿448

五　禁海：对沿海经济的严重摧残＿＿＿458

六　清廷反海盗　船民陷深渊＿＿＿464

七　文化原来无冲突　清人本不拒洋人＿＿＿468

八　贬华阴风起于罗马　盛于法兰西＿＿＿472

第十二章　近代世界与中华交通大转轨＿＿＿475

一　鸦片战争前后中欧在正常贸易＿＿＿475

二　在条约秩序下：危机·战争·赔款＿＿＿483

三　中国近代交通邮驿的发端＿＿＿485

四　城市道路的改扩建与管理＿＿＿491

五　透析清末道路交通法规＿＿＿497

书末献辞＿＿＿506

再版的话

　　这本《中华交通史话》问世二十个年头了，而今有机会改版重印，我很高兴，便利用这个机会作了些扩充，想让它更加有用些，也更为适读些。

　　我想，交通事业不是孤立的。它历来与国家的邮驿、商贸事业结为一体，历来是国土开发、城市建设、社会产业发展的优先项目，是人员迁徙、物资运输、旅游观光的先行必备条件；而这些正是交通发展的动力所在、功效所在、价值所在。为此，我将突破既往就交通说交通的窠臼，在更为广阔的领域内就相关史实做一些提示性的点击。

　　再说，我国先秦时起就有一批十万以上人口的大都会，汉唐以降，又涌现出数十万人口的商埠、口岸，甚而出现了百万人口的国际大都会，国内国际水陆交通日见频密，这就不能没有周详的组织管理与疏导调节。我国历代交通立法、交通管理不断完备，保证了境内外人员、物资、信息的安全、有序、持续、批量性地大交流。为此，本次修改对交通管理给予了相应的强调。

　　再说，今天的中国人必须扩展视域，从世界文明图景中看中华历代交通，故此次改动，相应地链接境外古文明国家为国际交通事业做出的贡献，以求为中华交通作出更准确的历史定位与世界定位。

另外，中国出版物历来重视"左图右史"，一页图表，可以胜过万言的文字说明。因此，趁这次改版之机，适当添加了一些古代交通形势图，录入了一些古代车马、船舶、驿站、旅舍、道桥的图像。

适逢中华书局纪念100周年华诞，书局《文史知识》编辑部精心组织了这套典藏版图书的出版发行，我对此举表示深深的敬意。感谢书局同志的倾力支持，也对本书的不足之处预向读者朋友们表达歉意，敬祈方家教正。

2011年8月

引言：路是人走出来的

　　我们中国有句名言：路是人走出来的。从这个意义上说，路的历史和人类的历史一样的久远。从远古蛮荒时代起，我们的祖先为开辟自己的生存空间，就在亚洲东方这片古老的土地上，"披山通道"、"刳木为舟"，走出了自己的水陆之路。路，是原始人类艰难起步、从蒙昧走向文明的历史见证。人类一旦进入文明时期，便要开展空前规模的人员交流、物资交流与信息交流，交通运输事业，作为文明事业的重要组成部分，便率先发展起来；而路，也就成为人类突破时空限制而实现相互交流、相互了解、相互支持的重要手段。

　　然而，人"走"出来的"路"，毕竟不能满足日益增长的社会需要，于是人们便自觉地开路、修路、用路、护路、管路，一部中华交通史，讲的就是我们的先人如何开路、如何用路、如何管路的历史，讲的就是我国各族人民之间，以及和境外各国各民族之间友好交往、共同进步的历史。

一 创业必从开路起

我们民族每前进一步，都以交通的发展为先导。考古证明：我国远在有文字记载的信史开始之前，就已经有了早期城邑的建筑，有了原始舟车的制作。司马迁说："天下明德皆自虞帝始。"（《史记·五帝本纪》）而虞舜登上历史舞台，正是从"纳于大麓，烈风雷雨弗迷"，"宾于四门，四门穆穆"开始的（《尚书·舜典》），就是说，是从交通行为与交通管理开始的。夏禹的事业，也是从"随山刊木，奠高山大川"入手的（《尚书·禹贡》）。商汤的祖先，"服牛乘马"，远距离经商，揭开了以畜力为交通运输动力的历史。西周开国前夕，周武王率领舟师，由渭入黄，在孟津会集八百诸侯去讨伐商纣王，此举预告了中国内河运输的高度发达；而周公规划修建洛邑（今洛阳）时，正是着眼于它的"四方道里均"；周人从丰镐到洛邑之间修建的"周道"，成为华夏文明区的主干道，国内陆路交通的中轴线；周初向各地分封诸侯，而修建诸侯国国都内的通道与国家间的大路则是立国之首务；它也成为中华交通构建的第一批网脉。它为西周政权的发展巩固，为华夏民族的一体化融汇，提供了重要的物质保障。

二 发展更有赖于交通。

"车同轨，书同文"，交通一体化，历来是国家统一的基本条件。秦始皇兼并六国之后，立即着手修筑通达全国的"国家级公路"即驰道。秦驰道以咸阳为中心，以咸阳—洛阳通道为主轴，向四境辐射：北到塞外，南及岭表，东抵大海，西至河源，中国大陆交通的骨架就此形成。此后，两汉驰道、隋唐贡路、元明驿路、清代官马大路的相继发展，无不标示出国内交通的历史进步，也无不关联着国家大一统的历史命脉。周秦汉魏时期，国家经济文化发展历来以"关中—中原"为轴心，作横向展开；自从隋代开凿了大运河之后，就一变而成为以东部沿海地区为重心的纵向发展格局了。宋元明清时期的国家政治、经济、交通重心都移向运河沿线的东部地区，这就突出说明了水陆交通对于中华民族的生存与发展，具有何等重大的影响。

中华文明，彪炳世界。中华文明的远播，正有赖于发达的交通。丝绸之路，这条连结欧亚的陆上大动脉，经张骞凿空于前，玄奘孤征于后，班超、法显继踵于其间，一直发挥着联系中外的纽带与桥梁作用。正是我华夏先民世世代代的不懈奋斗，使东西方古老文明实现了交汇互补。唐宋元明清，海上香丝之路日趋繁华，在中外航海事业中，鉴真六次东渡，郑和七下西洋，不怕"洪涛接天，巨浪如山"，我自"云帆高挂，昼夜星驰"，将华夏的丝绸、瓷器、漆器、铁器、造纸术、印刷术、火药、指南针贡献于世界；同时，又将香料、珊瑚、珍珠、琉璃引入中华，将苜蓿、葡萄、甘薯、玉蜀黍、占城稻与棉花、烟叶引种于家园，又将南洋、南亚、中亚、西亚、北非古文明区的天文、医学、几何、代数、理化知识介绍给国人。这就优化了我们的生态景观，提升了我们的生存质量，改变了我们的知识结构。为了祖国，为了世界各民族的共同进步，我们的祖先付出了巨大的艰辛，也取得了卓越的成就。当然，我们也会记住诸如达摩、阿倍仲麻吕、蒲寿庚、马可·波罗、利玛窦、汤若望等国际友人所作出的卓越贡献。

我国的对外交往，从一开始就是建立在强大的产业文明、制度文明和心灵文明的基础之上的。从秦汉到明清，中国都拥有当时世界上最高水平的生产力，有充足的农林产品、手工业产品、传统工业产品供应于世界；有发达的科技知识、文化艺术成果、稳定有效的国家治理经验与社会管理模式向外传输；并一贯以宽广友善的包容心态接纳境外一切优秀文明成果，与亚非欧各国友好交往、公平易货，共同搭建了覆盖整个东半球的成熟的国际贸易体制。其间，从来没有奴隶掠卖、鸦片贸易、炮舰开路式的欺诈与血腥，赢得了海外人民的友谊与尊重。这是西方殖民者既往的"交通史"所无法企望的境界。

交通，就其自身的内在要求来说，它从来就是一项开放的事业。综观我国古代交通史，是一部不断地开放、不断地拓展、不断地深化、不断地向四方、向域外伸延辐射的动态史，也是一部中华民族向世界民族之林寻求友谊、寻求互助、寻求共同发展、共同进步的历史。汉唐盛世对外交通的发达自不必说，就是在国内分裂战乱、割据动荡的年代里，如魏晋南北朝与五代十国时期，我国人民一刻也没有放松或停止对外交往的努力。正是在魏晋南北朝时期，开通了从阴山北上西去、穿越阿尔泰山通向里海以西的"新北道";又开通了从兰州西去,横越祁连山南麓与柴达木盆地,通往塔里木大沙漠的"河南道"。正是在五代十国时期,东南沿海地区的苏州、杭州、明州、泉州、福州、广州迅速发展起来,为宋元明清时期的海上交通准备了前沿基地。到宋元明清时期,经与萨珊、天竺、粟特、大食、条支……的共同努力,构建了以中亚为桥梁的陆海交通网,把中国与南亚、西亚、东非及环地中海地区沟通起来的国际商贸网络,形成稳定友好的国际商贸秩序。它说明,中华交通事业,内蕴着一股巨大的活力。这种活力,足以克服一切艰难险阻,把我们与世界人民友好地联通起来,共谋兴发。

当然,我们也不是没有遗憾。尽管我们的先人早有"驾鸾上青天"的向往,墨翟、公输般都作成过能在空中飞行三天的木鸢。然而终两千年帝国史,在空中交通方面居然毫无进展!在地面运输方面,几千年来,其动力除了人力畜力之外,只是很有限地利用过风力水力,两千年间没有实质性的突破。还有,历代集权政府为政治军事目的开路可以说不惜成本,能办成惊世大业;而为经贸与产业发展所作的投入则非常有限,几乎没有考虑过民间商贸、民间邮递的实际需要,其成绩与一流大国很不相称……这都是我们的遗憾。而当西方殖民者带着他们的交通运营模式、交通邮递装备来敲击我国门的时候,懵懂的帝国政府大僚们又不知振奋,无力与境外交通文化做正态对接,使一直处于世界前列的中华交通落伍了,这就更是我们的遗憾。

今天,我们重温中华交通史,得到一个重要启迪:既然我们的先人遗传给我们坚韧不拔、勤劳智慧的基因，既然我们的先人给我们留下了放眼世界、以人类共同进步为己任的博大情怀，那么，我们就一定能在新的历史条件下，创造出前无古人的伟大业绩来。

第一章　华夏交通的草创

百万年前，中华先民已经在东方大地上长途迁徙，寻求宜居家园；六七千年前，中国人已经开始了舟车的制作；四五千年前，中华大地已经出现"三仞之城"与象形文字，原始交通文化初见曙光。

中华交通的始基是夏商周三代奠定的。夏启以车战为先导，打通了中原与关中的联系；商人用牛马为动力，经营黄河中下游的商贸交通；周代营建丰镐与洛邑，开辟坦荡的京洛交通线，又尝试由渭入黄的水上运输，并编织了诸侯各国间的交通网络，制定了道路筑护与使用和管理的等级制度……这一切，都使交通事业进入"自觉开拓"的历史时期。

《尚书·禹贡》绘制了中华交通一体化的最早蓝图。《穆天子传》中的周穆王西上昆仑会王母的传说，表达了中原人民向外界寻求友谊的美好期求；《山海经》展示了上古先民心目中的世界山海图像与多彩民生，它们都转化成了后世中华交通发展的内在动力。

一　炎黄创业　先行筑路

在我国古老的土地上，远在二百万年前，就有原始人群生活着。在一百五十万至二百万年间，元谋人便开始在云南元谋地区开辟自己的生存天地；六七十万年前，蓝田人已经在陕西蓝田经营自己的家园。这里"厥土惟黄壤，厥田惟上上"（《尚书·禹贡》）；为先民提供了极好的生存环境。二十万年前，在北京房山周口店一带，有著名的"北京人"生于斯，作于斯，歌于斯。他们懂得用火，会制作石器，群体活动能力很强。正是他们营造了华夏文明的重要摇篮。如果说"路是人走出来的"，那么，正是这些元谋人、蓝田人、北京人以及河套人、柳江人、资阳人等中华先民，从野蛮走向文明，在中华大地上"走"出了最早的"路"。

1. 劈山开路　始作舟车

距今五六千年以前，有一位部族首领，人们尊称他为"黄帝轩辕氏"。他率领着部落联盟"邑于涿鹿之阿"（《史记·五帝本纪》）。涿鹿，今属河北。黄帝在此（燕山南麓）扎下根子后，便着力经营古冀州。司马迁说，黄帝一生"披山通道，未尝宁居"，他"迁徙往来无常处，以师兵为营卫"（《史记·五帝本纪》），过着半定居的生活，这就离不开道路的开辟与舟车的运载了。

黄帝主持了从文字刻录到舟车制作等一大批生产生活器具的

发明创制，由此提升了这个伟大群体的文明水平。其妻嫘祖发明的一套"养蚕—缫丝—织帛"技术，让中国先民从刚刚走出野蛮状态之时起，就懂得包装自己，实现了"垂衣裳而天下治"；不像欧洲人那样，直到十五六世纪，还让他们的神仙上帝、王公贵妇与小姐们，都去用兽皮御寒、拿树叶遮羞（如果还想到要遮羞的话）。

同期，另一支部落联盟在"炎帝神农氏"的领导下，在泰山脚下、汶水之滨开拓出一片生存天地。炎帝教会人们播种五谷、使用草药，使部族有了稳定的食物之源，并保证了世代的健康繁育。炎帝还为他的部落联盟制定了一条规矩："日出而作；日入而息，日中为市；致天下之民，聚天下之货，交易而退。"（《易·系辞》）这就是说，在神农氏活动的区域内，已经有了定时定点的产品交换。而这一活动的得以实现，不用说，自然需要有供通行、供运载的道路与工具。在神农氏的创业史里，是包含着开路的艰辛的。

炎黄两大势力的各自拓展，终于在古黄河（古黄河在今天津附近入海）下游相遇。据说经过三次大战，黄帝方面取得了优势，但也明白吞不了对方，于是两家达成和解，"化干戈为玉帛"，强强连手，共同开发黄河中下游辽阔区域。

这时，活跃在渤海之滨的九黎族，在其首领蚩尤的带领下，开发了"环渤海文化圈"。据说，这是一个最先倡用刑罚来整顿族人的群体。炎黄又联合起来，动员了以"虎、豹、熊、罴"为图腾的各部族的力量，击败了蚩尤。蚩尤则率领他自己的部族，跨越淮河，挺进到长江以南，向荆湘赣粤方面去寻求新的发展去了，后来成为南方苗、黎各族的祖源。炎帝、黄帝与蚩尤，是中华民族最杰出的远古三祖。

《易·系辞·涣卦》中有古人"刳木为舟，剡木为楫"的记载，就是说，远古人造舟，是从掏空巨型树干作成独木舟开始的。同时砍削出扁平的楫，击楫划舟而行，就像鱼儿游泳一样，难怪早期甲骨文会把"舟"字写成"﹀﹀"了。考古工作者在浙江余姚河姆渡遗址发现了制成于六七千年前的"楫"。在中国历史博物馆中，还珍藏着一条古老的独木舟，身长 11 米，宽 90 厘米，据测定也制成于六千年以前，是 1958 年江苏武进民工在挑河时掘出来的历史遗物。据此，史书上所说五千年前黄帝时已经造出舟船来，就确切可信了；而"南人乘舟"，至少也有六千年的历史了。

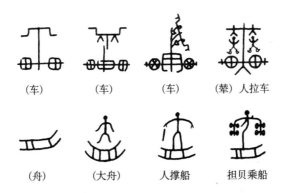

（车） （车） （车） （辇）人拉车

（舟） （大舟） 人撑船 担贝乘船

甲骨文中的"舟"、"车"字样，表明商代交通贸易之发达

至于车子，据考证其前身本是一种橇，即在地上放块平板，

平板下垫上圆的原木，靠原木的滚动拖运重物。久而久之，原木演变成圆轮，于是就有了车。"车"字在甲骨文中，也是象形的。其最突出象形的部件就是"辕"和"轮"。辕是用曲木作成的，这很符合力学原理；而"轮"通常有12根或24根、36根辐条。辐条越多，越能保证重载下的车轮始终保持正圆而不变形，以利运转。这比古埃及人、古罗马人只用四根、六根辐条来说，要更为科学。

黄帝轩辕氏的"轩辕"二字，就是"车文化"的标志。我们有理由相信：距今五千年前的黄帝时期，中国先民有能力造出车子来。当然，古代文献《世本》与《墨子·非儒》、《荀子·解蔽》篇又讲，是夏禹时的奚仲造出了车子，《吕氏春秋》的《审分览》也说是奚仲造车。大概夏禹时期的奚仲已在主持批量造车了。

考古工作者在今燕山北麓的凌原、建平一带，发现了"牛河梁红山文化遗址"。那里有一座建于六千年前的女神庙遗址：坐北朝南，前有广场（此一形制一直为后世中国公用建筑所沿袭），庙内遗存着一尊与真人大小相等的彩色泥塑女神头像，双目炯炯，令人称奇。庙侧还有一座用上万块大小石头垒成的积石冢。可喜的是，这里还发现了一支制成于六千年前的骨笛，至今还能吹奏出美妙的乐音——远古的生产者、旅游者们，一样地懂得生活，懂得伴随着美妙的乐音前行！

在世界的东方，高山巍峨，峻岭峭拔，巨川横截平陆，大海烟波接天，要想在数百万平方公里的大陆及其邻近海域，实现血

脉相联，声息沟通，物产互惠，谈何容易？然而，华夏先民做到
了：他们凭着一双铁脚板，借用原始舟车，在从盘古氏、伏羲
氏、女娲氏起，经燧人氏、有巢氏以至黄帝轩辕氏、炎帝神农
氏、九夷蚩尤氏的带领下，一代代跋山涉水，艰苦经营，从陇
阪到泰山脚下，从燕山、太行山麓到黄淮大地，从渤海、黄海
之滨到鄱阳及洞庭之野，硬是用一双双勤劳智慧的手开辟出了
华夏家园。如果说印度河、两河、尼罗河流域都曾有过彪炳千
秋的远古文明，那么，惟有"黄河—长江"文明具有体量庞
大、持续存在的品性，惟有"黄河—长江"文明对周边发挥了
巨大的辐射、整合、吸纳作用，使之不断地壮大并卓然特立于
世界民族之林。

　　顺便说明一下：中华先民对自己的远古史，是用"形象表达
法"来追叙的，所以会有"盘古氏—伏羲氏—女娲氏—燧人氏—
有巢氏"之类说法。这个"××氏"既是一个人名，也是某个部
族之人的"公名"，它代表着中华远古文明发展史中的某个特定
阶段，所以古籍中往往有"神农氏一千岁"等说法，也有大量的
在不同地区活动的传说与"遗迹"，似乎有矛盾，其实是相承续
的。这样的"形象表达法"，逻辑上不如"新石器时代"、"旧石
器时代"的那套表述来得科学而严谨，但有"见物又见人"的长
处，它能生动地表述出相应时代的文明特征：伏羲氏时代知道狩
猎以取牺牲（兽肉）；女娲氏时代由老祖母统率氏族；燧人氏时
代懂得了用火与熟食；有巢氏时代懂得"构木为巢"，以防备洪
水猛兽——这个"构"字，原本是写作"冓"的。它象形，象用

原木搭建鸟巢式房子之形。君不见欧洲人、非洲人的木结构建筑，都用捆绑式、拼接式，不用榫卯嵌插技术吗？先民也曾作过"构木为巢"之举呢！

2. 城高三仞　街巷贯通

传说四千多年前尧的时代，中原大地洪水滔天。尧曾先后命共工和鲧去主持治理洪水。鲧受命后，就带领大众在居民点的四周筑起了土围子，以堵住洪水，保护居民区的安全。他治水九年，处处围挡，处处堵截，很是辛苦，但没有达到根治水患的目的，被大舜流放到羽山去了（今山东东南角）。古籍《竹书纪年》中有"鲧作三仞之城"的明确记载，《吕氏春秋·有始览》中也有"鲧作城"的说明。先秦文献中关于"城"的记载，以这两条所记为最权威。这是说：四千年前，中国大地上已有筑"城"之举了。我们要问：这"城"的建制如何？与道路交通有什么关联？

在今河南省淮阳县，留有一座古城遗址，当地人唤它做"平粮台"、"楚王台"。据测定，此城建于距今四千四百年前后，适当尧舜之际。此城呈正方形，弧角，每边长 900 米。城垣以土夯成，内斜外陡，下宽上窄。南北城墙的正中，对开着城门。南城门内有一个门卫房遗址，面积为 12 平方米，墙用土坯垒成。墙外有 30 米宽的护城河，护城河上架有木质吊桥，连通城门，南北门之间是贯城大道。大道一侧为居住区，居民分组排列，每列有十余间房屋，每间房 11 平方米；两列之间有巷子通连着大道，供居民出人。南北大道的路面下 30 厘米处，埋有套接而成的陶制下水管道，陶管粗口直径 40 厘米，细口 30 厘米，便于套接。管身用砂礓填塞固定。南北大道的另一侧有公用大型房舍，有祭坛、墓地与矿冶工场的遗迹。从这座古城的规模体制及城壕、城墙、城门、祭坛、门卫、大道、小巷、民居、墓地、陶冶场……的配置来看，我国城市及城区交通体制的最初雏形应该说是已经出现。同时，我们在河南登封禹王城、山东邹平丁公村、湖南澧县彭头山、成都平原三星堆等处的考古发掘中，也看到了大致相似的遗址：城池呈方形，居民房有序分布，城里"主干道—干道—巷道"互相连通，它证明了我国远古城建中道路格局的实际存在。

根据《尚书》所记，尧舜之际的交通活动与交通管理，已经具有了相当的水平。《尚书·尧典》说：尧年老了，要物色一位接班的，众人公推了舜。当时舜不过是一个地位很低的青年陶工，勤苦而纯孝，多能而坚毅。尧认为"可以"，但决定先要考察他一下，便让舜试着去处理一些公共事务。首先是让他"宾于四门"，到四座城门口去，主管送往迎来的工作。结果"四门穆穆"，很有条理，"宾至如归"。舜顺利地通过了第一道考核；尧把两个女儿都嫁给了他，要从近处观察他的为人做事；后来尧又让舜去外地巡视考察，其至"纳于大麓"，安排他到深山丛莽中去作"调研"，在遇上"烈风雷雨"时，舜能够做到不迷路、不错向。于是尧便满意地将帝位传让给了舜。

舜即位后的第一件事，便是"辟四门，达四聪"，"明通四方耳目"(《尚书·舜典》),把道路交通与信息传递作组合式一体推进。他本人二月巡泰山(在山东),五月去衡山(指安徽霍山),八月访华山(在陕西),十一月到恒山(在山西),足迹遍华夏;最后甚至走到湖南湘江上源,直至葬身在九嶷山下——传说中的舜与交通事业竟有如此密切的关系!实在是交通史上的一段佳话。

以平粮台、禹王城、湖南澧县古城的考古资料综合之,大舜"宾于四门"这类传说,应是有生活依据的。司马迁说"天下明德皆自虞帝(虞舜)始"。司马迁是有深邃的历史眼光和判断力的。舜应该被尊为中华交通事业的开拓者。

二 时空的测定与跨越

讲交通,尤其是远程复杂地形地貌下的交通,是不能不讲时空定位、山川计程的。那么,这种定位与计程是怎样实现的呢?智慧的先民用上了土圭。土圭是一种具有"高科技含量"的"日影定位仪",用它可以为空间定位、做时间测算,人们不论跨越了多大的时空距离,都可以用一组数字来作准确的描述。

1. 用圭表测日影 认识时空

据传说,当年,伏羲氏有探测天地奥秘的兴趣,他在持续仰观长天、俯测大地的活动中,用上了一套专门的"仪器":圭表。

"表"即标竿，直立着；"圭"为土制（后用玉制），长条形，横躺着，与表互成直角。使用时，在圭板的小槽内注上水，让圭板保持水平，看表上的日影落在圭板的何处，并测出其长短来。一天之中，日影最长的时分为早晨与黄昏，最短的时分为正午，正午时日影所在的方向为正北，反向为正南；其直角交叉线则指向正东与正西（大致与太阳出没的方位一致），于是人们就知道了一日的起止时分，相应地定出了四面、八方的方位。于是有了时空方位概念，转移意识，这是出行的必需。

由于太阳的东升西落，北半球的人看太阳在天空中的"视运动"之轨迹，冬天偏南，夏季偏中，于是一年中日影所落方位及其长短也就不一，却又周而复始。据此可以测出一日、一月、一季、一年的时间演变，又可以测算出一年四季以至二十四节气的起止时间点。这样，人们对"时间"的分段分期之意识也就更加明晰而精确了。

又，因为中华大地辽阔无垠，有条件让人们在相隔千里、万里的不同地点上作持续的观测记录。通过对比查照，我们的先民便精明地发现：在东西南北不同的地点，正午时间测出的日影并不一样长。那个正午标竿下"无日影"的地方，意味着太阳此时正运行于天宇的正中顶心，就把那儿叫做"天中"，而插标竿的所在地点也就是"地中"了。"天中"与"地中"确定后，以此为坐标，依日影的长度差，就可按比例测算出任一地点与"地中"间的直线距离，画出它的"经纬度"来。今河南汝阳——伏羲氏活动的中心区，就有一座约五米高的"天中山"（一个小土丘），传说是伏羲氏测定的"天中"所在地，"自古考日景、测分数，莫正于此"（宋刘敞《天中山碑》）。

圭表是中华文明曙光初露时的第一个科技成果，第一项科技创造。有了它，人们看到了"天"与"地"的运行联系，找到了测定时空的诀窍，由此生发出关于天文、历算、农事、政务的知识，取得了开展各种重要活动的时令依据和出行依据。

今河南登封仍保留着周公用过的"观象台"，那是"圭测日影"法的进一步发展。古人测得的天象及其数据，在《尚书》、《考工记》、《周髀算经》等古书中都有记录，而且都已被现代科学家所确认。中国人早就深明"天文—地理—人文"之间的奥秘，并且用"数学语言"把它揭示了出来，这个群体真的太伟大了。

时空概念的获得，是中国先民进入文明生活最重要、最显著、最鲜明的信息。至此，先民从时空认定上找到了最适宜人居的中华生态家园。这是一片日月照临、四季分明、风雨雷电、水火充盈、山川伟岸、草木欣荣的大地，人们从此生于斯，作于斯，"不见异物而迁焉"。人们对这片大地充满了爱，充满了感恩情怀。

2. 九州划分

有了时空定位，下一步就要对广袤大地作分区分片的管理了。

传说，大舜把鲧流放到羽山去后。命令鲧的儿子禹继续治水。禹受命后，一改前辈"堵"的方针，用疏导的办法获得了成功。禹在外十三年，三过家门而不入，忙得掌上生茧、小腿脱毛，举步后足不能迈过前脚（这叫"禹步"），家中生了儿子也顾不上看一眼。他"陆行乘车，水行乘船，泥行乘橇，山行乘檋"（《史记·夏本纪》），足迹几遍黄河、长江两大流域。

在治水过程中，大禹首先疏浚的是吕梁山、太行山一带的汾河水系，这正是尧舜禹活动的中心区域，于是命名这一辽阔地带为"冀州"，是先民的希望所在，含今山西河北与京津大地。然后东进，治理、疏通了"九河"，把这里定名为"青州"（山东半岛，兼含辽东半岛一带），意为东方之地。《尚书·禹贡》篇对青州是这样介绍的。这意味着大禹所到之处，都在对当地山川物产、土壤植被、风土民情、水利交通作出全面评估，分出等级，进而提出农副产品的贡赋指标、以及水陆联运的规划等等，其工作是繁难而重大的。

"海岱惟青州。嵎夷既略，潍淄其道。厥土白坟，海滨广斥。厥田惟上下，厥赋中上。厥贡盐缔，海物惟错。岱畎丝枲，铅松怪石。莱夷作牧，厥篚檿丝。浮于汶，达于济（以及于河）"。意思是：东海与岱岳（泰山）之间叫"青州"。这一带一直由东夷莱人作粗放经营。（而今）潍水、淄水得以疏导。这里的土壤呈白色，而堆积层很厚；滨海地带宽广无边，尽为盐碱斥卤之地。这里的田地（在三级九等中）属上级的下等（第三等），这里的赋税属中级里的上等（第四等。之所以降一等计税，是想给齐民留有富余）。这里上贡的土特产，有盐巴、麻织物，以及各种海产品，名色错杂不等；泰山一带所产的桑柞蚕丝，韧性强（适宜作琴弦）；这里还盛产铅、松、怪石之类（皆适合上贡）。土著居民称莱夷，畜牧于此。他们的筐子里装盛着柞蚕丝之类纺织品。从（青州的）淄水潍水出发，浮于汶水，可达于济水（转而及于大河，到达都城所在的冀州）。《禹贡》全文对各州的介绍都是按这个层次讲的：先讲方位，讲地貌，再讲物产，讲贡赋，最后讲水运。

治好冀青二州之后，禹又翻过泰山，整治济水水系，再整治洙泗淮沭，分别定名为"兖州"、"徐州"。这一带后来成了商周人的最爱。其后，大禹便南下江淮，治理好了太湖水、扬子江水，保证了古扬州的安宁。古扬州地跨今江浙皖赣闽粤及湘的一部分，很辽阔，大禹对此地有特殊的情感。多少年后，他在绍兴会稽山召集各路酋长开会，调查统计各地风土民情与物产，后来就病逝于此。

当年，他从扬州转进长江中游，治理好了江汉地区，使古云梦泽露出大片大片的土地，成为宜居之处，这就有了"荆州"。然后又转战中原，治理了汝、颍、伊、洛流域，奠定了"豫州"；再西进关中、陇上，治理了渭水与黄河上源，根治了"雍州"的水患。

最后，他又翻山越岭，进入汉中，又奔向大西南，走遍四川，称此地为"梁州"。他治理了梁州北部的西汉水（嘉陵江上游），蜀中的汶水、泯江，以及川西边徼的黑水（怒江、澜沧江）

等等，变云贵川的水患为水利，后人特把这一带名为"益州"。《禹贡》对川甘青一带山川的记述很详明，它从一个侧面证明：大禹，西羌之人也，他对这里太熟悉了。

就这样，远古先民在大禹式英雄人物的领导下，经过艰苦治理，洪水消除了，九州安定了，实现了冀（后分出幽州）、青（后分出营州）、兖、徐、扬、荆、豫、雍、梁（后分出益州）的"四海会同"、"九州攸同"（一说舜时就有"十二州"）。这就是《尚书·禹贡》所说的"禹别九州，随山浚川，任土作贡"。想想看，在三千年前的生产力水平上，仅仅是给全境山川命名这一单项任务，已是十分艰巨而难以实现的了，而《禹贡》所写的九州范围与山川走向，尤其是对河汉渭洛之上源的山川走向之描述，居然与今人所知大体吻合，这又是何等神奇的宏观啊！世界上没有第二个古老民族曾经做到这一步！无论此文出自谁手，反映出如此水平，这就够了。

又，《禹贡》的记述表明：它是全世界最早的"国情统计"表。单就"统计学"而言，西方人说"统计学之父"是丹麦历史学家安彻逊（1700—1765），因为他在制作欧洲《文明国家一览表》时，首先采用了"文字叙述式表式统计"。殊不知比他早二千五百年左右的《禹贡》篇，早已是这种"文字叙述式表式统计"了，而且比安彻逊氏的列项更科学、更周全，表述也更确切。尽管"九州"概念具体产生于何时，人们还可以继续研究，但重要的是：它表达了先秦中国人对辽阔疆土做分区开发、区别贡赋、水陆通联、特色经营的伟大构想。

3. 山川计程

更有奇者,《禹贡》篇的最后一段,还设计了对"五服"地区、即边远民族地区实施差别管理的政治方案,其行政力度呈辐射状逐步递减的趋势。换句话说,它赋予边远民族地区行使逐步扩大而又加深的"自治"权力。而"五服"是以山川里程为依据划分的。

《禹贡》原文提供了一种据传为尧舜时的施政模式:

五百里甸服:百里赋,纳总(作物全株,供饲国马),二百里纳铚(去根茎之穗),三百里纳秸(可作马料草),四百里粟(带外壳的粮食颗粒),五百里米(脱壳之粮——基本精神是减轻运输负担)。

五百里侯服:百里采(采邑。享有卿大夫之待遇,直接听命于天子)。二百里男邦(享有子男爵级的邦君待遇),三百里诸侯(享有诸侯的权力与义务,即相对独立,有代天子征伐之权)。

五百里绥服:三百里揆文教(礼乐教化),二百里奋武卫(自我护卫)。

五百里要服:三百里夷(平易宽松),二百里蔡(略守大法)。

五百里荒服:三百里蛮(以蛮治蛮,随俗雅化),二百里流(输诚而已)。

这里关于"五服"的规定,意思是说:尧舜时,以晋南豫北为中心,离京师五百里以内为"甸服"地区,赋税徭役负担较重，但也以百里为单位逐步减轻其运输压力；在离京师千里以内的"侯服"地区，地方享有越来越大的施政自主权力；至若"绥服"的内三百里则只作文教管理；外二百里只要出力守边、能自卫就行；在"要服"地区，其内三百里政刑制度基本上让其自理，夷则夷之，实行平易宽缓的政策；外二百里大致依朝廷大法办事就行了；至若更远的"荒服"地区，其内三百里就不必推行华夏政教礼仪了，让蛮人自作主张；其外二百里只要求其承认"上有天子"，名义上服从中央就行了，那不过是流放凶徒的荒野之地罢了。注意：这里说的"三百里"、"五百里"之类，只是提供一种思考模式，一种粗糙而原始的"量化思维"模块，其基本精神是对边远民族地区，承认其经济文化特色，推行有区别的自治方略。后人自不该按"里数"去作机械截割。

《尚书》问世以来，中国历代中央政府对周边民族区域一直本着上述精神办事：总是投入大于攫取，自治强于管制，照顾土著特色，提携土著发展，这是很值得注意的包容性传统政治方略。这就使"大一统"观念能早早地以成熟形态，顺利地积淀于中国各族人民的心目中，成为大中华的思想主流，保证了东方大地的"归宗"与"归一"。

欧洲人搞宗教神权统治，凡不遵奉其教旨者，即宣布别人为"异教徒"，必欲灭绝之而后快，毫无包容性、多样性的气量。这就决定了欧洲两千年间打不完的对抗性宗教战争。那里的种族与国家，总是分裂了再分裂，无法"统一"。一度"强大"的罗马帝国，也不过活动在地中海周边的滨海地带，而未能进入欧陆腹地——那里被"蛮族"统治着,罗马文化无法"辐射"及之——后来,它自己倒被"蛮族"击垮了,这更反衬出包容性中华文化的伟大。

三 夏代:洛渭联线 华夏奠基

从公元前21世纪到前6世纪,是我国文明史上的夏商周(西周)三代时期,夏商周三代为华夏交通打下了最初的根基。

夏代从公元前21世纪到前6世纪,第一位称"王"的君主为夏启。夏人的主要活动区域在今山西南部与河南中西部。主要城邑有阳城(今河南登封)、安邑(今山西夏县南)、钧台(今河南禹县南)等。考古工作者在河南偃师发现的二里头文化遗址,是典型的夏文化的遗存,其上限恰当夏代建国之初,距今四千多年。这里出土了大批青铜器,其中有大量的刀、锥、凿、铲等生产生活用具,标志着当时青铜冶炼技术的水平和生产力发展的水平。这些工具,在开发水利和开辟道路的活动中,都有不少的功用。

1. 夏启征伐有扈氏

夏禹死后,他的儿子启无视部落议事会议公推"益"代主政事的事实,直接宣布自己继承夏禹之位,自号为"王",定都阳城,开始了"家天下"的统治。夏启把舜禹时期军事民主制下的部落联盟议事会议,改组成以他本人为元首的国家机器,设立六卿和百吏，分管全国政事和军队。六卿负责组织国家武装力量，百吏中的牧正主管马牛的牧养驯育与使用，车正主管战车、运输车的制作、保管和使用。可以认为，这车正和牧正之职，便直接关系到我国早期的交通事务了。据说三代时期看得很重的"九鼎"——国家法权的象征品——就铸成于夏代。在其所代表的生产力条件下，夏人开通了"渭洛连线"。

夏启登位以后，便以"王"的身份向各地发号施令，要求大家服从他的意志。偏偏有个远在今关中的有扈氏不服，于是夏启打起了"恭行天之罚"的旗号去征伐有扈氏，大战于甘（今陕西户县）。大战之前，他誓师道："左不攻于左，汝不恭命！右不攻于右，汝不恭命！御非其马之正，汝不恭命！"（《尚书·甘誓》）连用三个"汝不恭命"的严责来强调军事纪律，强调王权。古代车战，车上左边的将士专主射箭，车右的士卒专主击刺，车中的甲士专主御车，策马奔驰。各有执掌，各有技能，还要密切协同，才能投入战争。夏启动员甲士各守其位，各尽其责一事表明：当时的驯马驾车技术已经达到一定的水平，可以投入生死搏斗了。又，《诗经·何草不黄》笺注说，司马法规定："夏后氏二十人而辇、殷十八人而辇、周十五人而辇。"夏代用二十人挽车，大概此车很笨重。在交通动力方面，夏人已经把人力与畜力都用上了，而以人力为先，技术为主，责任心、纪律性为关键。

这次大战，夏启调集部队，从今河南登封地区出发西上，大致沿洛水逆流而进，过"武关"，越"商洛"，征"蓝田"，一直打到今陕西户县，千里用兵，击败了有扈氏。此行在交通史上的一项积极成果便是：从中原伊水洛水流域，开通了前往关中渭水平原的国家级交通线。

2. 开辟中原通道

夏代最后一个君主桀，都于洛水之阳，暴虐无道，引起了人民的憎恨。而活跃在夏东部今鲁豫冀一带的商人兴起了。商都于亳（今山东曹县南），后又屡屡迁都。其首领汤委派近臣伊尹，五次到夏桀手下"服务"，时夏桀都城在今河南洛阳。伊尹刺探得夏政权政治军事情况，五次返回向商汤汇报。最后，商汤在伊尹的辅佐下，再次打出"恭行天之罚"的旗号，西上讨伐夏桀，建立了商朝，把夏桀流放到南巢（今安徽巢县一带）去了。其间，伊尹多次往返于洛阳—亳邑之间，以及商汤的进军灭夏，都说明在今山东曹县至河南洛阳之间，有一条横向的交通干线。至此，西起关中，东到齐鲁的横向交通线便初步成形了。渭洛联体，河济相通，这是华夏家园的一次重要整合。

同时，夏人也已经注意到道路管理。据传，《夏令》中有这样的内容"九月除道，十月成梁"（《国语·周语》）。每年九月就要修治路道，十月要维修好桥梁堤坝，以利交通。道桥，作为土木工程，提上了国家议事日程。这是我国文字记载中国家级筑路修桥工程的开端。

经过夏代五六百年的经营，华夏文明在中原大地得到高度发展，为中国后来两三千年的经济文化发展奠定了根基，也为华夏交通勾画了大致的轮廓。

四 商人对古黄河中下游的开发

用牛马等畜力为动力来驾车，组成浩浩荡荡的商队，进行远距离贸易，是商人的一个创造。虽然夏代就已经驭马作战，而大量使用牛马于商贸运输则起于商代，因而就更具有社会历史意义。

1. 服牛乘马　远距离经商

商的始祖契，是夏禹的同时代人，到其孙相土的时候，势力已经从今山东河南之交拓展到了渤海之滨。《诗·商颂·长发》中有"相土烈烈，海外有截"的颂辞，证明商人活动范围已直达渤海之滨。相土时期，商人已经能用四匹马驾车了，可以想见其驾驭技术之高和载重量之大（参见《管子·轻重》篇）。到了相土曾孙王亥的时候，又懂得了用牛来驾车，也用它来负重。王亥本人曾赶着牛群北上，到有易氏的地面（今河北中部）去贸易，结果被有易氏杀死，还夺去了牛群、牛车。后来，他的弟弟"恒"战败了有易氏，夺回了牛车。这件事说明：商人可以批量畜养牛群，繁殖并投入交换了。商人用以祭祀王亥的牺牲——全牛，多到三百头，又可见其时牛的饲养是很有规模的。商人有经商的专长。商业的高度发达，证明了商路的畅通；而畅通的商路，又是顺利经商的基本保证。

商人很重视道路交通。在商代甲骨文中，凡从足（如路、踏、践字)、从走(如赶、超、趋字)、从止(如足、走、步字)、从步(如陟、涉字)从廴(如廷、延、建字)、从辶(如追、迹、避字)、从彳(如徒、徙、往字)、从亍(如衖(巷)、街、衢字)、从夂(如外、处、夔及繁体的爱字)的字,都与行走、与道路相关,可见商人对行路的重视。商代九次迁都,都是在黄河中下游,又说明当时水陆的广泛通联。商代中叶,盘庚由"奄"(今山东曲阜一带)迁都于殷(今河南安阳境内),就实现了跨河迁国的壮举。

武丁时期,商的国力增强,于是向南方拓展,从而与活跃在江汉一带的荆楚势力相碰撞,进而发生了对抗。《诗经·商颂·殷武》中说:

> 挞彼殷武,奋伐荆楚。
>
> 深入其阻,哀荆之旅。
>
> 有截其所,汤孙之绪。

意思是说:商王武丁强有力地指挥着部队,威势赫赫地去讨伐南方的劲敌荆楚。部队一直插入楚国的纵深地区,越过险阻,将荆人一举击败,歼其劲旅。武丁治理天下有条有理,整整齐齐,真不愧是商汤王的好后代。

黄河流域的商人击败了江汉地区的楚人,此前的历史上还没有发生过。这次武装对抗,标志着中原华夏文化区与江汉荆楚文化区之间的接触已经相当频繁,以至发生了尖锐的利害冲突。武丁的武装南进,为今后中原势力与荆楚势力之间的磨擦与纷争开了一个先例。这样的碰撞，使彼此认识，促进了黄淮与江汉的一体化进程。交通，是其中持续起作用的要素。

武丁在南进的同时，还发兵北征，进攻燕山南北的鬼方、土方；西征甘陇一带的羌方，其活动范围相当宽广。商的末代君主纣王，也曾频繁出击东南的夷方、人方，把疆土向江淮地区拓展，取得了对徐夷的重大胜利。但最后一次东征时，却因周武王兵抵牧野，商纣王只得从前线撤回。他力图挽救王朝的倾覆，却发生了"前徒倒戈"的突变，他自己也焚身而亡了。他一心要向东南开拓新的疆土，却把夏商两代开发成熟的中原双手交给了崛起于渭水之滨的周人。

总之，商人势力所及，包括了传说中炎帝、黄帝、尧、舜、禹全盛时期的所有活动区域，并有新的拓展，使华夏文明在更广阔的范围内得到了一轮有效的整合。随着兵锋所及，主要的交通干道也就从腹地殷（安阳）向外辐射到华夏各地区了，从渤海之滨到渭水上源，从河套地区到徐夷淮夷的领地，从燕山脚下到荆楚大地，都有商人的足迹。这是对我国国土的连片开发。此时，在这片广袤土地上华夏人与蛮夷戎狄各部族犬牙交错地居住着，并存着，但都公认"大邦商"的领导地位、核心地位。就这样，中华文化多元向心的格局编织成功了。

2. 商代的路政

商人交通文化的发达是全方位的，它也注意到了道路的管理与维护。据《韩非子·七术》载：商人有"刑弃灰于道"的一条刑律，对街道进行法制管理。它强制规定，任何人不得把灰烬垃圾抛弃在大道上，谁违反了，就要受到严厉的刑罚。为什么要搞这样的轻罪重罚呢？据解释：不随地弃灰是谁都可以轻易地做到的事，也是公德上应该做好的一件小事；而受到国家刑罚却是谁都不愿意的。用谁都能做到的小事去避免可能受到的严厉刑罚，则是人人都能办到的。今天，我们可以不去讨论这么"重罚"是否合理，我们所注意的是：它说明商代的道路管理已经提上了法制的议程，这毕竟是文明社会向前跨出的一大步。想想看，法国到16世纪之后，才颁布"屎的敕令"：不许在大街上随地倾倒屎尿秽物，不许在罗孚宫这类公共建筑内随地大小便（法国人多米尼科·拉波特在《屎的历史》中提到：1539年秋天，法国国王弗朗索瓦一世颁布敕令，规定要将巴黎城内牲畜迁出，并要求各户人家修建粪坑，按规定处理垃圾、污水和粪便）。……这样的文明程度，如何能与中华文明同日而语！

　　同时，古代文献中还有商人修筑护养道路的记载。盘庚的侄儿武丁继位之后，三年不过问政事。一天夜里，武丁梦见天帝赠给他一位贤臣。他记住了此人的相貌特征。次日白天，他召集群臣，来了一次"按貌索人"，找他梦中见过的那位贤者，没有找到。于是又按画像派人到全国各地去寻求，结果在傅岩之野的筑路刑徒中，找着了武丁意想中的贤人傅说，与之交谈，很为投机，便拜傅说为相。傅岩，据考在今山西平陆境内，面对河南三门峡市。那里山岩险峻，又是东西大道所必经，从山上流下的涧水常常冲坏路面，商王就让一批服刑的奴隶常年在这儿筑护，傅说就是其中的一员（《尚书·说命》）。这条资料表示着两层意义：一，商人重视道路的筑护，以便车马的通行；二，此路所经的平陆、三门峡地区，是商代中原与渭水之间的交通咽喉，国家十分重视。商人就是由今三门峡向西经潼关一带入陕的。商王武乙（纣王的曾祖父）曾"猎于河渭之间"，走的大概就是这条路线，这就打通了安阳至关中的大通道。

商代交通的主要贡献是：一，有了相对稳定的交通干线，主要用于商业经营，行政管理，也用于军事活动。商代交通的干线主要是殷—商（安阳—商丘）纵线和洛阳—亳—奄之间的横线，一纵一横，贯通全境，为后世的内地交通搭起了最初的骨架。二，"服牛乘马"，较好地解决了运输动力问题，这在我国延用了三千年以上，是交通运输史上一件值得大书一笔的事。三，商代已经把道路的维修筑护和交通的法制管理提上了日程，这也具有深远意义。四，同时，商人还开始了"声光通讯"的尝试。商人在周边地区，普遍设立烽火、戍鼓，运用声光通讯原理，进行边防警备，保证边地安宁。这在殷墟甲骨文中便有明确记载。古代的"烽"，燃的是狼粪，其烟凝聚成柱体而直上，虽有大风，也不斜不散，百里外也能看到，故可用于烽火台作报警信号。由此，世间也就有了"狼烟四起"、"烽火连天"的说法。

五 周人立国 经营关中与河洛

殷商中期，当商王盘庚与武丁相继在东方谋求其中兴的时候，活跃在西部渭水上游的周人兴起了，他们抓住机会，沿渭东下，经营关中，然后向殷商方向拓展，成为代殷而兴的巨大政治势力。

1. 周人势力的东进

周人先是在渭水上游的岐山一带修建城廓宫室，过着农耕定居生活，并渐次沿着渭水向东发展，经古公亶父、王季、姬昌（周文王）、姬发（周武王）四代人的努力，把丰镐一带成功地开发出来，收服周围大小土邦，壮大了自己的实力。

当王季之时，周人已经在渭水中下游发展起来，商王文丁（纣的祖父）承认他为西方之霸主，号称"西伯"。不久，文丁又担心周人势力发展太快，对殷政权形成威胁，就又把这位西伯杀死了，意在遏制周的势力。王季之子姬昌继承"西伯"事业，下功夫发展生产，修明政治，灭掉了渭水两岸的若干敌国小邦，又去朝见商纣王，请求赠给封爵，却被纣王囚禁于羑里（在今河南汤阴）。姬昌用敬献美人与宝物的办法，寻得了逃归的机会，还向商王献出洛西之地，从而换得爵命，再成西伯，"使得专征伐"（《史记·周本纪》）。这样，周人就有了对外扩张用兵的合法身份了。

姬昌利用这一政治条件，由丰邑（今陕西西安）发兵远攻黎（今山西上党—长治一带）。黎是商贵族的封邑，政治腐败。灭黎，实际上是周人灭商战争的"预演"，是在探测商纣王的"安保底线"。商纣王得到黎亡的消息后，一点也不警惕，却说："我生不有命在天!"不把它放在心上,却带着大批奴隶兵远征淮夷去了。姬昌(文王)死后,姬发(武王)登位。他进一步巩固了对渭水流域的统治,把活动区域扩展到江汉汝颍一带,从黎城到雩(河南沁阳)一线以西,全部"合法地"落入周人的掌控之下,形成了对商的进逼态势,所谓"三分天下有其二"(《诗谱·周颂谱》),只等决战了。

公元前1066年,姬发调集战车三百乘,勇士三千人,甲士四万五千人,作为主力东征。同时,又征调各附庸国大量兵力来参战,计有住今河南三门峡一带的髳人,住今湖北西北部的濮人、庸人,襄樊一带的卢人,房县一带的彭人,住今四川西部的蜀人、川陇一带的羌人,陕西眉县一带的微人等(参见《尚书·牧誓》)。征集援军的范围之广,说明周人活动区域内的交通已初具规模了。兵力集中之后,姜尚下令,要各路人马组织好,并安排好舟船,凡不按期到达前线的一律处斩。令下之后,行动很迅速。周兵于正月出发,师抵孟津(盟津)时,各路诸侯纷纷前来会师,据《史记·周本纪》讲,不期而会之诸侯有八百之多。等到兵抵牧野(今河南淇县境)时,已有兵车四千乘了。商纣王闻讯,赶忙从攻伐淮夷方向的前线调兵回来,结果七十万奴隶兵在前线反戈一击,商纣王走投无路,自焚而死。周武王获得全胜,周王朝在丰(今陕西西安)正式宣告成立。此战,打得非常惨烈,史上有"血流漂橹"的记载。周武王拿下殷都后,有几件重大举措:一是无情镇压纣王势力,宣布其罪行,铲除其影响;二是"开仓放粮",用纣王自己积蓄的粮食来收拢其民众。这是一着自己不需投资却又收效巨大的政治举措，为后来所有打天下、夺权柄的政治家们所热心仿效；三是尽力分解旧政权的核心力量，区别对象，加以控制、收买、任用。

在这次大战中，周兵正月从丰镐出发，到二月底即攻下朝歌，只用了一个多月的时间。周师的主力是乘舟沿渭东下的。八百诸侯会师孟津，百千船只齐渡黄河，这个场景气势非凡！更何况它还是经历"潼关—三门"之险而来的呢！这是我国水运史上的一个奇迹，应该大书一笔：谁说西北人不善操舟啦？有明文记载的舟运史恰恰是渭流上的船夫写下的："俾彼泾舟，烝徒楫之；周王于迈，六师及之。"（《诗·大雅·棫》）这个景象是很可观的。只是当时还不知道使用风帆，故船上负责划桨的人员多于战斗人员，此所以"烝徒楫之"也。

2. 营建丰镐与洛邑

周武王推翻商王朝的统治后，建立了周政权，在沣水东岸另筑新城，名为镐（本作"蒿"，又作"鄗"），又称"宗周"。

镐京地区"八水"奔流，水源充沛，交通发达，周围又配建了若干个"邑"，并驻扎重兵，拱卫着京师。从此，镐京成了全国政治中心。不仅全国诸侯要定期不定期地前来"朝贡"述职，周边各族也要来"朝见"。历史文献上有这样的记载：一，镐京"通道于九夷八蛮，各以其方贿来贡，使无忘职业。肃慎氏贡楛矢、石砮，其长尺有咫"。周王欲昭示其"令德之致远"，以示后人，便将这类远方贡品珍藏起来。后来周成王去世时，还专门请出这套弓矢，陈列供祭。二，交趾南有越裳氏，派好几批使者而来献白雉，曰："道路悠远，山川阻深。恐一使不通，故重译而来朝。"其后使者迷其归路，"周公赐以轺车五乘，皆为司南之制。越裳使者载之，由扶南、林邑海际，期年而至其国。故'指南车'常为先导，示服远人而正四方"。原来指南车一开始还曾为东南亚国家使者服务过。三，西戎来献大型猛犬"獒"，召公乘势进谏说："玩人丧德，玩物丧志"，除服食器用外，君王不应该接受远人的珍宝异物（《尚书·旅獒》）。肃慎氏住在黑龙江下游，越裳氏住在今越南南方以远。献"獒"的西戎人驻在甘青藏一带——可见当时已在探寻境内外的交通大道了，而且做到了翻山越岭，海陆均通；重译赠馈，友好交往。

这时武王年事已高，很担心控制不了东方新得的大片疆土，对付不了殷商残余势力。便封重臣姜太公到营丘（临淄）建"齐"，派助手周公的长子到曲阜建"鲁"，以控制东方。后来，周公姬旦又提议：在夏桀时代的中心区域洛水、伊水之交修建东都。周公说：这里是全国的地理中心，各地诸侯贡赋方便，朝会也方便。这里土地平旷，易于发展。于是定计在洛水与黄河的交汇处，规划了"洛邑"（洛阳）。史载：成王七年二月，使召公先相宅，三月周公至洛，亲视营筑，谓之王城，是为东都。东都方千七百二十丈，郛方十七里。南系于洛水，北因于邙山，以为天下之凑。可见交通方便是洛阳建城的关键性因素。洛阳，是中国建筑史上明确记载的、第一个经明确论证、勘察选址、预制规划、有特定主持人的、按期实施的系统城建工程。

西周建国的第三年，武王去世，周公摄政，平定了"管蔡之乱"，重新分割商人的前中心地带，分建了宋、卫等一批新诸侯国。周公又把殷的遗民六族（称之为"顽民"）迁至雒邑（洛阳），集中监管，用重兵镇守。同时在成周旁边另建一城，召聚附庸国臣民前来居住，给予优惠政策，从而迅速建成周的东都，名为"王城"。这种"一城两制"的管理办法，在周公—成王治下，一直坚持着，直到周康王时才宣告终止，殷民这才获得"解放"。此后，中原腹地，伊洛黄的三川交汇之处，便耸起了一座大都会洛阳，始终是中原交通的主要枢纽。宋元明清时重心东移后，它依然是中原交通的重镇。

洛阳建成后，周公与召公作了分工：以陕县（今河南三门峡市西）为界，"分陕而治"："陕"以西由召公负责行政管理，"陕"以东由周公负责行政管理，巩固了周对全国的政治统治。

六　封土建国　开发民智　开发国土

商周之际，江河大地、山川地理形势复杂，分隔辽远；风俗民情差异巨大，不易沟通；经济文化发展很不平衡，难以组合；水陆交通艰难，人员、物资、信息流通有限。何况，在这片辽阔的土地上，当时人口总共不会超过一千万，却是"诸侯三千"，邦国林立，自然是"小国寡民，民至老死不相往来"了。满目蓁莽，遍地虎狼，"鸡犬之声"也未必能"相闻"，人们出行维艰。周统一全国后，对便捷交通的要求就急迫地提上了日程。

1. 封土为侯　立社成国

为着实现对全国的经济文化开发，进行有效管理，周武王在"公侯伯子男"五等爵制下，向全国各地广泛"封侯建国"。受封者统称"诸侯"，让他们代表周天子统治各地，起着"屏藩周室"的作用。

那时，周王室建有"社稷坛"，坛用"五色土"筑成，中心为黄色土，象征周王的直接统治区；东部用青土，南部为红土，西部为白壤，北部为黑壤，象征分封的各路诸侯之地。周天子在坛上走一圈，就意味着他"巡行天下"了。诸侯受封时，从国家社稷坛的相应方位上取出一捧土来，封装好，举行隆重仪式，由周王亲自将"封土"赐给受封者，以示"受命"，有权到远方去自己"建社坛、立新国"了。不过，周天子也只是给受封者大致指出一片辖地之方位，是要自己到那儿去"拓荒"的；故实际落脚点还得由本人去临时勘测，以自己的才略与实力决定其势力所能圈占之地盘。这就是说，诸侯们的爵级高低，并不意味其拥有领地的实际大小与肥瘠。

重要的是，受封之后的大小诸侯们，必须无条件地立即"离京赴国"。受封之际，他们便要在"师"、"保"的辅助下，带上一套作为权力象征的礼乐仪器（即青铜铸就的钟磬鼎彝之类），率领一批亲信人马，离乡背井，远赴数百里、上千里、上万里之外，到完全陌生的土地上去拓荒建国，修筑城池，有些人还会碰到原有势力的顽强抵制，其艰辛与风险可以想见。创业建国，谈何容易！周王之近亲的封国，大多密集在灭商之前"三分天下有其二"的已知范围内，这也算是一种照顾吧，但实际上却又限定了其活动区域；几代人之后，便纷纷被别人并吞了。

当年，受封者选定一个中心地点后，便仿照周京城之样，依等级"缩微"原则，建筑自己的"都城"（诸侯国的都城不能称为"京"）。至若"都"的城池大小，则全看受封者的能力了。最简陋的小国，起初也不过数十户人家，围以栅栏，中心建一个高出一般住户房舍的"亭"，辟一间房子当"祖庙"，供奉上先祖的木主牌位（无画像）；再筑一座土台，把受封的那包土置于坛心，成为该国的"社坛"，这就完成了一个"封国"的草创大业了。有实力的，在都城周围也配置若干个"邑"，那便是诸侯向四方伸出的触角。都邑之外、都邑之间的广大地区，则统称为"鄙"、为"野"，用于开发种植业。这就形成了以都会为核心的辐射式聚居体制。那时节，"城中"即"国中"，"城里人"即"国人"，而"国"、"域"、"城"、"邑"、"都"、"鄙"等字，也都含有一个"四方形之城垣"的意符。城垣，是间隔内外、实行安全防护的主体工程设施。至若"疆"、"界"，则由所控制的可耕地"田亩"决定。诸侯国的面积，以"方十里"、"方百里"计，即截长补短，大致纵横各十里就算是一个"百里之邦"了。事实上，国界又必需按山川地势的走向为定，故邻国之间往往犬牙交错，于是争界夺水、越界收割、跨界截留、虏获劳动力的争斗便不可避免。

中国人从一开始就没有把自己的视域局限于中原，诸侯们奔向四面八方，去开疆拓土，殖民创业，摊大饼似地成片开发，又都承认"莫非王土"，文化上是向心的。这是祖国疆域辽阔、不容分割的良性起步。

2. 立国开疆　文化认同

周初受封为诸侯的对象有五种人：亲、贵（功）、宾、贤、能。这类人有资格受封为各邦的"开国之君"，但都得承认并努力维护周天子的至高无尚的权威，都得遵奉周礼；周天子有权进行巡视、监督、惩罚，有权随时封赏或废立邦国之君，讨伐不听令者。

周初受封为诸侯首先是"亲"，凡周武王之姬姓直系亲族的男子，都有资格受封为公侯，当一邦之君。当年，周公姬旦受封于泰山脚下，国号为"鲁"，公爵。因为周公本人要留京辅政，驻守洛阳，就让他的长子姬禽代理，赴鲁去创业建国。鲁是商代最早的中心活动区域"奄"，有文化开发的基础。这儿有个"曲折十里的岗阜"，便名为"曲阜"，定为都城，贯彻周公制订的礼乐制度，把它培植成周礼的试验区兼示范区，建成东方诸侯国之首。

同时受封的武王伯叔兄弟子侄辈很多，据《资治通鉴外纪》卷三记载：封召公奭于北燕，封毕公高于毕，封弟叔鲜于管、叔度于蔡、叔振铎于曹、叔武于郕、叔处于霍，又封康叔于聃。成王又封他的太叔虞于河汾之东，号为"唐侯"。另外，文王的伯父吴太伯早卒，二伯父仲雍还在老家吴邑，邻近岐山。他为示退

西周分封诸侯图

西周分封诸侯图

让，便长途跋涉，自己来到长江口的无锡虞山住下，入乡随俗，断发纹身，但他不忘故土吴邑，便把新开发的江东号为"吴"，他就成了吴国的始祖（《资治通鉴外纪》，宋刘恕编。刘恕是司马光编修《资治通鉴》的助手。此书为《通鉴》的"资料长编"）。

周初受封的对象，其二是"贵（功）"，凡在周文武麾下为推翻商纣王、统一各地土邦建立了大功勋的人，就能加入贵族而受封。比如姜尚（字子牙、号太公望），被封到山东半岛上的东夷地区去，成了"齐"的开国之祖，侯爵，定都于营丘（今山东临淄）。姜尚原是渭水之滨人，八十高龄，跟随武王东征，立下了灭商的首功，此时却被封到遥远而又生疏的山东半岛夷人地区去当"侯"。他并不情愿赴任，故走得很慢。半路上投宿于一户人家，户主对他说："机不可失，时不再来。你是明白人，怎么能把当国君的事儿当成儿戏呢？"姜太公听了，马上"夜衣而行，黎明至国"（见《诗谱·齐风谱》）。一至国便勘察到一片台地，"辟草莱而居焉"（可想见其荒芜简陋）。他"大修道术（道：街道；术：坊巷），尊贤知，赏有功"，大张旗鼓地经营起这片高"丘"，故名之为"营丘"。时"莱侯来伐"，被姜太公打败了。太公以"齐地负海舄卤，少五谷而人民寡，乃劝女工，极技巧，通工商之业，便鱼盐之利。民多归之"（《国语·齐语》）。尊重地方的土著文化，依俗立政，因利乘便而为，变斥卤之地为鱼盐之乡，使齐国发展成东方强国，为国土开发与民智开发的同时并举作出了示范。

周初受封的对象，其三是"宾"，是前代帝王或圣贤的后代，被周王视如上宾者。封神农之后于焦，黄帝之后于蓟，尧之后封于祝。舜之后为周家陶正，周王以长女太姬配其子胡公满，封于宛丘（今河南淮阳），便是"陈"国。夏禹之后封于"杞"，商汤之后微子启封于商丘，号为"宋"。宋本是商的中心区域，经济文化向称发达，后来的诸子百家大多出于鲁宋一带，不是偶然的。

周初受封的还有"贤"，即社会上知名贤达之士，如商纣王的叔父箕子，曾竭力反对纣王的暴政，是有名的贤士，就被分封于"燕"，伯爵，领有辽水东西广阔地域。史载："箕子至朝鲜，教以礼义田蚕，制八条之教"：杀人者当场偿命，伤人及偷盗者罚款五十万。民风淳朴，室不闭户，女无外交。"（同上）他使华夏文化辐射于燕山南北、辽水东西，这是很有意义的法治举措。他营造了一片自有特色的燕辽文化区。

周初受封的对象，其五是"能"，多为子爵、男爵之诸侯。他们大多原是各地的酋邦首领，本来就拥有相当大的政治军事能量，周天子不能单靠武力去征服人家，就实行和平召抚的羁縻政策，承认人家的既有势力与既得利益，只要对方宣布"尊奉王室"就行。比如楚武王熊绎，他控制着今江汉及其以南的辽阔而富饶的地带，自称为"王"，想与周天子平起平坐。周王室便封其为"楚子"，只要他每年定期向朝廷进贡些"苞茅"——荆楚大地盛产的茅草（青茅，其茎有三棱，可用于滤酒）——来象征楚人"自愿尊奉周天子"就行。周天子允许楚君在自己境内继续称"王"，而周王室却要定期地赐给"楚子"大批礼乐重器（这其实就是一种"经济赎买"政策）。结果就使楚文化中渗进了中原礼乐文化的要素。近现代考古发掘告诉人们：在楚境发现的周代礼乐仪器，比中原各地保存得还要完好、整齐而丰富，也更为珍贵。这便是当年双方频密交往的最好见证，也是南北不同文化形态交互融汇的早期范例。

又如秦人的祖先叫"非子"，因帮周王室养马养得好，周王便封他为"子爵"，据有周人的发迹地的关陇一带，邻近西戎，在那儿建立了"秦国"，控制了渭水上游地区。这个受中原人轻蔑的"僻处西戎"的子爵小国，步周人振兴的后尘，逐步向东方扩展，特别注意与老牌诸侯"晋"通婚，拉上了"甥舅"关系，也就为称霸中原打下了外交基础。

齐鲁宋卫燕秦吴楚之外，陆续受封或被认可的邦国很多，分散在天下各地的一大批诸侯小国，周天子让他们作为邻近大国的"附庸"，向霸主进贡，接受霸主的领导与挟制。据说周初有"诸侯三千"，真可谓是邦国林立、小国寡民了。此时，民间的"鸡犬之声"也未必能"相闻"；但这些邦国之间，却必需交往，必需互通声息，必要时还得互相救援或相互攻伐；附庸国要接受宗主国的管理、支配；大国诸侯又必须定期不定期地去向周天子述职汇报，进行朝觐会盟与上贡赋……这一切的落实，又都有赖于交通，而交通，即人员、物资与信息的畅达，显然起着重要的纽带作用、血脉作用，故各国在"辟草莱，垦土地，建城池"之时，必然要致力于筑道路，通工商。因而，就交通事业而言，封侯建国的直接成果便是：它开启了国家筑路的自觉时代，使道路工程能有组织、成规模地自觉展开，使道路设施能趋于完善，道路管理提上日程。这是以往"走的人多了便成了路"的那种"自然之路"所难以比匹的。

由此，周天子的王国就与众多诸侯邦国之间，形成了一种松散的统属关系，多元向心的中华文明也就有了强大的政治依托，形成了一种大一统的理念："普天之下，莫非王土；率土之滨，莫非王臣。"一个华夏大邦便形成了。现在看来，没有周初目光远大的分封举措，没有这个制度下对各地各族文化的相容并包气量，被高山巨川分隔着的、经济文化发展极不平衡的、种族血统极其复杂的广袤东方，是难以走向政治统一、经济统一、文化认同、心理认同的，是难以持续下来并不断壮大的，世界其他各文明古国都没有能做到这一步。

七 井田定制 统筹城邑 渠路并修

为保证道路在政治交往、商业运营、信息流通等功能的发挥，周王室和诸侯各国，都以城市为枢纽，以舟车为载体、以马牛为动力，以车辆的轨宽为路宽的指标，去规划交通工程；而工程规划的基础则以井田为依托：用井田为基本计量单位，统筹城邑郊野的布局与水渠道路的修建，照顾了自然生态与社会生态的平衡。

1. 凡治野 路网水网 统一布建

《周礼·考工记》中讲：要开沟凿渠，就要有规划。这规划的原则是："九夫为井，井间广四尺，深四尺，谓之沟。方十里为成，成间广八尺，深八尺，谓之洫。方百里为同，同间广二寻，深二仞，谓之浍，专达于川。"这是说：田野的大小水渠（沟、洫、浍）要与地区（井、成、同）总面积配套开挖，最终要"专达于川"，做到四面八方，水路通达。

《周礼·遂人》篇又说："凡治野，夫间有遂，遂上有径。十夫有沟，沟上有畛。百夫有洫，洫上有涂。千夫有浍，浍上有道。万夫有川，川上有路，以达于畿。"这是说：在井田制下，凡治野（开辟荒原，垦植土地），即规划农田建设之时，要将农田水利网"沟、洫、浍"与田野交通网"径、道、路"的建设统筹安排，路面和渠面等宽，开渠所掘土方即用于筑路，一举两得。

这样做下来，条条道路通京城，条条水渠达大川，而且规格统一，方正有序，这就叫"水土工程"。主持水土工程，一向是古代国家的重要职责，政府不能光收税不办事。

2. 凡建国　筑城开疆　同一蓝图

上古，"国"和"城"是一个意思，国中即城中，建国即建城。而建城。最初也就是筑城垣，把居住区四面围合起来，再开城门以供出入。同时要环城配套开筑"护城河"，通水者称"池"，无水者称"隍"。用凿池的土方夯筑城垣。坚固的城池就叫"金城汤池"。

古人建城，事先必有规划，有蓝图，要作出总体设计来。《周礼·考工记》在论及修筑城池的规划时说："匠人营国，方九里，旁三门。国中九经九纬，经涂九轨；左祖右社，面朝后市，市朝一夫。"这是说，周代工程人员在兴建城池、城市通道（横九条，纵九条）、城内主体建筑（祖庙、社坛、朝廷、市场）时，是以"井田"为依托统一规划的。"井"是一切水土工程的"标准计量单位"：城池面积、街道面积、祖庙社坛面积、市场朝廷面积，皆以"一夫"为基准。一夫百亩，约当现在三十市亩。由此可见，"井田制"之"井"，在周人"建城"中有着何等重要的位置。

当然，古人是懂得的："凡天下之地势，两山之间，必有川焉；大川之上，必有途焉。凡沟逆地防，谓之不行；水属不理顺，谓之不行……凡沟必因水势，防必因地势。"（见《考工记·匠人为沟洫》）可见"井田"只是提供一种关于基建面积的规范性的思路，一个工程计量的"标准模块"，要求保证水渠—道路—城池的基础面积成正态配置，至于是否"方整化"，则要由地貌地势来决定。各地山川原隰的地形地势地貌是不一样的，不可能整齐划一地建成"井字格"，需要根据实际地形地貌作出变通。

另外，我们从《墨子》、《管子》、《齐法》、《吕氏春秋》等书中还看到：凡勘查城建的地址时，要一并考虑该地区的耕地面积、森林面积、水源状态，互相间要保证一定的比例；如果失调，城池将没有活力，不可持续。

一句话，井田制决不仅仅是为了"田"，也不是搞什么井字格，而是为水土工程设定的一种"通用计量模块"。在单位"模块"上，其水源与土地拥有量、地表之林木庄稼的载育量、修筑沟渠道路的用工量、工程投入的物力消耗量，在一定时期、一定地域内，其数字是可以框算出来的。以此去规划、组织、指挥、调配、验收，上上下下就都能做到心中有"数"。诸侯们只要照着模式办理，则其创业之初的如何"治野"、如何"为城邑"、如何"作丘赋"、如何开沟渠、筑道路等等问题，都可以轻松应对，而且所建的城、邑、都、鄙（郊）、野是配套的，能做到自然生态与社会生态的平衡。这是一种计长远、可持续的建国开疆方案。

在地广人稀、草莱满目的西周时期，无论关中平原还是中原大地，建一个"方十里"、"方百里"的诸侯邦国，要落实"井田"式的开疆垦植、修渠筑城方案，是可以办到的。后人往往觉得那么做太机械、太理想化，进而怀疑其可行性，那是因为没有考虑到周初的生态大势、地貌大势的缘故。

3. "井田"精神适用于一切大型水土工程

我国华北平原、黄河中下游平原，古代居民点总是安置在"丘"（台地）上，故上古地名多带"丘"、"台"字；而低洼的湿地、沼泽地、苇子地更是四处密布。湿地不能住人，大多处于中度以上的盐碱化状态，也不适宜耕种；要种就得"化斥卤为膏壤"。怎么化？古人的办法是挖河、排涝、引水、洗盐碱。洗盐碱就是通过沟渠系统将含盐积水排去。只要引水灌溉，三年左右就可脱盐。那么，排水就是关键。怎么排？往低处排，小河往大河里排，大河往黄河里排，黄河往大海里排。为此，我国商周时人就总结出"井田"法，每开垦一片土地，就按规定去开沟洫、挖渠道、通大川，纵横成网。周的先祖在开发渭水流域时就是这么做的。这个经验后来推广到了全国，成为诸侯们开疆建国的基本制度，这就有了"井田制"。以后历代大规模的国土开发，无论是军屯还是民屯，无论是改造盐碱地还是开发抛荒地，都遵遁着"井田原则"：沟渠成网，通水通路，灌溉优先，方整有序，有利于行政管理。

"井田制"的推行，结束了炎黄至夏商以来"迁徙无常处"

的历史，发挥了稳定社会、稳定基层的作用。从此以后，安土重迁便成了中国先民的生活理念，也就把民间对交通的要求压缩到了最低限度。后来商鞅变法，搞"废井田，开阡陌"，社会发展了，一切可耕地都要开发出来，井字格的田野规划便废除了，而"阡陌"则开通着，顺畅的国家交通，是古今一致的追求。

八　周道如砥　其直如矢

为了有效地发挥丰镐与洛邑的政治中心和经济中心的作用，周人在镐京与洛邑之间，修建了一条宽阔平坦的大道，号称"周道"。周道西起今西安古城，沿渭水南岸东下，过郑所塞、桃林塞直向"王城"（洛阳），与今陇海线中段的走向基本一致。另外，齐之营丘与鲁之曲阜之间，也有大道相联，在鲁国境内的特称为"鲁道"——各国也都有自己的"国道"，且互相联通着。

"周道"是周王室的命脉所在，是国家的交通中轴线。此后，以洛阳为中心，向北、向东、向东南、向南又修建起多条辐射状的延展线，通向东方各国。从洛邑向东分为二线：北线由王城北上，渡河至南阳（今河南省之温县、焦作一带），沿古黄河向东北伸延，通卫（淇）达燕（蓟），或者经卫（淇）通齐（营丘）；南线由王城通向郑都新郑与宋都商丘、鲁都曲阜；东行南线还可到宋、向徐、向吴；由洛阳南下，可通许、通随而达荆楚；向西南行，可接通武关而直达关中……形成四通八达之势。西部则以丰镐为中心，沿渭水西上直通甘陇，西北上直达萧关、固原；西行南下可去汉中；沿渭水东去，过桃林塞，渡河北上进入汾水流域，东去过潼关、陕县、三门峡而接通洛阳；或从蒲津渡河，北上，沿汾水去太原、向燕蓟。这就以京洛线为主轴，织成了全国交通大网络。从此，周王室雄踞关中，虎视天下，通过洛邑，通过上述管道，向东方各国吸取"血浆"，强化政治经济控制，一直闹到"大东小东、杼轴其空"（《尚书·洪范》）的地步，难怪东方人民要悲歌。《诗经·大东》中吟道：

> 周道如砥，其直如矢。
>
> 君子所履，小人所视。
>
> 眷言顾之，潸焉出涕。

周道确实是宽广平坦的，是笔直如矢的。大路上，周政府的官员贵族们往来如织，小民们一见这"热闹"景象就要伤心落泪：这些"君子"所运走的、所享用的，全是东方人民的膏血呀！"维北有斗，西柄之揭"（同上）。用来形容这条周道，倒是确切不过的比拟：周道正是一把朝着西方的勺柄，让周人握在手上，随时向东方酌取酒浆！

当然，就交通发展史来说，周道的形成，其历史意义是不可低估的。周秦汉唐的经济文化重心，都是在这条轴线上！即使在宋元明清以降，西安—开封一线也仍然是横贯东西的大动脉。这一工程，在我国经济文化发展史上，是起了重大作用的。且看

《墨子·兼爱》下的引诗对它的评价：

> 王道荡荡，不偏不党。王道平平，不党不偏。
>
> 其直如矢，其易若砥。君子之所履，小人之所视。

这首诗的文意贯通，比《尚书·洪范》、《诗经·大东》所引的那首古诗，于义为长，较客观地评价了周道的功绩。

其实，大道为"君子所履"，固是事实，但终年奔波于外的"官家人"，也有自己的苦楚，《诗经》中就有不少"旅人之诗"，说尽了道路风霜、人困马乏之苦。

周王室的道路修得宽广平坦笔直，地方诸侯国的交通又如何呢？我们这里举鲁道为例来试作说明。周道的延展线鲁道，即鲁国境内的国家级大道，北通齐国营丘（临淄），是齐鲁的交通干线。它西达洛邑、南通吴越，是当时一条著名的通道。人们在《诗经·载驱》中是这样歌咏它的：

> 汶水汤汤，行人彭彭。鲁道有荡，齐子翱翔。
>
> 汶水滔滔，行人儦儦。鲁道有荡，齐子游遨。
>
> ——《诗经·载驱》

我们且不讨论本诗中"齐子游遨"的史实针对性，我们只是要注视这样一个事实：在坦荡的鲁道上，行人像潮水般来来往往，热闹之极，繁盛之极。本诗是当年鲁道胜景的一个长镜头。

第二章　华夏的交通文化(上)

春秋战国时期，社会生产力空前发展，农业手工业与商业都兴盛起来，十万人口以上的都会，分布于中华大地，带动了各区域的发展。春秋大国争霸，战国七雄对峙，大规模的经济文化交流，大规模的军事外交活动，大规模的军用民用之物资的聚散，大规模的人才与劳动力的转移，都极大地促进了水陆交通骨架的构成，促进了交通设施的建设，促进了交通管理的有序展开。

一　黄河流域的交通大势

春秋时期黄河流域的交通大势是：西周以来的京洛交通线进一步发挥其中轴线的作用，在其两侧形成了纵横交错的水陆干线，把黄河上下、淮河两岸有效地沟通联接起来。其间，主要由秦人开凿的秦岭通道与"渭—汾水运线"，由晋人打通的穿越太行山的东西南北孔道，由燕人开辟的古黄河下游交通线与塞上交通线，由齐鲁宋卫建设的交叉旁午于黄淮地带的道路网络，由郑人管理的中原腹心区的路网干线，覆盖了中原地区及其周边。

大国争霸形势图

◎	都城
齐	霸国
◉	霸国的国都
●	其它各国
○	主要盟会地点
✕	重要战场

大国争霸形势图

1. 齐人通渔盐之利　奠国际交往新秩序

齐国是西周初年的封国，都营丘（后改称临淄，今属山东），偏处于山东半岛上，与东莱夷人杂处相交，又多斥卤之地，显得闭塞而落后。从姜尚开始，大力发展经济文化，经过世代经营，一跃而成东方大邦。到齐桓公即位之时，齐的国境已是南抵泰山，北临大河（大河由卫地北上，在今之天津附近入海），东到纪邑（今山东日照一带），西包济水了。主要交通干线是齐鲁大道和齐燕大道、齐宋大道。当年，齐桓公稳定了自己的统治地位后，就向外拓展，"择天下之甚淫乱而先征之"（《国语·齐语》）。东部与南部的莱夷、莒夷、徐夷是其进攻的第一批目标，公元前567年（鲁襄公六年）首先灭掉了东莱，使国土扩大一倍。后来又"一战服三十一国"，拿下纪、莒等众邦国（见《国语·齐语》，另《荀子》、《韩非子》皆有同样的记述）。大大兴盛起来，便向远方伸展胳膊。齐鲁大道的东线由临淄经艾陵、阳关转曲阜，后来的齐鲁长勺之战、齐吴艾陵之战就发生于此线上。大道的西线由临淄西去历下（济南），再南下曲阜。所谓"鲁道有荡，齐子翱翔"，指的就是这条线路，它是齐鲁间最重要的通道。另有齐燕大道：从历下西去，渡过大河抵达邯郸、中山（即鲜虞中山，在今河北正定）、唐（今属河北），直达燕之都城蓟（今北京）。后来齐桓公伐狄救邢，连同燕人之下齐城七十二，这条路都发挥了很大的作用。齐宋大道，径直指向中原腹心，事关齐国的争霸大业。齐国又开辟了"滨海通道"，通向东莱、莒、琅琊并南下钟吾、郯城，可与吴越相通联……于是整个山东地区，除鲁西南仍由鲁国及其周围小邦邹滕薛曹等国名义上控制着之外，已全都纳入齐的版图。齐一跃而成为东方一强，于是军锋直指楚国，"南征伐楚，济汝，逾方城"（《国语·齐语》）。

齐国在鲁僖公四年（前656）联合曹鲁宋卫郑许陈等国部队侵蔡、伐楚，兵出于鲁卫陈郑之间，直抵邵陵（今河南偃城附近）。经过这番争斗，齐国的实力充分展示于中原面前，不久便有葵丘（河南兰考境内）之盟，齐国被公推为霸主（参见《左传·僖公九年》)。葵丘之盟上提出"凡我同盟之人,既盟之后,言归于好"(《左传·僖公九年》)。这"言归于好"的具体行动,就包括"毋曲防,毋遏籴"在内,要求不乱筑河堤以改变河道走向;不乱筑关塞来阻绝商路,不搞国际间的粮食封锁。此后,齐国便全面开展政治、经济、外交活动,成为华夏文化的代表力量之一。桓公高踞于众诸侯之上,"东救徐州,分吴半,存鲁、凌蔡、割越地;南据宋郑,征伐楚,济汝水,逾方城,望文山;中救晋公,擒狄王,败胡貉,破屠何(今河北锦州境内),而骑寇始服;北伐山戎,制令支(今河北唐山以北),斩孤竹(今河北秦皇岛市境内)而九夷始听,海滨诸侯莫不来服;西征,攘白狄之地,遂至于西河。方舟投柎,乘桴济河,至于石沈(在陕北,晋之西河地区);悬车束马,逾太行与卑耳(在山西运城)之溪,拘秦夏,西服流沙、西虞(今陕西宝鸡西),而秦戎始从。故兵一出而大功十二,东夷、西戎、南蛮、北狄、中诸侯,莫不宾服"(《管子·小匡》)。桓公以后,直至景公,大体上都维持着强国地位。齐人对春秋时期"国际秩序"的建定,有特殊的奠基作用。

在交通方面,齐国取得不少成就,最突出的就是临淄城的建设。该城丝织业十分发达,有"衣履天下"之誉,"齐纨鲁缟",享誉华夏;后世有人说它是"丝绸之路"实际上的"东方起点"。交通上就其大者而言,还有:一,攻翟救邢救卫助晋,为邢筑夷仪城(今山东聊城境内),为卫筑楚丘城(今河南濮阳境内),并供给两国充足的牛马,使其恢复国力。这种"兴灭国"的工程,在国际上赢得很高声誉；其具体工作就是招聚流散的原住民，在新地筑土城，建社坛，选新君，向国际社会宣布"复国"，并派兵协助守卫，运送必要的粮草物资；还助晋拿下西河地带（白狄的地盘）；后来魏人游于西河之上，曾倾情赞美此地山河之美；二，发展商贸，齐国让"诸侯之使垂橐而入，捆载而归"，与外商广结友谊，"通齐国之鱼盐于东莱，使关市稽而不征（只做安全稽查，而免除关税），以为诸侯利"。这就为春秋"无障碍"交通商贸开了一个好头（以上均参见《国语·齐语》或《管子·小匡》）；三，主持或协助中原国家建筑遏楚、防狄、护卫华夏诸邦的重要关隘，如鄢陵，地当南北孔道；负夏，处于宋卫咽喉；灵丘，为齐重要国防边邑。此时，齐国都着意经营，使这些地方成为华夏交通的重要枢纽；四，开辟近海交通，陆路海路并进。齐燕、齐吴之间，有过多次海上交手。如《左传·哀公十年》载："吴将徐承帅舟师将自海入齐，齐人败之"，便是齐吴海上战争的一次记录。当时，碣石、芝罘（转附）、琅琊，已成为渤海、黄海的重要口岸。后来齐景公曾"游于海上而乐之，六月不归"，创中国海上旅游史的最初记录，也为后世近海航运作出了示范（参见《说苑·正谏》）；五，齐国的运输车辆也有发展。《左传·定公十三年》载：齐卫二国驻军垂葭（山东巨野）将渡河伐晋。齐景公想夸耀一下他的车马的豪华与精良，便设了一计：事先驾上自己的专车"广乘"去约卫侯赴宴。席间，忽有人报称"晋军来袭"，齐侯便赶忙对卫侯说："情况紧急，等不及您的车马了。您就和我共乘吧！"于是两君合乘一车，车上甲士环列……奔驰了一阵子，有人报告说："没有晋师来到。"这才止住车马，卫侯松了口气，齐侯则为他的"广乘"而得意洋洋。广乘的出现，确实标志着齐人造车技术的高超。现在临淄发现的齐国车马坑，规模巨大，气势惊人，足证齐人对交通投入的智力、人力、物力之巨。

附带澄清一下：先民称周边民族为"东夷""西戎""南蛮""北狄"，原本没有鄙视之意，只是就其特征命名而已。"夷"是能执大弓之人，"狄"是携犬举火去狩猎之人，戎是执长戈之人：又何贬之有？"蛮"字从"虫"。虫，蛇也；大虫，虎也。蛇虎都入于十二生肖，古人"龙蛇"并称，"龙虎"齐举，并不贬斥蛇虫，反而是敬畏它的。另外，"胡人"之"胡"，大也，言其身材高大壮实；"羌人"之"羌"，与"姜"、"美"皆从"羊"，取美好义，也毫无贬义。再说，三代先祖有姜姓、妫姓、姒姓，那分明是从"羊"从"猿"从"蛇"之图腾变来，均无鄙视义。从文化学的层面去看，汉民的姓氏之称，与"东夷""西戎""南蛮""北狄"的种类之称，处在同样的文明层级上，均无贬义。后人故意扭曲上古文化史，把"贬义"注入到"蛮夷"等特定词语中，是应该给予辩正的，不能因后起字义而遮蔽其本源之义。各族先民都是中华交通的主体，蛮夷羌狄对周边地区的基础性开发出力尤多，我们应奉上同等的尊重。

2. 晋人城虎牢　开太行　控扼中原

晋国的称霸成功，带动了整个汾河流域及河内（又称南阳，约当今河南济源、温县、焦作一带）、河西（今陕北绥德、宜川、韩城一带）地区的发展。晋本来是汾水下游、占着晋西南一角的一个小国，虽然历史很长而力量并不大。强大的山戎、赤狄、白狄，长期扼制着汾水中上游地区与黄河西岸；高险的太行山、王屋山又限制着晋人向东、向南方向的拓展。后来齐桓公"救晋公，擒狄王，败胡貉，破屠何"；"西征攘白狄之地，遂至于西河"。"方舟投柎，乘桴济河，至于石沈"；"悬车束马，逾太行与卑耳之溪"……有此强力的帮助，为晋的崛起扫除了障碍。到公元前676—前651年之间，晋献公登台执政，他建都于绛，"并国十七，服国三十八"（《国语·晋语》），灭了霍（山西霍县）、耿（山西河津）、魏（山西芮城）、虞（山西平陆）、虢（河南陕县）等地位相当的老牌诸侯国，统一了汾河中下游地区，并进入黄河南岸、西岸，从而成为春秋初年的北方一强。其后，晋文公重耳（前636—前628）在位，采取了一系列整顿政局的政治经济措施，包括"轻关易道，通商宽农"（《国语·晋语》）等，减轻关税，平整道路，开放商贸，宽待农夫，使晋国迅速发展起来。这是晋文公成就霸业的重要基础。

为解除南下中原的后顾之忧，晋文公很注意与北方戎狄友好相处，"晋文公欲修霸业，乃赂诸戎开道，以匡王室"。重耳君位稳固后，便图谋发展，首先是向东南用兵，攻取了原、温、隰、樊一带，迫使周王室承认其对于南阳地区的统治权。这就打通了晋东南与中原地区的联系，使晋国腹地与西周以来的河内通道相联接。这就为晋国向中原称霸取得了前沿阵地。从此翻越王屋山太行山的重要通道陆续开通、拓展，著名的轵道（在济源境内）就筑在太行王屋之间。羊肠阪也开劈在太行之巅，连通着山西的长治与河南的安阳。有个"愚公移山"的故事，说的就是惩太行王屋之迁而决心"竭力平险"以"直通汉阴"的。说"移山"有点夸大，而平险开路则一直是晋人的不懈追求。

晋文公又发动了对楚的城濮之战，遏制楚国向中原的发展，同时也向齐鲁宋卫等姬姜旧邦展示了实力。其间又发生秦晋殽之战，晋又获胜。这就巩固了晋对河西、河东、河内、河南（大河以南）地区的控制。从此黄河上的要津，从孟门、龙门到蒲津、茅津（三门峡）、盟津（孟津）、又到棘津（延津）、五鹿（大名），就全都在晋的掌控之中了。于是晋国就从东西两侧钳制住中原腹心部位的宋卫郑许曹陈诸国，展开了与楚、齐、秦的旷日持久的争霸斗争。晋楚之间的邲之战、鄢陵之战相继发生，春秋争霸进入白热化阶段。

为了长期有效地控制中原，晋国又在西线采取了"城虎牢"的战略措施。史载：鲁襄公二年（前571），晋悼王会诸侯于戚以谋郑，用鲁人孟献子"请城虎牢以逼郑"之计，开始在此筑城，郑人于是被迫服从晋。晋城虎牢之后，既控扼住中原交通中轴线，又为从西路南下申息以与楚争锋，巩固了前沿基地，使秦及周王室与郑国等都处于晋的军事控制的态势之下。在东线，晋国又透过鲁国与吴拉上了关系，指使吴北上与齐争雄，牵制齐国；同时更促使吴人以其全力攻楚，成为楚人严重的后顾之忧。吴国也就乘势登上了春秋后期的争霸舞台。一句话，晋国人在发展跨越太行山的交通线、跨越黄河的交通线方面，作出了特别重要的努力；在开发整个汾水流域，使山戎、北狄尽快吸收华夏文化等方面，也卓有成效。

此时，由于得到狄戎的支持，晋国的战马也驯养得特别好。还在晋文公执政之前，晋人就总结其"养马经"说："古者大事必乘其产：生其水土而知其人心，安其教训而服习其道（路况），唯所纳之而无不如志。"相反，倘若蓦然乘用外地的马，"及惧而变，将与人易，乱气狡愤，阴血周作，张脉偾兴，外强中干，进退不可，周旋不能"，必然坏事。当时的马用于拉车而非骑乘，重视马就是重视交通动力。

晋国马好，晋国的驿传也就特别有效能。当年重耳刚回国，喘息未定就遇上贵族作乱，焚其宫殿。他慌忙逃窜，乘着驿车从偏路逃脱，奔到王城，见了秦穆公。秦穆公给他三千"纲纪之仆"为宫卫，护送他回国，他这才在晋国立定脚跟；驿车帮了他的大忙（参见《国语·晋语》、《左传·僖公二十三年》）。

3. 泛舟之役　秦晋结好

继起称霸的是秦国。秦国因西周故业崛起于西方，长期都于雍（今陕西凤翔），与东方的齐国遥相呼应。秦穆公（前659—前621）灭戎国十二，开地千里，成为西方一强。今甘陕秦川一带的交通，便是秦人在西周的基础上进一步开发出来的。之后，秦便谋求向东方发展。

秦国东进时，首先遇到同时崛起的晋国。秦人以政治经济两手，深深地介入晋的内政以从中谋利，也付出了不小的代价。在"秦晋之好"的交往中，有两则史例，都与渭-汾的水上联运相关。一是秦穆公初年（前646）的"泛舟之役"，一是秦桓公晚年（前541）其子铖的"造舟于河"。两件事情的经过是这样的：《左传·僖公十三年》载：这一年，晋国遇到特大灾荒，颗粒无收，求援于秦。秦穆公与大臣子桑、百里奚商量，认为天灾流行，哪个国家也难免，救灾助邻是一件很合道义的事，于是决定输送数万斛粮食去晋。一万斛约为750吨，数万斛粮，现在运起来也不容易。当年秦都在雍，从那儿将粮食装上船，沿渭东下，千艘相连，络绎不绝，然后从渭入黄，又溯黄入汾，以至于绛（今山西曲沃），全程七百里。这七百里水程十分艰巨，尤其是龙门一线，急流奔泻，时时有覆没之险。秦国作为一个内陆国家，能组织如此规模的水上运输，实在是运输史上又一大奇迹。当年周武王伐纣，曾搞过渭黄联运；这一次"泛舟之役"，其意义也同样深远。可见我们的祖先早就在开发黄河与渭河水运了。

在此一百年后，秦桓公有子名铖，很受宠爱，财富惊人。铖跟他的母亲商量说："父亲年老了，哥哥（指景公，前578即位）上台后，我恐怕要倒霉。"于是以其车千乘奔晋。到晋后，他邀晋伯赴宴，席间，铖公子让随从献上礼品。献礼的队伍很长很长，千辆车乘，十里一舍，接力运输，每舍八次往返，才将礼物全部送达，则其所携全部资财该有多少，就难以想象了。一个去国避难的公子，竟能公开组织如此规模的私财运输，可见其奢华与豪富，连晋国的大臣都为之吃惊。他说："若不是因为如此富得惊人，惹人注意，我还不会逃到晋国来呢！"后来，此人又由于晋的支持，回国作了君主。

春秋时秦晋之间，经常发生磨擦，大的战争有韩原之战，晋君被俘；殽之战，秦失三帅。更多时间则是友好相处，互通有无，以求共同发展。"泛舟之役"与"千乘八返"的接力运输，是秦人水陆交通经验的结晶，是其运输能力的最好展示。由此可知，春秋时北方的水陆运输已经相当发达了，让人咋舌。

春秋时，秦对楚也常加支持。公元前610年，楚国大饥，形势严峻，为戒备中原势力，"申息之北门不启"（申，今河南南阳。息，今河南息县），对晋齐郑宋采取警戒措施。可是，此时在楚国势力范围之内的、位于楚国北部、西北部的庸人、麇人却乘机叛楚，打得楚王都想迁都远避了。这时，秦人便和巴人一起，助楚反攻，灭掉了庸国，稳定了楚政权。一百年之后，吴国攻入楚都郢，秦又应楚人申包胥之请，发兵救楚，再次成功。时秦楚之间的通道，是通过武关沿丹水而下的，后来秦对丹阳通道（今河南西南部之淅川、邓州至湖北襄阳一线）的控制即根源于此。

秦人对春秋交通的贡献，主要是开发西部地区的交通，同时强化与三晋、与中原、与荆楚的水陆通联，其水运业的开发，具有特殊的意义。在车马驾驭方面，秦人也有特殊的成就，它的建国，原就起步于善于养马，《诗经·秦风》中就有不少诗篇歌咏了秦国"驭手"们的高超驾技。

二　长江流域的交通大势

春秋时期长江中下游的交通大势是：以荆楚为基地的长江水运线，南阳—寿春的东西陆路交通线，加上南北向的"郢—郑通道"，发挥了把淮河两岸与江汉流域有效地沟通联接起来的作用。其间，主要由楚人经营的江淮水运线，由吴越人开凿的邗沟与近海交通线，覆盖了我国江淮以南的广阔地域。

1. 楚人筚路蓝缕　以启山林

早在殷商中期，就已经有"挞彼殷武、奋伐荆楚"的记录，说明楚人的力量早已引起中原的注意了。但楚人直至公元前689年楚文王时才定都于郢。到公元前519年"楚囊瓦为令尹，城郢"，这才开始在郢筑城（《左传·昭公二十三年》）。楚先民有"筚路蓝缕，以启山林"的奋斗史。春秋时期的楚人，是最好战的，五年不对外用兵，引为国耻。当齐桓公称霸中原时，楚人已经控制了汉水流域中下游的广阔地带，连淮汝之间的柏（河南舞阳）、道（河南确山）、江（河南信阳、罗山北）、黄（河南光山）一线，也在其兵锋之下，与齐国的前沿势力直接对峙。楚国在今河南信阳、湖北随县之间，筑冥呃、大隧、直辕三要塞，控扼桐柏山与大别山之间的南北孔道。同时，又从今襄阳北上，将势力范围推及申（南阳）许（许昌）之间，并筑方城以遏制晋的南下。于是伏牛山，淮水、汝水以南，大别山以西，尽为楚之天下。在召陵之盟以前，楚国已派兵六百乘伐郑。楚军入于郑都之纯门，及于逵市，郑国史上称做"纯门之难"，郑君"肉坦牵羊"而降楚，受尽屈辱。当秦人巴人帮助楚人从危亡中振起、灭去庸国后，不出两年，楚兵便北上灭了占有三川的陆浑之戎，"遂至于洛，观兵于周疆，问鼎之轻重，祭于河而返"（参见《左传》）。兵锋直达黄河之滨，对中原构成极大威胁。而此间的邲之战也以晋败楚胜告终。如果不是此后的吴人崛起，在其后院放火，楚国是有可能囊括中原的。在楚国北进的事业中，从郢向邓向申再通向洛阳的干线，和从信阳向许昌、向新郑的一线均为其北上的主干道；而从郢向鄢（宜城）向随（随县），再向息、通往蔡（上蔡）、陈（淮阳）、宋（商丘）的一线，为其东北主干道，是与齐国势力较量的主要通道；由申息沿淮东下寿春，又与吴国势力相撞，此时互有进退。

楚国屡次攻入郑都，攻下许、蔡，甚至于陈、宋，连鲁国也纳入了楚的势力范围，这就使楚文化得以北及淮泗，而华夏文化也就迅速扩及江汉平原并继续向南方渗透。楚人兵锋过处，必掳掠大批人口、财货、宝物，连同其典册鼎彝之类，到战国时，楚国所保留的周代礼仪制度，甚至超过了中原各国，这就不能不归功于春秋三百年的南北大交流，归功于楚文化的北进。有人说：老子、庄子、列子、屈原、宋玉"皆楚产也"，楚人好巫，故其诗文皆诡谲而怪奇，充溢着浪漫气息。

2. 吴人开凿邗沟

吴建国于长江下游，主要控制区在淮河下游以南，三江地带，太湖流域。直到公元前584年，吴国才引起中原国家的注意。当时，楚国在邲之战之后，尚有余力向中原拓展，但却发生了一件对楚极为不利的事，形势于是逆转。其时，楚共王在位，大臣申公巫臣被排挤入晋，为晋出使于吴，并带去一支私人部队。到吴后，他"与其射御"，"教吴乘车，教之战阵，教之叛楚"。从此"吴始伐楚"（《左传·成公七年》）。吴王寿梦连续伐巢（安徽居巢）、伐徐（泗洪南），进攻倾向楚的诸小邦。然后又伐郯（山东郯城），兵下州来（淮南下蔡），对齐楚均构成威胁。

当吴人伐郯（山东郯城）时，郯人曾叹息说："中国不振旅，蛮族入侵，而莫之或恤。"这时的中原齐晋各国，已经无力与楚争锋了。这之后，晋人便决心从后方搞垮楚国。晋先召请吴王盟会中原诸侯于鸡泽（河北肥乡），又召吴王会见华夏诸侯于善道

水陆攻战绞饰

（江苏盱眙），尽力提高吴王在华夏各国间的声誉名望。后来又召吴王会见中原各国于柤（江苏邳县），于相（安徽符离集），吴顺手灭了偪阳。不久，吴就派精通《诗》、《礼》的公子季札出使鲁、晋，表明其与中原文化的有机联系。在获得晋鲁等中原华夏势力的承认后，吴国即与楚国展开了拉锯战，出入于今湖北、安徽间的大别山东西一带。公元前540年，楚集结许郑徐沈蔡顿等淮汝各国兵力于申，沿淮水东下，与吴战于夏汭（安徽寿县），直抵鹊岸（安徽铜陵北岸），结果无所获而归，但此举却是开通沿淮水陆交通干线的重要之举。十年后，吴楚又战于长岸（当涂、芜湖北岸）。这时，楚国才产生"城郢"的国防要求，而吴王夫差用伍子胥之计："为三师以肆焉：一师至，彼必皆出；彼出则归，彼归则出。楚必道毙，亟肆以疲之，多方以误之，既疲而后以三军继之，必大克。"（《左传·昭公三十年》）"楚于是乎始病"——公元前506年，吴大臣伍子胥、伯嚭（二人原为楚臣）率大军从长江口出海北上，到淮河口又溯淮西进，至今安徽寿县西舍舟登岸，陆行西上，大布疑兵于今舒六一带，潜师直捣荆郢。在柏岸（今湖北麻城）、郧（今湖北安陆）、雍澨地区（即今湖北荆门京山一线），屡屡重创楚师，直至攻下郢都。楚国遭到了历史上从未有过的奇耻。楚王逃窜于云梦泽，又奔于随，几乎为吴大军追杀。楚国声威从此大挫。在此期间，吴国的对楚用兵，前后水上战争有十七次之多。正是由于这类征战往返，吴楚之间的水陆通道开发出来了。此后，江淮水陆交通始呈迅速发展的趋势。吴的渡江作战，开发了长江下游的航运。吴的渡海入淮，又开发了东海的近海航运线。吴的沿淮西上与楚的沿淮东下，更使沿淮水陆交通网同时并举，臻于发达。这条西起南阳、东达大海的沿淮交通线，与西起洛阳东达临淄的大道相平行，而且水陆兼有，对江淮地区的经济文化发展提供了方便。

公元前487年，吴王从云阳（江苏丹阳）渡江，筑邗城，调集民佚、开挖邗沟，连通射阳湖与淮水、泗水，为北上与齐晋争雄创造条件。邗沟的开通，在交通史上尤具重要意义。它是我国史载第一条人工运河，是大运河最早开发的一段。从此，长江流域的物资，可以由江入淮，再沿古泗水、济水入黄入齐；也可从寿春一带登岸，或由陆路西去南阳，或北去宋国、郑国一带，从而与中原各国相通联。公元前484年吴齐艾陵之战，吴国大胜，后又参加黄池会盟，都有赖于邗沟开通后，能调集大批人马舟车与粮草的缘故。据说，欧洲最早的运河是瑞典境内的果达运河，开成于1832年，比邗沟晚了两千三百年之久。因此，邗沟的开通，对吴国本身具有重大作用，在世界交通史上也占有相应的地位。

3. 越人开发近海

当吴人专心向西向北拓展的时候，越国却在它的后院振兴起来。越国本来僻处今浙东绍兴地区，它十分重视水上力量的建设。它专门招集大批"木客"（船工）开办"船宫"（造船工厂），有计划地打造海船。当吴王参加黄池会盟、正在得意的巅峰时刻，它却拿下了吴都，不久，灭了吴国。公元前438年，越王又将都城从会稽北迁琅琊。这次行动，越国调动戈船三百艘，死士八千人，从长江口沿海北上，直达今山东胶南琅琊台。勾践还想迁其父允常之冢于琅琊，使楼船卒二千八百人，伐松柏以为桴，靠众力划楫去征服海浪，其艰难可知，因故未能办成。但不管怎么说，越国水师之强大，勿庸置疑。此时，连内河大船也还没有用上帆与舵，只懂划楫；更无所谓"海舶"，而越人竟然乘用桴槎而图浮海北上！顺及：当时孔子也有"道不行，乘桴浮于海"的话，看来不止是空发牢骚，还真有人在浮海。

《吴越春秋》又载：越王既霸关东，从琅琊起"观台"，周围七里，以望东海，死士八千人，戈船三百艘。越王喟然叹曰："越性脆而愚，水行山处，以船为车，以楫为马。往若飘风，去则难从。锐兵敢死，越之常也。"此言也确实说出了越人善于船行远航的特长。

公元前473年（鲁哀公二十二年），越灭吴称霸。后，秦桓公不听越王之命，勾践乃选吴越将士，西渡河以攻秦。军士苦之，纷纷思归；正巧秦人怖惧，引咎退避，越人于是还师。军人悦乐，遂作《河梁之诗》，曰：

> 渡河梁兮渡河梁，举兵所伐攻秦王。
>
> 孟冬十月多雪霜，隆冬道路诚难当。
>
> 阵兵未济秦师降，诸侯怖惧皆恐惶。
>
> 声传海内威远邦，称霸穆桓齐楚庄。
>
> 天下安宁寿考长，悲去归兮河无梁。

——载《越绝书》

这是一首七言诗，它究竟出于何时，存疑；但它反映了一个事实：越人远征西北，曾吓退秦国大军，史称"自越灭吴，中国皆畏之"。故越也为春秋末年之一霸。公元前 355 年楚灭越。后人对越的百年霸业所论不多，大概是"其兴也遽，其亡也速"的缘故，随之展开的战国史（前 376 三家分晋—前 221 秦灭齐）也就把越的霸业冲淡了。

三　国际交通的政治功能

信息，关系到国家安危，是古代国家举办交通事业的根本动力之一，它来自于统治集团对政治需要、政治安全、政治利益的判断；至于能否服务生产、服务商贸、服务民生，那是次要的，古代很难提上日程，史书上也较少顾及。这一点，在春秋动荡岁月里，表现得尤为突出。便捷的交通，都是用于为政治、为外交、为军事服务的。

1. 郑昭宋聋　通讯迅疾

春秋时期，郑国是个特例：政商结盟，商人可以用国家邮驿。这一机制，保证了它的信息比周边各国都灵敏，时有"郑昭宋聋"之誉。

郑国是西周末年由周王室新封的伯爵诸侯，始封之君郑桓公的采邑本在今陕西华县西，名为"郑"。但他知道西周王室大势已去，跟它靠得太近，难免受牵连，就自行迁到中原的"新郑"

去了（在今河南郑州南。当年，周平王宜臼也东迁洛阳）。这里地处中原腹心，是各诸侯国经济文化交流的必经之路。这里的商业活动有久远的历史和广泛的社会基础，故郑桓公一到新郑，便与活跃在当地的商人力量结盟："尔毋我虞，我毋尔诈"，我从政治上保护你的商贸，不侵占你的合法利益；你从经济上支持我的国家，帮助我拓草莱、垦土地。这就确立起政商结盟，共同开发，共同经营，共同创建这个国家的体制。于是两股力量联合，让郑桓公在中原立定了脚跟，郑国吞并了周围八个周初分封的邻虢等姬姓小邦，从而发展起来，跻入春秋初年强国的行列。郑国商人自然是关心各国各地的动态的，这就推动了郑国邮驿网"驿遽"的建立。

第三代君主郑庄公（前743—前700）十三岁上台，却碰上了亲娘姜氏与其胞弟"共叔段"的联手胁迫。母与弟大搞分裂活动，共叔段公然据郑的第二大城"京"为基地，"缮甲兵，具卒乘"，积蓄实力，其都城规模大大突破了定制。消息传来，郑的大臣们惊呼："都城过百雉，国之害也！"请求郑庄公立即铲除之，庄公却沉着地应答说："毋庸，将自及！""多行不义将自毙！"群臣便以为他不会有什么动作了。通过二十年经营，共叔段具备了武装叛国的实力。一天，郑伯派出的侦探送来了紧急情报：共叔段将于某日起兵，姜氏将在都城内作内应。郑庄公闻讯，击掌大呼："可矣！"立刻调集重兵，将其一举击溃。共叔段只身逃往鄢地去了。此事足证郑国交通与信息的便捷畅达。

到春秋中期以后，郑国后继乏人，形势在逆向发展。正因郑国地处中原腹心地带，夹在齐晋秦楚四大国之间，是大国争夺的对象，也是大国争霸的牺牲品。为了保持本国的独立存在与安全，必须有灵通的信息网络，以随时获取各国重要情报，准备应付外界的各种异常行动。所幸郑国商人享有较高的政治地位，故可以直接使用国家邮驿传递信息，所以郑国无论在怎样复杂的国际条件下，都能及时准确地了解到外界情况。当时国际社会流行着"郑昭宋聋"的话，形象地说明郑国信息的灵通与准确和宋国信息的闭塞与迟钝，这使郑国能在四强包围中活下来。

当时，各国交争，主战场都摆在郑的境内或其周边，使郑蒙受一次次全国性灾难，兵祸连结，民生艰蹙，国家垫溺，哀天无助，呼告无门；列强又都在郑的内政舞台上培植自己的代理人，国家始终处于周期性公族内讧之中，每隔七八年就来一次的政变，使它再无气力振兴了。内忧外患，却也刺激了各种力量对"交通"、对"情报"的密切关注与灵活反应。郑国能获取各种信息，自然不是靠一两个灵通人物，而是靠相应的制度来实现的。

有这么一件事，证明着郑国信息网络的灵通有效。公元前627年，秦国派兵东下，偷袭郑国。兵出函谷，路过洛阳，向郑国逼近。这时，郑国有位大商人弦高，正赶着他的牛群，带着他的商队去洛阳作生意，路出黎阳津，遇上一位从秦国来的老相识，攀谈之下，他获知秦兵很快就要到达郑的边境了，目标是偷袭郑都。而留在郑都"助郑守城"的三位秦将，将作为内应来配合这次偷袭。情况紧急。弦高立即采取对应措施：立即派人"遽告于郑"，乘用国家邮驿，驾轻车之"遽"直驰郑都，向郑君报告了军情。郑君立即作了反偷袭的部署，逐出了三位不受欢迎的秦将。同时，弦高又拿出自己的商品牛，送给秦国带兵的大将白乙考等人，说是"我国国君得知将军有重要军事行动，特地命我前来犒劳您的部下。请接受我们的一份心意"。秦人一听，知道阴谋败露，只好撤军。这样，一场战祸被避免了；而秦军却在渑关遭遇晋军的伏击，全部覆灭，三帅被俘。

到了春秋中晚期，列强争霸达到白热化的程度。就是这么一个弱小又内乱不止的国度，凭"郑昭宋聋"而生存了下来。磨难出英雄，春秋晚期，郑国竟出了一位著名的政治家、外交家郑子产。此人在郑执政达二十多年（前543—前522），一生为国家谋存图强，所取得的突出成就，反映出春秋中后期的政治特色，其在交通、经贸、信息管理诸方面的成绩也颇足称道。

《左传·襄公三十年》载：子产执政后，便着手进行政治经济改革，他"作丘赋"，"使都鄙有章，上下有服，田有封洫，庐井有伍"。这"都鄙有章"与"庐井有伍"，显然是整顿基层社会秩序、整顿交通的有力措施，不到三年便大见成效。他还大胆地开放舆论，"不毁乡校"，让士人"朝夕退而游焉，以议执政之善否"。在四强凌逼、内讧不已的国度，他敢于开放舆论，正视舆情动向，充分证明了子产对于自己的内政外交的足够信心，他终于使郑国振兴起来。此后，郑国再也没有发生周期性内讧。

《左传·昭公二年》载：子产很会发挥郑国"驿遽"的政治功能。有一次，他出巡在外，忽然听说公族卿士公孙黑将要作乱，"子产在鄙闻之，惧弗及，乘遽而至"。一听消息便轻车直发，迅捷回到都城，以迅雷不及掩耳之势，捕获了很有权势的公孙黑，公开历数公孙黑之罪恶而严惩之，从而稳定了政局。

在发生重大自然灾害、民众流离的情况下，郑子产在救灾防乱中，特别重视组织动员社会力量，其措施严密而有序。《左传·昭公十八年》载：当年五月，宋卫陈郑四国同时发生严重火灾。当火灾一发生，子产就委派司寇实行"戒严"；不让新的外宾入境，警戒府库，严防火险；命令司马司寇率队控制火场，全力扑救；命令城下居民五人一伍，登城防守，日夜警戒，以备不测；命令郊县征集人丁，准备调用；派专人日夜巡行于宫城内外，派专人负责疏散、转移宫内人口与国家宝物；又派遣特使向各国通报灾情，预防有人乘火打劫……子产的得力措施，不仅保证了郑国内部的安宁，也有效地预防了他国可能发动的乘火打劫——当时晋国就曾别有用心地派"边吏"至郑视察城防等情。子产留下的经验是可贵的。子产去世时，十七岁的孔子流着泪赞扬他是"古之遗爱也"。

郑国的历史，贯彻春秋始终（前375年韩灭郑）。郑人在交通、邮驿以及物资、信息交流方面的经历，是春秋交通史的最好见证。

2. 季札北上　中华文脉联通

春秋晚期，吴国兴起于长江三角洲，把太湖流域经营成东南强国的基地，又把势力延伸到淮河下游，这就与霸主楚国势力发生了直接冲撞，摆下了与之争锋的架势。对此，晋卫宋鲁等中原老牌诸侯国当然高兴，他们庆幸楚国背后有了一个新的对手；但它们又总是以周室"诗书礼乐之邦"自居，把吴人跟楚人一样视为"南蛮"，看做断发文身的异类，缺乏文化传承上的正统性、共通性。这样，吴人想要提高本国的国际地位，就必需在"文化认同"上做出重大努力，融入中原诸侯形成的"国际社会"，才可望赢得中原老牌诸侯国对其强国地位的认可。于是吴人就努力证明自己也是周室礼乐文化的嫡派正传，而派季札出任文化大使，出访诸国，结交各国名相名流，就成了其重中之重的核心措施。

季札，世称延陵季子，吴王寿梦的第四子，博学而贤德，寿梦欲让其继位，他辞让了，却曾多次代表国家，出使中原，以自己的文才与德行，一次次为国家赢得了声誉，提升了吴的国际地位。

公元前544年，季札奉吴王余祭之命，出使鲁、齐、郑、卫、晋等国。鲁是他的第一站，这里历来是"周礼"的"示范区"。他一到来，鲁襄公就特地让乐师们为之演奏中原最传统最高雅的乐曲。当乐师们演奏《周南》、《召南》时，季札兴奋地说："这旋律优美而昂扬，美妙动听！它道出了周朝兴盛时，民众勤奋劳作、愉快而没有丝毫怨愤的心声。"当乐师改奏《小雅》时，他则叹息一声说："从竽笙鼓瑟的乐音中，透露出周朝道德开始衰败了。"当乐曲转换为魏乐时（魏是西周早期的一个姬姓封国，在运城附近，后为晋所取代），季札就对鲁襄公说："此曲乐声宏大而柔婉，吐露出奋发有为、盛行勤俭的心声。如果再能施行德政，这个国家极有可能成为诸侯的盟主！"接着，乐师又为他演奏了郑乐。他长叹说："乐曲倒是美的，但旋律如此萎琐，表示民众已到了难以忍受的程度了。如果这个国家政治上不改良，灭亡的日子也就不远了。"……他的评述，一一中肯，让在场的人个个叹服他的判断的准确性，鲁襄公惊佩不已。

季札论乐的标准、视角、方法、结论，都是周公"礼乐教化"原则的典型演述，立即赢得鲁国上下的一致赞誉，再也无人轻视这个来自"断发纹身"的国度的使者了，这就为吴国融入中原社会打下了不拔的根基。此事在《左传》中有浓墨重彩的记述。季札的观点为孔子所接受，成为他后来删定《诗三百》的指导思想。

季札出使郑国之时，会见了子产。他俩一见如故，倾心交谈。季札表现出了对郑国时局的异常明晰的洞察力，二人于是结下深交。季札又来到卫国，通过广泛交往，发现卫国有许多贤明之士，卫君也很开明，于是他对人说："卫国虽然只是一个小国，但是有很多贤士良臣辅佐卫君。这是一个政治稳定、百姓安居的国家。"卫国在一个不短的时期内，确实是平安无事的。季札的判断，很服人心。其间，他又同齐国的晏婴、晋国的叔向等会晤，畅谈政事，评论时势，阐发周礼周制，特别是预言晋国势将三分、郑国没有多大前途等，中原政坛名流都惊服他的透彻分析。由此，中原国家纷纷通好于吴国，吴国也就取得了融入中原社会的"资格"。

季札的成功，有赖于他对中华文化血脉的准确把握，也有赖于他对当前国际形势、国外信息的及时掌控。

3. 子贡出使　春秋交通便捷

有一件史实，可以突出地说明"黄河—淮河—长江"之间交通的便捷与各国之间声息相通的极端重要性。

春秋末期，公元前485年，齐国权臣田常图谋篡权，想把国人的视线引向国外，便拟发兵去攻打鲁国。孔子知道了，要学生子贡设法救救"父母之邦"。子贡是个富商，在国际政坛上颇有影响。他便跑去会见田常，劝他养精蓄锐，以便与北进中原的吴国决一雌雄，那才真叫英雄。田常答应按兵待战。子贡便连忙赶到吴国（苏州），对吴王夫差说："你真要争霸，就必须先打败齐国，晋国也就不在话下了。"吴王当即决定发兵北上攻齐。于是子贡又向吴王放风说："我要去越，动员越人前来为您助战！"

谁知子贡到了越国，却拼命鼓动越人"趁吴国国内空虚之机，赶紧发兵，直捣吴的腹地，可一举报亡国之恨！"越人自然言听计从；而吴国主力此时正在前线跟齐国交战呢！子贡又赶到晋国，让晋国准备好，快去收拾吴齐决战之后的残局，坐收渔人之利，晋国当然乐意……子贡一出，达到了安鲁、破吴、强越、助晋、败齐的效果。这当然与当时交通便利、交通工具的改良分不开了。

当时各国造的大车，能装五十石谷子而运转灵活，即便长途运输也不折车轴（参见《墨子·鲁问》）。子贡一行，连骑结驷，很有声势。连孔子的名声，也是靠了他的到处游扬的呢！春秋时，商人、学者参与政治，不论是老子、孔子、墨子、孟子、庄子、荀子，还是弦高、管仲、范蠡，都离不开便利的交通。尤其是孔子周游列国，就十分典型地说明了华夏文化区交通的四通八达、交叉错杂。孔子周游列国，以鲁国为中心，北到齐国，西到宋卫曹陈蔡许郑，直达东周洛邑；他也到过楚国，仅仅没有进入关中（孔子西行不到秦）。他在走了这些地方之后，还说过"道不行，乘桴浮于海"的话，尽管是牢骚话，总还是指出了未来人航海东去赴南韩与日本的路，不失为一种智慧的启示；而山东半岛的人浮海而达辽东半岛的事，则早已是家常便饭了。

四　车辆制作和车马驾驭是门艺术

先秦以车轴决定路宽，车的标准化制作很受重视，其工艺也非常精致。我们可以从古代典籍图像中看到其形制，还可从各地"车马坑"发现的实物遗存中得到真切的印证，更可以从《周礼·冬官·考工记》的"轮人"、"舆人"、"匠人"等篇目中得到关于车辆制作的具体技术参数。而《周礼》、《仪礼》等书中关于车马驾驭术的考求，其达到的技艺水平让今人吃惊。

1. 车辆制作的工艺要求

《考工记》全面论述了车辆的制作工艺，从原材料的选配，到各型车辆之零部件的制作程序、工艺标准，到检查验收之方式方法，都有系列性的操作性技术参数供人们依循。

《考工记》将"攻木之工"分为"细木土"和"大木工"两类。细木工含轮工（专制车之轮轴、轮辐、轮框者）、舆工（专制车身、车箱、车盖者）、辀工（专制车辕者）、车工（负责农具、农器的木质部件的制作）；另有称为"大匠"的大木工，是专门负责房屋宫殿之木结构加工者，以及国家级土木工程的建筑者。曲辕大轮，辐条密輳，只供立乘，以马驾车。

西周战车

关于车辆制作的工艺标准，《考工记》首先明确了车的各部件的规格与制作要领，尤其是突出了轮径的"模数"地位，强调轮径决定着全车各部件成比例的规格要求。其经典性要求就是"三称"：即车轮的高度，车箱的宽度、高度，车辕的长度要做到三者如一。若轮径标定为六尺，那么，就要依六尺轮径＝轨宽＝箱高＝辕长的公式去加工木料。以车轮直径为基准定轨宽后，再按比例推出车辆其余各零部件的尺寸，这叫"模数法则"。人们对"车同轨"之说，通常只是泛泛地理解为一种人为的"行政要求"；其实它是有严格的系列性技术数据的，它非常科学而适用。

最实在的是，文章对车轮的三大零件毂（gǔ）、辐、牙分别作了明确要求：一，毂，车轮中心的圆木，中穿车轴；其外周凿有一圈榫眼，以插入车辐；毂需圆转滑利，特别坚牢。二，辐，车轮中连接车毂和轮圈的直木条。装配辐条要根根"直指"，不偏不倚，成放射状，辐间角度完全均一。三，牙，即"车辋"，轮边。它是由曲木方围合而成的，要求能紧固地"抱成"一个"圜"。只要毂、辐、牙三者"不失职"，都各得其法，即使车轮用久而磨损了，也不会散架。把加工好的车毂、车辐、车牙（辋）三种零部件组合成合格的车轮，叫做"斩三材"。具体地说：

（1）制"牙"。要用"曲木"，而"曲木"是用直木方揉制而成的（不是砍削出来的）。制做轮牙时，先统一做出一批标准直木方，再将平直木料烘揉出固定曲率来。这时，若将木料反着烘烤，则其心材必为轮牙之外围，边材必为轮牙之内圈，这利于车之"泽行"；若侧着木方去烘烤，使心材与边材同一方向受烤，这样揉成的"牙"，利于车之"山行"。这是"材美"与"工巧"的最佳组合。

（2）制辐条。《考工记》规定了辐条与车毂的结合比例，要求"凿深＝辐广＝弱长"三相等，也就是"榫孔深度＝辐条截面宽度＝榫头长度"。违背这个公式，榫宽大而凿孔浅，易于松动脱落，结构不稳固；孔深窄而榫细长，虽稳固但不坚强，榫头易折断，轮牙易破裂，不适于承载，尤难以长途使用。这"三一致"公式，是当今建筑学上"肱梁公式"的最早确立，是数字化的榫卯定理。

西周战车

（3）制轮。文章又提出了为适应各种不同的路面，尤其是石板路、土路、沼泽地，需要制作宽窄不同的车轮，这也很合理，并已为考古发掘所证实。

（4）制辕。要在车辕靠后的三分之一处凿半圆形的槽以承轮轴；轮轴上也凿一浅槽，使两者相钩，不致脱落。车的宽度与轭之长度相适配，都是六尺。古代车有直辕、曲辕两种，平地牛车多用直辕，马车、战车要用曲辕。直辕车有三大缺点：一，笨重，难以上坡，车身重心坠后，极易翻车；即使上得了坡，也耗力加倍；二，上坡时，要费人力压伏下车辕，以降低车的重心；否则后坐力大，辕套必然勒紧牛的脖子，会把牛憋死；三，下坡时，车身下冲力加大，很危险，就得反向拉住车邸（车后），否则会直冲牛马臀部。因此作者认为必须改直辕为"曲輈"，而且要特别结实耐用才行。这反映了先秦对斜面力学原理的精准把握。

（5）制车盖。古代乘车有立车、安车两种，安车只供高龄者坐卧用，君主、官、民、兵士都乘"立车"。车上都有遮阳避雨的器件，约呈伞形（长方形或圆形）。盖顶要高，而盖檐要低，这样下水才快，而且雨水之"檐溜"旁射得远，不致溅入车内。盖的总高为十尺。但盖顶不能太高，盖檐不能太低，太高难作车门，太低会挡住视线，限制了车上人的视野。好的车盖在旷野飞驰时，还应保证不飞卷、不坠落，这要有"国工"级的高强手艺才能胜任。

同时，周人还制定了对车轮作严格技术检测监控的六种方法，《考工记》称之为"察车之道"。它说："凡察车之道，欲其朴属而微至。不朴属，无以为完久也；不微至，无以为戚速也。轮已崇，则人不能登；轮已庳，则于马终古登阤（阤 zhì：山坡地）也。"这是说，"察车"最基本要点是：从"车轮接地处"入手，检测其"微至"，即正圆的车轮之着地的那一处之面积是否最小（即摩擦面最小，车行阻力最小）。所说"轮已崇"、"轮已庳"的"已"，是"过分"的意思。这是说：车轮过分高，则人不能顺利登车；过分矮，则上坡时马拉起来就特别费力。你看，对车轮的制作设计，既有人性化要素的考虑，又有对马拉之施力合宜度的考虑，并从中找到了人、车、马之间平衡协调的最佳数据！它是我国古代关于滚动摩擦与轮径关系的最早记载，全是数字化、人性化的。

"察车"的总要求是"可规、可矩、可悬、可水、可量、可权"，就是说：可规：可用圆规来测定其轮圆，确保全轮的正圆。可矩：可用曲尺来测量辐条按装的角度正不正，并给予匡正。可悬：以悬垂来检视正相对的两根辐条的垂直度，确保其在一条直线上。可水：将全轮浮于水面，以视其各部之质量与体积是否均等平衡。可量：用最小标准长度单位——一粒黍米的长度——来测量"薮"（即轴孔、榫头）的口径，确保接合部的紧致坚牢。可权：可称量，看各个零部件的轻重是否均衡、合格。若产品经得起上述六种办法的测定，这样的工匠就可评为"国工"，进入"国家级高等工艺师"的行列。

《考工记》的技术说明行文严谨，而讲功能功艺时，又洋溢着作者对科学技艺的强烈关注之情。

2. 车马驾驭术的技能考核

上古的交通、运输以至战争，都离不开"车马"，这就得十分讲求驾驭术，它也是驭手谋生的一种高级技能。当年，孔子教生徒以"六艺"，御（驭）是六艺之一，可见其重要性。"御"，就是驾驭车马的技艺。先秦的"车"是当时最先进生产力的代表性事物之一，是当时最主要的"机械化交通运输工具"。那时的御（驭）者要会驾驭，要善于协调"骖"与"骊"与"服"来作长途跋涉，他得保证不翻车，不撞车，还要会修车，勤喂马，善驯马，其技术要求远比当今驾"宝马"车难多了。

当时驾车驭马，有"鸣和鸾、逐水曲、过军表、舞交衢、逐禽左"等五大项高超技艺，即所谓"五御"之说。现分别而言其操作要领与验收标准：

（1）鸣和鸾。"和"安在车轼上，"鸾"装在车衡上。要求"鸾鸣和应"，以音响节奏分明而谐调动听为佳。《韩诗》云："升车则马动，马动则鸾鸣，鸾鸣则和应。"鸾鸣而和应，为的是调节驭者长途跋涉之单调；也用以通告前方"大车来了"！以便行人预先避让。

（2）逐水曲。郑玄注释说："谓御车随逐河岸堤道、沿水势之屈曲而不坠于水也。"要求在曲折拐弯的河道大堤上驾驭车马，能平稳转弯拐角，不致翻车；而长途运输或战场奔驰，会遇上各种地形地貌，紧急转弯变向是不可避免的，特别需要驭者的技术保障。

（3）过军表。"过军表"之"表"，是在旷野竖起两根标杆形成"门"。门杆之间的距离，比车轴两头各宽出一拳。两门杆之间地面，再竖置一短"闑（nèi）"，用来限定车轮运行的方向。门之正前方远处置一目的物。驭手驾驷马大车，从门外很远处起步，穿门而过，向目的物急驰而去，车马不得撞击门杆（参见《毛诗·甫田》注）。另外，《榖梁传》也有类似说法，可见古代确实是这么做的，它比今天"驾校"的考核项目要难上一百倍！

（4）舞交衢。交衢，交叉道口。谓御车在交叉道口通行时，车马之旋折或直行，都要应于舞节，像舞蹈一样顺畅有序而轻松地通过。《周礼》要求"舟车击互，叙而行之"。可见当时的交通法规、交通管理也是很严格的。

（5）逐禽左。"谓逆驱禽兽时，使左当人君，以射之"（同上）。驾驭帝王的打猎之车（战车）时，依礼必须保证"人君自左射"，保证帝王能始终向左面方向射击禽兽（或敌人）。驭手必需随时调节车马的前进方向，以保证君主始终自然地向左发射，这当然不容易。因为对象（敌人、野兽）不会老在一个方位上等你去射它。

古人在山原旷野驾驭车马，地面往往坎坷无"路"；有一车四马、八马的，在原野上驰驱，让车马协调好，已经不易了；有时还要与劲敌交战，这可不是闹着玩的，需要极高的驾技。

车有各种用途，充当警卫装备的车是个特例：《左传》载："楚子为乘广三十乘，分为左右。"十五乘为一广，一广有一百二十五人从之。左右两广，负责白昼护卫王宫：右广从鸡鸣时起，值勤到日中；日中至天黑，由左广受而代之。至于深夜，则由亲兵近卫军轮替，当夜值宿。驾这样的警巡车，技艺倒在其次，政治责任则非常重大。

为了确保交通运输的正常运行，先秦人士付出了辛劳与智慧，值得我们认真总结，并从中汲取灵智的启迪。

五　经途有别　出行守礼

先秦时期，道路建设有一定轨制，对不同地区，不同级别的路段，有相应的幅宽限制与质量指标，即所谓京师"九经九纬"，京畿"经途九轨，野途五轨"等规定，以"轨"为单位来测定、验收。同时，在严格的等级途制下，其御道、国道、驰道、驿道、大道、街道，有明确的功能区分，因而有相应的通行礼仪与秩序规定，那也是必需遵守的。倡导礼让，有序通行，历来是展示社会文明的窗口，轻忽不得。讲交管，当然应该讲法制管理，而讲礼让，更应该是全民的自觉行为。在这方面，近现代中国人的礼让精神，倒似乎有些退化。下面综合回顾一下西周以来经途有别、出行守礼的情况。

1. 培育社会的遵礼守法意识

先秦国家非常强调对交通的治安管理，尤其是在禁卫方面。据《韩非子·内储说》载：楚国《茅门之法》曰："群臣、大夫、诸公子入朝，马蹄践溜者，廷尉斩其辀，戮其御。"于是楚太子入朝，马蹄践溜，廷尉斩其车辀，戮其御者。太子大怒，向楚王泣曰："为我诛戮廷尉！"王曰："法者，所以敬宗庙、尊社稷也。故能立法从令，尊敬社稷者，社稷之臣也。焉可诛也？"于是太子乃请罪。

又一日，楚王急召太子。楚国之法："车不得至于茅门。"天雨，庭中积水，太子驱车至于茅门。廷理曰："车不得至茅门，你犯法了。"太子曰："王急召，不得待。"遂驱之。廷理举殳击其马，败其驾。太子入朝，对王泣曰："庭中多潦，驱车至茅门。廷理曰'非法也'，举殳击臣马，败臣驾。王必诛之！"王曰："前有老主而不逾，后有储主而不属，是真吾守法之臣也。"王大喜，乃益廷理爵二级，而开后门出太子。

引用这两则故事，是要说明：先秦国家很注重交通立法，令出必行，而且从政府高级成员做起。培育社会的守法意识、接受管理的意识，是有序交通的第一要务。

2. 经途有别　等级分明

西周镐京有九条纵向大道，九条横向大道，每条道的幅宽均为九轨。一轨是8周尺，九轨即路面可允许并列九辆大车，计宽72周尺，合今16.3米，比而今之六车道的公路还要宽（以一车道为2.5米计）。镐京周围方圆一千里内，号称京畿或王畿。王畿以外分封给诸侯。王畿的边界线上设有十二个关。从镐京到十二关修筑了"国野之路"，按规定"野途五轨"即40周尺，合今9.2米宽。这样的等级规定，只按王权至上的原则来限定各种不同地形、不同运输量条件下的路段幅宽，体现了强烈的宗法思想。它不顾及交通运输量的大小，在当时却被认为天经地义。当然，路的建成本身，还是能满足当时的运输需要的，因为当时关中人口不会超过百万，上路的人与车很少，9.2米宽的大道也就够用了。

《礼记·王制》和《国语·周语》等文，对道、途、路、径、畛的修筑规格、质量，对道桥及行道树的日常管理与维护，也都有《条例》可供依循。前已说明：西周政府发布了"雨毕而道除"、"列树以表道"等条令；且每隔十里，要修一座庐舍，准备好饮水与草料，以便过往人员休整喂马。《周礼·小司马》要求："周知山林川泽之阻，而达其道路"……由此可见：先秦各国政府对水陆道路的通行管理是很周详、很认真的。这大概是世界上最早的"交通安全管理条令"了，它就写在儒家经典中。

为了实现"礼乐征伐自天子出",周王室规定各路诸侯应定期或不定期地向天子朝贡,进行会盟、述职,因而在全国又建立了一套邮驿交通与候馆设施,以保证官家通行与运输的方便。

3. 出行守礼　入国问俗

有交通必有交通管理与交通礼仪,古人对它尤为看重。出行守礼,首先是守"周礼",还要守风俗礼仪。"入国先问俗",这是规距。

西周一朝,在维护交通秩序方面,在保障在途人员的安全通行、合法通行方面,草创了一套硬性的法令与措施。最基本的,凡国人要迁徙或出外旅行,事先都必须申领符传,且符传只能使用一次,用完归还。旅客在途,随时有人查验,特别是在关卡、城门、要害处所,或宵禁、戒严之时,必须主动交验符传,否则作非法通行处理,最轻也得押送到狱城(圜土)中去强制劳动一至三年。在京畿关门与京师城门,稽查尤为严格,凡"出入不时"、"衣服不正"、"出入不物"、"行不由径"者,都要受到查处。出入不时,即不按规定时限出入,通常是"日出而作,日入而息",城门、关门则早晨六时开门,黄昏六时关门;城里人在关门期间不得夜行,甚至不许用火;市场则上午十时开放,下午四时闭市,不得超时作息。"衣服不正"是指穿着与其公开身份不一,异言异服的外乡人尤在警惕戒备之内。"出入不物"是指所携带的物品与其声明的出行目的不符;若是违禁品、危险品更在查禁之列。"行不由径"是指不走正道,为避开检查而抄小路、便道、僻径；或非法翻越墙垣和其他障碍物。《易·系辞》上说："重门击柝，以待暴客，盖取诸《豫》。"柝，巡夜时用的敲击器，即梆子。所谓"击柝"，就是让巡守值班人员在关门、城门等要害地方轮番警巡，防火、防盗、防谍，敲梆子，报平安。而所谓《豫》，是《易经》六十四卦之一，取义于"防患于未然"。预防犯罪是社会管理的基本原则。为此，《礼记·王制》篇要求"关执禁以讥，禁异服，识异言"。《孟子·公孙丑》篇还要求"关讥而不征"：税可以不收，但稽查却懈怠不得。

顺便说一下：出发于"预防犯罪"，把公共安全巡查列入政府管理职能，这在中国有悠久的历史，至迟始于西周；而在西方，比如英国，政府组建"守夜人"对城市安全作夜间巡逻，是13世纪以后、从曼彻斯特城开始的，比中华晚了十五个世纪，而且不成规模。

《周礼》中还明确规定：不许宵行夜游，不许横行径逾，不许在街上或市场中吵闹斗嚣，不许尾随外宾、围观外客。

在《周礼》中，规定政府专设"调人"负责调解邻里纠纷，连过失伤人也由他调处；又专设"禁暴"一职，负责巡查市场，"禁其斗嚣者，与其暴乱者，出入相凌犯者，以属游饮食于市者。若不可禁，则搏而戮之"。权力不小，甚至有权格杀作乱之徒。凡打架斗殴、制造事端、结伙群游，圈属群徒去"出入相凌犯"、掠酒食、争马牛、抢女子等情都要严管；政府还有专人负责清理街道沟渠、掩埋无主尸体，制止侵街建筑等等，考虑得不可谓不周详；连"行歌哭于国中之道者"，"嚣呼叹鸣于国中者"，都要管束。这不许在大街上歌哭叹鸣之禁，直到汉朝还有效。有一次，朱买臣在街上大呼小叫，就受到他老婆的警告："你这么叫唤，弓手（街头巡警）要收拾你的！"

在公共交通方面，还有不少的礼仪性的禁令。《礼记·王制》篇讲："道路，男子由右，妇女由左，车从中央。父之齿随行，兄之齿雁行，朋友不相逾。轻任并，重任分，班白不提携。"走路也要贯彻伦理道德教条，实行男女分途，人车分流。据说孔子在鲁国当司寇时，三个月内，就作到了"道不拾遗，男女分途"。今天看来，男女分途，早已废除；而人车分流，则更显必要了；至若礼让老弱与负重者先行，甚至给予必要的扶助，尤为文明人类之行为准则。

另外，除硬性法规外，古代还有一套风俗性的"交通礼仪"：出行时，古人很讲究"送行"、"饯别"、"祖道"、"馈赠"之礼，返回后有"接风"、"洗尘"、"团聚"之仪；在途也有相关避忌之俗，还有祭拜山川、道桥，祷告蛇虫、风浪之礼。那都是很有讲究的，各地也有不同习俗，甚至互相矛盾的做法。

六 亭：小国寡民时代的地标建筑

在我国文明史、建筑史和交通史上，最初的"亭"，作为商周时的一种地标式建筑，一般建在千百个小小诸侯的"都邑"所在地，经春秋争霸，大多数的"亭"逐步地也逐一地沦为乡聚建筑，少数则上升为大国城池的守望设施。而多数实值已倾圮，只在地名上遗留下了某国之"亭"的记忆。

晋杜预很重视考察春秋时代山川国邑、道途关津，搜集了与"亭"相关的大大小小的历史事件，在他的《春秋释例》之卷五、六、七各卷中作了汇记。这一批"左传地名"中，有110个著名的"亭"，当年大多原本是"小国之都"。以今山西、山东、河南三省为例，计有：

山西境内：临汾县西北有狐谷亭，汾阴县有董亭，闻喜县西有稷山亭，垣县东南有壶丘亭，轵县南有苗亭，上党壶关县有黎亭，高平县西南有茅乡亭。

山东境内：泰山奉高县西北有卫亭，无盐县东南有郈乡亭，姑幕县东北有兹亭，蒙阴县西北有夷吾亭，济北卢县有东清亭，谷城县东北有周首亭，于陵县西北有于亭，祝阿县东有野井亭，营县南有赖亭，萧县西有红亭，临沂县东有艾亭，西安县东有戟里亭。

河南境内：弘农陕县东北有田亭，巩县西南有汤亭，巩县西南有黄亭，洛阳县南有褚氏亭，阳城县西南有负黍亭，缑氏县西北有刘亭；荥阳卷县西北有扈亭，中牟县西有清阳亭，中牟县西南有林亭；阳翟县西南有高氏亭，武平县西南有鹿邑亭，颍川长平县东南有辰亭，陈留襄邑县西北有滑亭，封丘县北有桐牢亭，雍丘县西北有鸣雁亭；长垣县西南有宛亭；繁昌县东南有城皋亭，宁陵县北沙有随亭，睢阳县南有横亭，睢阳县东有鸿口亭，汝阴襄信县西南有白亭，邹县东北有棘亭，长平县西北有阎亭，新蔡县东北有栎亭，西平县有柏亭，阳安县南有道亭，叶县南有卷亭，南乡丹水县北有三户亭，上庸县东有方城亭，皮氏县东北有冀亭。

上述之"亭"，往往是已被灭亡之西周所封的一大批诸侯国之都城所在，如"过乡亭，在莱州掖县西北二十里，本过国。北海平寿县东寒亭，本寒国"之类；而董亭、黎亭、苗亭、邧亭、于亭、赖亭、红亭、艾亭、田亭、黄亭、褚亭、刘亭、林亭、扈亭、宛亭、滑亭、白亭、阎亭、冀亭之类，便都是上古小国董国、黎国、苗国……的都城所在，全是一批"方十里"左右之小国，后来也成了"百家姓"的一种姓源。

老庄所说的"小国寡民，鸡犬之声相闻"，正是当时"亭"类小国的写照。"亭"字，"从高省，丁声"；与京、高、享、郭等字同一部首，指中原大地地平线上的一个个高高的醒目的"地标式"建筑。《后汉书·地理志》对此亦有记载，并具体说明了它们的来历。

亭式城邦小国的大批沦亡，正是春秋数百年的争霸斗争中"大欺小"、"强凌弱"的见证，它也是中华大地走向统一、走向一体化的必然过程。温习齐晋秦楚的振兴史，无不有"灭国三十，扩地千里"之类的记载，这些"国"，大多是些"亭式小邦"。要知道：这种小邦的灭亡，只是其"政权形式"的丧失，其人口、土地、文化、物产并未消失，而是被这样那样地组合到大国之中了。如淮河流域众多亭式小国，均为申黄江蓼许陈以至徐泗等所兼并，而后这些兼并者又为人所并，于是渐次走向"统一"，它为全国性交通网清扫着基地。

"亭"见证了一大批小邦诸侯破灭的历史，见证了诸侯兼并、国家走向统一的进程。它使人联想到西欧莱茵河畔，直到15世纪仍然邦国林立、遍地关卡，而后才逐步出现向"民族国家"发展的趋势。我们为中国先民远在纪元前八百年前就走出了这条小邦林立之路而感到十分庆幸。

第三章　华夏的交通文化(下)

交通，说到底，就是人员、物资与信息的交换与流通。西周时期，特别是春秋战国时期，随着社会生产力的发展，随着各邦国、各地区间政治、经济、军事、文教活动的展开，特别是战争与商业活动的展开，社会对于交通的要求越来越高，国家的交通建设也越来越强化，到春秋战国之际，邮驿网络已经遍布中华各地，而政府设置的邮驿传舍与候馆也普遍开张，满足了国家对于信息交流的需要，满足了各级各类政府信使、官员及邮驿人员的交通需求。

一　战国路网的灵活运作

公元前376年，晋国的三家世卿赵魏韩瓜分了晋国，自立为诸侯，从此中国历史进入了战国时期。经过一百八十二年长期激烈的战争，最后由秦于公元前221年统一了中国。在中华广阔的区域内，在农业手工业发达的基础上，商业、交通业也迅速发展起来，万户之邑纷纷建成，交通往来十分频繁。《战国策·齐策》载：临淄七万户，"车毂击，人肩摩，连衽成帷，举袂成幕，挥汗成雨"。《魏策》载：大梁、新郑之间，"人民之众，车马之多，日夜行不休已，无以异于三军之众"，"人驰马驱，不待倦而至"，大路上"朝衣鲜而暮衣弊"，呈现出前所未有的繁华景象。

战国时，各国的都城都发展成一方的政治经济文化与交通的中心，各国又都有一批工商业都会，蔚成一派经济发展的景象，也就成了敌对势力进攻的重点。战国初年，齐之临淄，赵之邯郸，魏之大梁（开封），韩之洛阳，秦之咸阳，楚之鄂城、宛（南阳）与寿春，都是当时的繁华城池。在这种历史条件下，城防设施与城区交通管理，也就十分重要了。

战国重要城市分布图

1. 长城内外　燕赵联通

战国时，北方的燕国，以蓟（北京）为都城，蓟城以南，建广阳郡、巨鹿郡，蓟城以北，由西向东，依次设上谷、渔阳、右北平、辽西、辽东诸郡，并在今张家口—赤峰—沈阳一线修建了燕长城，与活跃在今内蒙的东胡人与东北的与肃慎人，共同开发我塞外地区。《史记·匈奴列传》说："燕有贤将秦开为质于胡，胡甚信之，归而击破走东胡，东胡却千余里。"此后，塞上与东北地区，跟中原就有了经济文化交流。燕国通往南方有一条主干道，从蓟城通往中山（河北定县）、邯郸方向；另有一条近海航线，沿渤海湾通向齐国。向北方出句庸塞通往今内外蒙，向东北出令疵塞通往今辽吉以至朝鲜半岛。燕国的经营，为后世开发塞上奠定了基础，为开发东北准备了条件。

赵国建都邯郸，在交通事业上有两大突出贡献：一是赵武灵王主持改革，大力推行"胡服骑射"，将中原服装宽袍大袖改为短装窄袖，系皮带，着皮靴，练习骑马射箭的功夫。赵国军事力量因而强大起来，向西北方向开疆拓土，占有了今内蒙呼和浩特、包头一带地区，并迁移大批居民实边，与楼烦、林胡一起，开发大草原，筑成了赵长城，西起河套、东至张北的"无穷之门"，与燕长城一起，整合了内蒙与晋北、冀北的交通。赵人又在今河套之北假地区建高阙塞（五原境内），在河套南部设挺关，在晋北一带置云中郡、雁门郡和代郡，将各郡沟通起来。强化了对这一地区的行政领导。从此，燕山、大青山、阴山一带的草原文化区，便与中原文化区连成一体了。从此，"北人骑马"便成为中国北方最通行的交通手段，极大地改变了中国古代的交通运输结构。《史记·赵世家》载：赵武灵王把国政交给儿子，自己身穿胡服，带了几名士大夫，西北进入胡人领地，并规划从云中、九原"直南袭秦"。可见云中至咸阳，是有一条通道的。有名的鸿上塞（在晋北恒山）、句注塞（在晋北句注山）等，便是从这时起大敞其道的。后世对华北—内蒙的经营，就是由燕、赵人打下的根基。秦、汉、北魏、隋、唐都很重视塞上交通与开发，注重把内蒙中西部与晋北、晋中、冀北、冀中打成一片，屏障内地，成为中原文化与漠北文化的过渡地带，燕赵人（包括其控制区内的华夏人、楼烦人、林胡人等在内）起了先驱作用。

2. 齐人首创栈道木阁

除秦楚外，齐国是战国时期东方实力最强的国家。春秋时，齐人有"束马悬车"以进太行（《国语·齐语》）的记载，不过，这样"走"出来的路，很难持久地使用。进入战国后，燕人下齐七十城，后来田单反攻成功，为了迎接齐顷襄王回都，在城阳山间修筑了一条栈道。这是古籍中记载的我国早期栈道之一，这才是丛山峻岭间可持续使用的道路工程。《战国策·齐策》载：田单"为栈道木阁，而迎王与后于城阳山"。这种栈道，是在山岩绝险之处"傍凿山岩，而施板梁为阁"而成的，惊险得很。这种筑路方法，不能不说是我们先民征服高山的一大创造。齐国人援救晋国时，"束马悬车"过太行，同样惊险。齐国与燕赵韩楚之间，交通极为发达，特别是古黄河、清水、济水之间，道路旁午，交叉错杂，四通八达，史称"午道"（《史记·张仪列传》）。齐国的都城临淄，被认为是当时最繁华的都市之一。临淄城有七万户人家，苏秦说，可以动员的兵力达二十一万，城中有一条十字大街，一名为"庄"，一名为"岳"，那里热闹非凡。孟子说外籍人要学齐语，只要"置之庄岳之间"，很快就能学会，用不着专门去教。这里的人"家敦而富，趾高气昂，举袂成帷，挥汗成雨"，吸引着各国商旅。

田单之后，齐国境内很少发生大的战争，经济发展没有遇到过多的破坏，文化事业则是七国中办得最好的。齐宣王时，临淄有座"稷下学宫"，招纳天下学者不下数百千人，"不治而论议"，其中邹衍等著名学者七十二人，"皆赐列第，为上大夫"（《史记·田敬仲世家》）。荀子在此"三为祭酒"，当了三任"大学校长"。可是孟子带着他的豪华车队浩浩荡荡地来访，却没有人邀他留下来讲学，这让他很不高兴，所以他恨齐王，还骂荀子。齐宣王还成立了一支大型乐队，常常演奏。齐国人喜欢击筑吹竽，是有其经济基础的。正因为如此，齐国的交通设施，比如说接待旅客的馆舍，也是当时第一流的。连孟尝君的私人客馆，也有传舍—幸舍—代舍—上舍几个等级，用以接待不同身份、不同才干的远方宾客。

战国时期，临淄、大梁、宛、寿春这样的大工商业都会很多。这些都会，都是当时的交通枢纽，带动着周围地区的发展进步；而七国交通是互相联通的，对于带动华夏经济的成长，起过明显的历史作用。

3. 魏韩控制下的中原交通形势

魏国是战国时期首先强大起来的国家。魏的第一位君主魏文侯，重用西门豹、李悝、乐羊与吴起，尊重子夏、田子方、段干木等贤士，在晋文化的基础上，大力发展魏的经济文化，取得突出成就：在西部，他牢牢地控制着黄河自孟门以下直至三门峡一段，并在今陕西北洛河至华山一带筑长城与秦对峙。在中部，他将晋豫交通线即处于太行王屋之间的战略通道——轵道——控制在手中。在东部，他又发展势力，控制着今河南新乡、安阳、开封直至许昌地区，对韩形成半包围的态势，对赵齐楚形成进击的态势。魏人特别注意大梁（开封）的建设，后来并迁都于此。

魏人在交通事业上的贡献，无过于对开封地区之水运的开发了。在开封北面，它开挖了连接古黄河与古济水的"大沟"；在开封四围，又开挖了一条"梁沟"，直通济水；又从开封向南直到淮阳、沈丘之间，开挖了"鸿沟"，以沟通济水和颍水，进而可达淮水。鸿沟的开挖通航，将古黄河、古济水与颍水、淮水连成一体，进而又通过邗沟与长江联通起来。鸿沟是古代继邗沟之后的又一条重要运河，对于沟通华中—华东地区起过不小的历史作用。《史记·河渠书》说："荥阳下引河，东南为鸿沟，以通宋、郑、陈、蔡、曹、卫，与济、汝、淮、泗会。"汉末魏晋时的官渡水以至北宋的汴河，就都是它的遗存。《史记》对鸿沟的水利事业作了肯定："可行舟，有余则用溉浸，百姓享其利。"加之"西门豹引漳水溉邺,以富魏之河内"。魏国国力迅速上升,成为战国初年的一个举足轻重的国家。从大梁通往齐鲁宋韩的大道上,"人民之众,车马之多,日夜行不绝,轰轰殷殷,若有三军之众"(《史记·苏秦列传》),可以想见其兴旺繁华的程度。

韩国地处中原腹心,拥有春秋时东周王室与郑国等的领土,初都宜阳,后都新郑。这是一片四冲之地,西邻强秦南接楚,北通赵魏东连齐,与各国几乎年年有战争,各国富商大贾也在韩境内活动,苏秦、吕不韦、韩非与张良,都是韩国人。战争与商业,促进着韩国交通的发展。韩境内的主要交通干线为:从新郑西去,出辕辕关通洛阳,由洛阳向北过黄河可进入晋东南;由洛阳西去崤塞、函谷关可通往秦国。从新郑东去,出榆关通向魏都大梁(开封),转东部各地。另外,从新郑南去,过岸门,出汾陉塞(在今许昌),通往楚方城。这些大道也都是当时中原的战略要道。

4. 鄂君启节 见证江淮联运

楚国在春秋前中期,一直保持着上升势头,到春秋末年,在与吴人的较量中,却吃了大亏。进入战国时期,楚又连连得手,灭掉了淮汝颍泗之间的陈、蔡、鲁等古国,又灭掉了占据江淮下游与太湖地区的越,统一了淮河以南大半个中国,北部边境线推进到鲁西南地区。后世中国每发生南北对峙时,大致也就是以淮水一线为界的。在如此广阔的地域内,南方各族人民杂居交融,形成与中原文化既相一致又独具特色的楚文化,为后来全国的大一统奠定了重要基础。当时，在楚国境内，已经形成了一个完整的覆盖江淮两大流域的水陆交通网。这个交通网，东抵大海，保持着吴越以来的近海交通，促进着齐鲁江浙沿海地区的协调发展；西抵滇黔，既可溯江而上联通巴蜀，又可溯洞庭沅水西去，直取夜郎、苍梧与滇池，对后世开发大西南地区，开发广西、湘西地区起了先驱作用；楚国北抵琅琊、彭城至淮阳、方城一线，淮河流域的水陆交通完全掌控在手了。南方的湘水、赣水也已开发出来，商船可达余干（今江西余干）与青阳（今湖南长沙）以远。楚境内的主要交通干线，水路有淮水、汝水、颍水、泗水、汉水、江水、沅水、湘水、赣水、余干水、浙江（钱塘江）、中江、太湖、邗沟等重要水道，陆路主要是与江淮平行的东西干道，以从宛（南阳）东下寿春一线为最重要，其次则是经随县过黾塞向寿春的路线，黾塞十分重要，是桐柏山与大别山之间的南北孔道。从寿春可以转向南过昭关通向吴越，也可从寿春继续沿淮东下入邗沟向吴，或北上齐鲁。从寿春也可直接北上彭城或西北上淮阳，与中原水陆通道相衔接。应该说，寿春是淮水中部的一个交通枢纽。当年墨子、荀子等人往返于齐楚鲁宋之间，就是依靠了这些路线而畅行无阻的。楚国另一条陆路主干道是从郢都北上襄阳（邓）、南阳（宛），然后出方城经"夏道"通往许昌与新郑，或出方城过轘辕向洛阳，或出方城向淮阳（陈）、睢阳（宋）与曲阜（鲁）。这些南北干道，是楚国和中原各国交通的大动脉。楚和秦打交道的传统陆路则是从襄阳西北去、沿汉水和丹水上溯汉中或关中的通道，一可通往丹阳、蓝田，一可控制上庸、汉中。可以说，楚国交通经营的重点地区便是江汉、江淮之间。这样水陆通联、江海一体的交通网，是战国时其他任何一国所无法相比的。这是先秦实现江淮联运的实物证明。

同时，楚国水陆交通线管理得很好，有全国统一的行政管理和水运业务安排，所有水陆干线形成一个有机体系，而不是自生自灭，各自经营，所以运输能力很强，运输效率也高。

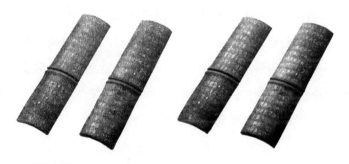

楚鄂君启铜节

20世纪50年代末，我国考古工作者在安徽寿县出土了一批重要文物，其中有五枚铜质符节，名为"鄂君启节"。节上有文字，标明此节铸成于楚怀王二年（323）。鄂君，楚国后期封于鄂（今湖北鄂州一带）的一位宗室，名启。他拥有一支私人的庞大船队，专门经商。从《鄂君启节》可知：此节分水节、陆节两种，分别用于水运和陆运。一式两份，一由"运主"持有，一交关津负责人收管。查验时，两相"符合"方可放行。节上载明通行路线、货物启卸口岸，运载数量、品种、应交税款或税物；规定禁运品种与限量，不许逃税漏税；关津不得漏查瞒报。这份"水陆联运符节（凭证）"的出现，证明了楚国水陆交通与商贸的高度发达，是国家级珍贵文物。它见证了楚人对江湖湘赣与淮汉颍泗的水陆商贸网的构建。

这位名启的鄂君（楚国宗亲）组建的水陆运输队很庞大：船50舸，150艘；车50乘，每乘配马4匹，载货20担，一次运货1000担。他有权在楚国办水陆联运，运营范围遍及楚境各水陆干线。据其内容可知：当初，鄂君启的船队，由郢都出发，满载商品，沿江东下，南达青阳（长沙）、余干一带；东达今安徽芜湖．然后取陆路北上寿春，过繁阳、上蔡，西至宛城（南阳），再折向襄阳，转汉水水道返回鄂城或郢都。除指定水陆通道的口岸市场外，鄂君的车队、船队不得去其他地方经营。鄂君启的车队，依车节的规定，须从鄂城出发，陆路到达阳丘、方城，可伸展到黄邑（在陕西商洛地区）；从方城折向东，到达上蔡、繁阳、高氏、下蔡、居巢，再返回鄂、郢。由此，我们可以窥见楚国交通运输管理的严密与法制化程度之高，而这恰恰证明了当时水陆交通的繁兴（以上参见《考古》1963年第11期）。可以相信，除鄂君启以外，一定还有其他大商巨贾在楚国活动，还会有国际商贾获得楚国的批准在一定范围内经营，也一定有数字可观的民间商船、车队在营运。鄂君启不过是我们已知的一个大型"商贸公司的法人代表"而已。可惜他的综合经营方式与车船队内部管理模式，我们都无从知道了，这不能不说是一项重要损失。可以肯定的是：他的经营模式，已经突破了春秋时巨商范蠡、白圭、子贡等人的个体经营模式而转为"私营公司"了。

大致说来，从楚国国都郢（在今湖北荆州北，有水道直通长江）出发，北上，去襄阳、邓、南阳（宛）、方城；出境可北去洛阳；或转西北，沿丹水进武关、趋咸阳（长安），或沿汉水去汉中，与秦通商。东北走陆路出黾塞去许昌、新郑，沟通汝颍淮泗，达淮阳、商丘等地，与郑、宋、陈、蔡通联，再北与燕、赵、齐、鲁通商。从国都郢出发东去，或经南阳转东，都可以到达寿春（这里是楚国晚期的国都），再沿淮入海，由滨海线北上琅琊、临淄、青、济，通齐通燕；陆路也可去徐州（彭城）、曲阜，通鲁通卫。从国都郢出发，沿江东去，直下芜湖、太湖，可与吴越通商。

在大江以南，经国都郢城或鄂城间的水道南下，楚境内有四条水路：一是过洞庭沿沅水西去辰阳、溆浦，直指夜郎，再通黔通滇；一是过洞庭南下，沿湘水到青阳（长沙）以远，直指岭南；一是过彭蠡泽（鄱阳湖）沿余干水南下，直指闽粤；一是经江汉下"三江"去笠泽（太湖、五湖）再去会稽。由此，不难想象，楚国江汉水陆交通有多么发达！这道水陆交通网的存在，为淮汝江汉湘赣的联片开发，立下了历史功勋。

5. 秦人沟通巴蜀

秦国是一个四塞之国，东面的函谷关、武关更是可攻可守。秦与东方各国的战争，战场历来都摆在函谷关、武关以外，终春秋战国时期，秦国本土上几乎没有打过什么大仗，因而其腹心地区便得到了全面开发，渭水流域的水陆交通，形成蛛网一般，并于公元前258年在黄河上架设了第一座永久性桥梁蒲津桥。荀子西行入秦，认为这是当时治理得最好的地区（参见《荀子·强国》）。秦国的政治舞台上，第一流的政治活动家、第一流的外交家、第一流的军事家以至工程技术专家接踵而来，就是缺少本土的第一流学者，但这并没有影响秦国的成功。它善于吸引"客卿"来为自己服务。

战国时秦国在交通上的突出成就在于：在密切与汉中交通的基础上，进一步打通与巴蜀的联系，使蜀文化区与秦文化区有机地联结起来，又派李冰父子经营蜀郡，把在此以前"不与秦塞通人烟"的川西平原经营成关中以外的又一个"天府之国"，纳入了秦的版图，且后来居上，名气更大。史载：秦惠王（前399年即位）时，君臣共商对外发展的基本方略，当时提出了两个方案：一是出函谷关吞三川、灭韩国，一举而成大业；一是向巴蜀发展，充实国家实力，进而包围楚国，灭楚而定天下。这后一方案，看起来旷日持久，但却是稳实可靠而绝无风险的方案。秦惠王接受了这个方案，于是决定发兵取蜀。但秦与蜀国之间，横亘着秦岭山脉，道路不通，难以用兵。于是秦人使用"石牛产金"的计策，吸引蜀人北上，利用蜀人的力量开凿出秦岭通道。蜀国有"五丁力士"开山的传说，说明开通秦岭，蜀人献出了自己可贵的力量。这样形成的道叫"金牛道"或曰"石牛道"。金牛道开凿在崇山峻岭之间，很多路段是悬空架设的栈道。此道开通后，迁秦民一万户到蜀地，与当地人一起开发川西平原，后又顺泯江（当时人认为是长江上源）东下，灭了巴国，从而占有了今四川全境与重庆，并截断了楚与滇黔的联系。从此，秦国的国土，北到上郡，南有巴蜀，西抵河源，东界函谷，地势险固，成为一个雄踞西方的大国，不论东方六国如何"合纵"，始终未能使其兵锋推及关中。经过秦国的经营，川江水运也开发出来了。张仪曾对楚王说："秦人从成都出发，用水师攻楚，一天能行三百里。每船能装五十人，带三个月的粮食，虽有三千里水程，但旬日之内秦国不费牛马之力，就可以出三峡、抵扞关（湖北宜昌境内，楚都郢的南方门户），楚国就无法抵挡了！"（《史记·张仪列传》）张仪这般说，固然有纵横家危言耸听的成分，但当时川江航道已经开通，则是毫无疑义的。楚国与巴人、蜀人的联系，原本比秦国强。按《华阳国志》所载：楚人与巴人蜀人早在远古蒙昧时期就有交往了，川江水道一直是楚蜀联通的纽带。不过，后世通过三峡，尚且十分艰难，战国及战国以前的川江如何航行，三峡如何通过，还真叫人难以想象。另外秦楚之间还有过争夺汉中地区（东部）的蓝田之战，发生过争夺丹水流域的丹阳之战，最后还是秦人获得了这片土地，成为秦灭楚的主要进军路线。这是先秦时期最重要的战争通道之一。

秦国的交通，典型地表现了它的强国兴邦之功能。

二　先秦国家交通设施

早年，西周王室与诸侯邦国之间，诸侯各国之间，都有大量的信息需要传递，于是产生了置邮传命的制度。西周初年，姜太公在齐，要对两位所谓"贤士"行刑，周公听到消息后，立刻

"乘传"前往齐国去劝阻（参见《韩非子·外储说》）。如果此说属实，那么，西周初年就已经有了邮传了。春秋战国时期，交通邮驿的设施走向完善化，其先进程度，可与占有中亚、西亚的古波斯相比美。

1. 置邮传命　驿路四达

春秋战国时期，各诸侯国也都建立起了自己的邮驿网络，而且有国际通用的邮路，有国际通用的基本管理制度。邮驿，是当时的通称，各地有所不同。有称邮传、驿传的，有称驿递、驿遽的，也有称置邮的，还有将驿写做"馹"的，都是指邮递业务及为邮递服务的国家机构而言。分别说来，春秋战国时期，人们习惯于把步行之邮称为徒传，乘车马谓之驿传，轻车急行特称"遽"，而接力传递谓之"传"，供邮驿人员食宿休整的场所谓之驿（驿也接待其他行旅，并传递转运小件物品），而邮用车马便称做驿车、驿马或传车、传马了。负责邮递的专职人员称为行夫、行人、驿使、递夫等。行夫接到任务后，要立即出发，"虽道有难而不时必达"（《周礼·司徒·行夫》）。西周与春秋战国时的国家邮驿，只负责传递政府公文，只负责国家信使的往返接待，民间书信是不许入递的。西周时地广人稀，道路状况不好，邮驿效率不高，到春秋战国时期，各国的邮驿就非常发达了。

前已述及，郑国就有发达的驿遽。郑国地处中原腹地，为了保持本国的独立与安全，国家重视邮驿建设；又由于郑国商人享有较高的政治地位，可以直接使用国家邮驿传递信息，使郑国信息情报工作办得尤为出色。齐国早就建立了驿传制度。"三十里置遽委焉，有司职之"（《管子·大匡》）。每隔三十里设一座遽（置），并积有粮食刍草（委），有专人负责管理。诸侯使节通过时，派人帮助运送行李，住下时派人喂马。检验通行证件，合法通行必须保证，故意拦阻者受禁闭处罚。齐景公游渤海数十天，在此期间的国家大事，就是靠邮传来解决的（参见《韩非子·外储说》）。《吕氏春秋》上说：齐景公为了追回晏子，来不及驾"广乘"，自己就干脆乘驿车，一直追到远郊。看来，齐国的邮驿是很有效率的。

楚国的以驲传命也早已成为定制。在设驲的地方，配置了大批驲车与驲马，当国家使团派出时，驲车相望于道，颇有声势。公元前 611 年，楚境内发生特大灾荒。周围一些平时受楚欺侮的小国，便乘机攻楚，一直打到荆门以南，逼近楚都郢，楚王便想迁都以避其锋。在进攻的各小国间，以庸人为最烈。庸人率领百濮等奔袭郢都，造成一种危急形势。在这种情况下，楚人想出了一条救亡的战术：一面派兵迎敌庸军主力，边战边退，使庸军滋生麻痹轻敌情绪，拖住他们不使旁顾。一面由楚王亲自出马，带着精锐部队，"乘驲"直达临品（今湖北均县），然后兵分两路，一支拦截庸军归路，一支乘虚直捣庸的都城（今湖北西北的竹山），在秦、巴援军策应下，一举灭庸，打了一场漂亮的歼灭战。

注意：这一仗，楚王带着大部队，竟能"乘驲而行"，从郢至临品，行军数百里，没有被沿途小国的来犯部队察觉，也没有被沿途各国截留。这说明当时驲车通行，已是国际惯例了。否则楚王是不能如此畅行无阻的。利用国际邮路打仗，可以说是楚人的一个"大胆创造"。

到战国时期，邮驿的安全、快速、专职化程度更大大提高了。在快速行军的情况下，通讯的速度自然要数倍于此才能有效。为了迅速传递军情政令，人们自然地把目光投向了驿传制度的健全，投向了对千里名马的选择。《韩非子·难势》篇说："夫良马固车，五十里而一置，使中手驭之，追速至远，可以及也；而千里可以日至也。"这是说，选用良马，驾上坚固的车，每隔五十里设一个驿站，到站就换上新的车马，接力传递，那么，即使用中等技术的驭手来驾车，也可以一日而行千里。这样的速度，比起西周时期的"师行三十，吉行五十"来说，简直是神速了。

有一个实例，可以突出地说明战国通讯网络的安全快速与有效。

魏国有位信陵君，畜养食客三千人，食客并不白吃饭，各有能耐报主人。有一次，信陵君与魏王一起下棋，棋兴正浓，忽然"北境传举烽，言赵寇至，且入界"（《史记·信陵君列传》）。魏王大惊，急忙吩咐召集大臣议事，信陵君笑笑，止住说："无须着急，赵王不是入寇，只是在打猎。"魏王虽然继续下棋，可总是放心不下。过了不多时，"复从北方来传，言曰：赵王猎耳，非为寇也"。魏王很惊奇，问信陵君说："你是如何得知赵王的行踪的呢？"信陵君很得意地说："我养了一大群食客，他们中有人很善于刺探情报，有人就知道赵王的许多秘密，包括他宫中绝密的动态，何况这种千里打猎的公开活动呢！"信陵君说得很得意，魏王听了却很诧异，他想："这个信陵君不寻常，可得小心。他能刺探千里外赵王宫中的机密，不也可以刺探我的机密吗？"从此再也不愿向信陵君谈论军国大事了。事实也确是如此。信陵君后来"窃符救赵"，私自派人击杀魏国大将，夺了兵权去"救赵"，也正是靠了对魏王宫中情况的精确了解而下手的。信陵君的情报工作之灵通由此可证。而从这个故事中，我们也看到，魏国边境上的通讯网络同样是高速有效的。

2. 候馆迎宾　外交隆礼

西周与春秋时期，在都城里，在交通干线上，在各诸侯邦国的边境线上，国家均设有庐舍候馆，以供国家各级各类公务人员使用，并且有相应的管理制度和服务章程。

《周礼·地官司徒》："凡国野之道，十里有庐，庐有饮食；三十里有宿，宿有路室，路室有委。五十里有市，市有候馆，候馆有积。"这里所说的十里有庐、三十里有舍、五十里有候馆的情况，便是适应当时"师行三十、吉行五十"的交通需要确定的。

配置这样的庐舍候馆，是为国家政治军事外交活动服务的。当时，周王室与各诸侯国之间，各诸侯国相互之间，都有频繁的使节往来，而且定期不定期地举行各种朝会结盟活动，加上兼并战争此起彼伏，师旅活动十分频密，这就给交通接待工作造成了巨大压力。而接待工作的好坏，又往往关涉到双方的政治利益，因而政府十分重视。西周以来，道路状况与候馆的接待工作，被看作是当地行政管理、社会治安的重要窗口，上下都很重视。为此，周王室还制订了相应的条教法规。

《国语·周语》载："《周制》有之曰：'列树以表道，列鄙食以守路。''国有郊牧，疆有寓望。'"另，《周之秩官》又规定："敌国宾至（地位相当的国家之使节来到），关尹以告，行李以节逆之，候人为导，卿出郊劳。门尹除门，宗祝执祀，司里授馆。司徒具徒，司空视途，司寇诘奸。虞人入材，甸人积薪，火师监燎，水师监濯，膳宰致饔，廪人致饩。司马陈刍，工人展车。百官官以物至，宾入如归。"这就是说，周政府要求，全国交通线上，都要栽植行道树，用以标明道路途程与走向。各地庐舍候馆要准备好饮食，要有专供放牧马牛的草场。边境线上要设置候望人员，随时掌握边疆出入境动态。边关设有关尹，外国使节官员入境时，要及时汇报政府，讲明入境者的身份、人数，派出行理官手持国家符节代表政府前往迎接，并让候馆的候人充任向导，陪同宾客入京。到达京城时，由卿士代表国家出郊远迎，城门守卫兵士要清扫道路门庭。宾客入城后，宗祝安排祝祷事宜，司里安排住宿，司徒带领徒役听从差遣，司空巡察道路，司寇盘诘过往行人。宾客住下之后，有专人送水，专人端汤，专人送薪炭，专人送饮食，专人掌灯烛，专人喂马，专人检修车具。总之，各方面要各尽其职，使宾客有亲切舒适之感。

西周与春秋时，上述要求大体上是执行了的。《国语·周语·单襄公使楚》篇就作了十分具体的记述。陈国因不按《周制》去做，受到单襄公的严厉指责。

3. 旅店业的兴起及其管理

先秦时期，国家官员与信使由候馆接待，一般政府公务人员与邮夫有传舍接待，换句话说，国家负责解决官吏们执行公务时的食宿车马与安全。那么，除因公之外，私人旅行、迁徙、经商、游学、探亲访友等等，其交通需要如何解决呢？

《礼记·曾子问》有言："与公所为曰公馆，自卿大夫家曰私馆。"国家使节由公馆接待，贵族官员之间的私相往来由卿大夫接待。其《仪礼·聘礼》则规定："卿馆于大夫，大夫馆于士，士馆于工商。"然而，这样的"私馆"即私人宾馆，并不是营业性的，它只能接待个别特定人士，因而不能满足商旅的多种多样的旅途需要。于是有开办营业性旅店的必要。史料表明：中国的私营旅店出现得很早。据《史记·齐世家》载：当年，姜尚就封于齐国时，途中有位逆旅主人劝他快快去就职，姜太公听了，便晓行夜宿，兼程而进，赶到了齐都。这则史料如果属实的话，那么，"逆旅"即私营客店、旅店早在西周初年就出现了。

西周后期，私人营业性旅店已经屡见不鲜了。

《国语·晋语》载：晋太傅阳处父去卫国访问，返程时来到了宁邑（河南获嘉），他"舍于逆旅宁嬴氏"。客店主人见了他很高兴，对自己的妻子说："我看这位官人很有才干。我早就想追随一位贤能去干一番事业，现在可以如愿了！"于是决定随阳处父回晋都曲沃。一路上，他们说说笑笑，嬴氏发现这位阳处父是个好说大话而言不由衷的人，刚走到温县，他便辞别了阳处父回到了自己的客店。老板娘很奇怪，问他怎么回来了，他说："阳处父这人靠不住，我看他很快就会倒霉的。"果然，不过多久，阳处父便被杀了。而宁邑的这对夫妇，则仍然经营着他们的客店——当时叫做逆旅。宁邑，在晋的南阳地区，在晋通往中原的重要通道上，交通发达，商旅很多，在这里开办客店是顺理成章的。这是春秋战国私营旅馆业兴盛的标志。

战国时，交通要道上的私人旅馆已经很普遍。当年，苏秦佩上了六国相印，好不威风，他的老同学张仪来投奔他，希望找一条出路。苏秦却不肯接见他，等了几日，好容易接见了，又让张仪坐在低下的位置上，"食仆妾之食"，并当众数说张仪的无能，然后把他送出门去……张仪好不气恼！于是投奔秦国而去，下狠心要跟苏秦唱一台对台戏。一路上，总有一位热心商人"微随张仪，与同宿舍"（《史记·张仪列传》）。主动与张仪交好，尽力帮张仪排解途中困难，资助张仪全部食宿费用，张仪很感慨：这位商人比老同学苏秦好过百倍。

张仪至秦，见了秦王，受到器重，被命为客卿，便找着此人，当面谢恩。此人笑笑说："我是奉了苏君之命来照护资助您的。苏君之所以激愤您，是希望您大有作为啊！"张仪恍然大悟，自觉在心计智谋上逊苏秦一筹。张仪此行，从赵都邯郸到秦都咸阳，沿途都投宿于逆旅——私营客店。

经过春秋战国近五百年的辛苦经营，中国古代交通，无论是从交通地域、交通布局、交通干线方面看，还是从交通设施、交通管理、交通制度方面看，甚至从开山建栈道、凿地修运河，从内河运输、近海通航的具体技术技能方面看，我们的祖先都做出了极为可贵的历史性贡献。

三　诸子游学与养士之风

现在得说说交通的"行为主体"了。构成春秋战国国道旅行之"行为主体"，除国家官员、使者、军旅、邮驿人员、巨商之外，便是各色的"士"了。这些在途出行的人身份庞杂，各有追求，但无不需要食宿招待。于是又有一种非营业性的私人宾馆出现，当时也称传舍、馆舍，一般由贵族们承办，专门接待所谓"士"，以扩张自己的势力与影响。

1. 诸子周游列国

士，是春秋战国时期的一个特殊阶层，以有特定知识技能为特征。在这些士之间，最惹人注目的是一批学者型的游学之士。他们周游列国，宣传自己的理论主张、学术思想。另有策士、侠士、术士、方士（医巫卜祝）之类，其出行的作派各有特点。

孔子、墨子便是他们的代表。孟子出行，"后车七十乘，从者数百人，以传食于诸侯"，队伍很庞大、很豪华，每到一处（国），还要吃好住好，临走还要东道主送上一笔可观的馈赠，连"滕"这样的小国、穷国也要隆重接待，其负担是很沉重的，当然要转嫁到老百姓身上去。有人问孟子这么做是否合适,他竟理直气壮地、毫不愧疚地说:"有劳心者,有劳力者。劳心者食人,劳力者食于人,此天下之通义也!"(《孟子·滕文公》)

然而墨子出行,却完全是另一种场面:"墨者多以裘褐为衣,以屦跻为服,日夜不休,以自苦为极,曰:'不能如此,非禹之道也,不足谓墨。'"连庄子也禁不住称赞道:"墨子真天下之好也,将求之不得也,虽枯槁不舍也。"(《庄子·天下》)一次,他为了救宋,从鲁国赶到楚国郢都,十日十夜不肯休歇,跑得面目黧黑,脚板开裂流血了,他撕片衣襟草草包扎一下,又继续赶路(参见《墨子·公输》)。还有一则动人故事:墨子最得力的弟子禽滑厘事奉墨子三年了,到处奔走,手足胼胝,面目黧黑,役身给使,却从来没想过自己有什么要求。老师墨子很怜惜他,于是弄来一坛薄酒,一块大肉,临时在泰山脚下找了块草地,顺手抓把茅草垫着坐下,举起杯子来慰问禽子。禽子再拜,叹了口气。墨子问道:"你总也有点个人的什么要求吧?何不说来我听听?"禽子再拜,然后说"我只想请教关于防守的妙策"。还是没说个人要求。

2. 权门的养士之风

另有一批"在途之人"是政治活动家,最喜欢在外交舞台上显其身手,被称为策士、说客,张仪、苏秦、苏代是其代表。还有一批人是"国际大商贾",往来于各国,贩有卖无,迅速发迹,敢与诸侯们分庭抗礼,以弦高、子贡、范蠡等人为代表。

又有一批人是武侠型的，他们接受一个主子的畜养，享受优厚的生活条件，然后去"为知己者死"，不惜性命，不顾法纪，不论是非，去刺杀主子让其刺杀的对手，荆轲、聂政、豫让是其代表。更多的"士"，则是些有一技之长者，有一术之能者，叫做方士、术士……他们不事产业，以寄人篱下为求生手段。士之中有人也作过某种好事，甚至成就了一番事业，如冯谖帮孟尝君"市义"就是一例，蔺相如也是长期住在"广成传舍"中的人物。还有一些人则只是鸡鸣狗盗之徒，他们专以谋食为目的，并不真正为谁办事，一旦"树倒"，他们便都作"猢狲散"，另寻主子去了。不论什么"士"，他们总要依附于某个有权有势财力雄厚者才有饭吃，才有"出路"，否则就只能四处流浪。因此，他们也就用得上旅舍、传舍以至宾馆了。战国时期这种"士"特别多，因而相应设施也就发展起来了。

当时，各国国君以至卿大夫，为了壮大自己的威势，一个个争相接纳投奔自己的"士"，叫做"招贤纳士"、"礼贤下士"。投奔的人多了，便要筑馆舍来招待；投奔的人杂了，就要分批分类地接待，给以衣食，让来客不说自己的坏话，而为自己扬名，其代价是沉重的。

战国时为养士而建的私人馆舍不少，最著名的有齐国的孟尝君田文、赵国的平原君赵胜、魏国的信陵君魏无忌、楚国的春申君黄歇，后来还有秦相吕不韦、燕太子丹，可以说他们无不倾其所能地大办馆舍。这样的馆舍，就其接待游客旅人这一职能来说，也未尝不是旅途的一种可考虑的选择。

四　什伍编制与关卡稽查

先秦政府尤重强化社会面上的人户管理，控制人员流通，确保社会基层的稳定，固守国家需要的静态社会秩序，什伍编组与坊里定居，是其主要方式；关卡城门的严管，也是为了节制人流物流。

1. 编管齐民　稳定居所

先秦时，齐管仲推行"四民分居"制，秦商鞅推行"什伍连坐"制，强化了西周以来"安土重迁"的政刑管理。通过这些措施，让百姓"安土重迁"，紧紧依附在小块土地上，使国家行政管理一竿子插到底，这是中国古代社会长期隐定以至僵化的一个基本因素。

春秋时期首先强盛起来成为霸主的是齐桓公，他任用管仲为相（太宰），进行改革。管仲调整了齐国的社会基层组织，实行"四民分居"，搞兵农合一；又推行间伍制，对居民实施封闭式管理。《国语·齐语》与《管子·大匡》记载着：管仲将齐国国都临淄分为三部分：即三个工乡，三个商乡，十五个士乡，计二十一个乡。城市居民按身份职业分片居住，手工业工人世世代代居于工乡，商人则世居商乡，士农则永远居于士乡。十五个士乡又划分为三个片，每片含五个乡。京都以外称做"鄙"，把广大国土划分为五个"属"（五大政区）。三十户为邑，十邑为卒，十卒为乡，三乡为县，十县为属。全国分为"五属"。这样，齐国四十五万家人户就各有定居点，各有统属，不得随意迁徙了。

为了切实地把老百姓固定在土地上，管仲还在齐国推行了一套"闾伍制"。其办法是：不允许城邑居民户自择地建宅，必须统一住进国家建的"闾"中。一闾有二十五家。闾设闾门，以供出入，由闾有司负责按时开闭，凡不从闾门出入，或不按时出入闾门，或非法携带与身份不符的物件出入，或"衣服不正，圈属群徒"结伙吵闹的人，闾有司都有权稽查并随时举报，即使是各级官长（贵族）的家庭成员及其属役宾客，连犯三次，也要查处。实行这种闾伍制之后，国家对人户的管理就一直落实到每家每户了。这在春秋战国那个大动荡时期，显得更为重要。管仲认为："州里不隔，闾门不设，出入无时，早暗不禁"，就会发生攘夺、盗窃、攻击、奸非、残贼等扰乱治安的事件，所以要严加管束。

秦国的商鞅变法，也是从推行什伍制入手的。公元前361年，商鞅带着李悝的《法经》来到秦国，力劝秦孝公变法，于公元前359年（孝公三年）开始了变法活动。其第一通变法令便是"令民为什伍，而相牧司连坐"。原来，商鞅入秦之前，在秦孝公的主持下，秦国已制定了"为户籍相伍"的法令。公元前372年（献公十年），商鞅在原有政策的基础上加以强化，明确立户标准，实行小家庭制：令民有二男以上即行分异，禁"民父子兄弟同室内息者"。这样，一家有两个成年男子（身高秦尺六尺五寸以上，130厘米），无论是父子、兄弟还是甥舅，均应分居立户。

实行联保联防连坐，一家失火、失盗，四邻伍保与里典均有责任前往救助。特别是把违令者迁徙到边远地区去，叫做"谪戍"，这就在社会上形成强烈的"迁居可怕"的理念和恐怖氛围，人们千方百计回避迁居。这是中国人"安土重迁"的政刑原因。

这一来，过关不易，迁徙可怕，而居家行走也不容自由，居民都生活在严格的封闭式、隔离式管制之下。西周时如此，春秋战国时更是如此。这对于压缩全社会"在途人员"的比例，有明显的作用力，从而也就把社会对交通发展的需求压缩到最低。同时，它又在社会基层储备了各级政府可以随时调用的大批劳动力去"干大事"，一个"百里之国"也会调集全民去修城池、筑大道，完成大型水土工程。这倒也是中华交通史的一个"亮点"。

2. 关卡稽查：节制流通

春秋战国时期，诸侯纷争，列强兼并，各国为了自身的安全和向外扩张的方便，往往在地形险要、交通咽喉地区，设关建塞，军事上作守险之用，经济上有征税之利，社会生活中有控制、约束人民之功能。所谓"关口"、"城门口"云云，其关其城，无非是要节制人流物流；而所谓"口"者，无非是取其出纳吞吐之意。可见所谓关门城门，原不仅是禁御手段，也是调控梳理手段，不能片面看待"关"的功能。《易经》中有"抱关击柝，以待暴客"的记载，说明了关隘设置对于社会管理的功能；《荀子》书中，将"平关市之征"写入《富国》篇，视为富国强兵的手段之一；而晋文公重耳则将"轻关易道"作为霸政之始，齐景公又以"毁关去禁"作为听从晏子劝谏的实际行动。看来，如何评价关的作用，还确实是个问题。我们这里只说它在交通管理中的地位与作用。

先秦关塞，综合《左传》、《战国策》、《吕氏春秋》及《淮南子》等书的记载，约有这样一些最主要的著名关口：

齐国：阳关（山东泰安）。

韩国：虎牢关（河南成皋）、轘辕关（河南登封）。

燕国：句庸塞（北京昌平，后名居庸关）、令疵塞（河北迁安）。

赵国：井陉关（河北井陉）、句注关（山西代县）、挺关（陕西榆林）、高阙塞（内蒙五原）。

楚国：扞关（湖北枝城境内）、九嶷塞（南岭山头）、昭关（安徽含山）、符离塞（安徽符离集）、黾塞、大隧、直远塞（均在河南信阳，即平靖关、武胜关、黄岘关）、鲁关（河南鲁山，又有方城口）。

秦国：郑所塞（陕西华县东）、龙门关（陕西龙门山）、函谷关（河南灵宝境内）、殽关（河南洛宁境内）、蓝田塞（陕西蓝田）、武关（陕西商洛境内）、陇关（甘肃陇县境内）、焉支塞（宁夏固原境内）、萧关（宁夏同心县南）。

人们要想通过这些关口，是十分不易的，各国对于出入关卡都有严密的稽查制度，一是防止本国人随意外流，防止本国逃犯私自出关；二是防止外敌潜入，危害本国安全。当年，秦献公流亡在魏，听到秦国内乱的消息，立即返秦，准备夺取政权，却在郑所塞下被关吏挡了驾；他只好绕道焉支塞入关回京夺了权。而商鞅正是因为出不了关而被捕车裂的。齐人孟尝君到秦为相，引起秦人猜忌，他连夜出走，赶到函谷关时，却因《关法》规定"天明才能开关"而被阻滞于关内，所幸有鸡鸣之徒帮他逃出了关口，免于一死。为了应付关吏的稽查，他还涂改了自己的符传——身份证明，他纯是蒙混出关的。春秋时楚国的伍子胥，在逃往吴国时，因为出不了昭关，据传一夜便愁白了头发。过关是如此之难！

边关主要任务是查禁人员、物资、信息的无序流通，三者均纳入国家行政管理范围。

先秦的关卡制度、道路管理使用制度，人户迁徙登录制度，对后世影响深远。仅旅行者必须携有通行证件，必需主动接受检验一条，历代就一直推行着，从未松弛过，更未废弃过。中国社会之求稳防变，是有历史原因的。

五　战时交通的治安管制

先秦列国均十分重视战时治安，重视战时城市公共秩序治理。《齐法·守法》规定：城郭规格是"万乘之国：郭方十七里，城方九里，城高九仞，池方百步。千乘之国：郭方十五里，城方五里；城高七仞，池方八十步"。这就按等级规定了城邑的面积、城墙高度与护城河的面宽。按规定城上还要修筑工事："五十步而一楼……二百步而一出楼，三百步而一进行楼。"出楼下有

"隔"，用以射击攻城之敌的后继部队。进行楼则用来远视城下及城外。当敌人攻城时，城内连老弱妇孺也动员起来，女子负婴而备勤，实行军民总体战。城内所有官私财产、房屋家具，均得征用，不听令者斩。敌人发起进攻时，"城内杀鸡狗无令有声，实行严格的戒严，城中行者皆止"。

在"春秋无义战"情况下，墨家坚决反对不义的侵略扩张兼并战争，而十分用心于正义的防守，特别是帮助小国弱国的防守。这里仅举其关于战时交通治安管理的举措，以见其思虑之周、法规之严。

措施之一："葆民"，也就是"堡民"，现在叫作"坚壁清野"。《杂守》篇："先举（首先查明）城中官府、民宅、室署，大小调处（将大小宽窄事先调查配置好）。葆者（入城求保之人）或欲从兄弟、知识（旧相识，老朋友）者，许之。外宅粟米畜产财物诸可以佐城守者，送入城中。事即急，则便积门内。民献粟米布帛金钱牛马畜产，皆为置平价，与立券，书之。""寇近，亟收诸杂乡金器若铜铁，及它可以佐守事者；先举县官室；居官府。不急者（闲置的、储藏的），材之大小长短及凡数（各类物资的总数），即急先发（立刻首先征发调用）；寇迫（敌人迫近了），发屋伐木，（征发民房、砍伐树材）。虽有请谒（请托求情），勿听（不能允许）。"《号令》篇也要求："去郭百步，墙垣树木小大，尽伐除之；外（郊外）空井尽窒（填塞）之，毋令可得汲也。外宅室尽发之，木尽伐之；诸可以攻城者，尽纳城中。令其人各有以记之。事已，各以其记取之。事为之券，书其枚数。不能尽入，即烧之。毋令客（敌人）得而用之。"

措施之二：防乱、防叛、防内奸。《号令》："火蔓延爓人（烧死人），断（砍头）；诸以强凌弱小，及强奸人妇女，以喧哗者，皆断（一律砍头）。""吏卒民无符节（官吏、士兵、百姓，没有通行证件）而擅入里巷官府，吏、三老、守闾者失苛止（失职不加禁止），皆断（尽杀之）。诸盗守器械财物，及相盗者，值一钱以上，皆断。""诈为自贼伤（自残）以避事者，族之（株连灭族）。""若欲以城为外谋（通敌）者，父母妻子同产（兄弟姐妹）皆断。左右知不捕告，皆与同罪。""誉（宣扬）敌少以为众，乱以为治，敌攻拙以为巧者，断。客主人（敌我之人）毋得相与言，及相藉（相依仗、相借势）；客射以书（敌人用箭射来书信），毋得誉（不得宣扬）；外示内以善（敌人向我方表现其优势或伪善），毋得应；不从令者，皆断。禁毋得与矢书（不得向敌方射送书信），若以书射寇犯令者，父母妻子皆断，身枭城上（本人悬首城墙示众）。有能捕告之者，赏之黄金二十斤。"《迎敌祠》篇："巫卜……其出入为流言，惊骇恐吏民，谨微察之（认真地侦伺查察他），断罪，不赦。"《号令》篇："严令吏民：毋敢喧嚣，三聚（三人必须列队）并行（二人必须并行）相视（互相照看），坐泣流涕若视，举手相探相指，相呼相挥、相踵相投、相击相摩以身及衣，乃非命（都是无视军纪之举）也——而视敌移动者，斩。伍人（同伍之人）不得（不能及时掌控上述动态），斩。得之，除（破获了通敌之情，则免于追究）。"《号令》篇："伍人逾墙归敌（投敌），伍人（同伍之人）不得（不能破获），斩；与伯（百夫之长）归敌，队吏斩；与吏归敌，队将斩。归敌者，父母妻子同产皆车裂；先觉之，除（预先掌握情况的，免予追究）。"规定是十分严明而酷虐的。

措施之三：严控通行出入。《杂守》篇："守节出入：使主节（让负责符节的人）必疏书（一定要一一登记），署其情；令着其事，而须（等待）其还报，以参验之。节出，使所出，门者辄言（守门人当即说明）节出时操者名（掌管符节的人的名字）。"《号令》篇："（城中）分里（里巷）以为四部，部一长；以苛（仔细稽查）往来不以时行、行而有它异者，以得其奸。吏从卒四人以上有分守者，大将必予信符。大将使人行，守操信符。信（符）不合，及号（口令）不相应者，伯长以上辄止之（扣留他），以闻（汇报于）大将。当止不止，及从吏卒纵之，皆斩。诸有罪，自死罪以上，皆及父母妻子同产。……猝有警事，中军急击鼓者三，城上道路、里中巷街，皆无得行；行者斩。"《号令》篇："长夜五巡行，短夜三巡行。""号（口令）：夕有号（夜间通行有口令）。失号（对不准口令），断（砍头）。"

措施之四：防火灭火。《号令》篇："诸灶必为屏，火突（烟囱）高出屋四尺，慎毋敢失火。失火者斩；其端（故意）失火以为事者，车裂。伍人不得（同伍之人不得实情），斩；得之，除。救火者无敢喧哗。即离守绝巷（若有离开岗哨，横奔于街巷）救火者，斩。"

墨子的战时治安管理，内容极其丰富，规定也很苛严，这里仅是举例而已。三千年过去了，先秦人定的交管法规与礼仪，虽说失效而早已废除了，但其基本精神却是"长效"的。

六　大自然的地理坐标

古人有"十二分野"、"五岳四渎"、"四海兄弟"之说，长期左右着国民的地理观，对人们的认识国家、认识世界、发展人类的和平交往具有不可替代的作用。

1. 十二分野与五岳四渎

上古先民把大地上的诸侯列国，与天空中的星宿分区一一对应起来，换句话说，古人把全国"地图"投射到天幕上去了，一眼就能明了各地之间的大致方位与距离。这在古代，实在是个聪明绝顶的办法。古人据星辰的十二星次（后亦根据二十八星宿）将地上的州、国划分为十二个区域，使两者相对应，并根据某一天区星象的变异来预测、附会相应地区的凶吉。这种划分，在天称"十二分星"，在地称"十二分野"，互相对应，举首可见。《易·系辞》曰："仰以观乎天文，俯以察乎地理。"它其实是古人向太空投射的一幅"中国地理区域示意图"，它借助于星星在太空的平面视觉分布，向人们展示出我国各部各区的地理方位、依存关系，它以最简捷的方式，让人们竖立起一种可视的"国家"整体观念。

上古时期还有所谓"五岳"与"四渎"的确定。五岳为东岳泰山、北岳恒山、中岳嵩山、西岳华山、南岳衡山，分别是一个大地区最有代表性的山岭，它凝聚着也代表着一方的文化精神；四渎是指四条独自流向大海的河流，指河水、济水、淮水、江水。实际上，五岳是大自然为"华夏文化区"竖立的"方位地标"，是华夏文化认同的形象载体，四渎是华夏的母亲河，中华古文化遗址就集中在这四大流域。

需要说明的是：（1）古黄河（河水）从郑州以北向北折，在今之天津附近独流入海；（2）古济水发源于济源，在开封东流，过济宁、济阴、济南后独流入海，此水道西汉以后为黄河所夺；（3）古人以泯江为长江（江水）之源，且与汉水合流后，又在苏南分为"三江"而东注大海。总之，这四渎的全流域，便是中华的腹心区域，后世不论经历多少分合，走向统一总是历史发展的主流，全国水陆交通网就是以其为骨架组合起来的。这一天然网络的存在，也就成了国家统一的物质要素。这很有用，特别是在国家分裂时，人们总是把"分野"、"五岳"、"四渎"、"五湖"、"四海"这些"形象"固化在心，向往它们的再度"混一"。当然，最普遍地为中国老百姓所接受的观念还是"五湖四海"之说。

2. "四海"认知的拓展

中国人爱说"四海之内皆兄弟也"，这种意识是在"分封制"下形成的。远古中国人认为自己居住在"四海"的中央，称四周天下为"四海"，即北海、东海、南海、西海。这里的"海"字，其本意是泛指辽远无边的地域（含水域），并不仅指储水的

"海"。"东海"指东部滨海地带,即现在的黄海与东海北部的沿海地区,以及其外的广阔海域,"南海"指今东海南部沿海与整个南中国海及其周边地域。"北海"即"北溟之海",初指渤海及其周边地区,到汉代山东半岛上还有个"北海国";至"苏武牧羊"之后,人们便用"北海"来指以贝加尔湖为象征的大北方,极北的窈溟之地。"西海"是指戈壁昆仑迤西的茫茫大地,最初以"青海湖"、后以"星宿海"为标志;后来又用于指称咸海;东汉班超通西域后,就用它来指称今阿拉伯半岛西侧的红海及其迤西了。可见"四海"的地域概念是随着中国人的"天下观"不断地推移拓展的。

前面说了,西周推行分封制,把王室宗亲分封到各地去"建国",他们是"同姓同族"之人,相互之间的关系是"天然的血亲关系",自然是"四海之内皆兄弟"了。同时,还有大量的"宾"、"贵"、"贤"、"能"被分封于各地,他们是异姓诸侯。西周政府明确规定"同姓不婚",禁止宗族内部的通婚,于是一辈辈"异姓诸侯"通过与姬姓王室的婚嫁及其相互间的儿女婚嫁,广泛地建立起一种"姻亲关系"。如此推而广之,靠"血亲"与"姻亲"关系就能把全国的人都这样那样地联结起来,于是全国之人便都是"兄弟"了。周人就这样以"血脉相联"为纽带组合起来了。再将其推而广之,就形成了"四海之内皆兄弟"的意识,这是中华政治伦理的根基,是中华民族精神大融合、政治大一统的内在纽带。

由此可知,古人说的"四海皆兄弟",其实是说"天下各族人民是一家"，它反映了中国文化的巨大的包容性、涵盖性和人情味。中国人从此树立起"四海一家"的政治观和"血脉相联"的伦理观，而不论什么艰难险阻，都要尽力打通相互联系。因而构建全国的以至国际的水陆交通网络，便成为中华民族的共同事业了。

3.《山海经》展示的世界

一部《山海经图志》更显示了中国人是怎么样"观世界"的和有着怎样的"世界观"：世界的南北东西，有着无限的富饶丰美的大山大海，各地风光奇异，物产丰饶，资源无限，人情独特，多彩多姿。我们自称"中央之国"，但我们也深知周围有无数的仙山神海，值得我们怀着敬畏的心情去探索、去求知，去联通，以造福于吾民。

上古有部奇书叫《山海经图志》，在流传过程中失去了"图"，只剩下了文字，于是便简称《山海经》了。它由"山经"与"海经"等篇章组成。《山经》有南山经、西山经、北山经、东山经、中山经五篇，记述有关山川地理、祀神典礼及其所用之物；而《大荒四经》（即大荒南经、大荒西经、大荒北经、大荒东经）与《海外四经》（即海外南经、海外西经、海外北经、海外东经）相匹配，又可互相印证，写海外各国的异人、异物、异事，有些古老神话，如夸父追日、刑天断首之类。至若《海内四经》（海内南经、海内西经、海内北经、海内东经）四篇，加上《海内经》一篇，则记载着海内各地的神奇事物，如昆龙、建木、巴蛇、雷神之类，以及有关帝俊和黄帝的神话传说，保存了很多最原始、最瑰丽的神话资料。依着《山海经》的篇目次第，人们可以从"海内"四方游览到海外四方，可以从远古神话世界走进现实中的南、西、北、东与中部的山山水水，认识那里的山川物产，民情社风，了解千奇百怪异彩纷呈的缤纷天下，从而更热爱人类的共同家园。

《山海经》，预示着四方一体、世界大同的时代的到来，也凝结了中国人兼山跨海以领略海内外壮丽图卷的憧憬。那些记录，应该是远古先民旅行四海所得"资料"的汇集与整理。

第四章　强秦的帝国交通

　　秦始皇首次建成了幅员辽阔的多民族的高度统一的帝国政权。他筑长城，修驰道，开灵渠，在极短的时间内建成了通达全国的交通网，强力地疏通了华夏文明的血脉。秦代所确立的驰道体制、邮驿体制、它的全国性人力物力调度与运输经验，它对交通的严格有效的法制管理，以及秦始皇本人长途巡游的交通实践，对后世都有直接的示范作用，其消极影响也长期存在。

一　秦代的交通网络

　　春秋以来，诸侯各国互相争斗，为着眼前的局部利益，到处修城寨、建壁垒、立关卡、挖沟渠、塞路径，阻绝交通，妨碍民生。虽然霸主们登台时都声称不许"曲防"，不许"遏籴"等等，但所有盟誓，在争霸角逐中只不过是一纸空文。战国时期，各国为了抵制秦的统一战争，划地自守的倾向更为突出。例如齐和赵魏以古黄河为界，赵魏地势高，齐国地势低，河水常常泛滥。齐国受灾多，就沿黄河筑了二十五里长的堤坝，于是河水倒灌，

"西泛赵魏"，赵魏也筑起二十五里长堤，河水就又向齐方冲去……水淹，成了一种战争手段。据《史记·赵世家》的记载，赵惠文王时，曾在东阳决黄河水攻魏，引起漳水泛滥。公元前278年和公元前272年，他又时而将漳水迁到武平县西部，时而又将漳水迁到武平县南部，引发漳河决口、黄河泛滥，本想以邻为壑，结果自己受害。同时，各国为了互相设防，在内地也筑起了长城。秦人先在陕北筑长城防魏，由神木通向固原；魏国又在西河地区筑长城直到华山，在河南大梁一带也筑上了长城。齐国在今山东中部，燕赵在今河北中部、南部也筑了各自的长城，楚国在河南南部筑了方城。这些长城，加上数不清的关卡，使中国境内的交通被分割得支离破碎，极不利于经济文化的交流，也不利于国家的统一，这个时代必须终结！

1. 车同轨的实现

秦始皇统一中国之后，"元元之民得免于战国，逢明天子，人人自以为更生"（《史记·平津侯主父列传》）。人们是渴望国家统一的，渴望上有圣明天子带领大家营造新生活。清理春秋战国分裂割据的残局，铲除旧势力赖以顽抗、赖以再起的壁垒险塞，就是当务之急。

早在秦军顺利进军扫灭六国的同时，秦王就在着手平毁各地私筑的高墙壁垒，拆除妨碍交通的关卡，决通阻遏川流的堤坝，初步疏通了一些重要水道，清理了交通环境。

秦始皇称帝之日，即下令全国"以六为纪，符、法冠皆六

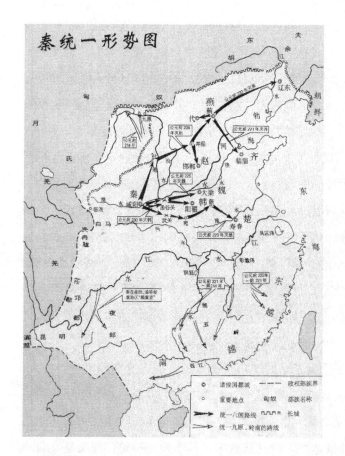

秦统一形势图

寸，而舆六尺，六尺为步，乘六马"。原来，《易经》上说："天
一生水"，秦始皇是相信《周易》的，所以焚书时，便明令不焚
《周易》，也不焚医药、种植、树艺之书。这话让秦始皇特别兴
奋。他认定自己的王朝是"水德王"，就是说是由"水"而"王"
（动词）的。水在八卦中是坎卦，坎在"易数"为六。于是他把六看得很神圣，将六确定为布署一切、指导一切的基本"模数"。我们知道，他搞"车同轨"，把轨宽规定为秦尺六尺（西周是八尺），那么车轴的长度也就是六尺；相应地，车轮的轮高同样定为六尺。然后，以六为"模数"，推算出轮的直径与轮围的比值、轴的直径与轴围的数值；按一定比例，相应地确定车厢、车轸的长、宽、高之数、车辕的直径和长度之数；确定车辐条应用之数，多则36根，少则24、12根，再少就不能保证载重时轮圈的正圆了，不能"引重致远"了。车盖（遮阳伞）的伞骨是28根或36根。对于生产者来说，只要掌握一个"模数"，心里就能画出全车的"像"来。这样造出来的车，稳定、结实、美观、运载量统一，很是实用（不同用途的车，只要按比例缩放就行）。这就是"标准化生产"。在秦人看来，这也体现着"天人合一"。当时国家造车工场的规模一定不小，而且有工序分工。重要的是：由于车的规格是确定的，那么造车的原材料投入、劳力投入也就是一个大体确定的数了。于是在秦始皇手中，这个"天定之数"也就成了"工程监管体系"、"人才评价体系"、"技术计量体系"的基准数字，科学而又神秘，却又是文盲也能掌握的诀窍。

西方人把"标准化、批量化生产"说成是大工业生产的产物，中国人对此早就不稀罕了。不仅是车，秦代那大批量的工程器具以至服装，甚至兵马俑的制作，也都是先分解成零部件，测定其基本规格数据，经国家认可、颁布，然后投入批量生产的。秦人是有足够的才艺的。

2. 驰道网的布建

秦始皇在全国统一战争中，曾多次亲临前线，对中原情况有实地考察。登上帝位的次年（前220），他就布署了修筑全国交通干线（驰道）等重大工程。这项工程以咸阳为中心，向四方辐射，将全国各地重要城市，尤其是原山东各国的都会全部与之直接联通起来。完成这项工程，大概用了十年时间。当然，不少区段，是在原有大道的基础上改筑的，稍加整治，统一了轨宽。

秦帝国的主要干线。西北方向：从咸阳出发西去，通向陇山，山间有"回中道"。正北方向：由云阳出发，直通河套五原，特名为"直道"。东北方向，今山西境内，从蒲津出发，沿汾水上溯太原，通向代郡（今河北蔚县西南）。另外从太原向东穿越太行山有"井陉道"，其延伸线通向今河北、山东等地；在上党郡境内，还有一条"上党道"，连接晋东南与河内地区。正东方向，从咸阳、长安出发，经华山北麓，过函谷关，穿过"三川"，直达大梁、曲阜，并与前述上党道、井陉道的延伸线相通联。这是横贯东西的大驰道，穷海而止。由大梁去寿春，沿淮过邗沟，可通往吴、越。西部，从咸阳出发，往东南方向，出蓝田，过武关，经丹阳、南阳，到荆州，穿越云梦泽后，或溯湘水南下九嶷、桂林、番禺；或溯沅水西去黔滇。此外，在长城一线，横贯着塞上大道，从九原过云中到代郡，穿过右北平直至碣石山，并延伸到辽东。在东部，有滨海大道，从琅琊到彭城，南下过江直上会稽山。彭城向西南方向，又有一条通往寿春、转道荆州、北去襄阳向洛阳。在大西南方向，有一条古老栈道从陈仓通往南郑、再经金牛道直达蜀中。在西南夷地区又开通了一条五尺道。于是秦的势力通达全国。所有这些道路的修筑，都耗费了难以数计的人力、物力。这些线路在秦始皇生前大体都已交付使用。其路基路面的规格要求及质量要求都很高。为此，秦代人民付出了艰巨的劳动。此后，秦末陈胜吴广起义的进军路线、西楚霸王亡秦攻汉的进军路线、刘邦灭秦灭项的进军路线，也都利用了秦皇建成的驰道。

二　艰巨的筑路工程

秦始皇三十九岁称帝，此时全国人口不可能超过三千万，文盲率至少在90％以上。在这样的人力、智力水平上，他大建京师咸阳、大修骊山墓、大造阿房宫、又连接万里长城、开筑全国驰道，打通岭南、凿开灵渠，打通西南夷，开出"五尺道"，他自己又几度大巡游，而这一切都完成在十年之间。秦始皇本人五十岁时即一病而亡，在那个历史条件下，他高质量地推进了如此众多的巨大工程项目，只用了十年，其动员力、组织力实在让人咋舌。

1. 驰道：国家级公路

秦皇指挥修筑的驰道，有统一的质量指标：路面幅宽五十步（约70米）；路基要高出两侧地面（以利排水），要用金锥（铁锤）夯实路基；每隔三丈，种一株青松以为行道树。每隔十里建一亭，作为区段治安的管理所和道路行人的招呼站、邮传人员的交接处。在全国范围内修建如此规格的宽阔大道，实在是一项浩大工程。之所以要修这么宽，主要还是出于战略需要，便于马步车骑同时进发。这样的驰道，"东穷燕齐，南极吴楚……江湖之上，濒海之观毕至"（《汉书·贾山传》）。顾祖禹《读史方舆纪要》里说：今湖南零陵境内，还有一段秦驰道的遗迹。考古工作者在渤海之滨的碣石山地区，也看到了当年秦皇"鞭石入海"修建的"东大门"，其建筑遗址至今仍在，让人缅怀两千年前我国人民征服山海的气概，缅怀他们为开山通道而付出的重大牺牲。秦代的交通工程告诉人们：专制政权是能办大事的，而支撑大事

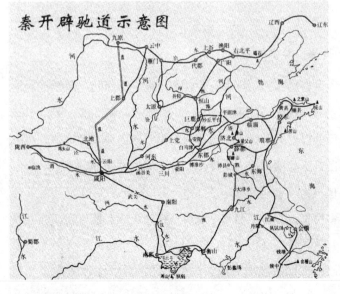

秦开辟驰道示意图

的是千千万万百姓的膏血与尸骸。

黄土高原上，有一条北通九原的直道，纵贯今陕北全境，是一项巨大的国防工程。全长 1800 多里（秦里，约合 700 千米），其工程量之大，不下于修筑一条等长的长城。据考古发现，今内蒙东胜县境内仍有九十里的直道遗迹，途中有四个垭口遥遥相对，均为 50 米宽，全线勘测的结果，直道遗迹的幅宽都在 35 米以上。当年，秦政府规定平原上的驰道幅宽 50 步，约合今 70 米。这条直道修在陕北山脊上，幅宽尚在 35 米至 50 米之间，说明此工程确乎经过了严格的测算与规划。直道修成之后，成为一条南北大动脉，一直到唐代仍在延用。在漫长的古代，每当河西走廊被阻断时，便要借助这条直道，从河套西去，通向新疆及其以远了。

2. 灵渠：斗闸的首创

再说灵渠的修建。灵渠修建在今南岭山脉之间。南岭，本是长江水系与珠江水系的天然分水岭，两水各自南北流。秦始皇却通过灵渠的修建，把两大水系沟通起来了。当初，秦皇扫灭六国后，即发兵下岭南，统一了岭南，并在那里设桂林、象郡，实行行政管理。为了转运粮饷，开发岭南，秦皇派史禄为工程负责人，调集民工，在今广西兴安境内，在湘江的上源与漓江的上源之间，开筑了一条高山运河，名为灵渠。灵渠以大小天平为分水坝，把山水分别送到南北两条江里。灵渠沿线修建了许多斗门（陡门，即闸门），用以节制水量，定期开闸，便利船只通航。秦皇运向岭南的大批人员与物资，就是这样爬山越岭、节节提升又节节下降而从中原经灵渠运抵两广的。灵渠修成后，唐代明代都曾加以维修，至今渠水清澈，碧水通流，仍是难得的高山之川，仍可通行船只。在京广铁路通车之前，这是中原通往两广的最主要线路，其功能就可想而知了。利用水闸这一装置，求得高山航运的实现，是我们祖先的又一个创造，它比世界其他任何地方出现的水闸都早上千年之久。它在世界水运史上，占有重要的位置。

3. 长城是一条"高架路"

除了修筑直道、驰道，开灵渠之外，秦皇组织的交通与国防工程，莫过于万里长城了。万里长城的修筑，多半利用了春秋战国时人们留下的基础，但秦人作了一次彻底的、规范化的、高标准的改建拓展加固工程。

为了抵御羌人、匈奴人、林胡人、东胡人等部族的南下侵扰，战国时，北方、西方的诸侯国燕赵魏秦，早已在沿边国境线内修建了各自的长城（长城以外仍有大片行政区）。秦皇鉴于"亡秦者胡"的民族共识（有谶纬家将其曲解为"胡亥"之"胡"）；派大将蒙恬征调五十万民夫北筑长城，西起临洮，东出辽左，横亘于今甘、宁、内蒙、陕、晋、冀、京、津、辽各省区，形成一个巨大的屏障，保护了内地的农业经济。同时，长城也是一个完整的系统的国防交通工程。长城大多建筑在绵延的山脊线上，时或跨深谷，穿旷野，其上可以骑马，可以行军，其下可以屯兵积草，与城垣平行的还有塞上通道。城垣上每隔一段距离设置烽火台，每隔一段路程辟有关口，为长城内外的信息交流、人员交流、物资交流提供了必要的整合条件。长城不是交通运输邮传上的障碍物，反而有整合交通的功能。这一点是应该说明白的。长城一带的"口子"，后来都成了南北互市的重镇，具有明显的经济文化意义，这又是长城建筑的总体效益的组成部分，是不应该被忽视的。历来只讲它的"堵"而不说它的"通"，那是一种片面性。

4. 盘曲于横断山脉的五尺道

再说五尺道。此道修建于大西南的横断山脉之间，地质复杂，施工艰难，很能代表古人开拓诸如回中道、井陉道、陈仓故道之类高山通道的艰险。

在秦帝国的西南边陲，今云贵川接界的地带，当年居住着许许多多少数民族，他们各自有自己的土邦政权，互不统属。其中较大较强的有夜郎、滇、邛都、越巂、昆明、徙、筰、冉駹、白马等等，中原人混称其为"西南夷"。战国时，楚顷襄王曾派庄蹻入滇，打通了西南夷与长江中下游的关系，但不久又阻绝了。秦始皇打通西南夷之后，"颇设官职"以治理之。为了巩固对西南夷地区的政治领导，强化其与内地的联系，秦始皇派将军常颇征调巴蜀夫役，在今四川宜宾至云南曲靖的崇山峻岭、高岩深谷之间，开凿了一条著名的五尺道——幅宽五尺的山间通道，约合今1.15米，能供人马鱼贯而行。有人说五尺道的终点，远在今大理以远的中缅边境上。云南边陲保山县境有个不韦小城，秦皇即流放吕不韦于此。"五尺道"是中国政府在大西南修建的第一条交通干线，它对于巩固中央对西南地区的政治领导，开展内地人民与西南各族人民的友好交往，有着重要价值。当地人民与世隔绝的状态从此结束。后来汉武帝派唐蒙对它进行了整治，诸葛亮七擒孟获即在此地。

至此，一个以驰道、直道为主干的覆盖全国的秦代陆路交通网络便形成了。离开便捷的驰道，中央政府的法令就难以下达各地，就无从实现快速有效的政治管理了。

三 秦人从番禺出海

秦代水运，就现在掌握的材料而言，还不够充分。但我们知道，秦始皇巡游天下时，曾渡过洞庭、湘江；又曾渡江东下浙江（钱塘江），又过淮过泗，几度出入黄河内外，在秦皇岛、蓬莱、琅琊都曾临视大海。这说明，秦代水上交通，特别是原楚国境内的江淮水运线，是继续起着重要作用的。前述灵渠的开通，就是秦代水运事业的一个标志性成就。

另外，1974 年我国考古工作者在广州发现了一所古代造船工场遗址。经研究认定，这是秦代遗迹。当年，秦始皇派史禄修灵渠，又征调五十万内地人民"实岭南"，开发两广，这个造船作坊应是这一时期的产物。该造船工厂共有三个平台，互相平列着，船台由枕木垫底，上铺滑板；每隔一定距离就有一个作支点用的木墩。滑道是倾斜的，直通海滨；其宽窄可以随意调节。就是说，既可以在一个滑道平台上造规格不同的船，也可以将三个平台联起来构成组合平台，用以制造巨型海舶。这样造出的船，可达 8 米宽，20 米长，能装载 30 吨重的货物，是可以作近海航行用的。造成的船沿滑道下滑入海，船体符合科学要求，适于远航。此工厂的三个平台的部件齐备，为我们提供了可贵的实物，证明我们的先民，早在公元前 3 世纪，就已经是南海的主人了，就已经能够批量性地制造航海之舟了。

航海，内地人民也不生疏，秦始皇巡游东海，还亲自组织军士与东海大鱼作斗争呢！秦始皇是知道海的。至于方士徐市（fú，又称徐福）等人下海求三神山、寻不死药的故事，更是尽人皆知的了。日本学者还能举出证据来，说当年徐市是率领童男女二百人避秦到日本定居去了。秦代是有跨海远航事迹的。

由于秦皇屡屡"游于大海"，于是黄海与渤海的近海航线，即从朐县（江苏连云港）到琅琊，北上经胶州湾到成山角，再转芝罘去碣石山等地的航线就形成了。《琅琊刻石》有言："日月所照，舟舆所载"、"六合之内，皇帝之土"、"人迹所至，无不臣者。"就当时中国人的实际地理知识而言，这些话尽管有诗意成分，倒也反映了历史实际。我国现有的疆土，我国现有的海岸线，很大一部分就是在秦始皇时代奠定的基础。

四　秦人的法制管理

秦王称帝后，坚持秦国的法制传统，对全国政治经济文化生活实行全面的彻底的法制管理。秦代交通之所以能在极短的时间内取得重大成就，正是这种法制管理的突出效益。拿春秋战国时期"田畴异亩，车途异轨，律令异法，衣冠异制，言语异声，文字异形"（《史记·秦始皇本纪》）的情况相比较，我们不能不承认秦皇的功业。秦始皇在筑驰道、修长城这类全国性土木工程中，特别注意发挥法律的保证作用。

1. 严酷的工程法规

秦代在全国推行《秦律》，严格执行《司空律》、《徭律》等法规，保证交通工程的顺利进展。

《司空律》、《徭律》等就是为了保证工程建设的按期按质按量完工而制定的。按《司空律》与《徭律》的要求，全国徭役与兵役一起，由国家统一安排，集中调度，统筹使用。任何部门，任何地区，任何个人都不得任意占用劳动力。这就保证了交通工程的人力资源，当然也包括物资资源。关键还在于如何发挥其效用，保证工程建设的进度与效率。各项工程开工之前，就由工程负责人即"度者"就所确定的责任工段进行测算，将工程量及所需人力物力等等作出测量与框算，上报国家。经批准之后，由朝廷以《命书》的形式下发有关人员，然后组织施工。若工程质量与工程进度不符合要求，主持者要负法律责任。《徭律》说："度功，必令司空与匠度之，毋独令匠。其不审，以律论度者，而以其实为徭徒计。"这是说，测算工程量，要由政府委派的官员与工程技术人员一起进行。不许让技术人员单独测算。根据测算的工程量征集徭役。假如工程计算本身不符合实际，要追究"度者"的法律责任。不合国家标准的工程要推倒重来，所花费的人力由所有的该工程参加者自负，"令其徒复垣之"，即在国家规定的服役期限之外，额外加时重修。当时，国家征调的民夫，包括刑徒在内，都必须按期到达指定岗位，否则严惩，严重的要杀头。《徭律》规定：服役人员"失期三日到五日，谇；六日到旬，赀一盾；过旬，赀一甲"。这一规定到秦二世时，则变得更为苛毒了（参见《史记·陈涉世家》）。由此，我们即可明白，秦代那么多巨大工程是在怎样一种严密的组织指挥之下实施的了。

当时，秦人修长城调集三十万民夫，戍岭南调集五十万民夫，筑驰道使用二十万民夫，筑阿房宫、骊山墓使用七十万民夫，加上修建咸阳城、筑五尺道等工程，全国至少有二百万民夫同时离开了土地，在用最简陋的劳动工具，创造世间旷古未见的一个个奇迹！如此浩大的劳动大军，如果没有中央政权的强有力的控制、组织与安排，恐怕早就出大乱子了，哪里还谈得上办交通工程之类的大事业呢！如此规模的劳动大军，完全离开土地，离开当时最重要的实体产业——农业，对于一个历来高度强调"耕战"的国度来说，实在是不可思议的，也是致命的。集权政治下可以办大事，但代价是惨重的。人们不能忘记这个历史教训。

2. 严厉的交通管制

《秦律》中有保护合法通行，禁止非法通行的律文，执行得非常严厉。春秋战国以来，征战不休，加上各种天灾人祸，人口的流动量与损耗量都很大。另外，各国统治者竞相招引别国劳动力，裹胁小国弱国人口作大幅度迁移；大量不事产业的游食之徒也充斥于社会。这些情况，都会造成交通秩序的混乱。制止非法通行，保护合法通行就成了统一政权必须解决的课题之一。对此，秦代是非常严厉的。

《秦律》中的《游士律》、《戍律》、《捕盗律》、《行书律》、《传食律》及《关市律》等等，都有相应条文对合法通行做法律规范。比如：国家各级各类公务人员出差外地，必需持有符节，以证明自己的身份与任务性质；一般人员要迁徙旅行，必须有符传，证明自己的旅行合法；商贾在交验身份符传的同时，要交纳商品税，过境税，取得"市籍"，然后才能合法营销。同时，政府对旅馆业实施严格管理，旅店主人负责检查旅客符传并进行登录。没有符传或伪造符传者不得投宿，如接待投宿，则旅客与旅馆主人一体治罪。关卡城门要核验过往人员的身份，对行人的符节、符传不作认真检查或检查而不能发现作伪情况并放行者，要受到行政处罚。凡冒名顶替，改动符传者，交当地执法机关惩处。

为保证合法通行者的安全，《秦律》规定，"有贼杀伤人冲道，偕旁人不援，百步中比野，当赀二甲"。就是说，如有凶犯在交通要道上杀伤了人，在场的人不援助受害者，百步以内，按野斗处理，罚款（实物）两领衣甲。《秦律》还规定：驿传旅舍的主持者要负责旅客人身与随身财产的安全，保证旅客的合法供应。防火救火、防盗捕盗、巡逻守更，是传舍啬夫应尽的责任。

《秦律》中涉及交通运输与邮传的法律条文很多，其中有些条款，由于长期的执行，变成了一种习惯法；有些法规，在后世更得到了强化。秦代交通，在严密的法制管理下，第一次得到了全国性的有组织的拓展，确立了一切服从国家需要、完全为军政活动服务的交通体制。这成了中华传统交通体制的"灵魂"。

关于驿传待遇的享用，《秦律》也有明细的规定。其《行书律》、《传食律》便是相应的单行法规。如《传食律》规定：御史府属员出差，每餐供应精米半斗，酱四分之一升，另有葱、韭菜、菜羹之类；五等爵级以上者，另行定量供应肉食，供马料草。其随行人给糙米半斗，赶车仆夫给三分之一斗糙米。凡有爵级者，二至四级给精米一斗，酱半升，马料草半担。至于卜、史、寺、府等员，则配给糙米一斗，盐十一分之一升，并予菜羹。老百姓则自备路粮，服役者也应自备路粮。凡驿传吏不按规定发给，出差人不按规定领取者，都要受到惩处。在《行书律》中，明确规定公文在途的时间，各驿传要有到发登录，并检验真伪破损丢失情况，随时上报；规定不许用隶臣妾、老弱病残与政治上不可靠分子传递文书物品；为了保密，还规定不同文书用不同字体签发，还

古孟城驿外景　现存最大最完整的古邮驿

有加封泥、印信等保密措施。外籍人员入境，要进行防疫检查，要消灭车上附着的骚马虫之类寄生虫。从上述这几个例子，《秦律》的繁琐程度，其认真彻底的精神也就可见一斑了。

秦代邮传律是认真实施了的，这有考古实物为证。在湘西出土了一批《里耶秦简》，其中有一枚上书"迁陵以邮行洞庭七个古隶文字"的秦简，它为研究我国早期的邮政制度提供了珍贵的实物资料。考古专家认为它是已知中国最早、也是世界最早的书信实物，距今已有二千二百多年历史。这枚简片

秦邮碑亭

所书"迁陵以邮行洞庭"，相当于现在所使用的邮签；简之封泥上的"酉阳丞印"，相当于密封条。

在研读已经清洗过的《里耶秦简》时发现，秦朝的"邮书"在寄发之前，都要进行封缄、登记；在邮书运行期间，只要是误期或者封泥破损，都要追究责任。各邮递区间都要详细记录邮书的性质、数量、种类，收文者、发文者、封泥是否完好和邮书受付时间等一系列内容。另外，邮书送达目的地后，要签收登记，拆发邮书时，要做启封记录。在里耶出土的另一枚邮书木简上，

还发现了"快行"两个字。这说明秦朝就有"特快专递"了,而且形成了一整套行之有效的邮书寄发、运行、签收、保密和考核制度。罗马帝国同样布建了全国性交通邮驿网,但其建成是三五百年以后的事。

五　秦始皇的巡游与安保

嬴政登位之后,为了张扬声威,为了亲自向全国各地宣扬自己的基本国策,也为了统一全国对于秦并天下的思想认识,曾先后进行了五次巡游,足迹西出陇山,东抵渤海,北达塞外,南及湘沅,重点在齐、楚、燕、赵与中原腹心地区,这对消除当地的反秦意识尤为重要。

秦皇出行,也是对其全国土木工程的一次检验,对其施政能力与安全禁卫体制的一次考核。他应该是满意的:张良行刺,刘

秦陵铜车马

项围观，对他都没有形成实质性威胁，一场疾病却夺去了他五十年的强人生命。

据《史记·秦始皇本纪》载，秦皇的行踪是：

（1）十九年（前228），赵亡，秦王至邯郸，取道太原、上郡，归咸阳。

（2）二十七年（前220），巡陇西、北地，出鸡头山，过回中。作世泉前殿，筑甬道。是岁，治驰道。

（3）二十八年（前219），东行郡县，上邹峄山，与鲁诸儒生议刻石颂秦德。封禅泰山。乃并渤海以东，穷成山，登芝罘。立石而去。南登琅琊，留三月。派徐市下海求三神山。还，过彭城。渡淮，之衡山、南郡；浮江，至湘山祠。由武关归。

（4）二十九年（前218）东游，至阳武博浪沙，为盗（张良力士）所惊，大索不得。登之罘刻石。遂至琅琊，取道上党，返。

（5）三十一年（前216）微行咸阳中，夜遇盗于兰池，为所窘。卫士击杀盗。

（6）三十二年（前215）至碣石，刻碣石门，坏城郭，决通堤防。因巡北边，从上郡入。使蒙恬发兵三十万北击匈奴，取河南地。又渡河取高阙，筑亭障以逐戎人。

（7）三十四年（前213），筑长城。戍南越地。议称"始皇帝"。

（8）三十五年（前212）开直道，道九原，抵云阳。大修宫室，作阿旁宫，建阁道。宫室计关中三百，关外四百余。焚书、坑术士。

（9）三十七年（前 210）出游云梦，浮江，过丹阳，至钱塘，上会稽，祭大禹。立碑颂德。还，从江乘渡江，并海至琅琊、荣成、之罘。并海而西，出平原津而病亡。尸车从井陉至九原沿直道还咸阳。

始皇五次大出游的成功，从交通事业的特定角度看，它至少说明了这样几个问题：一，秦代各地的交通是畅达的；六国分裂据守的后果已得到有力的整治，全国交通网在秦始皇时已经大具规模、投入运营了；二，秦始皇出巡，意在张扬声威，随从队伍庞大，因而沿途服务任务很艰巨，其后勤供应与安全警卫更是十分艰难的课题。其间，张良及其雇佣的刺客，押送刑徒隶役的刘邦，杀人避祸的项梁项羽叔侄，都曾混在人群中观看过"始皇风采"；张良还作了盯稍，派大力士下了手，砸了他的副车；然而终于没有出事。这证明秦始皇出巡的警卫还是很有效的；三，秦始皇是一位极讲究工作效率的人，他"昼决狱而夜理书，御史冠盖，接于郡县，复稽趋留"（《淮南子》）。他给自己每天都规定了工作量，"以衡石量书，日夜有程，不中程不得休息"（《史记·秦始皇本纪》）。一石书简，有五十余斤，其量不小。他每天要这样批阅各地公文函件，接见郡县之上计吏与守令，随时掌握全国农业、人口、治安、财经状况，工作量之大是惊人的。一次疾病就夺走了这位年仅五十的强人生命，与他的操劳不无关系。秦始皇这么干，就要求全国郡县道路畅通，信息畅达，而秦始皇时代是做到了这一点的。

遇警大索。皇帝出行中，凡是对其安全构成侵犯的，则为"大逆"之罪，要严查严办。其中一个措施就是"大索"，即长时间、大范围地拉网搜寻犯罪者。如《史记·秦始皇本纪》载：秦始皇二十九年（前218），他"东游至阳武博浪沙中，为盗所惊，求弗得，乃令天下大索十日"。秦始皇开了历代皇帝出行禁卫的先河，后世则愈益强化、愈益苛严，也愈益讲究声势与豪华阵容了。

秦皇出游，我们可以视为他对全国土木工程的一次亲自验收，他应该是满意的。

六　覆道·甬道及其他

秦统一中国的过程中，土木建筑的工程量超过以往任何一个时期，其交通建筑、交通设施也颇有特色，对后世很有影响，值得一谈。

1. 写仿六国宫室于咸阳

秦始皇扫灭六国之时，总是"写放其宫室，作之咸阳北阪上"（《史记·秦始皇本纪》）。从此，咸阳原上耸起了一组风格各异的宫殿建筑群，集中展示着中原、燕、赵、齐、鲁、吴、楚各地的建筑文化。这些建筑物之间"殿屋覆道周阁相属"（同上），与原有的秦宫殿宗庙建筑群相辉映。从六国掳来的贵族侯王与嫔妃宫娥，就让他们住在这里。这既是对他们生活上的一种安置，也是对他们实行的一种政治控制。在这些宫殿之间构建的"殿屋覆道",便是一种特殊的交通建筑。此种覆道,架设于楼殿之间,实是一种"天桥"。桥上有覆盖物,两旁有栏杆,能遮风雨,能保证通行安全,行者可以四望,而外人却看不见里面。

2. 银河架桥　甬道暗通

秦始皇二十七年出巡陇西、北地,归来后在渭水南岸造了一座极庙,又从极庙修了一条路通往骊山,并修建甘泉前殿。然后,"筑甬道自咸阳属之"。这也是一项不算小的工程。甬道两侧,筑有围墙,中行车马,从外面不能发现。显然,这是按照皇帝行踪必须保密的要求设计的。

后来,秦始皇嫌渭北咸阳原地势不够开阔,决定向渭南发展,在沣水地带修建阿房宫。阿房宫只是计划中的"朝宫"的一个前殿,占地东西五百步(合690米),南北五十丈(合110米),双层建制,上可坐万人,下可竖五丈旗。四周建有阁道相通。从阿房宫正殿起,有大道直达南山之巅,并在南山巅建双阙,以示通天。从阿房向北渡渭水到咸阳城,建空中覆道,直通咸阳宫,人疑是银河上架的长桥。

秦皇下令:咸阳二百里内,二百七十所宫殿楼观之间,一律以甬道覆道相钩连,皇帝行踪,任何人不得向外泄露。有一次,秦始皇在梁山宫游幸,从山上望下去,见丞相李斯带着许多车骑在山下经过,很不高兴。后来,李斯就压缩了自己的车骑规模。秦皇一见大怒,认为是身边侍从把宫里的话传出去了,一一拷问，无人承认，于是把当时在场者全数捕得杀尽。从此，他的行踪再也无人敢说了，成了一个神秘的"真人"（仙人）。

甬道规制也被用于战争。战时，军粮辎重必经的道路，往往建成甬道，以防军情外泄。项羽起兵反秦，破釜沉舟，参加巨鹿之战，与秦军"九战，绝其甬道，大破之"（《史记·项羽本纪》）。这里所绝之"甬道"，就是秦兵用以运粮草辎重的保密通道，两侧筑有围墙。尽管如此，还是被项羽攻破了。后来项羽进咸阳，放了一把火，"火三月不绝"。由阁道覆道相通联的大小宫殿，全都一座接着一座地烧毁了，好端端的一座咸阳城被化为灰烬，几十万众葬身火海，项羽军还要趁火打劫。对此，《史记》仅仅用了"火三月不绝"这么几个字，就把那场烟焰烧天达三个月之久的巨大劫难一笔带过了，却花了不少笔墨去仔细刻画刘邦一次逃难中的"无赖脸嘴"!

3. 磁门防盗　跨河建桥

在咸阳京城宫殿与陵墓的建筑中，与交通有关的门阙、河桥、地道的修建，也都带有秦代特色。

门阙。阿房宫的北阙门，是用磁石砌成的。《三辅黄图》记载，北阙门"以木兰为梁，以磁石为门"，"门在阿房之前，悉以磁石为之，故专其目"（专名其为磁石门）。为什么要这么做呢？原来是想让"四夷朝者"，即各少数民族使者、外国使者来京朝拜时，若身上带有刀剑等兵器，就会被吸住，使之觉得有"神灵"在起作用。因此，磁石门又有了一个"却胡门"的称号。用磁石建门阙以维护君主的安全，这是秦人的一个创造。今人把电磁反应用于门卫检查，其智力未必比两千年前的工匠们更高明。

河桥。在我国桥梁史上，渭河架桥是享有盛名的。渭水上有东渭桥、西渭桥、中渭桥等著名的"渭河三桥"。其中的中渭桥，建于秦昭王时期（前306—前251）。它北通咸阳宫，南通兴乐宫，是西安地区最古老的桥。桥长380步，宽6丈。此桥直至汉末董卓入关时才被烧毁。此桥之西，在渭水沣水交汇处，有西渭桥。据《西安府志》载：秦始皇跨渭作阿房宫，渭水从中流过，象征天上银河。渭水上建桥象征银河鹊桥。汉代重建此桥，成为丝绸之路起点长安便门外的第一座重要的桥梁。它又名"咸阳桥"、"渭桥"，是唐代诗人反复咏颂的著名桥梁。唐玄宗因安禄山叛军逼近，在逃离长安时焚毁了此桥。

七　对社会流动者的高压监控

在极度挥霍耗费劳动力资源的条件下，秦的统治者要维持局面，也就只剩下高压控制的一手了，于是走上了依赖暴力统治的末路。秦皇自己喊出了"为治惟法"的口号，要求事事时时处处"一断于法"，再也无力去考虑其他可供调动人力、抚慰人心的方略政策手段了，更没有精力考虑如何为国家为庶民谋求福利、聚集财富了；社会浸沉在"腹非、怠工、怨痛"的不良氛围中；到了秦二世手上，人民已经被逼上了"逃亡、闹事、造反"的恶性溃烂的地步了。

秦二世更把酷法治国、酷法治吏推上了极端,把国民推入
"囚徒"的深渊,闹得赭衣满道,社会惶惶不可终日。在他眼中,
凡战俘、逃犯、罪犯、罪犯家属、国家隶臣妾、私门臣妾、奴
婢、刑徒、谪戍之人、迁徙之徒,以及事末业而贫者,都属于
"贱民"范围;连同贾人、以言说取食之游士,以及恶吏、废吏
等居无定所,东窜西逃的人,都是"乱化之民",是"不可诚仁
者",都要从严戒备、从严惩治而不许其迁移流动、摆脱控制的。

李斯曾对秦二世说:"关东群盗并起,秦发兵诛击,所杀亡
者众,然犹不止。盗多,皆以戍(戍守)、漕(漕运)、转(转
输)、作(作业,如筑城、建宫殿之类)事苦,赋税大也。"承认
了"盗多"的社会现实,也承认了它的政治经济根源,这"戍漕
转作"四字,道尽了"民反"的根因。

那么,秦法是如何对待它的这些失控而"犯法"了的国民
的呢?

(1)秦代男子16周岁开始服兵役和劳役。在外服役期间,
须自备衣粮和常规兵器,这负担很是沉重,而且要限时到达,误
期即予严惩,因而逃役现象就愈演愈烈。《徭律》规定:"失期三
日五日,谇;六日到旬,赀一盾;过旬,赀一甲。"还规定:服
役期间如果逃亡,则"黥为隶臣"或"刑为城旦"。陈涉起义时
说:"秦法,失期者斩!"那就更加其严酷了。

(2)凡摆脱或企图摆脱秦政之现行犯、潜逃犯、越狱犯、隐
匿犯等,一切已经或正在实施"犯罪"行为的人都在"捕亡"之
列,而不论其是否受过审判、有无罪名。秦时,国家高额奖励民

众参与"捕亡",捕得一名"刑徒"即可得其随身财物,国家还额外奖给捕亡者金(黄铜)二两。

(3)严惩纵盗、藏盗;责罚不尽义务去救助受害人者、不尽力尽责支持执行公务的捕盗人员者。国家鼓励"有秩啬夫"即官府法职人员积极"捕亡、侦缉、防盗"。凡吃着国家俸禄的乡里干部"有秩啬夫",遍布于乡村每个角落,要他们去"捕亡",自然会"心想事成"。

(4)强制或鼓励、召诱居民参与"捕亡",无疑是挑动一部分人在"协助执法"的名义下去恣意活动,受害者往往是无辜的良民、弱者。《法律答问》中有一例:"夫妻子五人共盗,皆当刑城旦。今甲尽捕告之。问甲当购(发给奖金)几何?当购人二两。"此人一下子抓了五人,得了十两黄金(铜),当然还会这么干下去。按:依秦律"一丁一户",一户人家不允许有两个成年男子,否则必需分异,另立户头。那么,这个"犯罪"的五口之家,必有三个未成年孩子,他们全被那个"甲"捕获了去请赏。试想一下,当国家鼓励这种"捕亡者"的时候,这个社会还能不陷于恐怖之中吗?此案例居然被引入了国家法律!

(5)严控在途人员,是秦代最基本的行政手段。例如,《秦律·游士律》规定:"游士在,无符,居县赀一甲,岁终责之。"有位流动的"游说之士"没有符传,在其所居留的县生活着,被发现了,受罚金处罚,交出一领衣甲之价。到年终核计时,还要追究该县的职务责任。法律规定:商旅在途,过关历卡,投宿借住,必须接受查验,包括查验其身份、出行目的地及其途经、所携物品是否合法等情。不查或查不实，双方均负法律责任。如《史记·商君列传》就有记载：秦孝公死后，新上台的国君以商鞅"欲谋反"的罪名逮捕他。商鞅慌了，连夜逃亡，来到边境某小旅店投宿，店主对他说："商君之法：无传者不得入宿。"要他交验符传，他当然没有，于是被押回咸阳车裂了。《史记》说商鞅是"作法自毙"，我们则从中看到了秦律的无孔不入。

仅此可知：一个以"法"严控的社会，是不会有活力、有生命力的。一旦让平民沦为赭衣，其局面也就愈加无法控制了。秦代交通，盛极一时，却以"刑徒满路"终篇，这不能不让人痛惜。

第五章 大汉的交通伟业

汉代是中华文明获得重大发展的一个黄金季节。与之相适应，汉代交通继承秦代大一统体制，又有新的开拓。一个以驰道为主干的多层次的交通网覆盖全国，下伸到各郡县以至边远民族地区，促进了国土开发与经济发展。汉代交通设施与管理水平，也取得了历史性的进步。

汉代交通向国际化的方向迈出了可喜的步伐。丝绸之路的开通，使中华文明与南亚文明、中亚文明、东地中海文明第一次实现了沟通交流，这是人类进步事业的重大成就。中国人民无私地向世界贡献了自己的产业文明、制度文明与心灵文明（艺术、学术与宗教）的优质成果，赢得了各国人民的友谊和尊重。大汉交通，堪称伟业。

西汉长安作为国际都会，在城市交通建设与交通管理方面积累了丰富的经验，具有鲜明的汉家特色。对后世特别是对隋唐交通有直接的指导意义。

一　汉初交通的恢复

汉初，社会濒临破败的边缘，全国登录人口不过八百多万，已无多少社会生产力可言，社会对交通的需求，除了作战、逃荒、避难之外，说不上有多少想头。在这种局面下，汉初的几位统治者，从高祖、吕后到文帝、景帝，都懂得"与民休息"的道理，当时政风也比较朴实，讲究行政效率，能做到上情下达，下情上达，缓解了社会矛盾，并采取措施，逐步进行恢复性建设。立国五十年后，当武帝接手时（前140），已经是一个兴盛的东方强国了。

1. 汉承秦弊　高惠恢复

秦末，人口损耗惨重，社会濒于崩溃；京师咸阳，"楚人一炬，可怜焦土"，社会又蒙受一次沉重劫难。楚汉相争，仅徐州一战，汉军死于泗水者就达数万人，挤入睢水者又有十数万人，"睢水为之不流"；汉军所剩无几了，而大后方关中的兵员早已征完。"萧何亦发关中老弱未傅，悉诣荥阳"（《史记·项羽本纪》）。于是，将未成年者和已年老者，全都征发到前线，最后垓下决战，全歼项羽军。在这种情况下，全国人口的耗减，劳动力的严重匮乏，社会经济的崩溃到了何种程度，不难想象了。所以，刘邦称帝时（前202），连找四匹毛色纯净的马为自己拉车也办不到；侯王将相们出行要乘牛车，老百姓家中无隔日之粮，市场上找不到值钱的东西，交通的荒芜也就可想而知了。

公元前202年二月，刘邦称帝，即下令"民前或相聚保山泽，不书名数（未登录户籍人口）。今天下已定，各归其县，复故爵田宅"。冬十月，又命令天下县邑都筑起城墙来。次年，又下令"贾人毋得衣锦绣、绮縠、絺紵、罽，操兵，乘骑马"(《汉书·高帝本纪》)。致力于稳定社会、稳定民生，一点一点地积聚社会财富。惠帝在位七八年，他确定了"田租复十五税一"之制(《史记·惠帝本纪》)。他决定废除挟书律、妖言律等，为长安修筑了城墙，并"起长安西市，修敖仓"。接着，吕后称制七八年，"天下晏然，刑罚罕用，民务稼穑，衣食滋殖"(《汉书·高后纪》)。这就清理了国家交通环境，为汉代交通的恢复准备了基地。公元前179年代王刘恒入京嗣位，他和他的随从六人，就是"乘六乘传"到达长安的。六乘传，是用六匹马驾的大车，车有车厢。这就比二十年前刘邦称帝时要排场多了。

2. 文景振兴

文帝刘恒以小国侯王的身份入主大政，处处小心谨慎。他一再强调"导民之路，在于务本"，"岁一不收，民有饥色"。他规定了"三十税一"的税率；又废除了收孥相坐之令，妖言诽谤之罪和肉刑；对匈奴则坚持和亲方针与积极防御政策。虽然匈奴多次发兵内侵，但文帝除发重兵从边境要塞到京师内地层层设防外，未发一兵一卒深入匈奴境内去作战，这就保护和培育了内地的社会生产力。在确定和亲方针时，他说："夫久结难连兵，中外之国将何以自宁？（朕）遣使者冠盖相望，结辙于道，以谕朕志于单于。今单于返古之道，计社稷之安，便万民之利，新与朕俱弃细过，偕之大道，结兄弟之义，以全天下元元之民。"(《汉书·文帝纪》)这与他原本为代王，身处于汉匈边境而深知双方民情有关。文帝还曾直接下令缩编京师卫队，撤销卫将军，并压缩太仆寺规模，把由此而得的马匹"皆以给传置"，用来补充国家邮传的需要。他又曾下令停止执行国内关卡查验身份证、通行证（符传）的制度，"通关梁，不异远方"，努力刺激国内交通商贸尽快发达起来，让经济活跃起来。

汉景帝时（前156—前140），继续执行上述安抚民心的政策，使得汉初"五六十载之间"出现了"移风易俗，黎民淳厚"的局面。他下过一道命令："马高五尺九寸以上，齿未平（未满十龄），不得出关；强弩十石以上不得出关。"其目的在于培植内地生产力，加强国防力量。他命令全国男子二十岁开始登户籍，承担兵役劳役，在编组人口、掌握全国劳动力方面作出了努力。在平定了吴楚七国之乱后，立即着手稳定人心，除在战争中杀死吴王刘濞、迫使楚王刘戊等自杀外，所有"相胁诖误吏民"及"逋逃亡军者"皆赦之，不复追问，这是景帝在发生巨大变乱的情况下所采取的稳定人心以求振兴的又一重大决策，但国家级交通干线的全面整治，尚待时日。

二　汉武帝拓展水陆交通

汉武帝登基时才十六岁，他是一位雄才大略，颇有作为的君主。其时，"都鄙仓庾皆满，众庶街巷有马，阡陌之间成群"，帝国经济已经从恢复中走出来，正向着新的方向拓展。他利用几代人积累起来的国家实力，北拒匈奴，西通西域，东营辽海，南开闽粤，西南拓展牂柯，把汉帝国的事业推上了前所未有的高度。在汉武帝时期，北方有朔方、五原、上郡、北地、云中等郡；西北有酒泉、武威、张掖、敦煌四郡，后添设西域都护府；南方有南海、苍梧、郁林、日南、珠崖、儋耳、合浦、交趾、九真诸郡；西南有牂柯、越隽、沈黎、文山、武都及益州诸郡；东北有乐浪、玄菟、临屯、真番诸郡。这样，加上后来匈奴右贤王部的内属，汉帝国的国土面积比秦时拓展一倍以上，从而为国内交通的发展拓定了空前广阔的基地。

1. 对周边民族地区水陆交通的经营

汉武帝时，在发展新拓展的民族地区的交通事业方面，简直到了不惜代价的地步。武帝元光四年（前31），"唐蒙、司马相如开路西南夷，刊山通道千余里，以广巴蜀"，"作者数万人，千里负担馈粮，率十余钟至一石"（汉制每钟六石四斗，即运达的粮食只及征发的六七十分之一，其余都被运输者自己在路上消耗掉了）。"悉巴蜀之赋不足以更之"（《史记·平准书》）。西汉时在西南夷地区开成的通道，计有严道（在今雅安地区，可通往泸定、康定一带）、灵关道（在今四川凉山地区，通往西昌）、夜郎道（在今贵州安顺地区，可通往云南一带）、僰道（在今四川宜宾地区，通往云南）等，加上秦时修成的五尺道，西南群山之中原本相互隔绝，互不统属的各土邦山寨之间，有了密切的交往，民间又摸索出了通往南亚次大陆的国际交通线。

在甘陇河套至燕山地区，汉武帝在秦代筑路的基础上致力于整饬交通。元鼎年间（前116—前112），武帝出巡陇西，登空峒山，及河而返，又率数万骑北出萧关，猎于新秦中（河套以南地区，即所谓河南地）。他发现陇西、北地一带千里无人，边境线上也无亭障，更无人驻守巡察，便大发雷霆，严惩了地方长吏，动员内地人到新秦中畜牧，官家发给母马，三年后归还一头马驹，不征收户税。用这些优惠政策吸引人民开发边境地区。后来，这个政策又推广到西域与河西走廊等地。汉武帝还曾征发十万人"城朔方"。"贫民于关以西及充朔方以南、新秦中七十余万户，衣食皆仰给县官（国家），数岁假予产业，使者分部护之。冠盖相望，其费以亿计"（《史记·平准书》）。

汉武帝又曾亲统大军十八万骑，旌旗千里出云阳，抵单于台（今内蒙境内），对匈奴示威而还，并在桥山（今陕西子长县北）祭祀了黄帝。他的这次北上五原，走的便是秦代蒙恬修成的直道，此道文景帝时曾加以整修，但一度为匈奴人所控制。早在修筑西南夷地区的通道时，汉武帝就着手"治雁门险阻"（《汉书·武帝纪》）。当匈奴入上谷、入辽西、渔阳时，汉武帝曾先后命李广和卫青几度从雁门出击。卫青大军攻至高阙，一举收复河南地，重建了朔方郡、五原（九原）郡；打通了漠北交通线，从塞上直达单于庭（今蒙古乌兰巴托）及狼居胥山、浚稽山一带。"苏武牧羊北海边"（贝加尔湖畔），是汉族人来到"北海"的明确记录。汉武时又有陈汤斩西域郅支头、李广利伐大宛得天马的史事，更有张骞两次通西域的伟大壮举，为打通国际交通线作出了历史性的贡献。可见这条道路的重新打通，具有重要的战略意义。

在岭南，为了平定南越吕嘉的割据势力，武帝于元鼎年间曾遣伏波将军路德博出桂阳（郡治在今湖南郴县），下湟水（今连水），楼船将军杨仆出豫章（郡治在今南昌），下浈水（今瀹江），戈船将军严某出零陵（郡治在湖南零陵），下漓水（今漓江），戈船将宰甲下苍梧（今广西梧州），又命人征发巴蜀罪徒从夜郎（今贵州安顺一带）下牂柯江（今北盘江、红水河），与上述各支队伍在番禺（今广州）会师讨伐吕嘉。次年战事结束，在岭南设南海、九真等九郡。这次战事说明，通往广东的道路，至少有上述贵州、广西、湖南、江西几个不同方向的通道，比秦代只有灵渠一线好多了，当然，灵渠线仍是主要干线。

2. 对内地水陆交通的经营

对于内地的交通，汉武帝时期的整治工作，集中在元鼎征和年间（前115—前82）。这段时间，他四出巡幸。西出回中道、萧关，北出五原、云中与代郡，东达碣石山；又至成山角、琅琊台，南至盛唐（在南郡，今湖北境内）、浔阳。他的行踪，与当年秦始皇相仿佛，有时更有声势，如旌旗千里出五原、舳舻千里出枞阳、几次登泰山行封禅礼，登嵩山、陇首山，亲自主持修治黄河水道，带领朝廷百官上堤坝背土塞决口等等。在这种情况下，"天下郡国皆豫治道桥，缮故宫，及当驰道县治官储，设供具而望，以待幸"（《史记·封禅书》）。这就促进了内地各郡县之桥道馆舍的一次全面修整。同时，由于北逐匈奴，西敌氐羌，南战百越的需要，也要兴建道路。武帝发二十余万人伐百越，发数万人击西羌，数万人城令居（今甘肃永登），六十万人实边至朔方、西河、河西、张掖、酒泉等郡。这些人皆"衣食县官"，靠国家供应，于是"中国（指内地）缮道馈粮，远者三千，近者千余里"。国家车骑马不够征用，便命令全国县亭普遍养马。这又刺激了各地对交通的重视。

开通褒斜道是汉武帝经营汉中交通的重要之举。当时有人建议开通褒斜道，连接褒水与斜水，以便由沔入褒，由褒入斜，由斜入渭，进行漕运，比起西部的"陈仓故道"或"金牛道"来，此道近便多了，运输量也大多了，比起渭水—黄河漕运来，又无砥柱之险。于是由张汤之子张卬主持，征发数万人，开出五百余里的褒斜道。从此，汉中竹木米粮，源源不断运入关中，保证了京师的建设与民生。

在水运方面，除利用原有水道进行运输外，突出工程是开通了渭水南侧的漕渠。此渠东越华山，砥柱山，西抵丰镐旧京，用以转运山东粮米物资。原来渭水漕运，水道曲折迂回，计九百余里，一次运粮，费时六个月，又有砥柱之险。漕渠修成后，同一地带，水程只有三百余里，三个月即可抵达，为国家节省了无穷物力。此渠还有灌溉之利。这以后，一渠开通，百渠上马，而且是灌溉水运并举，江淮汝泗泾渭汶岷之间，处处开渠引水，对地方经济的开发，产生重要作用。

经过西汉前期、中期几代人的努力，汉代国内水陆交通网建成了，而且通达四境，遍及周边少数民族地区。此后，汉代交通事业便走上了大发展的轨道。

到东汉时，著名将军马援，有见于"马者甲兵大本，国之大用"，认为相马的知识光靠口耳传授不行，"传闻不如亲见，视影不如察形"。然而，任何一匹具体的马，又不可能兼具各种特点，"今欲形之与生马，则有法难备具，又不可传之于后"，于是铸成一尊铜马，高三尺五寸，胸围四尺四寸，将良马的犄中、口齿、身中、唇髻等各部位的特色集于一身，使人一目了然，而且可以长久流传。马援铸的铜马模型被称作"名马式"（式：法制用语，指格式、条例、规范之类），受到朝廷的高度重视。利用模型进行相马经的直观教育，马援是很有点科学头脑的。

一句话，汉代水陆交通的展开，大大促进了国土的开发与全国经济文化的发展；而国际交通的构建，又为中华交通的发展开辟了崭新的广阔天地，为亚洲各地的文明进步提供了推力。

三　都市交通及其管理

汉代有一批驰名中外的大都会，长安、洛阳之外，还有蓟、邯郸、定陶、寿春、南阳（宛）、荆州、吴（苏州）、番禺、成都、敦煌、武威等，这些都会的交通都很发达。各地人口都在十万、数十万之间，长安城甚至在百万以上，交通建设与交通管理的任务都很繁重。这里以长安为例，兼及洛阳，回顾一下汉代的都市交通及其管理。

1. 长安城的建制宜于交通

长安，西汉都城，位于关中千里沃野的中部，面对渭水，背靠终南山，左华右陇，形势险固。西周的政治中心丰邑、镐邑就建在这里，秦皇统一六国后，更在这里大兴土木，集聚天下财富，使咸京成为天下第一重镇。可惜，项羽入关，放了一把火，把这里变成了一片废墟。西汉建国后，在萧何等人主持下，在渭水之南、漏水东岸的开阔台地上，着手兴建新都，先后建成未央宫、长乐宫、明光宫、北宫与桂宫等建筑群。汉惠帝时，又调集三十万劳力，在这些建筑群的外围，以夯土筑成了坚固厚实的城墙。墙高三丈五尺，周长六十五里，四面共设十二座城门。其中，未央宫方九里，占全城面积七分之一；长乐宫方十里，占全城面积六分之一。宫殿群占去城内绝大部分地面。其余便是官员府第，民居与市场则集中在城北。京师普通百姓，则聚居于城外。汉武帝时，国力增强了，又在漏水西岸兴建了豪华的建章宫。此宫千门万户，未央长乐也无法与之相比。丝绸之路开通后，长安成为东方世界的一个国际都会，专门建成一条蛮街，供来华经商或定居的各国商贾侨民及国内少数民族人士居住。这座百万人口的都会，空前繁华。

长安的人口构成极为复杂。

首先，皇室宗亲、贵族官僚，功臣名将及他们的大量的依附人口，都聚集在京师，满足这些人的生活需要包括交通需要是一个艰难的课题；同时，汉中央政府为了削弱地方实力，又多次把各地的豪强地主、巨商大贾迁入京师，置于自己的直接监理之下。他们就成了长安生活区建设的主要"投资方"，互相声气相通，于是便集结起来，形成一个个越来越大的势力网，又为长安的社会管理带来了巨大的困难。另外，从各地抽调来京的守卫部队及各项工程建设人员，各地至京求业求学求官的人员、旅游观光的人员，因各种原因而浮浪至京的三教九流，加上国外来华出使、经商、谋生、观光、留学的人员，真的是"五方错杂，风俗不纯"，"郡国辐辏，浮食者多"了（《汉书·食货志》）。这就构成了一支庞大的消费力量，也为长安带来繁剧的交通管理任务。要把长安的交通办好，谈何容易！对此，汉政府从都市建制、交通建设、道路管理、安全禁卫等方面，采取了一系列的对策，力图维持一个良性的社会秩序与交通秩序。宏观地看来，汉代都市交通管理还是有力有效的，不过问题也确实不少，有时也十分严重。

（1）长安的整体布局，是适应交通及交通管理的需要的。长安城建筑配置方正严整，街衢巷陌，平直通达。八条主要街道贯通全城，宽广平坦，均与城门相联；城外护城河上的大桥，与道路等宽，人行其上，不觉其为桥。大桥与城外大道相衔接，通达内外。每条街道，都由三条并行大道组成。其贯通南北的中心大街，全长十华里，幅宽 50 米，称为驰道。驰道中央 7 米路面，是供皇帝专用的御道，任何人不得任意跨越，更不得行于驰道中央。御道两侧，各有 5 米宽的旁道，供官府车马行走。旁道外侧，开挖排水沟，沟沿栽植榆、槐与青松，形成绿色林带。林带外侧，又有各宽13米的便道，供公众使用，规定左出右入，就是说，车马行人一律靠左走。这种街道建制，比起西周的"经途九轨"（16米）的幅宽来，其气魄之大是不可同日而语的。它是秦皇驰道制度的继承与发展。

（2）同时，京师城内外街道两侧的公私住宅，又组成一个一个的生活小区，名为坊或里。坊有坊墙，四面各长一里，居民住在坊墙里面，不得向大街开门。坊墙四面开有闾门，有专人负责按时启闭。入夜之后，天亮以前，不允许居民在坊外街头从事任何未经允许的活动，实行严格的宵禁。不论白天黑夜，坊里内不能进行商贸活动。全城商贾，一律集中在指定的市坊中，"日中而市"，不允许走街串巷，随地设置店铺。除逢年过节政府特许开放以外，城中不搞公众娱乐活动，没有公众活动场所。这样，偌大一个长安，百万人口的都会，便呈现着一种兴盛而又安宁的气氛，大街上很少有人流堵塞、人群混乱的情景。

（3）为了便于管理，长安也贯彻"四民分居"的精神，官府衙门集中配置，居民生活区与商业区严格分开。当时，长安城内有两个商业区，都在城北横门大道两侧。西市占六个坊，东市占三个坊。城外另有柳市、直市、槐市等，都设在相应的坊里中。一个坊市，占地大致为二百六十步，其围墙特称为圜，每面开一道门，称作阛。两阛之间有通道相连，称作隧。隧的两侧为列肆（摊位）。商品编组分类，于列肆出售。列肆背后为市廛，即市场邸舍，为客商存放商货，存放车马的场地。圜阛中设有旗亭楼，高五层，上置旗帜与大鼓，用以报时与报警。有当市楼，是政府委派的市场管理人员市长、市丞、市令等的办公地点。他们派人巡视市场，启闭市门，管理物价，管理治安，征收商品及车辆马匹牛骡的租税，所谓"征及马牛"是也。对于在市中结伙起哄，惊动人众，扰乱秩序者，从严惩处。

西汉长安的状况，东汉洛阳有过之而无不及。汉人王符《潜夫论》中说：洛阳"举俗舍本农趋商贾，牛马车舆，填塞道路，游手为巧，充盈都邑"。仲长统也说："船车贾贩，周于四方。废居积贮，满于都城。"本来，从东周时起，洛阳便因其地处中原腹心而成为繁华的商业都会，经商是洛阳地区的传统特色；而作为京师，洛阳的"经济中心"特色则优于长安。

还有一点不同：城市生活区建设的主体力量有所转移。秦与西汉时期，贵族地主、军功地主、富商巨贾是住在城里的，是城区生活区建设的主体力量，由他们决定着居民生活区的建筑面貌。到了东汉时期，随着土地兼并的加剧，形成门阀大地主，为着经营的方便，他们在其垄断占有的郊野土地上，择地建设"庄园"，把庄园建成生产生活资料能自给有余的"单位"。从此，周秦以来城乡一体化的格局就这么改变了，城市经济与庄园经济呈互补态势。

汉代"京都赋"对两汉都市生活作了立体勾画，《京辅黄图》对汉代都会形态作了详细的科学介绍，后人可以据之而重塑出都城模型来；而上述京师的封闭式管理体制，直到隋唐时都一直保持着，到北宋初才有重大突破。此是后话了。

2. 京师的交通管理

京师的交通管理，是一项系统工程。我们如果把城门看作点，驰道（中心街道）看作线，官府区与居民区看作面，那么，点线面的有机结合，便构成全城交通管理网。为着对各个部位实施有效控制，从内到外，皇城、京城、外廓、京畿，一圈套着一圈，部署相应的管理力量，进行巡查、禁察、稽征和交通疏理。这样，整个京师地区，便笼罩在一个庞大的交通管理网络之中，任何部位发生问题，都可以作出快速反应，及时处置。

为了进行有效管理，汉政府制订了相应的政策法令，如《令甲》、《令乙》、《厩苑令》之类，确定了城门、街道、坊里的交通管理职官，配备了相应的管理力量，从制度上，组织上给予保证。

（1）城门管理是都市治安管理与交通管理的第一道工序。汉代城门管理由专职官员负责，有专门法规。西汉设城门校尉一职，秩二千石，相当于郡守，由他主持城门的行政管理。又设十二名城门侯，秩六百石，各管京城一门，职在城门禁卫，疏理交通，处治事故；要主管城门启闭、稽察行人，不许外界势力渗入城中，保证京城尤其是皇城的安全。同时，各门均有卫屯兵，由司马统领，司马秩千石，在城楼上下巡查驻防，负责城内警卫。城门禁卫的责任是非常严肃的，轻忽不得。

汉武帝天汉二年（前99），巫蛊事起，曾命令关闭城门，在城内进行大搜索，来了个一次性的大搜捕，将所谓违制违法人员一网打尽。汉成帝时，治安形势恶化，"南山盗贼，阻山横行，劫掠良民，杀奉法吏，道路不通，城门至以警戒"（《汉书·王尊传》）。看来，"城门戒严"、"闭城门"也是统治集团常用的警戒措施之一。这是在特殊情况下的一种管理手段，百姓的交通就受到严重阻拦了。

京师城门侯的工作并不好做。《后汉书·鲍永传》写道：光武帝建武十一年（35年），皇叔刘良出城送丧归来，进入夏城门中，正和中郎将张邯迎面相逢。时城门中道狭，双方车骑多，无法同时通过。刘良便斥骂张邯，令其退避，又召来城门侯岑尊，斥令岑尊叩首于马前，并令其在前引道数十步方才罢休。当时主管京师地面治安事宜的是司隶校尉鲍永，此人特别耿直。他一听此事，便奏上一本，弹劾刘良目无国家法纪，公然污辱京城守卫官员，定罪为"大不敬"，给予惩处。朝纲为之肃然。连刘秀本人也说："贵戚且宜敛手，以避二鲍！"（指鲍永、鲍恢）幸亏有个鲍永，否则，这帮贵戚，还不知要横行到什么地步呢！

尽管如此，城门禁卫还是得认真施行。光武帝有一次微服出游，天黑后再回到京城东中门下，便让随从叫开城门。城门侯郅恽在门楼上回话说："宵禁是国家法纪，人人都得遵守。我职在依法守卫城门。现在天已黑了，难以辨认，为防异常，我不能开门！"随从说可以点上火把，在门缝中验看是谁来了，郅恽仍然坚持"难以辨认"而没有开门。光武帝只好绕道设法进城。事后，还奖赏了郅恽的严于职守。

（2）除了城门，驰道的管理也受到汉政府的特别重视。驰道制度是秦代形成的，汉承秦制，又有发展。《汉令·乙》规定："骑乘车马行驰道中，已论者没入车马被具。""诸使有《制》，得行驰道中，着行旁道；无得行驰道中央三丈（7米）。"

西汉哀帝时，司隶鲍宣就曾据上述法令制裁过丞相孔光。时孔光依例去巡查皇家园陵，"以令行驰道中"，他的官属也行于驰道之中。鲍宣认为丞相官属无权行驰道中央三丈，于是令手下街卒钩止丞相掾属的车马，使孔光大受折辱。

大臣不得行驰道中，太子、公主也不得行驰道中。西汉元帝有一次因急事召见太子，时太子住在桂宫。他走出龙楼门后，不敢横绝驰道直接去未央宫，便绕道城西的直城门，那里允许横越，"得绝乃度，还入作室门"，进了未央宫。元帝怪他来迟了，他说明了原因。元帝很高兴儿子的守法守制，于是下了一道诏令："太子得绝驰道。"（《汉书·成帝纪》）

驰道的这种严格管理，当然是为了保证皇帝的绝对安全，但也未免太过分了。到汉平帝元始元年，即公元元年国家才下令"罢三辅驰道"，在关中京畿地区不再执行这种严厉的禁越规定、不再阻挡臣民车马行于驰道了。从秦始皇起形成的驰道管理体制，这才有了一次大变化。后世除京师主要干道，即直通皇宫的中心大街之中的"御道"的管理从严外，就不再实行秦皇汉武时代的驰道管理方式了。

（3）对于京师的面上管理，汉代在长安设有"长安街尉"一职，其属官有左都侯、右都侯各一人，属吏五十九人，卫士（街卒）七百九十九人。终日巡行街巷，执行交通法令，制止非法通行，保证正常的交通与治安秩序。按照《汉律》的规定：不许住户向大街开门，不许住户侵占街面造屋或种植，不许在人众中走马，不许结队喧呼夜行，当然更不许制造事端，扰乱交通了。然而，敢于无视这一切的，又恰恰是贵戚豪门、官府衙役及其依附者们。权势之家的子弟宾客们的横行不法，尤其令街使、街尉、街头逻卒们头痛：不查禁便是失职，查禁又职卑势单，穷于应付。举例说吧：汉成帝时，贵戚骄纵，红阳侯兄弟就藏纳亡命，结交徒隶，以至长安奸猾越聚越多，闾里少年结伙杀人，闹得长安城中"薄暮尘起，剽劫行者。死伤横道，桴鼓不绝"（《汉书·尹赏传》）。堂堂汉家都城，一个国际都会，竟是如此这般！这以前，汉宣帝时，也曾出现一度的混乱："长安市（市场）偷盗尤多，百贾苦之。"宣帝让能人张敞去治理。张敞一打听，才知道长安偷盗有"酋长数人，居皆温厚，出从童骑，闾里以为长者"，就是这伙人在指挥调度全城小偷去活动。经张敞一番究治，"由是桴鼓稀鸣，市无偷盗"（《汉书·张敞传》）。

汉代各地城市的交通建制与交通管理，大致仿此，规模级别低些而已。

四 汉代的交通服务

汉代交通发达，服务设施齐全，制度也比较完备，总体上说，满足了帝国政治经济发展与国民社会交往的需要。首先，汉政府在全国大中城市，尤其是郡国首府与交通冲要地点，遍设传舍，传舍配有厩厨车马与房间，足供国家官员与使节使用。与传舍相配套、在基层又设有乡亭，大致十里一亭，分布于交通干线，专管接力传送政府邮件，接待邮夫与一般商旅吏役，并兼管当地治安等。此外，为满足国内外各色各样的旅客的要求，旅店与食店也遍地开花，成为政府认可并予以支持的一大服务行业。这一切，构成了汉代交通的兴旺局面。

1. 设备齐全的传舍

一般说来，汉代的传舍，在西汉中后期办得不错，东汉前期也还兴旺，东汉后期国力衰减，就显得难以支撑了。

汉代传舍有相当的规模，配有传厨、传车和驿马，并有足够的住宿用品。传舍负责接待国家过往官员、信使，以及政府特命征召的贤士名人。客人到传舍食宿，必须交验符传，说明自己的身份爵级，按规定享受相应的接待。例如：汉文帝为代王时，就是乘"六乘传"赴京即位的。汉宣帝时，渤海郡大乱，宣帝委派龚遂为渤海太守，前往安抚民人，龚遂便是"乘传"赴任的（参见《汉书·循吏传》）。

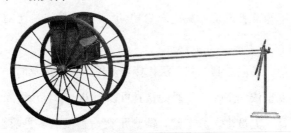

西汉栈车　直辕、巨轮，轻便、简洁，有 18 根辐条。

汉代传舍的规制与服务水平，可以从下述实例中窥其一斑：

据《后汉书·光武帝纪》载：西汉末年，天下大乱，刘秀随更始帝刘盆子起事，奉命到河北一带发展势力，开辟领地，他来到了蓟城（今北京）。这时，有个叫王朗的人，冒充汉帝宗室，占据邯郸称帝，并传檄各地缉拿刘秀。消息传到蓟城，城里沸沸扬扬，都说来了"邯郸使者"，专捉刘秀。刘秀一行连夜南逃，奔到饶阳时，人困马乏，刘秀灵机一动，率领随从武将与兵士，自称"邯郸使者"，到饶阳传舍要求接待。传舍长连忙送上饭菜招待"使者"一行，刘秀一群便争着抢着大吃大喝起来，这引起了传舍长的怀疑，但又不敢径直查问"使者"来历，于是猛敲大鼓，通知传舍所有人员："邯郸将军即将来到，各自做好接待准备！"刘秀他们一听，大吃一惊，打算逃跑。但刘秀转念一想：如果真有什么邯郸将军来了，他想逃也逃不了了，于是索性坐下来慢慢吃喝，并对传舍长说："待将军来了，我们可以见一见。"待吃饱喝足，也没见"将军"的影子，刘秀便招呼随从上路。传舍长早已看出破绽，便高声命令传舍门长关上传舍大门："别让这伙冒牌货跑了！"传舍门长回答说："现在天下大乱，鱼龙混杂，还不知谁胜谁负，关他干啥！"反而大敞其门，让刘秀一行走出去了。

由此，我们看到：一，汉代传舍规模大，服务及时，即使在战乱时期也依然工作，平时的认真可以想见；二，传舍是一个庞大的实体，人员多，分工细，能满足在途官员的多种需要；三，传舍的消费是一项庞大的支出，需要政府负担，因而也就是人民群众的沉重负担。刘秀即位时，曾令长安传舍准备十余万人的膳食，由此也可想见其规模之大了。

汉代的船

汉车马出游图

　　传舍的供应是无偿的。汉政府虽然有明细的规定，不许传舍违章供应，不许官员非法索要，但历久弊生，官员腐败便不可避免地在传舍中蔓延开来。

《后汉书·郭躬传》载：汉章帝是东汉时期搞得比较好的一位皇帝，比较注意政风。但就在章帝时，专职京师治安的司隶校尉赵兴，竟然每入馆舍，"辄更缮修馆宇，移穿改筑，故犯妖禁"。因为一个大员来到，传舍就得为之改筑修缮一番，而且"故犯妖禁"，其猖狂与腐败程度，可想而知。

汉安帝有位乳母王氏，极受宠信。安帝让其女王凤荣为"中使"去祭奠父亲。此人便"朱轩骈马，相望道路"（《后汉书·陈宠传》），声势震动郡县，连王侯也拜伏车下，乞求赏识。地方长官则闻风而动，发吏民，修道路，架桥梁，改建传舍；并搜刮礼品，千方百计迎合这位"中使"的私欲，连其仆从也赂遗"人数万匹绢"！如此"征役无度，老弱相随，动有万计"，闹得地方"顿路呼嗟，莫不叩心"（同上）。王氏如此动用传舍，作威作福，为后世开了恶劣的先例。

2. 功能多样的邮亭

汉代一里一亭，遍设于交通干线，遍设于社会基层，作为乡里的一个公用机构，接力递送政府信件公文与小件物品则是其主要职责，此外它还有多种多样的功能。

西汉宣帝时，黄霸为颍川太守，上任后便"使邮亭乡官皆畜鸡豚，以赡鳏寡贫穷者"（《汉书·循吏传》）。他要了解本郡各县各乡情况，就"择长年廉吏"下乡视察，"吏出，不敢舍邮亭"。廉吏不敢舍邮亭，则一般官吏宿食于邮亭便是常例了。

名吏召信臣为南阳太守，"好为民兴利，务在富之。躬劝耕农，出入阡陌，止舍离乡亭"（《同上》）。以"离乡亭"作为肯吃苦、肯接近百姓的标志，可见乡亭对于官吏的接待，也是有一定水平的。

刘秀称帝后，缺一套仪仗法物。这以前，公孙述曾在汉中称帝，有这些东西。于是益州刺史将公孙述的一套仪仗法物连同乐师一起交邮传传送到洛阳，全程三千里。这是邮亭也运送物品与人员的范例。

各地年年岁岁向京师贡献土产异味，刘秀下诏说：所献异味，往往要专门培育豢养，劳民伤财，而且向京师传送时，"烦扰道上，疲费过所"，因而明令各地"郡国异味不得有所献御"。此诏一下，各地邮传以为少了一道苦差事，颇为高兴。其实不然，刘秀在诏中又说："远方口实所以荐宗庙，自如旧制。"（《后汉书·光武帝纪》）原来，用于"荐宗庙"的、祭祖敬神的"口实"一点也不能少，于是"明诏"也下了，"口实"则照常贡献，皇帝老子依然能有"异味"入口，那么，其烦扰疲费，当然也就"自如旧制"了。

与此相类似的，东汉章帝也曾下过这样一道诏书：要求各地在他巡幸时，不得辄修桥道，不得远离城廓，遣吏逢迎，不得刺探起居，出入前后，以为烦扰。看来此诏也是半真半假：不要臣下"刺探起居，出入前后，以为烦扰"是真，而臣下不去逢迎，不修桥道，如何使得！

当然，这个汉章帝也有出好点子的时候。例如：他在位时，闹起了天灾，流民很多。他便下令各地清查流民数，有愿意回原籍的，由所在郡县核实后发给路费，并允许流民寄宿官亭，不要花钱住旅馆，由官亭解决旅途食宿；他还要求郡县官长直接办理此事。至于是否口惠而实不至，我们也就不得而知了。

邮亭要办的事太多，当然需要财政支持，然而汉政府越到后来所能支付的钱物越少，东汉中后期之后，传舍邮亭经费越来越不敷支用了。国家官吏在这里享受不到多少无偿的招待了，于是转而投宿于私营旅店。

3. 客店和饮食店

汉代客店、饮食店普遍开业，不像秦朝那样受到严格管制。

东汉时，有位叫做第五伦的人，在家乡高陵（在陕西）当乡啬夫多年，觉得自己老没长进，就携带家属客居河东，改名叫王伯齐，干起了卖盐的生意，往来于太原上党之间。他沿途都是投宿于客店，离开时，总要把宿舍收拾得干干净净。这样时间一长，客舍主人都知道这位王伯齐为人很好，往往主动邀请他住进自己的客店，而且免费，还送给他一个雅号，唤作"道士"——有道之士也。可见此时的太原、上党之间的交通干线上，有不少客店分布着，为王伯齐这样的盐商们服务。

与此同时，饮食业也兴盛起来。汉宣帝即位前，只是一个并无权势的小宗室。逢年过节，他得随例参加朝会。到京城后，他就投宿在长安尚冠里的一家客店里。每次买饼吃，店家总是给他很多饼子，弄得他自己也觉得奇怪。

由于客店办得好，连政府官吏都乐于投宿客店，以至到东汉和帝时，国家不得不下令：全国郡县的上计人员，今后不得投宿于私营客店，只能投宿于政府传舍。因为投宿于客店，既不利于保密，也难保安全，还有损于国家形象。然而大势所趋，官吏们还是选择了客店。这也证明了当时民营服务业的水平之高，否则怎么能把国家官员吸引到自己这一边来呢？

五　国际通道与丝绸之路

国内交通干线与国际交通干线的衔接通联，是汉代交通的一大特色，带有开创意义。

1. 国际交通线

在东北，从蓟出发，有通向右北平、辽西、辽东的大道，再向前延伸，向北可通肃慎等地（今黑龙江中下游地区），向南可通朝鲜半岛，与辰韩、马韩、弁韩相通联，而且与日本隔海相望，"海中有倭人，分为百余国，以岁时来献见云"（《汉书·地理志》）。汉代与日本之间的经常性海上交往，已为1784年日本福岗志贺岛发现的"汉倭奴国王"金印所证实。此金印是光武帝中元二年（57年）赠给倭国来使的。中日交往可谓源远流长。

在北方，无论是从右北平（郡治在今河北蓟县），还是从代郡、云中，还是从五原，都可以"横绝大漠"，通联今外蒙与西伯利亚地区。汉与匈奴有长期战争关系，也有更多的"和亲时期"，无论什么情况下，边境贸易从未停止过。

在西北，汉武帝多次取道回中道，出巡陇西、安定诸郡，整治秦陇交通，后来添设"河西四郡"，开通丝绸之路，成为中外交往的大动脉，发挥了长远的历史作用，后文再作交待。

在西南，秦代开通五尺道，汉武帝前后，又开通灵关道、夜郎道、严道等等。从成都到邛崃，就可以通过严道去西昌、会理，是川滇通道的一条重要干线。循此线可以一直到大理、保山，去腾冲或盈江（哀牢），然后出境去缅甸。秦代曾在今天云南边陲保山县境设不韦县，流放刑徒，可见秦人足迹早已到达今滇缅边界。秦汉时期，西南边陲还有一条沿牂柯江东下的路，出番禺下海或沿红河通印支半岛。汉武帝曾派出许多使者，从西南夷数道并出，皆各行一二千里，希望打通西南陆路，发展中国与身毒（印度）之间的政府关系，终于未能如愿。"其北方闭氐筰（邛筰），南方闭巂、昆明"，"汉使终莫得通，然自其西可千里有乘象国，名滇越，而蜀贾间出物者或一至焉"，"于是汉以求大夏道始通滇国"（《汉书·张骞传》）。作为民间商道，我国通往缅、印的山路早就存在着。近年来的研究表明，这条道的大致走向是：从成都向宜宾，经僰道、五尺道至曲靖、昆明，转大理、保山，再由边城腾冲或瑞丽等地去缅、印。汉政府没有办到的事，民间早已办成了。

在南方和东南沿海，有可称发达的海上交通。

汉初的《淮南子·齐俗训》中，已经有"乘船而惑者，不知东西，见斗极则悟矣"的话，可见西汉时我国人民已经知道利用天体进行导航了。《汉书·艺文志》载航海占验书如《海中星占

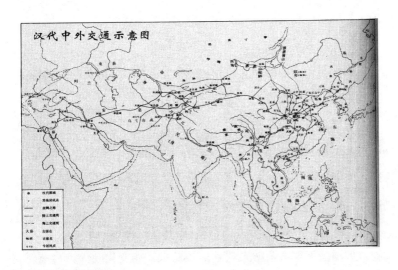

汉代中外交通示意图

验》、《海中五星顺逆》等书，有一百三四十卷，足见当时航海知识已经很丰富，天体导航术已经普及。据《汉书·地理志》载：西汉时，从番禺出发下海到印支半岛、马来半岛以及到印度锡兰等地的航海线已经开辟出来了。"自日南障塞、徐闻合浦，船行可五月有都元国，又船行可四月有邑庐没国，又船行可二十余日有湛黎国，步行可十余日有夫甘都庐国。自夫甘都庐国船行可二月余，有黄支国……自黄支国船行可八月到皮宗，船行可二月到日南象林界云。黄支之南有已程不国，汉之译使至此还焉"（《汉书·地理志》）。据考，夫甘都庐即今缅甸蒲甘城，黄支国在印度半岛南端，已程不国在斯里兰卡岛上。汉代与这些国家和地区，既有政府间的海上交往，更有民间的海上贸易。汉政府由黄门（内庭官）派出译者，招募商人船夫，带上大批黄金、杂缯去各国，各国政府都给以招待，并派本国译使陪同转送。从海外运入的商品，主要是明珠、琉璃、玉璧等物。

内地与印支的陆路交通线，主要是靠数千里的滇越古商道与千余里的马援所刊道。

南洋海上通道在东汉时又有发展。东汉中期，身毒（印度）就曾几度遣使前来赠送礼物，有珍珠、象牙、胡椒、吉贝布之类，中国当时传入印度的则主要是丝绸和铁器。铁在印度语中被称为"中国生"、"中国产物"，被看做宝物。公元120年叶调国（今爪哇、苏门答腊一带）、掸国（今缅甸）遣使到洛阳，赠送礼物。掸国国王雍由调派人"献乐及幻人。能变化吐火，自肢解，易牛马头，又善跳丸，数及至千。自言我海西人——海西即大秦也"。"掸国西南通大秦"（《后汉书·西南夷列传》）。这是中原人通过缅甸人所了解到的大秦即古罗马帝国的最初印象。到公元160年，大秦皇帝安敦尼即派使者来华，送上象牙、犀角、玳瑁等珍奇，中西海上交往以此为契机而正式开始了。当时中国海船可以航行南海海域（《太平御览》说：东汉时，中国地方官员已经巡航涨海即南中国海了），再穿过马六甲海峡去印度、斯里兰卡等地；再向前，必须换乘大秦商船了。如果说陆上丝绸之路开辟于西汉，那么，东汉时，海上丝绸之路，由于中西人民的共同努力，也已经绘出了蓝图了。这是汉代交通国际化的又一重要表现。

2. 张骞通西域

陆上丝绸之路的打通，经过了艰难的奋斗。

汉武帝刘彻十六岁登基，第三年，即公元前 138 年派张骞出使西域。当时，匈奴控制着河西走廊，联络青海川西一带的羌人，时时滋扰关中，对汉政权形成严重威胁。同时，匈奴又控制了河套以南的大片地区，正面压迫关中，并从雁门、代郡、右北平方向不断南侵，构成了对中原地区的严重威胁。为解除周秦以来匈奴（胡人）的危害，汉武帝决定发动对匈奴的攻势。作为第一步，派人出使西域，联络同样受匈奴欺侮、被匈奴从祁连山麓驱赶西逃的大月氏人夹击匈奴。张骞应召，率助手堂邑甘父等百余人西行，一行人进入河西走廊时，不意被匈奴游骑俘获，被传送到匈奴王庭（今内蒙呼和浩特附近）。匈奴单于将他安置在西部，扣留十年之久。张骞在此娶妻生子，但始终手持汉节，不忘使命。后来与甘父等逃出匈奴境，西行数十日来到大宛（今费尔千纳地区）。受到大宛王的热情接待。

张骞出使西域图

大宛王早知东方有个大国，富饶非常，很想通使，苦无路径。见到张骞，喜出望外。张骞见大宛境内遍地稻麦，盛产葡萄，大地风光与中原仿佛，很是激动。他向大宛王介绍了中国风物人情。大宛王很高兴，并派使节与翻译陪同张骞去康居和大月氏，康居人也很热情地接待了他。此时大月氏进入大夏境内，建立了贵霜王朝，据有今阿富汗、巴基斯坦一带，当地水草丰盛，很少有外敌侵扰，就不想东迁祁连山原驻地与匈奴作战了，但愿意与中国结好。

张骞又西行至蓝氏城（今阿富汗之瓦齐拉巴德市），与大夏人交好，在那里住了一年多，广泛了解大西域的山川物产国俗民情等，然后东归。

这个行程说明：由汉廷到大宛，地上本来是有路的，只是由于匈奴势力的阻隔而"不通"；由大宛到康居再到大夏境内，本有畅达的国家级大道；西域各国之间有着正常的交往，张骞在此总能受到友好接待和平安护送。张骞的贡献是"打通"了汉廷与西域各国政府的交往之路，缔结了友谊。

返程时，张骞改沿昆仑山北麓、塔里木盆地南沿东行，到达古楼兰（鄯善）时，为了避开匈奴游骑，他决定由"羌中"返回，却又被匈奴游骑发现了，被扣留一年多。当匈奴内讧之时，张骞便带了妻儿与堂邑甘父回国。张骞见了汉武帝，汇报了十三年在外的艰苦历程，着意讲述了西域三十六国的国情，介绍了葱岭以西广阔空间里的大国大宛、乌孙、大月氏、大夏、康居等地，又介绍了在大夏所知的奄蔡（在今里海、咸海之间）、安息

（今伊朗一带）、条支（今伊拉克一带）以及身毒（今印度与巴基斯坦地区），并具体建议从今四川云南地区、向身毒打开一条国家级通道。三十余岁的汉武帝很有兴致地听了张骞的汇报，时汉廷已派卫青收复河南地，设五原郡、朔方郡，并开始经营西南地区，开通了僰道（今四川宜宾西南）。于是汉武帝决定：一，打通西南交通线，与身毒直接贸易。他派出许多使团，从夜郎、邛、筰等地区分头出发西去南下，结果却未能如意，在昆明一带被土邦阻绝了。二，全力经营河西走廊，发重兵击退匈奴，确保与西域的交通安全；尔后的十年内，经卫青、霍去病等大将的奋斗，终于把匈奴赶到漠北地区去了，在河西走廊设置了酒泉、武威、张掖、敦煌四郡，遍列烽火亭障，保证了大西北的安宁。三，与乌孙联谊，共击匈奴。为巩固与扩大跟西域的联系，汉武帝于元狩四年（前119），又派张骞再使西域。这次使团很庞大，仅副使就有十多名，准备随时派往新获知的西方国家。随从商团三百多人，每人两匹骏马，又有牛羊数万头、丝绸金币价值数千巨万，以便赠送沿途友邦。这次西上，张骞一行再不用担心匈奴人的袭扰了。而西行的目的也更明确了：为了中外友谊，为了平等交往，不再仅仅是对付匈奴了。张骞及其副使遍行今中亚、西亚、阿拉伯地区各国，同时，西方各国也纷纷遣使前往中国。乌孙与汉廷结亲，大夏、康居、条支、安息、大月氏、身毒、奄蔡、靳黎等，都与汉廷建立了友好通商关系。至此，世界几大文明策源地交结通联起来了，使古代东地中海地区、两河流域、印度河流域，都和古中华有了亲密交往。

张骞归国后，汉中央政府在今新疆地区设置了军政机构，实行有效的政治管理。公元前60年（宣帝神爵二年），任命郑吉为首任"西域都护"，新疆从此成为我国的神圣疆土，成为我国与西方世界相通联的重要门户，发挥着越来越重要的作用。

王莽篡汉的日子里，实行愚蠢的闭关政策，主动放弃西域，中断了中西交通。

3. 班超继踵

东汉立国后，便着手恢复、拓展西域交通。首先大力加强对新疆地区的政治管理与经济开发，使之与内地更密切地联系起来。东汉人比西汉人更清楚"收西域三十六国，断匈奴右臂"的重大战略意义。汉明帝于永平十六年（73年）选派投笔从戎的班超出使西域。班超与其助手三十六员壮士常驻西域，进行三十余年的艰苦斗争，努力保持西域五十余国的政治稳定，清除匈奴和其他势力对西域的干扰。班超到达西域的次年，汉政府在新疆重建都护府，并实行屯田戍边。班超任都护时，派副使甘英出访西方大国大秦，以求与罗马帝国建立直接的交往，甘英一行来到条支国西海岸，却因误信当地人关于渡海艰难的话而却步了。罗马与中国的直接交往，因而被推迟了近半个世纪，直到公元116年（汉安帝元初年间）罗马使团利用印度洋信风到达印度等地，从缅甸（掸国）来到中国，这才有了中西海上交往。

4. 丝路走向

两汉通西域的丝绸之路的路线是：

从长安出发，经回中道北向武威、酒泉、敦煌，或沿渭水西上今天水、兰州、西宁，再转武威、敦煌；也可由长安北去五原，再西去居延、酒泉、敦煌，三道中回中道是西汉通西域的主干线。由敦煌出阳关为南道，沿今塔里木盆地南沿、昆仑山北麓西去疏勒（今新疆喀什），由敦煌出玉门关为北道，经吐鲁番与天山南麓西去疏勒。南北道在疏勒汇合后跨越葱岭西去。

据《汉书·西域传》介绍：由皮山（今新疆皮山）西去路上，使团或商队前行，必须有人放哨侦察，夜击刁斗，武装自卫，还不时遇到盗匪袭击。沿途各国，或穷得无法供应粮草，或不肯供应，一二十天行于无人之境，往往饥乏而死。又历大头痛小头痛之山，赤土身热之阪，令人身热无色、头痛呕吐，驴畜尽然。"又有三池盘石阪道，狭者尺六七寸，长者径三十里，临峥嵘不测之溪，行者骑步相持，绳索相引，二千余里仍到悬度，畜坠未半坑谷尽糜碎，人堕势不得相收视。险阻危害不可胜言"。当年张骞、班超、班勇等人，奋身西进，所历艰辛危苦，为后人难以想象！

丝绸之路出西域国境线之后，一条分支路南下通往今巴基斯坦、印度、孟加拉国、尼泊尔一带。而其主干道则西上，经蓝氏城至木鹿城（土库曼境内），再向西行至番兜（伊朗境内），进抵太西丰（伊拉克境内），直达今叙利亚之大马士革城。另有一条北道，出葱岭后通郅支城（今江布尔）、历康居、奄蔡西接博斯普鲁斯王国都城（今刻赤），这是罗马帝国与中亚货物的集散地。大致说来，丝绸之路的国际通道，历今中亚、西亚，可与东南欧及北非的交通线相衔接，构成世界性东西大通道。这条东西大通道，在我国唐宋元明清时期，始终发挥着重要的商贸作用和文化沟通作用，它是东西方文明的主要纽带（另一条就是海路了）。它的开通与维护，是东西方人民共同努力的结晶。

六　中华城乡生态的优化

"通西域"是中外交往中最富有代表性的壮举，中华文明从此跨越葱岭辐射于中亚、西亚以至北非，而域外文明也次第引入东土，改变了先秦以来中原农业的生态面貌。

周秦时，中国城市居民按"士农工商，四民分居"的原则集中分片居住，其时，自耕农与地主是城里居民的主体（"市民"是宋代以后才有的）。从东汉时起，这个情况发生了大幅变化。

自从文景二帝实行新经济政策之后，便逐步培植起大量自耕农和庄园地主两大阶层。地主庄园集大田生产、副业经营、安全保卫于一体，成为地主奢华生活的后勤基地。起初，庄园主仍然居住在城中坊里之内，但其重心已逐步移向郊野的"庄园"，他们在逐步疏离城居生活。到汉武帝后期，此时，庄园主们不再热心于向城市建设"投资"了，城市生活对贵族地主及其依附文人并没有多少吸引力，经济实力在向庄园转移。庄园有院墙（寨墙、坞堡），庄园主与他的依附人口如门客与家丁、佃农，住在院内。庄园除大田生产外，还自办教育，自行防卫，还兼营林、渔、牧，开设各种手工作坊，产品不仅自给，且大量投放市场，用于交换，名品还能远销到千里之外。"乡居"比"城居"更利于人的身心发展，得到更高的审美评价，也更加"自由"，更少政治力量的干扰钳制。从此，家庭重心便移到乡间了，即使有家庭成员因"入仕"而"城居"了，最后总得"叶落归根"。

由于"通西域"，引进了葡萄、苜蓿（来自大宛）、石榴，菠菜（来自波斯）、香瓜、胡瓜（黄瓜，原产埃及）胡荽、胡椒、胡蒜、胡麻（黄麻，大麻）、芝麻、胡豆（蚕豆）、胡桃（核桃，原产安息），又有雄狮、犀牛、驼鸟、汗血马来到中土落户，大受欢迎。随同而来的，还有火烷布（石棉）、珊瑚、琉璃瓦、胡乐、胡琴、胡舞、一举改变了中原大地以"五谷"（稷粱麦菽粟）"六畜"（马牛羊鸡犬豕）为主导的生态景观，它与"庄园经济"的结合，改变了中原农业的产业结构、产业内涵，使大田作业之外的园林作业、家庭作坊兴旺起来。大庄园"奴婢千群，徒附万计，车船贾贩，周于四方"，呈现出空前繁华的局面。它们星罗棋布于农田旷野山林之中，摆脱了政府的直接控制，自经营，自消费，悠哉游哉，以此终岁。特别是东汉以后，"归隐农村"倒成了地主、绅士、士大夫们理想的生活天地，他们不再视"城居"为特权去享受了。

而且，西域传来的这一切，通过"庄园"的广泛吸纳、融汇、流播，全都融入了中国主流社会、渗入主要生活领域，并被彻底"中国化"了。不少"新事物"成了中华文明的"形象代言体"和基本元素：比如石雕雄狮，被安置在各级政府的大门前；琉璃宫殿，成为皇家建筑的必需，而文化生活则离不开胡琴、胡乐、胡舞，民众日常生活离不开胡麻、胡蒜、胡豆、胡椒……。生态优化，核心是人的生存状态的优化。汉代人口增殖幅度很大。汉初登录人口为800万，到公元2年（西汉平帝二年），已达到59597983人之数。这个人口数，占了已知当时世界人口的五分之二。这是汉代社会繁荣的重要指标。

交流是双向的，有引进更有输出。汉代，中国送往西域的主要特色产品便是丝绸。当时，中国的丝绸生产力十分强大。民间遍地蚕桑，所谓"环庐树桑，女修蚕织"，有源源不绝的原材料供应市场。《汉书·贡禹传》说：仅临淄的手工作坊中，就有"作工各数千人，一岁费钱巨万"。这是何等惊人的产业规模！而长安东西织室，更是一岁费钱数千万。丝织工艺也突飞猛进，河北巨鹿人陈宝光妻发明了120综和120镊的提花织机，能织出各式各样的花纹图案来，纱绢、绒绮、锦缎，应有尽有，这就满足了西域各国的多彩需要。丝绸之外，漆器、铁器、釉陶、纸张也都在汉代经由安息传入条支和天竺以远。铁器与冶铁技术的西传，显著地提高了当地的生产力和战斗力；纸张的西传为文化普及提供了基本前提。中国人还向中亚、西亚送去农耕、水利、建筑等直接关系到芸芸众生的生存的基础产业，以及医药、天文、数学等社会文明发展程度的标志性学科知识。

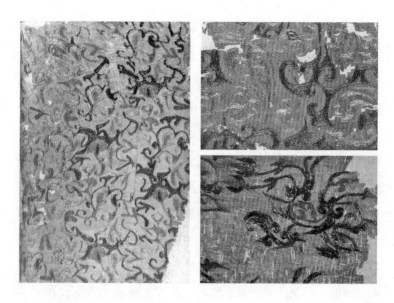

汉代生产的纱绢

　　中华文明是善于吸纳异质文明要素来壮大自己的。这是中国文化兼容性与融通性的生动体现，它正是民族自信力的张扬。正是从汉代起，波斯的雄狮，天竺的凤凰（孔雀是其原形），西亚北非的麒麟（长颈鹿与斑马的神异化）都来到中国土地上"安家落户"了。而且，这狮、凤、麒麟又与中原的"龙"互相发现，友好地共处着，共同祝福着人类的幸福吉祥与和平安康！它们之间，从来不知道有什么"弱肉强食"的"盗理"。中国与中亚（波斯）、南亚（身毒、即天竺）三大古文明实现了亲密交往，互相滋养，互相吸收，由此而形成的亚洲文明以其辉煌的光焰照亮了人类的最大多数。

七 安西屯田：国土开发的新方式

养活六千万人口的巨大群体，必需有足够的耕地。在这方面，汉代创设的屯田制度，对国土开拓与耕地开发，具有特别重要的意义。

两汉经营"河西四郡"，并全力推进"西域军屯"，是我国疆土面积成倍翻番条件下，使耕地面积成倍翻番的关键性举措。屯田，其实就是国家开办的"集体农庄"，有军屯、民屯或军民混屯、先军屯后民屯等几种方式，这里说的主要是指"军屯"：国家预作耕牛、种子等方面的先期投入，让军人以军事建制去垦荒种地，收入归部队（国家）所有。西汉文帝时（汉前元十一年，即公元前169年），以罪人、奴婢和招募的农民戍边屯田，陆续开始了陇西屯田（天水方向）、金城屯田（兰州方向）、张掖屯田（张掖方向）、三边屯田（酒泉方向）等，虽说初时规模有限，却为"河西走廊"的经营开了先声。从汉武帝开始又向西推进，进行渠犁屯田（库尔勒方向）、轮台屯田（轮台方向）、车师屯田（奇台方向）、伊循屯田（楼兰方向）、莎车屯田（莎车方向）、乌孙屯田（在今境外）等。其对天山山南地带的开发，倾注的力量尤为巨大。至此，西域的"布点开发"已粗具规模。它分担了汉政府经营西域所需的浩繁支出。我国历史上著名的"罪己诏"、即由汉武帝本人真心公开悔过而颁发的那份"轮台罪己诏"，其执行步骤中，恰恰就有"西域开发"的举措在内。

东汉时的柳中屯田（吐鲁番方向）、伊吾屯田（哈密方向）、宜禾都尉屯田（安西、敦煌方向）、护羌屯田（西宁方向）、龙耆屯田（西宁方向）、湟中屯田（西宁以西方向）、焉耆屯由等"西域三十四部屯田"（天山山南方向）等等，都是对今甘肃、青海、特别是对新疆的有效开发，且全都是在荒漠上由驻军开发出来的美好绿洲。

有人计算过：内地需拿出十六个农业劳动力的产出，才能保障西域一名脱产单兵个人的日常衣食装备之需。即此就可看出军屯的重大意义了。在一般人心目中，汉代对西域的经营，似乎就是道路开通后的军事占领与政治监控，以及政府使节、驻军、商团的往返。其实不然，对西域绿洲的开发才是汉代本质意义上的贡献。正是西域绿洲的开发，才为丝绸之路的持续存在提供了强大的物质支持与文化保障；西部屯田，也为中原与中亚、西亚、南亚的文化沟通提供了前沿基地。

汉代的"西域"，范围上比今天的新疆更为辽阔，它西及咸海，南包帕米尔。你只要想想今天的新疆仍有十六个江苏省大，仅天山南麓就有五六个江苏省大，当时有三十余国，且自然生态也优于后世。那么，你就不难判断当时的"西域"对于汉家是何等重要了。周秦汉唐时代国家政治中心与地理中心相一致，都在关中，其去甘青西域与去浙赣闽粤（当时尚未有效开发）的空间距离和"心理距离"是大体相当的，而由长安西去的"丝绸之路"与"边塞行"，则更为立功立业者所向往，极具吸引力；不似后世中国之中东部人氏那般视整个甘青疆藏均为遥远的"西部"；把全疆地带都视为"边境"。其实，汉代经营的河西四郡与广大西域，就是中华伸出的力臂与劲拳：此拳的挥动，可以划出两道弧线，北举可从阿尔泰山、唐努乌梁海划向黑龙江、乌苏里江方向，南划可以从帕米尔高原经喜玛拉雅山划向怒江、澜沧江及红河中游；这就为中华民族的休养生息提供了最紧要的战略性"安全边界"；此后两千多年间，无论是一统政权或各族"分立"政权所进行的土地人口物产争夺战，大体上都是在这个"安全边界"内部展开的"拉锯战"，无非是你出我入而已。

八　流民潮涌　尸骸枕藉

众所周知，汉代人民富有首创精神，创造了世界一流的产业文明、制度文明和心灵文明，这是中华民族的光荣；同时，人们也不能忘记：汉代不是"天堂"，汉代人民同样承受了无法想象的深重灾难，平时，由吏治的腐败与社会黑势力的猖獗等引发的流民潮总是在随机涌动；而一遇荒年，便会流民满道，饿殍枕藉，让人惨不忍睹。这是连官方正史也无法避讳的史实。更不必说在天灾频仍、兵连祸结的情况下，那持续地"人相食"的惨况，是何等地触目惊心了！"出门无所见，白骨蔽平原"是史实的照录，绝不是诗人的夸张。

1. 黑暗势力猖獗的社会

汉代四百年间，社会治安问题从未真正解决过。正常的"交通"与百姓无缘，有的只是遍地哀鸿，白骨蔽平原。今人已经难以想象，一个社会有可能被破败到什么程度！

（1）黑暗势力充塞社会　皇族、贵戚、宦官、奸吏、豪绅、大侠、恶霸、兵痞、盗匪、宵小、无赖子弟、社会渣滓……构成了汉代社会的一股股黑恶势力，无时无刻不在吞噬着小民。他们是比天灾比兵祸更经常、更普遍、更无孔不入的祸患，是驱良民入深洲的豺虎。西汉末，大臣鲍宣说过一段话，载于《汉书·鲍宣传》："凡民有七亡（逃亡）：阴阳不和，水旱为灾，一亡也；县官重责，更赋租税，二亡也；贪吏并公，收取不已，三亡也；豪强大姓，蚕食毋厌，四亡也；苛吏徭役，违失农时，五亡也；部落鼓鸣，男女遮道，六亡也；盗贼劫掠，取民财物，七亡也。七亡尚可，又有七死：酷吏殴杀，一死也；治狱深刻，二死也；冤陷无辜，三死也；盗贼横发，四死也；怨仇相残，五死也；岁恶饥饿，六死也；时气疾疫，七死也。民有七亡而无一得，欲望国安，诚难！民有七死而无一生，欲望刑措，诚难！此非公卿守相贪残成化之所致邪？郡臣幸得居尊官，食重禄，岂有肯加恻隐于细民，助陛下流教化者歟？志但在营私家、称宾客、为奸利而已！"揭露不可谓不深刻，但无补于大局的颓覆腐烂。

（2）大狱冤狱杀人无限　汉武帝时期，迭兴大狱。《史记·平准书》：元狩元年（前122），淮南王刘安、衡山王刘赐"谋反"诛，党羽死者数万人。江充制造"巫蛊"一案，受牵连而死者前后万人。又，武帝令以银锡为金，造成五铢钱，下令"盗铸金钱，罪皆死"，而吏民之盗铸白金者不可胜数。《汉书·食货志》："后五岁，赦吏民之坐盗铸钱，死者数十万人。其未发觉而相杀者，不可胜计。赦自首者百余万人。然自首者无半数，天下大抵皆为盗铸矣。"如此推算下来，仅"私铸钱"一项，犯罪者就不下千万；而当时全国人口不会超过四千万！这便是"雄才大略"的汉武帝所带给他的百姓的"盛世之治"！"秦皇汉武"，原是一类人物！

王莽时，每改铸一次钱，百姓必破业而大陷刑戮。《汉书·王莽传》载：莽法："私铸钱死，诽诅宝货（小钱）者流放四裔。伍人相连坐，没入为官奴婢。因而犯法者多，不可胜治。于是又轻其法，而陷者愈众。郡县传送长安铁官，其男女槛车，儿女子步行，以铁锁琅铛其颈。到者以十万数，又易其夫妇。愁苦死者，十之六七。时法禁烦苛，百姓无以措手足。耕田力少，不足以征赋税；闭门自守，又因邻伍铸钱而连及。奸吏从而弊民。民不聊生，起而为盗。"

（3）豪强兼并小民破产　这种兼并，是从汉朝立国之初的开国勋臣开始的，萧何带了这个头。汉初，萧何为相国，他建国的功勋第一，很得关中民心，引起刘邦的猜忌，于是设法"自污"，便大放高利贷，低价强买民田宅数千万，以此来"贬损声名"。这样，贤相萧何成了汉初首先致富的豪门。百姓遮道挡驾，向刘邦控告萧何的大肆侵夺，刘邦将吏民所上书全都交给了萧何，笑着说："你相国也沾老百姓的光！"不但不责备他，反而喜欢他这么做。自此浸染成风，权势者兼并不已，很快形成一个"功勋地主阶层"，成为社会的败坏性因素。东汉仲长统着《昌言》，其

《损益篇》、《理乱篇》都揭示说：汉兴以来，同样的编户齐民，而以财力相君长者，成千累万，而"清正廉洁之士，徒自苦于蓬蒿之间，于世风毫无所补"。"豪人之室，连栋数百，膏田满野，奴婢千群，徒附万计，车船贾贩，周于四方……妖童美姬，填于寝室；倡讴伎乐，列乎深宫"。可见腐败之风何等地猖獗！

（4）轻侠横行民不聊生　武帝时，功臣灌夫好任侠，所与往来，尽为豪强大猾，其宗族宾客横行于颍川，所在吏民畏避。又，酷吏宁成被解职还乡，租佃附郭田千顷，役使贫民数千家，不几年间，产业达数十万。他任侠行权，威重于太守；而且"持吏短长，莫敢谁何"。汉宣帝时，涿郡有东高氏、西高氏，横行于州里，郡吏以下无人敢问。其宾客为盗贼，郡县案收，则藏匿于高氏，吏不敢追。于是更为放肆，闹得"道路张弓拔刃，然后敢行"。百姓传言："宁得罪二千石，不能得罪高氏家。"

国家治理，难度最大的是京城。西汉立国后，为着"强干弱枝"，不断地从全国各地迁来富商大贾，豪强地主，试图由朝廷直接控制起来，以免在地方生事。然而他们一来到京师，必然要忙着重建自己的天堂，编组权力关系网络。他们的集结，形成了一支庞大的消费力量，给长安的社会管理与社会服务带来了巨大的困难。另外，全国各地求官求学求业观光的人员，也不间断地涌入京城，各少数民族、各边远地区人员，也要到京师来谋生求业或观光旅游。国外客商、游人与政府使节，同样往来不止。政府为着有效控制都市，又屯驻了大量兵士；为着皇宫等巨大工程的建设，又要召集各地来的民夫或徒役；此外，还有一批混水摸鱼者混迹其间，浮浪于京师。这些人，各有其特殊的需要，特殊的服务，特殊的困难，正如《汉书·食货志》所言："五方交错，风俗不纯"、"郡国辐辏，浮食者多"、"长安炽盛，闾里各有豪侠。"要让成分如此复杂的百万人口各安其位，谈何容易！

《汉书》对于成帝时（前32—前5）长安社会秩序的记载："南山盗贼阻山横行，剽窃良民，杀奉法吏，道路不通，城门至以警戒，步兵校尉使逐捕，曝师露众，旷日烦费，不能擒制，二卿坐废。群盗浸强，吏气伤弱，流闻四方，为国家忧……长安宿豪大猾如东市贾万某，城西章剪张，酒市赵放，杜陵杨章等皆通邪结党，挟养奸宄，上干王法，下乱吏治，并兼役使，侵渔小民，为百姓豺狼。""朝廷更数任二千石（京兆尹），二十年莫能讨。"又，"永始元延间，上（汉成帝）怠于政。贵戚骄恣。红阳长、仲兄弟交通轻侠，藏匿亡命，而北地大豪浩商等抱怨，杀义渠长妻子六人，往来长安中。丞相御史遣掾求逐党与。诏书召捕，久之乃得。长安中奸猾浸多；闾里少年群辈杀吏，受赇报仇。相与探丸为弹，得赤丸者杀武吏，得黑丸者杀文吏，得白丸者主治丧。城中薄暮尘起，剽窃行者，死伤横道，枹鼓不绝"。由这两条史料即可看出：上自公侯贵戚，下到地方豪绅大猾，奸商大侠以至闾里少年，窃贼亡命等等，已经拧结在一起，构成一股凶顽的反社会黑势力，他们甚至有职业杀手，专以向社会报复、向良民逞威为能事。

2. 怵目惊心的"人相食"

两汉时水灾旱灾地震山崩海啸霜灾虫灾风灾，几乎无年无之，加之政府组织无力，措施有限，救治不时，老百姓死的死，伤的伤，能走动的即风霜雨露暴露于避难途中而受尽了苦难。下面从皇家正史中摘录一些尤为惊心怵目的史料：

（1）汉武帝时　建元三年（前138）春，河水溢于平原，大饥，人相食。元狩元年（前122）十二月，大雨雪，民冻死。元鼎二年（前115）夏，大水，关东饿死者以千数。元鼎三年（前114）三月，水冰，四月雨雪，关东十余郡人相食。元封四年（前107）夏，大旱，民多饿死。令人切齿的是：武帝时黄河泛滥，为灾严重，竟是因为权臣田田分有庄田在黄河之滨，他为一己之利，丧心病狂地一再阻止分流泄洪，终至酿成无边巨难。闹到大河决口时，汉武帝要亲率百官奔上大堤去堵口子，而数郡居民早已葬身波涛了。

（2）汉元帝时　初元元年（前48）五月，渤海水大泛滥。六月，关东大饥，民多饿死。琅琊郡人相食。初元二年（前47）六月，关东饥，齐地人相食。一年中地震两次，北海水溢，流杀人民。初元五年（前43）夏，齐地人相食。永光五年（前39）秋，颍川水出，流杀人民。

（3）新莽时期　天凤元年（14年）七月，缘边大饥，人相食。地皇三年（22年），关东人相食。同年夏，蝗从东方来，飞蔽天，至长安，入未央宫……流民入关者数十万人，乃置"养赡官"廪食之。使者临领，与小吏共盗其廪，饿死十之七八。更始二年（24年）民饥饿相食，死者数十万，长安为虚，城中无人行。

在这样的灾情下，怎能避免全国性的农民大起义呢！新市、平林、赤眉、铜马起义，一时而起，正是万民走投无路的结果。史书只写了"人相食"三个字，它包涵着多少灾民血泪！

（4）光武帝时　建武二年（26年），三辅大饥，人相食，城廓皆空，白骨蔽野。建武三年（27年），人相食，黄金一斤易豆五升。"山东饥馑，人庶相食，兵所屠灭，城邑丘墟"。

（5）桓帝时期　建和元年（147）：荆扬二州人多饿死。元嘉元年（151）：春正月，京师疾疫。二月，九江、庐江大疫……元嘉元年（151）：任城、梁国讥，人相食。永寿元年（55年）：二月，司隶、冀州饥，人相食。六月，洛水溢，南阳大水……流失尸骸，败坏庐舍。延熙四年（161）：春正月，大疫。延熙九年（167）：三月，司隶、冀州饥，死者十之四五，至有灭户者。长沙、桂阳、零陵等郡岁不登，民多饥死。

以上材料均摘录自《汉书》、《后汉书》。二书是官修史书，其正统气、书卷气是公认的，尚且有如此频密的"人相食"的记载，而且动辄数郡、十数郡"人相食"，当时人民的痛苦可想而知了。何况我们只是摘录了书中记载的同类资料的一小部分呢！东汉末年，民难更重。汉献帝兴平元年（194）三辅大旱，"人相食啖，白骨委积"。献帝使人拿出太仓谷米煮粥救饥，而死者相继。有新丰县民鲍生者，与老母、两个哥哥，两个弟弟家居，饿极，出外搜集草籽，得数升，便让兄弟们先回家作食喂母，自己与小弟继续采集。不意兄弟回到家时，"啖人贼数十人已掠其母，以绳贯其手掌而去"。这类惨剧的一再出现，表现出当时人民的苦难该多么深重。

3. 深巨的兵祸

西汉初的楚汉相争，中期的与匈奴战，末期的农民大起义，兵连祸结；东汉初的军阀混战，东汉末的天下大乱，乱时如此之多、之深，都使全国人口大起大落，动辄数万数十万流民在盲目涌动，或在兵威裹胁下走向深渊。

（1）楚汉相争　《史记·项羽本纪》载：项羽：攻襄城，襄城无遗类，皆坑之；攻城阳，屠之；坑秦降卒二十余万人于新安城南。引兵西屠咸阳，杀秦降王子婴。烧秦宫室，火三月不灭。伐齐，烧夷齐城郭，所过者尽屠之。攻彭城，杀汉卒十余万人；追击至灵壁，汉军十余万人皆入睢水，睢水为之不流。

（2）与匈奴战　《汉书·五行志》载：元光四年（前131），武帝自此始征伐四夷，"师出三十余年，天下户口减半"。元狩四年（前119），卫青霍去病出漠北，围单于。杀虏八、九万，汉军死者数万，马十余万匹。征和三年（前90），贰师将军七万人没匈奴，不得还。

（3）光武争天下　《续汉书》载：新莽地皇四年（23年），光武起兵，破南阳，杀其士众数万人。同一年，刘玄更始元年（23年）。昆阳之战，王莽兵自践死数万人，赴水死者数万人。

更始三年（25年），与赤眉战，死者三万人。建武二年（26年），杜陵之战，死者十余万。昌平之战，"斩首十万"。建武四年（25年），张步军覆没于巨马水上，八、九十里僵尸相属。建武十二年（36年），攻灭公孙述，"所杀数万人"。

（4）董卓暴行　《续汉书》载：董卓遣军至阳城。时民会于社下，卓悉令就斩之，驾其车重，载其妇女，以头系车辕，歌呼还洛阳。其婿遣将掠陈留、中牟、颍川诸县，杀掠男女，所过无复遗类。董卓迁都于长安，徙洛阳人数百万西行。步骑驱逐，更相蹈藉；饥饿寇掠，积尸盈路。烧洛阳城外百里，又烧城内南北宫及宗庙、府库、民家，城内扫地已尽，二百里内无复子遗。于是山东牧守大兴义兵，名豪大侠，富室强族，飘扬云会，万里相赴，大者连郡国，中者婴城邑，小者聚阡陌，以还相吞灭……百姓灭亡，千里无鸡唱。帝西入关时，三辅户口尚数十万，自董卓之将催汜相攻后，长安城空四十余日……二三年间，关中无复人迹。

两汉先后四百年，在中国历史上是个很兴盛的王朝，但仅从本节所举事实看，也可以了解到当时老百姓是生活在怎样一种水深火热的境遇中了。我们揭出这一切，意在说明一个问题：古代社会是由统治集团治理的；而破坏这种秩序的力量，恰恰就是统治集团本身，这是一种阶级的、历史的真实。人们在大讲汉唐文明时，这一史实，更不应该被忘记。

第六章　动荡年代的六朝交通

　　在六朝那纷争动荡的岁月里，交通事业仍然是一个充满活力的领域：虽然秦汉以来从一个中心城市向全国辐射的高度一体化的交通体制被打破了，却给了更多的都市以发挥交通枢纽作用的机遇；交通动力得到新的开发，交通工具有了新的创制，交通科技也取得了令人刮目相看的成就。

　　两汉海陆交通向国际化方向发展的势头很大，动荡的岁月并没有使它中断，南方海上交通更取得重大成就。中华交通的纽带作用与管道作用在动乱中表现得更为突出。它为隋唐交通的大发展积蓄了力量。

　　综观六朝交通，自有其历史特色。宏观地看，尽管政权更迭频繁，许多少数民族先后入主中原，政治差距很大，但各不同政权甚至对立政权之间，在交通领域内，却一直保持着相互沟通、相互对接的历史融通性。这是古代国家一统局面破坏了又能重建的社会基因，是各族各政权能最后又趋于统一的物化机制。分析性地看，四百年的纷争动荡，提出的安全交通、信息传递、物资流通的问题会更多、更尖锐、更复杂，也更迫切地需要适时解决。这样，各军政集团，必然要致力于政府交通方略的研讨、法理的建树、制度的建立、措施的实行，从而为隋唐新的大一统政权更高层次上的交通事业打下了根基。

一　政权对立　道路联网

三国两晋南北朝时期，中国境内各割据政权之间纷争不已，然而相互间的政府交往与民间交往，则从未断绝。秦汉四百年来高度发达、高度一体化的交通事业，有着强大的生命力，有些交通线，即使一时被阻绝、被毁坏，不久也就重新恢复。人为地阻绝总是不长久的。同时，不论哪个少数民族入主中原，在其吸收先进的汉文化的同时，也要吸收汉人的道路管理模式。这样，尽管政权对立，水陆道路却仍然是相通的，商旅往还，不论南北东西，不论氐羌胡汉，都接受大体相同的管理。从这个意义上说，动荡年代的中国交通，在其宏观体制上，仍然是一脉相承、息息相通的。

1. 三国时期的路

魏蜀吴三足鼎立时，孙吴与蜀汉之间，通过长江航道，进行着频繁的交往；孙吴与曹魏之间，东过合肥北上，西过南郡北上，与许昌、与邺下之间，商旅使节不绝于道。曹魏和蜀汉之间，主要通道在三秦与汉中之间，子午道、傥骆道、褒斜道、剑阁栈道，依然如两汉时一样发挥着作用。三国之间的水陆干线，大体都是秦汉时开辟的，但经东汉末年军阀混战遭受惨重破坏之后，魏蜀吴三家都曾为了政治军事和经济活动的需要进行艰巨的恢复与重建工作，并在各自的统治区内，多少不等地有所发展，有所开拓。在陆路交通方面，曹魏的努力最为突出；在海运方面，则要数吴国的贡献最大；蜀国偏处西南，对开发云贵川有所努力。

当曹操统一黄河中下游地区时，他所面对的是一副残破凋零的局面。当时，西部交通中心长安，中原交通枢纽洛阳，都被军阀董卓及其余党焚掠残毁成瓦砾场了。192 年董卓被戕于长安，其余党——李催郭汜等率众十余万攻下长安城，"放兵略长安老少，杀之悉尽，死者狼藉"。长安城里的人口杀光了，三辅地区尚有民数十万户，李催等又"放兵劫掠、攻剽城邑，人民饥困，二年间相啖食略尽"（《三国志·董卓传》）。秦汉以来高度发达的关中地区，成了荒无人烟的空旷之区，交通自然谈不上了。汉献帝从长安逃出，回到洛阳。而洛阳在董卓兵焚掠之下，"宫室烧尽，街陌荒芜，百官披荆棘，依丘墙间"（同上）。周秦以来向称富庶的中原大地一片荒残。那么江淮汝泗清漳济水之间又如何呢？据《三国志·魏书·武帝纪》载："袁绍之在河北，军人仰食桑椹；袁术在江淮，取给蒲螺。民人相食，州里萧条。"黄淮流域破败到这种程度，建国于这片土地上的曹魏集团，当然要花费很大的力量才能恢复经济，安定民生，从而整治好交通环境。在这方面，曹操时开始实行的屯田制发挥了关键性的作用，史称曹操"募百姓屯田于许下（许昌一带），得谷百万斛，郡国列置田官，数年中所在积粟，仓廪皆满"，"征伐四方，无运粮之劳"。

这样，曹魏政权也就可以腾出手来搞一点交通建设了。在交通管理体制上，曹操集团承用了汉家模式。曹操本人是十分熟悉汉家交通管理方式的。当年，董卓废灵帝，立献帝，欲拉曹操入伙，曹操不愿意，"乃变易姓名，间行东归。出关，过中牟，为亭长所疑，执诣县。邑中或窃识之，为请，得解"（《魏志·武帝纪》）。这说明，即使在汉末军阀混战时期，交通管理仍在发挥作用。曹操本人又曾当过城门尉，曾在城门上悬挂五色棒，凡出入不守法纪者，不论是谁，一律棒责之。这是曹操亲自管理交通的一则有名故事。他的爱子曹植，有一次"私开金马门"，也被他严厉责备，可见曹魏集团在交通管理上是厉行汉家成规的。曹魏在接待西域商贾方面，也保持着汉家传统。魏明帝时，仓慈任敦煌太守。这里已经有二十多年没有太守了，地方豪强大姓各自为政，西域商人要来通商，地方豪族便强行阻绝，即使相互交易，也是欺诈侮弄对方，搅得商贾人人不安。仓慈到任后，力革积弊，招抚客商，"欲诣洛者，为封过所，欲从郡还者，官为平取，辄以府见物与共交市，使吏民护送道路"（《三国志·魏书·仓慈传》）。为了确保与西域的交通，大将军曹真还率队开通了"新北道"。这条路从内蒙阴山南麓开始西去河套，穿过居延泽绿地西行，进入今新疆天山北麓，直指中亚，进抵里海之滨，为古代中国与古罗马帝国之间的陆上交往提供了可能。

蜀汉在交通方面的贡献是经营大西南。蜀建国之后，便一面重建与中原的联系，一面发展与东吴的联系，一面又致力于开发蜀地特别是西南少数民族地区。诸葛亮治蜀，很重视"官府、次舍、桥梁、道路"的修齐整肃，仅从成都到白水关（今四川广元北）就建有亭舍四百余座。张嶷任越巂太守，就重新开通了成都至西昌的"牦毛道"，密切了大西南与内地的联系。诸葛亮本人还创制了一种新型交通运输工具木牛流马，有较高的运输效率，在历史上传为美谈。225 年，诸葛亮南征，"五月渡泸，深入不毛"。于当年春天从安上郡（今四川屏山县）出发，由水路入越巂郡（郡治今四川西昌），在今四川会理、云南大姚之间渡过泸水（即金沙江）；另一支部队从僰道（今四川宜宾南）直下朱提（云南昭通）、味县（今云南曲靖）、益州（今云南滇池），两军会师，于建宁（今云南陆良）一带"七擒孟获"，终于平定南中，"出其金银丹漆，耕牛战马为军国之用"（《华阴国志·南中志》）。诸葛亮进军南中的路线，仍然是秦汉时早已开辟的道路，经过蜀汉的经营，道路不似前代的受阻于地方豪强了，南中财富源源不断地输入成都，支持了蜀汉对曹魏的战争。可以想见，成都—宜宾—会理—昆明之间的运输线，一定呈现着前所未有的繁忙景象；如果不是轻耗民力于"六出祁山"、"九伐中原"，而注意于着力开发南中，则蜀汉将可能完全是另一番景象。还有个故事：张飞驻守阆中时，在通往成都的大道上，曾"列树以表道"。这条大道，迄今仍是古柏森森，绵延三百余里，成为川中一道独特而诱人的景观。

孙吴对长江中下游江南地区的开发尤有贡献，仅举丹阳郡为例来说：孙吴初时的丹阳郡只是一片丘陵山区，领有今江苏南京与镇江地区和今皖南的芜湖与池州等地区，郡治设在金陵（今江苏南京）。史书上描写这一带的情景是："周旋数千里，山谷万重，其幽邃民人，未尝入城邑、对长吏，皆伏处野逸，白首于林莽……其升山赴险，抵突丛棘，若鱼之走渊、猿狖之腾木也。"（《三国志·吴书·诸葛恪传》）这一地区尚且如此之"蛮荒"，至于闽浙粤赣山区的荒凉就更可想而知了。孙吴政权经营江东，丹阳郡自然是其开发的重点区域。孙权任命诸葛恪为丹阳太守、抚越将军，一面坚壁清野，断绝深山越人的衣食之源；一面招抚劝慰，使大批越人出山接受政府的管理。一年之间，净得人户十万余。丹阳的开发，为长江以南的开发作出了榜样。孙吴政权在吴郡、会稽郡、豫章郡等地，大力推广其经验，普遍组织军屯、民屯，使江南经济迅速发展起来，水陆交通网密布于州郡之间，纵横交错，尤获舟楫之利。北人乘马，南人操舟，孙吴人民造船驾舟的技术有很突出的发展。内河、海上都有大量船舶往来。内河里有小巧的"竹叶扁舟"，江海中有庞大的楼船舰舶。大舶长达二十余丈，高出水面两三丈，可载六七百人，运货一百余斛。内河用一至四张帆，帆随风向调整，可以逆风行船，远洋航行有用七帆以上的。而"甲士万人下夷州"更典型地说明了孙吴航海能力的强大。孙吴还经常派船队北航，与据有辽东的地方势力公孙渊相往返，又派船队去朝鲜半岛和日本列岛，倭人也定期来吴，建立起频繁的海上交往；至今日语的发音系统中，"吴语"发音仍然占着重要成分。西方的大秦（罗马帝国）使者与商团，也不远万里，与东吴发展贸易关系。在魏蜀吴三国中，吴国从海外贸易中得利最多。

2. 两晋十六国的路

西晋在公元 265 年至 316 年间，有过对黄河与长江流域的短期统一。西晋灭亡后，匈奴、鲜卑、氐人、羌人等争相进入中原，建立自己的政权，于公元 317 年至 439 年的一百二十年间，有成汉、前赵、后赵、前秦（苻秦）、后秦、西秦、前燕、后燕、西燕、南燕、北燕、前凉、后凉、南凉、北凉、西凉、夏及魏（冉闵）、代（拓跋）与北魏（元魏）的建立，最后于 5 世纪中叶（439）由北魏统一，史称这段时间为"五胡十六国时期"（其实北方不止是十六个政权）。与十六国相终始，江南地区为东晋偏安政权所据守。420 年东晋灭亡，为刘宋政权所取代，历史进入南北朝时期。这里，我们把西晋东晋与十六国作为一个单元来介绍，然后再讲南北朝。

西晋政权是由门阀地主拥立起来的，腐朽势力充斥于国家机器的各个方面，政治制度落后，社会经济从未得到真正的复苏与发展，豪门贵族却过着极度奢侈的生活。三国时期发展起来的商业与外贸，一面受着沉重的政治打击，在"禁游食商贩"的国策下受尽刁难，一面又被豪门军阀视为大量财富的来源，横遭劫掠。西晋国力衰颓，但在交通体制方面，却依然维持着西汉成规，道路上遍设邮亭馆驿。晋政府希望这些邮亭馆驿仍然像汉代那样发挥作用，殊不知今非昔比，难以为继了。西晋亡后，十六国相争，黄河流域纷纷扰扰，谈不上有什么经济振兴之类，但交通一项，倒为各政权所关注。一度统一黄河中下游的前秦苻坚政权，在王猛的主持下，致力于"整齐风俗"，一时政治颇有可观。史称秦国境内"自长安至于诸州，皆夹路树槐柳，二十里一亭，四十里一驿。旅行者取给于途，工商贸贩于道"。百姓中流传着"长安大街，夹树杨槐"的歌谣。在那战乱频仍的岁月里，有人能够关心到道路的建设，而且运用秦汉以来的经营管理方式，自然会得到老百姓的欢迎。但其实绩到底怎样，也不能不令人怀疑。

前凉、后凉、南凉、北凉、西凉都建国在丝绸之路上，他们自己与西亚、中亚有交往，却严重阻绝内地与西方的交往，构成了中外交通史上的复杂局面。东晋建都建康，偏安于江南，发达的长江航运，将扬州、江州与荆州、益州联系起来，又通过汉水与襄阳相通，舳舻千里，方舟万计，长江航运依然是一派兴旺景象。两晋时期出了一批大富豪，他们比富时，数尺高的珊瑚都可以应手击碎，毫不可惜，就因为他们常常派门下家丁去"江面一击"，大肆劫掠中外商旅的缘故。

3. 南北朝的路

399年北魏拓跋焘建都于平城（今山西大同），439年完成统一北部中国的任务。一个世纪后又分裂为东魏、西魏，并为北齐、北周所取代，史称北朝。在江南，420年东晋灭亡，刘宋建立。刘宋以后，相继出现齐、梁、陈三个朝代，统治江南半壁河山，史称南朝。南方与北方政权大致以淮河—秦岭为界对峙着，双方时有战争，而和平交往时期则更多，大商贾与国家使团往来不绝，边界线上的南北互市也大体在进行着。政权对立，道路相通。这时的南北通道，从东到西主要是：在东部，有两条线：一条从金陵到广陵过徐州，直抵邺下；另一条从金陵过合肥、寿春向许昌、洛阳。在中部，有一条从荆州北上到襄阳与南阳的大道，到南阳后，或西北入武关去长安，或北上洛阳再渡河去晋阳，或向东北去邺下。在西部，从巴蜀经汉中到关中，蜀汉以来的子午道、傥骆道、褒斜道与剑阁古栈道，依然发挥着重要作用。这东、中、西三组纵向交通线的起点金陵、江陵与成都之间，又有长江水运线贯通着，进入北方之后，又有宝鸡—长安—洛阳—邺下—青州横向大道贯通着，其基本构架与秦汉并无多大差异，重要的是，从此之后，中、东部纵向交通线比前代更重要了。

在陆路国际交往方面，除"新北道"与河西走廊的传统丝绸之路仍在发挥作用外，南北朝时又有"河南道"的开辟。河南道起自川西、甘南，经青海湖，穿柴达木盆地，直达善鄯与西域接通。此道在祁连山南麓，可以避开北方柔然、突厥人的侵扰；对于南朝来说，还可以避开北魏等的直接、间接控制。当时这一带为吐谷浑人所据，南朝封其大王为"河南王"。在与北朝对峙的状况下，南朝政权非常注意维持与河南王的关系，一是出于战略考虑，想通过它牵制北朝；二是为了与西域通商。《宋书》上说："徒以商译往来，故礼同北面。""贡篚岁臻、事惟贾道。"西域商贾便由此路进入汉中，再沿汉水东下，到襄阳、荆州一带经商，这样一条由西北而来的重要商路，南朝政府当然十分重视。

关于北朝的交通，应该重点介绍的是北魏。北魏崛起于漠北，它南进中原的过程中，对于长城内外的交通致力尤多。特别是定都平城时期，从今大同出发，西去河套、宁夏一带，南下太原，北到蒙古各地，东达幽燕辽海一带，创造了一种四通八达的塞上交通局面，在此期间开凿的山道，有卢龙道、井陉道、铁关道、沙泉道、灵丘道、河西猎道等等，盘曲于内蒙、甘、宁、陕、晋、冀、辽等地崇山峻岭之中，促进了长城内外各族各地人民的接近、交往与交融。

同时，这支崛起于漠北的北魏人对于水运也十分重视，《魏书·刁雍传》载：太武帝拓跋焘曾要求高平镇、安定镇、统万镇、薄骨律镇（四镇辖地均在今陕甘宁与河套地区），出车五千乘，运屯谷五十万斛去沃野镇（治所在今内蒙乌拉特前旗南，辖五原、包头一带）以供军需。刁雍上书说：他所在的薄骨律镇（治所在今宁夏青铜峡方向）到沃野镇有八百里路程，道多深沙，轻车来往也很困难。一车运粮不过二十石，五千辆车运十万斛粮，要一百余日才能往返一次，而且"车牛艰阻，难可全至；一岁不过二运，五十万斛，乃经三年"，这显然是不合算的。因此，刁雍申请改用水运。他又算了一笔账：造船二百艘，二船并为一舫，一舫用十人，计须千名水手。一船可装二千石，一次能运两万斛，"方舟顺流，五日而至"。这样从三月至九月，就可以运送六十万斛粮食了。刁雍的建议得到批准，并且"永以为式"，其好处是：不废牛力，不误耕田；比车运节省人力十倍有余。这是公元440年的事。试想一千五百多年前，在宁夏、内蒙境内的黄河上有二百艘粮船迤逦前行，该是一幅多么壮观的情景啊！所谓

"塞上江南",早在北魏初年就已经不是"梦"了。

北魏迁都洛阳后,孝文帝元宏曾对大臣李冲说:我打算从此通渠于洛,将来进攻南朝,便可以由此入洛水,由洛水进大河,再从大河入汴水,从汴水入清水,然后进入淮河。这样,"下船而战,犹开户而斗"(《魏书·李冲传》)。可以说,孝文帝规划的这段水路,正是后来隋炀帝所开大运河中段的基本走向。我们讲运河史时,看来是不应忘记元宏的首倡规划之功的。孝文帝元宏对水运有充分认识,他说迁都洛阳,就是想通运四方,以求利国利民。为了打开北人心胸,打通鲜卑老臣的思想,他不怕冒风浪之险,亲自下船,从徐州下泗水北上入黄河,他说:"黄河峻急,人皆难涉,我因有此行,必须乘流,所以开百姓之心!"此举很有点政治改革家的气魄。此后北方水运的开发,与北魏的努力是分不开的。遇山凿路,遇水通船,是北魏发展交通的"两手",两手都有成效。

二　六朝的南北互市

中国内部各地区、各民族之间经济、文化的相互交流,有着悠久的历史。两晋十六国时期的对立,也没有割断两汉所形成的南北经济交流血脉。这种交流,不仅是通过双方使节交聘的政治管道实现的,更重要的则是通过"互市"方式实现的经济文化交汇。这一时期有关南北互市有着丰富的史料记载,其中一例,是后赵石勒与东晋祖逖之间的"交市"。当年,祖逖北伐,攻入河南，石勒写信给祖逖，要求通使交市。"逖不报书而听互市，收利十倍，于是公私丰赡，士马日滋"。其所以"不报"，是因为东晋政府并不支持他的这次"北伐"活动，他没有与敌方谈判"互市"的权力；而"互市"实际上对双方均有利，他自然是愿意的，也就不加拦阻了。当年，他带着本人的流徙部曲百余家渡江作战，后勤支持原是很沉重的负担。祖逖依靠互市，居然能做到"公私丰赡，士马日滋"，足见其获利之巨，或许是半交易半掠夺的结果（参见《晋书·祖逖传》）。

《晋书·苻健载记》也说：前秦苻健之大将军苻菁进攻东晋时，大掠上洛郡（商洛），于丰阳县（山阳）立"荆州"，以引"南金奇货、弓竿漆蜡，通关市，来远商，于是国用充足，而异贿盈积矣"。上洛居丹水上游，丰阳在上洛以南。沿丹水东南行入汉水，沿汉水可达襄阳。襄阳为"四方凑会"之处，南连江陵，北通丰阳、南阳。又，丰阳之西南，即东晋梁州之汉中郡。苻秦的"通关市"，当如石勒与祖逖之间的"互市"。其所引入之"南金奇货"，自然是荆、扬二州之货财与襄阳、汉中一带的特产了。当时，前凉之姑臧、前秦之长安，皆设有"互市"机构，由"互市人"进行过境贸易活动。"互市人"所走的道路，即由长安到达上洛，然后沿丹水抵襄阳；或由长安南下走旱路，逾子午谷而至汉中，再由水路东南行，到达襄阳。这就使襄阳成为东晋与关中地区的"互市"枢纽，并能与江北、淮南一带互市。三条商道齐通，财富滚滚而来，这是双方都看得到的利益。从长远看，它又是推动国家统一的潜在力量。

在东晋十六国时期，襄阳不仅是通向关中、河西走廊地区的经济窗口，还是沟通河西走廊与东晋的政治联线，它将"丝绸之路"东段由长安延伸向江汉流域的东南地区了。

作为一个特例，这里补充说明一下长江航运与石崇、祖逖的财路关系。《晋书·石崇传》说：石崇"任侠无行检，在荆州劫远使商客，至富不赀"。荆州当时南通交广，西连梁益，北达宛洛，东下吴会，是重要的商品集散地，西域与南洋商贾比比皆是。但荆州有石崇这样的人在作祟，该有多少商旅在其劫掠下破产丧生！恰恰是这样的人，被晋政府征召任命为"大司农"！

东晋政权建立后，祖逖率家族人口数百人南下避难，在金陵扎下根来。他胸怀大志，有闻鸡起舞、誓灭北虏的佳话流传于世。他拥有一支私人武装，平日无事，常到江面上去劫掠商旅，于是祖氏家族便暴富起来。有一次，祖逖曾亲自过问家丁："昨夜曾南塘一击否？"南塘，南京城外的一个江滨商埠，江面上商船如织，中外商旅在此集聚，很是繁华。石崇、王恺等巨富，多半是靠在荆州、扬州江面上截江夺货而致富的，祖逖也只是"学步"。丞相王导明知其祸深巨，却不敢过问，托词说："江水湍急，不免鱼龙混杂，泥沙俱下；金陵都城，八方来集，藏龙卧虎，积污纳垢，中间不免有麻烦；但非此就不成其为首都了！"

三　六朝的对外交往

六朝中外交往依然频密，中断过的只是"大一统"形势下的那种交往方式与规模。现在就来说说北朝通过陆上丝绸之路与中亚、西亚各国的陆路交往与商贸情况。

1. 陆上丝绸之路的新开拓

曹魏、西晋、十六国、北魏时期，传统的丝绸之路上情况较复杂，时而开通，时而阻断；即使是开通时，也是有的政权可以利用，有的政权却被隔绝。但交通事业本身的规律，却决定了这种阻绝不可能长久，也不可能全面。人们克服千难万阻，总要交往，尤其是民间商贸，谁也无法真正阻绝。三国时曹魏在河西走廊梗阻的情况下，便开辟了东起阴山，西穿居延泽，经天山北麓，直上里海之滨的"新北道"；北魏初年，河西走廊阻绝，又从今延安向五原，开新路通往武威，绕过西夏与突厥的控制去西域。后来，在今青海境内，又开通了一条"河南道"，北魏、西魏、北周政权，都曾利用这条河南道去西域，从而避开了突厥人对丝绸之路的干扰。有了这样几条同时并举的西去路线，中西陆上交通就依然发展着。大宛、粟特、大月氏、波斯等国及葱岭东西各国各邦，都始终保持着与中国的友好通商关系，出现了"胡商走天下"的局面。

所谓西域胡商，即来自中亚粟特、大宛、大月氏、波斯等国的商人。粟特，在里海地区。北魏太武帝时期，曾四次派使者到平城（大同）通好。史载："其国商人，先多诣凉土贩货。及克姑臧，悉见虏。"足见粟特人到姑臧经商，是由来已久的事了。太武帝于太延五年（439）攻灭北凉沮渠牧犍时，在姑臧虏获了不少粟特商人，"粟特王遣使请赎之，诏听焉"。优礼送归，这就密切了双方关系。说明南北双方与西域的商贸，一直都在这样那样地进行着。这也已为考古发掘所证实。北魏孝文帝、北周武帝都很重视与粟特的友好交往，每次使节来到，都赠予大量的礼物。

"永嘉之乱"后，关中士民除大量向南迁徙外，还有不少人向河西走廊迁徙。西晋所署之凉州刺史张轨及其子孙，还在河西走廊建立前凉王国，都于姑臧。这一地区相对安定，没有像关中及中原地区那样遭到破坏，又因关中地区人口的迁入，经济、文化有了一定的发展。粟特商人以至印度商人虽因洛阳、长安被匈奴刘渊所占据而大受打击，而留在河西走廊的"商胡"，却一直在凉州地区进行商业活动，保持着与长安的经济联系，而长安与襄阳亦设有"互市"，有中亚胡商充当"互市人"往来其间，传统的"丝绸之路"由长安延伸到了襄阳。当然，由于这条道路常要受到南北之间战争的影响，所以经常受阻，因而由益州经吐谷浑到西域的另一条通道"河南道"，在南北朝时期，地位也就越来越重要了。

大宛国国都在今费尔干纳地区。西晋时，两国互有使节往还。十六国时，大宛国王派人向石勒（后赵）赠送珊瑚、琉璃、白迭布、氍毹等珍贵物品，后又向前秦苻坚赠汗血马，并多次派使者至平城向北魏赠送汗血马，沟通两国政府关系。

大月氏贵霜王朝时期，占有今阿姆河至印度河南部的大片土地，建都于今巴基斯坦的白沙瓦，是一个天竺化了的佛教国家。

三国魏明帝曾于太和三年（229）给贵霜王波调以"亲魏大月氏王"的位号，双方关系一直很好。

滑国，又称恹哒汗国，是崛起于阿姆河流域、代大月氏而起的中亚强国，都兰氏城（今阿富汗之瓦齐拉巴德），领有西界波斯、东抵塔里木，南包北天竺，北抵高车的广阔地带。国人不信佛法，用刑严急，勇于战斗，过着"居无城郭"的游牧生活。滑国与北魏、西魏及北周有频繁交往，平城、洛阳、长安，都留下了他们的足迹。也曾多次派使者到建康，与梁朝通好。

波斯与南北朝的通好，下文还要讲。

2. 海上香丝之路的打通

说起海上交通，六朝海上交通比秦汉时有较大进步，其中南朝更为突出。《宋书·蛮夷传》中"舟舶继路，商使交属"几个字，将其时的总面貌勾画得十分清楚。

（1）孙吴最先走向南洋。

还在三国时，孙吴据有江南，经济发展比魏国蜀国都快，一年能养八辈之蚕，丝织业与青瓷业很有发展，加上吴人精于造船，水上交通特别发达。对东海和南海有更多的了解。父老相传：会稽外东海上，有夷洲和亶洲，那里终年无霜，草木不死，人民丰足，还常来会稽市贸，而会稽人也有因风飘泊至彼者。这就启发了孙权向海上发展的愿望。

黄武五年（226）有位西方大秦国（罗马帝国）的商人秦论来到交趾，交趾太守送他到武昌，见到了孙权。孙权很高兴，向他打听西方各国方土风俗，秦论一一作了回答。临走时，孙权派会稽吏刘咸作为使者送其归国，并以诸葛恪刚刚从丹阳郡山中带来的"黝歙矮人"（生活在今皖南山区的山越人）男女各十名相赠。刘咸中途死了，秦论带着这二十个中国人去了罗马。后来孙权未能得到回音，但从此对海外便十分留心。

他首先想到人们常说的夷洲与亶洲，决定派兵前往，向大将陆逊征求意见，陆逊说："万里袭取，风波难测"，而且，"得其民不足济事，无其兵不足亏众"。劝他将注意力集中在统一中原上。孙权又向全琮征求意见，全琮说："殊方绝域，隔绝瘴海（涨海），往者惧不能返，所获何可多致？"也不同意。孙权不顾大臣的反对，于赤乌五年（243）派将军卫温、诸葛直率甲士万人出航夷洲。卫温、诸葛直登上了夷洲（今台湾岛），带回了当地土人数千。十来年后，孙权又派将军聂友，率甲士三万出航徐闻、儋耳。聂友到了今海南岛。这两次大规模远航的成功，对于吴人向海上发展，对于当时及后世的海外贸易与南洋开发，无疑都具有启示作用。

这个时候，孙吴据有吴会闽越交广与荆湘等地，其沿江沿海的荆州、江州、金陵、山阴、番禺、徐闻、龙编（今属越南）等城邑，先后都成了发达的商埠。孙权特别重视海上贸易。他通过交广两地，向南洋开展近海贸易，获得大量奇物异宝，龙眼，香蕉、椰子、珊瑚、玳瑁、琉璃、细葛、吉贝、香料、明珠、犀牛、大象……都进入吴人生活之中，其中不少珍异是经过南洋转口贸易而来的，出产于印度、伊朗、阿拉伯及欧洲、非洲等地。

孙吴曾派使者康泰、朱应出使南洋。康泰他们到了今越南南部与柬埔寨，对马来半岛、爪哇、苏门答腊、缅甸以至天竺、狮子国等地都详加了解，获得了关于南洋和南亚、东南亚的丰富知识，归国后向孙权作了汇报，并著书介绍那里的情况。书名分别为《扶南异物志》与《外国传》。二书到唐代失传，但当时对国人认识南洋，颇有开辟之功。作为我国访问东南亚地区最早的专使，康泰和朱应是值得纪念的。

（2）晋代与罗马已有交往。

晋代泰康年间（280—290），大秦（罗马）使者到了广州，广州牧滕修接待了这位使者。使者到洛阳向西晋政府赠送了礼物。此时中国人对大秦的了解更具体了，知道那里"有白盖小车、旌旗之属，及邮驿，制置亦如中州。其人长大，貌类中国人而胡服。其土多出金玉宝物，明珠大贝，有夜光璧、骇鸡犀及火浣布。又能刺金镂绣，及织锦缕罽，以金银为钱"（《晋书·四夷传》）等。从现有史料看，晋政府与海外的贸易似不若孙吴时多，但民间商贸则更趋频繁，是毫无疑问的。石崇、祖逖等人，都曾在荆州、金陵等地的江面上，劫掠远商。石崇家中那些巨大的珊瑚树之类，随手击毁，并不可惜，其来路之不明可知。晋朝权贵的生活很奢靡，有海外贸易的支撑是原因之一。

3. 海路来华通商的各国

六朝时通过海道来华通商者人数众多，通使国家更有来自西亚、欧洲的，有来自南亚、东南亚与南洋的，也有来自东北亚的。现分别介绍于次。

（1）波斯国　波斯统治着伊朗高原，在丝绸之路的中段，处于联结东西的要害位置上，它常常通过陆路与北魏、西魏交往。从公元455年至553年间，波斯先后派十一个使团到洛阳或长安访问，馈赠礼品。通过海路到达中国的，则有两次记载，一是梁武帝中大通二年（530），一是梁武帝大同元年（535）。

（2）大秦帝国　即罗马帝国，它于公元395年分裂为东、西罗马。南北朝时，东罗马与北魏关系密切，侨居洛阳的罗马商人有万余家，家家"门巷修整，阊阖填列，青槐荫陌，绿柳垂庭"（见《洛阳伽蓝记》）。大秦人来华，有海陆两道，它与孙吴有交往，与西晋也有联系。

（3）天竺　即印度，有中天竺、北天竺、东天竺、南天竺、西天竺之分，中天竺与北天竺和中国南北双方的关系都较密切，来往颇多，陆路有丝绸之路和滇缅通道，海路经南洋或印支半岛通广州。天竺月爱王曾于刘宋元嘉五年（428）遣使来华，赠金刚指环及赤白鹦鹉各一只，来信表示"愿二国信使往来不绝"。后来于441年、455年、466年、473年，都有天竺各邦国的使者来到建康通好。中印交往可谓源远流长。

（4）狮子国　也写作师子国（今斯里兰卡），晋义熙年间就有使者历十年风波来华通好，赠玉制佛像一尊。在那社会动荡的年月里，中国人对于该国"无冬夏之异，五谷随人所种"的情景十分向往，法显就曾亲历其境。刘宋元嘉五年（428），其国王派四位僧人、两位官员来华通好，并赠一尊象牙台像。使者所送国书中有"虽山海殊隔，而音信常通"之语，表现了一种亲密感情。宋元嘉十二年（435）、梁大通元年（527），都有使者从海道来华。

（5）扶南　又名甘婆阇（柬埔寨），东吴时已有交往。康泰、朱应出访东南亚，就是到扶南后才获知天竺情况的。宋齐梁陈间，扶南王先后派二十几个使团至建康通好，赠送的方物有珊瑚佛像、象牙佛像、犀牛、驯象、郁金香、苏合香、婆罗树叶、吉贝等，南朝政府回赠以珍贵的丝织品和瓷器。两地民间往来非常密切。

（6）马来半岛诸国　顿逊国在马来半岛北部。"其市东西交会，日有万余人，珍物宝货，无所不有"（《梁书·扶南传》）。狼牙修国在马来半岛上，也是东西贸易的要冲，"其国垒砖为城，重门楼阁"（《梁书·狼牙修国》）。曾于梁天监十四年（515）、普通四年（523）、中大通三年（531），三次派遣使节至建康进行经济文化交流。

（7）婆婆国　在今马来西亚加里曼丹北部。这里的人民"多缘水而居，国无城，皆竖木为栅"。其国"有僧尼寺十所"，也是一个佛教国家。南朝宋文帝、宋孝武帝、梁武帝、陈宣帝、陈后主时期，都曾派使者来华，计有十次之多，每次都带来沉香、檀香、菩提树叶、詹糖等方物。

（8）诃罗丹国（阇婆国）　其前身为诸薄国（又译成阇婆国），就在爪哇岛上。康泰在《吴时外国传》中就已注意到"诸薄国女子织作白迭花布"一事。白迭花，草本棉花，后来传入中国，引起中国纺织业与服装上的一次"大革命"。其国王于刘宋文帝元嘉七年（430）开始派使者来建康通好，后又连续多年派人来华，赠送方物。中国去爪哇的商旅也日见增多。

（9）日本各邦国　与此同时，中国南北方又都与东北亚各国有着广泛的联系。公元 1 世纪左右，日本列岛北九州地区形成许多部落国家，东汉光武帝建武中元二年（57 年）有倭奴国使节至洛阳，光武帝赠以"汉倭奴国王"金印（此金印于 1784 年在志贺岛叶崎村发现）。107 年，倭王又派使者来华，赠给汉安帝"生口"160 人，这 160 名日本人从此加入了中国籍。三国初，日本岛的邪马台国女王多次派使者来华，密切了两国关系。南朝时，日本岛的大和国多次派遣使节，远涉重洋，到建康访问，开辟了不必经朝鲜半岛西海岸而直接横越东海来华的航线。其首达建康为东晋义熙九年（413）。在刘宋时期，先后有十次之多。

南朝宋齐梁几代帝王，也都曾派使者前往大和，通商讲好。那时候，中国百姓飘洋过海到日本者也不在少数。285 年，就有"吴服师"（吴地的服装师）到日本，还有人将《论语》带到日本。472 年，大和国王下令全国发展蚕桑业（参见《日本书纪·雄略天皇纪》）。他们还聘请汉织（北方织匠）与吴织（南方织匠）去日本授艺。这些都对促进日本民族的文明发展作出过历史性贡献。

（10）朝鲜半岛各国　在朝鲜半岛与我国东北，有过高句丽和新罗、百济等政权，他们与南朝和北朝均有交往。公元 32 年，高句丽派人向光武帝致意，两国交往正式开始。终南北朝，使者来华总计九十余次。在高句丽国内，设太学，倡礼教，兴佛学，都与中国文明有关。百济国在朝鲜半岛西南端，与山东半岛隔海相望。除派使者与北魏、北齐交好外，又常派使节航海至建康通好，前后凡十一次，见过东晋、宋、齐、梁、陈历代帝王。梁朝发生侯景叛乱，建康残破，百济使者见而痛哭，被侯景囚禁了起来。可见百济人与南朝有着深厚的感情。梁武帝应百济使者之请，送去《毛诗》博士、《涅盘》经及许多工匠、画师，为百济文化的发展作出了贡献。朝鲜半岛又有新罗国，在百济之东，隔海与日本相望。"其文字甲兵同中国"，"风俗、刑政、衣服略与高丽、百济同"。梁陈时期，新罗王先后四次派使节来建康访问，两次派使者到邺都访问，努力拓展与南北朝各方的关系。宋齐梁时期，"舟舶继路，商使交属"（《宋书·蛮夷传》）蔚为大观。

历史证明，发展海外贸易，很有必要。这是一条重要财源。南朝对外贸易的成功经验，对后来的唐宋很有启发。一句话，介于汉唐之间的六朝，其纽带、桥梁作用是不容低估的，它为隋唐中外交通的大发展，积蓄了足够的潜能。下述事实将进一步予以证明。

四 六朝交通的新变

三国两晋南北朝时期，因战乱纷争而不断地受到破坏与挫折的交通事业，在艰难竭蹶之中，也出现了一些新的因素：交通动力有新的开发，交通工具的制作技术有新的提高，特别是车的制作技术有重大提高，更适于人的乘坐；风帆与舵也得到了应用；驴牛的运载能力得到更充分的发挥。六朝时期的交通设施，整体说来是不好的，破坏惨重。但某些时期，某些地域，也曾有人进行过整治，采取过一些有效措施，使交通环境有所改善，通商、通邮、旅行，都得以进行。

长期以来，人们对这一时期的政治动荡与战争破坏印象很深，对这个时期中国人民在生产、科技、文化、艺术领域中的巨大活力和优秀成果则认识不足，当然也就较少有人提及这个时期交通方面的革新因素了，而我们则不能不看到它的历史进步。

1. 畜力运用的变化：策马驰牛

古代中国陆路交通运输动力，说到底，无非是人力畜力两大类（水路可用风力），谈不上什么机械动力；从这个意义上说，六朝时期没有太大的改变。然而，同样是人力畜力，其使用的方式、规模、手段、效益，各个时期却大有不同。

先说用马。夏商周三代时期，中国人一直用马来驾车，春秋战国之际，马作为骑乘之畜才为中国人所知悉。豢养马，鉴别马的知识与技能也受到社会的高度重视，出了众多专门从事相马、豢马、驯马的专家能手。西汉时，为了得到马，国家专门颁布法令，要求家家养马，不许十岁以下的马出关出界，甚至不惜发动战争，派大将去西域索取汗血马。到了六朝，在用马方面，有了新的改革，即是马镫的使用。古人骑马不用镫，体力消耗极大。六朝人发明了马镫，骑马就很方便了。这是一个极简单而有很大实用价值的发明。英国科技史家李约瑟先生说：马镫传到欧洲，促进了欧洲的骑兵建设。可惜我们无从知道这马镫的发明者与最初的使用情况了。据考：三国时人骑马仍是不知道用镫的。从长沙西晋墓出土的马俑看，西晋时也只有三角形的单镫，只供上马用。而十六国时期北燕的冯索弗墓出土文物中，已经有了双镫（参见《文物》1973年第3期），这是迄今发现的最早的双镫。看来，马镫是北方人发明的，因其实用，遂推及于南北，广传于东西。

马是战略物资，一向受人重视，到了六朝，出现了系统梳理"治疗马病"的专著。《齐民要术·养马牛》篇中提到：马，久步就生"筋劳"，久立就生"骨劳"，久汗不干就生"皮劳"，汗未善燥就饲饮之就生"气劳"，驱驰无节就生"血劳"。马有了这些毛病，怎么办呢？文章说："筋劳者，两绊却行三十步而已（已：病已，病愈），一日徐行三十步而已。骨劳者，令人牵之起，从后笞之起而已。皮劳者，夹脊摩之热而已。气劳者，缓系之枥上，远喂草，喷而已。血劳者，高系，无饮食之，大溺而已。"这几句可译成："筋劳的马，用两条缰绳从其两侧向后牵拉，强迫它后退三十步，病就能好了；或者是让它在沙土里打个滚，牵着它慢走三十步就行了。骨劳的马，把它牵起来，从后面鞭打它，让它起身走动病就没了。皮劳的马，在其脊背两侧反复摩擦，直至生热，也就能恢复了。气劳的马，要宽松地将它拴在木桩上，把草远远地放在地上，诱使它打喷嚏，一打病就好了。血劳的马，将马头高高地系住，不给它吃喝，待其撒泡尿也就痊愈了"——多么简便的民间验方！

再说用牛。在中国，用牛驾车的历史不短于用马，《尚书》中就有"服牛乘马"的说法。汉初缺马，"将相或乘牛车"（《史记·平准书》）。在汉初人心目中，乘牛车是不得已的。到汉武帝即位时，经济发展了，"众庶街巷有马，阡陌之间成群"，于是"乘字牝者摈而不得聚会"，母马没人驾乘了，牛更为有财有势之人之所不屑乘。汉人更愿意把牛用于耕地。不过，到汉武帝后期，侯王们又开始驾乘牛车了，因为战争，国家缺马。

六朝时不同，驾乘牛车竟成了富豪贵族以至皇家的一种时髦讲究。据说牛性稳实，"负重致远安而稳也"（《晋志·舆服制》）。而只要驾驭得法，其速度也相当可观，所以受到欢迎。晋代皇帝出行，卤簿中有五时车、五牛旗之制。五时车共十辆，包括倚乘之立车五辆与坐乘之安车五辆，分别涂上青黄赤白黑五色，一乘驾六匹毛色相同的马。东晋渡江后，备办不了这一套五时车，就以五色木牛来代替，并插上五牛旗。这是一种"牛形之舆"，"行则使人舆之"，是用人抬着走的。另外，皇帝的御辂车、御四望车、御衣车、御药车、御书车等，都由牛驾着，在御道中央行走。另有画轮车，"至尊出朝堂举哀乘之"，也是驾牛而行；又有云母车，也驾牛，专门用来赐予王公；有皂轮车，驾驷牛；还有油幢车，通幰车，都驾牛，用来赏赐功勋贵戚。由此可见晋代牛的"身价"之高。

《晋书·石崇传》载：有一次石崇与王恺出游，归来时，两家牛车争入洛阳城，"崇牛奋若飞禽，恺绝不能及"。王恺很不服气，就收买石崇手下人，打听到内中缘故："牛奔不迟，良由驾者，遂不及；反制之，可听蹁辕，则驰矣。"（《南史·刘瓛传》）刘瓛和何偃一起去参加郊祀，何偃乘牛车在前，刘瓛打马追上，问何："你的车子怎么这么快？"何偃回答说："牛骏驭精，所以疾尔。"看来，六朝人的驾牛技巧是很高超的。《宋书·刘德愿传》载：刘德愿特别擅长驾牛车。他曾在道上立两根柱子，距离仅仅能通过车辆。在百步之外，他振策长驱，将近数尺时，打牛飞奔，从柱间直过而不触及柱子。时人都惊叹他的驾艺。

南朝人爱乘牛车，北朝人也一样。北魏时，北海王元祥、咸阳王元禧、彭城王元勰数人，曾共乘犊车，去朝见宣武帝元恪。《北齐书·武成十二王传》说：北魏旧制，中丞出行，千步清道，王公大人都停下车骑，"去牛，顿轭于地，以待中丞过。其或迟违，则赤棒棒之"。可见北魏官员普遍乘牛车。《魏书·术艺·晁崇传》载：天兴五年（402）牛大疫，"舆驾所乘巨犗数百头，亦同日毙于路侧。自余首尾相继。是岁天下之牛，死者十之七八"。看来，北方贵族与皇家乘牛，比南方更为普遍。牛已成了极重要的交通动力了。

牛也具有重要的战略价值。北魏始光三年（429）"诏天下十家发大牛一头，运粟塞上"。这是在用牛运粮。《魏书·古弼传》载：拓跋焘曾围猎于北山，大获麋鹿上千头，便"诏尚书发车牛五百乘以运之"。尚书古弼却没有执行，他说牛是用于备战的，不能拿去游猎。又，北齐后主起大宝林寺，运石填泉，人牛死者，不可胜计。这些史实都说明，在六朝交通运输事业中，牛的作用是很大的；而北魏来自塞外，本来应该是不缺马的。

用驴、骡。用驴在汉代也已见之于记载，只是不太普遍。《后汉书·邓训传》载：汉明帝永平年间，想整治呼沱水、石臼河，以便漕运羊肠仓的粮食，工程艰巨，未能成功。到肃宗时，让邓训主持其事，他停止了这项工程，"更用驴辇，岁省费亿万计，全活徒士数千人"。可见，汉代已经将驴子用于运输了。南北朝时，驴子更是普遍地用于运输和骑乘了。《魏书·萧宝寅传》载：萧宝寅从南朝逃亡北方时，曾藏匿于山涧，向居民"赁驴乘之"。北魏拓跋焘北攻柔然，"发民驴以运粮"，令大将司马楚之督运粮草。柔然派奸细来侦察军情，偷入司马楚之军帐，截驴耳而去。诸将不知驴耳何故被截，司马楚之说："这一定是奸细干的，敌人就要来劫营了！"于是做好了准备，柔然军果然来袭，却一无所获。可见这时驴子的使用，已经不亚于牛马了。南朝作家袁淑，还把驴子的运输功劳写进他的文学作品《驴山公九锡文》，称赞说："若乃三军陆迈，运粮艰难，谋臣停算，武失吟叹，尔乃长鸣上党，慷慨应邴，峡岖千里，荷囊致餐，用集大勋，历世不刊。"（见《艺文类聚》卷九四）在用马、用牛、用驴的同时，当然也用骡子。为乘骡车，晋代还有一道专门法令。"乘传出使遭丧以上，即自表闻。听得自服乘骡车到，副使摄事"（《宋书·礼志》）。

用骆驼，在西北地区比较普遍，无须多说。较为特殊的是，晋代还有用羊拉车的记载。晋武帝时，领军将军羊琇私乘羊车，受到司隶校尉刘毅的弹劾。晋帝在宫中乘羊车游幸嫔妃，嫔妃们望"幸"，便在门前用洒了盐水的杨柳枝叶来诱引羊儿停车，也算百无聊赖中的一计了。

另外又有象车。晋武帝平吴之后，南越献训象一头，于是造作大车驾之。在皇帝车驾出行时，以象车领头，车载黄门鼓吹数十人，使越人骑象而行。可知六朝时期，马牛驴骡骆驼以及羊与象，都在运输动力的行列之中了。

2. 车船制作的革新：车计里船张帆

造车。《晋书·舆服志》说：照《周礼》介绍，只有王后才能坐安车，连周王也不能坐乘安车，而高车（或称立车）就只能倚乘（立乘）。汉代皇帝有了可供坐乘的"舆"。车制的发展，反映出车的制作技术的提高。汉代安车常常用于征聘高龄有德的贤士，或赐予年老的臣下。但这毕竟是官用。到了南北朝时代，一般豪门地主也都用上了"安车"，车上有车厢，开窗棂，施布幔，可以屏蔽车内之人，尤其是妇女；但车中人可以四望，常有意外的发现与遭际。

比较《后汉书·舆服志》与《晋书·舆服志》可以发现，晋代帝出行的仪仗队中，增加了大批新形制的车辆，其中的司南车、记里鼓车尤其引人注目。据说：渡江之后，晋皇家的司南车的车制已经亡失，直到义熙五年（410）刘裕攻下广固（南燕都城，今山东益都），得到一驾破损了的司南车，让人修好了使用。后来攻下关中，灭了后秦，获得了司南车与记里鼓车，皇帝车驾这才配齐了。

先秦古籍《鬼谷子》中，有"郑人取玉，必载司南，为其

晋代记里鼓车

晋代记里鼓车

晋代司南车

不惑也"的记述,说明我国人民早就懂得使用司南(指南)来定向了。东汉时期,伟大科学家张衡曾造出了一辆指南车,后来曹魏巧匠马钧又造成了另一辆指南车。十六国时期,后赵、后秦的解飞与令狐生二人也分别造成了各自的指南车。刘裕所得的司南车就是他们制造的。车子运到金陵,被作为皇帝出行仪仗的专用品。此车车厢高处,立着一个木偶人,手指南方,不论车子如何转折回环,小木偶始终指南。它利用的什么原理呢?这引起了人们的兴趣。大数学家祖冲之对它进行了考察,这才知道:它只具外形,内部并无机巧,更没有运用"司南指极"的原理,只是车厢中坐着人,车子行进,车厢中人进行操作。祖冲之见后很不以为然,就动手改制。他在车厢中装上铜质机件,运转灵活,无须人去操作,当时引起轰动。同时,还有人造成了指南舟。

记里鼓车,形制与司南车相近,车上有一大鼓,左右各立一木偶,车行一里,木偶人即击一棰。古人测量里程,一般有三种方法:以人行的步幅,以车行或船行的速度来测算,但结果往往不准确。用记里鼓车来测算,自然要精确得多。可惜的是,科学家与能工巧匠们的杰出制作,却被皇帝垄断了去,当做仪仗法物去使用,民间不得仿制,因而这类制作并未发挥其应有的社会功能。

六朝之车,用于载重者越造越坚大,用于乘行者越造越轻巧。其坚大者如石季龙时所造之格兽车与猎车皆是。据说,石季龙的格兽车上,有三级行楼两层,即此就可以想见其庞大了。而最轻者则为追锋车。曹魏时，司马懿征辽东，回师之时，三天中接到五道诏书，叫他急回京城面君。司马懿知有急事，就乘追锋车昼夜兼行，四百余里一宿而至，接受了魏帝托孤遗诏，为司马势力的扩展捕捉到一个绝好的机会。

造船。六朝造船的突出表现在于：用于江河湖海作战、运输或渔业生产的船只品类繁多，完全适应当时生产力发展的需要，适应海内外交通运输的需要。孙权时期，江南就已造出远航台湾、海南岛以至南洋的海船了。船张七帆，可逆风而行，这又是一件了不起的发明。孙权与曹操作战时，投入的战船有艨冲巨舰，还有轻便的走舸，可供单兵使用；另有一种油艇，用于夜间潜渡，操作更是轻便。

晋人灭吴，大船是由将军王濬监造的。《晋书》上说，王濬作大船连舫，方百二十步，容二千余人，以木为城，起楼橹，开四出门，其上可驰马往来。晋代孙恩、卢循领导农民起义，曾组织水军，连败晋朝大将。卢循水师"顺流而下，舟舰皆重楼，百里不绝"（《晋书·卢循传》）。前此尚未见过这般阵势。

东晋刘宋之际，数学家祖冲之在造成司南车之时，又运其巧思，造出了一种千里船，脚踏飞轮，击水前进，日行百余里，曾在金陵新亭江试航。他还仿诸葛亮造木牛流马，造成一种不因风力水力也不劳人力而"施机自运"的器械。祖冲之把机械传动的原理用于车船制作，在科技史上也是值得一书的，可惜他的发明未能普及。

3. 客舍议：清污除垢　自有司存

两汉以来，旅馆食店，越办越多，成了一个重要的社会服务行业，并被纳入了国家管理的范围。曹操有诗，称赞"逆旅整设，以通商贾"，对举办客店表示了赞赏。到了晋代以后，中原地区"八方翼翼，公私满路，近畿辐辏，客舍亦稠"（潘岳《客舍议》）。晋代交通沿线旅舍办得很多，而且符合需要："冬有温庐，夏有凉荫；刍秣成行，器用取给。"（《晋书·潘岳传》）然而，私人旅馆业的兴盛，却使晋政府感到头痛，认为"逆旅舍本逐末，奸淫亡命，多所依凑"，败乱法度，难以控制。另一方面，此行业确实又有利可图，于是晋政府想封闭所有私人旅店，由官家来办："十里一官檎（官营客栈），使老小贫户守之。又差吏掌主，依客舍收钱。"这"依客舍收钱"一语，便道破了天机：官家怕店主人"逐末废农"是幌子，想夺占这份肥水才是真意。然而晋政府终于没有办成此事，仍然支撑着那个被破坏了的传舍制度。国家明令："使者不得宿肆上。"要求国家公务人员不住旅舍。

对此，潘岳发表了他的"客舍议"，反驳了客舍不利于治安，官檎有益于管理的俗见，认为"诸窃盗皆起于迥绝，而止乎人众；十里萧条则奸宄生心，连陌接馆则寇情震慑。且闻声有救，已发有追，不救有罪，不追有戮。禁暴捕亡，恒有司存。凡此皆客舍之益而官檎之所乏也"。他甚至责问道：如果认为店主不可靠，那么官家管理员"独复何人"？他们就注定不贪污、不藏盗、不行奸么？说得义正词严。此论一出，后来就再也无人争议了。

4. 寺院接待宾客住宿

南北朝时佛教兴盛，寺院经济迅速膨胀，寺院成为贵族士大夫们乐于栖止的所在，自有其雄厚的物质条件。南朝便出现了"江南多以寺僧停客"的情况。使节往来，王公贵族旅行，也都寓居僧舍，不与商旅混住。然而寺院也并不就是安宁之地。《魏书·元遥传》载：冀州沙门名法庆者，自号"大乘"，曾发动武装骚乱，"杀一人封为一柱菩萨，杀十人封为十柱菩萨"。北朝寺院像这样藏奸匿恶的事，史不绝书；南朝寺院的荒淫骄奢，也所在皆是。寺院接待宾客，为知识分子与士大夫们的出行提供了一些方便。但风气一开，直到明清时都是如此，并不能减轻"行路难"的严重性。

5. 行道树·土埦

北朝情况有些不同。北魏对传驿的使用要比两晋和南朝重视些。北魏建都平城时，道路修治比较粗糙："粗修桥梁，通舆马便止。"建都洛阳后，便下令"标道里，平权衡"，要求"车书混一"了。在洛阳，北魏政府专门修缮了"四夷馆"，用来接待来自各方的国际友人，包括国家使节、商团和"归义臣民"，即侨民。在各州设有州馆。国家交通大道上，设有馆驿，承担文书传递任务，并为使节提供运输工具，接待过往官员，供应饮食和牛马草料。驿中使唤的差役，也由秦汉时的抽征民夫改为地方军卒，以便国家统一指挥调度。

对于道路的整治，北朝人有时也很重视。

据《洛阳伽蓝记》记载，北魏时的洛阳城，就整修得十分整洁，城内街道平直，连城外大道也"皆树以松槐，亘以绿水，京邑行人多庇其下"。这和王猛于符坚时期的治理长安大道如出一辙。

北周有位大将韦孝宽，任雍州刺史，他发现境内大道旁隔一段距离就有一个小土堆，问别人有什么用，得知那是标示里程的，叫土堠。他认为土堠容易被雨水冲毁，就发令境内大道旁，每隔一里种一棵槐树，十里种三棵，百里种五棵，他说这才符合古人所说"列树以表道"的精神，而且可以使之永久。北周武帝见了，认为这很好，就在北周全境推广这种办法。

6. 街鼓·戒严

（1）缮固城池，谨守城门　六朝战争频繁，城防尤为重要。《三国志》卷四七《吴书·吴主传》：三国时东吴孙权下诏"诸郡县治城郭，起谯楼，穿堑发渠，以备盗贼"。城墙是城市的屏障，要修得坚固。十六国时赫连勃勃甚至下令"蒸土筑城，锥入一寸，即杀作者"（《晋书·赫连勃勃载记》）。之所以要"蒸土"，据说是要杀灭植物种子与虫蚁之卵，以防将来破坏墙体。城墙之外，还要开挖护城濠沟。《晋书·石勒载记》：后赵石勒"时城隍未修，乃于襄国筑隔城重栅，设鄣以待之"。城隍就是护城河。城门是城邑咽喉，上有谯楼，又称望楼，平时瞭望城门内外，战时为指挥之地。城门定时启闭，夜晚禁止任何人出入。遇有紧急，必须有相当一级官府发放的通行证件，否则不能放行。《晋书·元帝纪》：西晋末年司马睿要逃离邺城，开始"夜月正明，而禁卫严警，无由得去"，但不久"雷雨暴至，徼者皆弛"，才得逃脱，后来成了东晋皇帝。

（2）巡徼城中，禁断夜行　三国两晋的城邑之中仍实行街巷市里分隔封闭的管理方式，居民宅在坊里中，周围封以高墙，出入经由里门，里门晨启晚闭。城中设置街亭。大的都邑每街一亭，小的县邑最少有一街亭，由警务官员组织巡行，"有犯夜者，为吏所拘"。

（3）击鼓报警，实施戒严　北朝孝文帝时，李崇创立了悬鼓报警的制度，从此各州县治所所在城市，就都"置楼悬鼓"了。隋唐的街鼓之制，就是由此而来的。以鼓声统一号令城门、坊门、市门的启闭，有水火劫盗又可以集众援救。隋唐严密的城邑警事体系多源于北朝制度。城中用钟鼓报警，便是一例。当没有统一的计时器之时，这实在是一个好主意。中国城市与庙宇的"晨钟暮鼓"传统，源自于此。

在非常时期，为维护京城治安，当时还经常采取一项紧急措施，即实行戒严。《晋书·褚裒传》："（后赵）石季龙死，裒上表请伐之。即日戒严，直指泗口。"全城严密警戒，增设警卫，加强巡察，限制人员和车辆通行。对奸人组织搜查。中国古代作为警事措施的戒严，是从郑子产救火灾开始的，《墨子》书中也有明晰记载，而在魏晋时期被普遍施行。

总之，六朝时期，在道路交通方面，尽管有种种艰难，仍有一些进步。许多措施，对隋唐也产生了积极影响。

五　庄园经济：社会交通的支撑力

我们讲交通，通常是讲国家级交通工程，是宏观的交通事业；然而，与芸芸众生日常生活紧密相关的，其实是"乡间小路"，是微观性的"巷道"与"田径"之建造与筑护，是每村每乡每年都要进行的"修桥补路"活动。这样的"社会交通"事宜，在"国家管理"之外，要靠基层社会的"自治"去解决。那么，在凋弊动乱的六朝，社会又靠什么来维系呢？此时社会交通的投资又从何而来？基层道路的建筑维修、开通护理又由谁来组织？人们的出行安全与食宿如何处理？这些问题靠所谓"小农经济"去承担，靠"头会箕敛"去集资，恐怕很难解决，而六朝庄园经济体与寺院经济体的存在与运作，则可以提供大部分答案。

六朝庄园具有可观的生产规模，能吸纳足够多的劳动力，能含容社会的高技术、高生产力；其运转能影响足够大的社会面。它固然会制造某种社会问题，但也能自行消化一些社会病痛，是社会基层自治性的、公益性的事务的主要承担者、组织者，"修桥补路"，是他们当为而易为的事。人们对其价值应作客观分析，不能一言以"毙"之。

公元 3 世纪到 7 世纪的三国两晋南北朝时期，中原大地有高度发达的农业经济和庄园式生产模式、生活方式，这对进入中原的周边各族人民、特别是北部、西部一直处于游牧经济下的各族人民，产生了巨大的吸附与融汇作用。那时，先后以苻秦、拓跋魏为代表的"五胡"纷纷内迁，迅速接受中原农业文明，努力实现生产方式、生活方式的全面更化；与此同时，中原原住民的生活习尚也吸收了大量异质因素，其服饰结构、饮食结构、起居方式也都有大幅改观。可以说，少数民族的"汉化"与中原原住民的"胡化"是同步进行的，并且在合流中步步趋近而又同向发展，共同促进了中华文明素质的总体提升，而使这种融合得以实现的"大熔炉"就是中古时代的"庄园经济"。

产生于532至544年间（北魏孝武帝至东魏孝靖帝时期）的《齐民要术》，对中古之民族融合工程、特别是农业社会的组合方式，有具体而切实的记录。打开《齐民要术》，我们可以看到：凡辟耕地、兴水利、积农肥、制农具、种庄稼、植菜蔬、艺瓜果、栽林木、培药材、畜马牛、豢猪羊、育桑蚕、养蜂养鱼，皆为庄园工所干；凡榨油、制曲、制酱、制脯、制乳酪、制精盐、制糖饴、制干果、醃咸菜、取蜂蜜、宰牛羊、加工禽蛋鱼虾等，皆庄园主自为之；凡织丝麻、制皮革、染布帛、作胭脂、合香粉，以至油漆、打井、造房，建作坊、治道桥、长途发卖，种种活动，无不由庄园自做自为，自产自销，有的还要销往百里千里以外去。这是一种完全的、彻底的"自给有余的庄园经济"，是支撑社会产业进步、劳动力价值提升的一种社会组合方式，它们要在当地承担修桥补路、开渠通水、贸易有无的责任。这一切，都不是所谓"小农经济"之所能。

庄园能自办治安，也往往背离国家的治安秩序。庄园是大户，其对社会成员的组合能力很强，而对基层政府的管制之抵拒能力同样是惊人的。庄园不仅能组织大农业的规模生产，且具有相应的教育机能与武装自卫的能力。晋代永嘉之后，中原陷于兵火之中，豪强势力乘时而起，纷纷占山立寨，筑土围子，建坞堡，搞私人武装，逞雄一方。南下避难的世家大族，纷纷"携民渡江"，往往割地"侨居"，千百成群，聚族而居，烟火连接，数十百里，其势力之大，基层政权莫敢谁何。南方的门阀庄园，趁中央、地方权力分散、动荡、削弱之机，也适应战乱时代力求自保的客观需要，便在"自卫"的名义下扩张势力，在其势力范围内搞"自治"。于是"或百室合户，或千丁共籍，依托城社，不惧熏烧；公避课役，擅为奸伪"。

当然，也有做好事的。

有这样一件事：北魏末，"盗贼蜂起"，行旅极不安全。时冀州赵郡柏人县世家大户李元忠，拥有很高威望，能保证冀豫一线的行旅安全。《北齐书·李元忠传》载：此人"性仁恕，见有疾者，不问贵贱，皆为救疗"。魏孝明时，盗贼蜂起。清河有五百人西戍还，经南赵郡。以路梗，共投元忠，奉绢千匹。元忠唯受一匹，杀五羊以食之。遣奴为导，曰："若逢贼，但道李元忠遣送。"奴如其言，贼皆舍避。这一支五百人的退役戍卒队伍，居然要上门请求他的庇护！沿途只要声言一下"是李府的客人"，截道的便会乖乖地让路。人们不妨仔细想想：连500人的退役戍卒尚且要向李元忠求助，那么，当时行路之险恶就可想而知了。从李元忠的事例，足见世家大族的自治自卫能力之强和庄园实力之大了。从根本意义上说，豪门是国家治安秩序的挑战者，破坏者，但又是特定时期、特定条件下的一方社会治安秩序的维护者、营造者。

六 世界多纷扰 商旅行路难

虽说六朝交通在纷乱的社会背景下仍有所发展，但是，战祸连绵，经济凋零，更多的是给交通带来阻碍，而民间商旅行路之难，更是不言而喻的。

1. 善事恶做，坏事凶行

举例来说，后赵石勒统治时期，曾经搞过一些"兴文制礼"的点缀，而其骄奢残忍也很突出。石勒在邺都营建城池时，曾投石于河，准备修一座"飞桥"，结果"功费数千亿万，桥卒不成"（《晋书·石勒载记》）。石勒因为国内马少，为了战争，下令不许百姓畜马，没收百姓马四万余匹，"匿者腰斩"。为了南进，石勒在冀州等处征调民夫，三丁抽二，五丁抽三，每征五人，必须自备车一辆，牛两头，米各十五斛，绢十匹，不办者斩。所抽船夫，一次有十七万人被水淹死，战士被猛兽所害者，又占三分之一。为了打猎，他造猎车千乘，辕长三丈，高一丈八尺，造格虎车四十乘，立三级行楼两层于其上。他在延津、荥阳、沂水之间围猎，百姓如有"犯禽兽"者罪至"大辟"，家有美女牛马者掠夺之。闹得青兖河济之间无地安宁、无人安宁——在这种情况下，又哪里谈得上"交通"，哪里谈得上"交通安全"呢？

2. 亭传败坏，公差横行

六朝行路难，还可以从晋代亭传制度的败坏说下去。晋政权千方百计维护豪门贵族世家的利益，冗官很多。他们奢侈腐化，动辄以专使身份，出行各地，通过邮传，吮吸地方脂膏。晋武帝司马炎就带头这么作。他曾"博选良家以充后宫，先下书禁天下嫁娶，使宦者乘传车，给驺骑，驰传州郡，召充选者，使后拣择"。这样的使者一上路，便颐指气使，作威作福，各地的传舍长们职卑人微，谁敢说半个不字！倒是趁机搜刮百姓，一面献媚求荣，一面中饱私囊。

出使的官员们则一个比一个更贪婪，一个比一个更精于巧取豪夺，政荒民扰，贤者为忧。当过县功曹、郡主簿的小吏虞预痛切地说："自顷长吏，轻多去来，送故迎新，交错道路。受迎者唯恐船马之不多，见送者唯恨吏卒之常少。穷奢极费谓之忠义，省烦从简呼为薄俗。转相仿效，流而不返；虽有常防（法），莫肯遵修。加以王途未夷，所在停滞；送者经年，永失播植。一夫不耕，十夫无食，况转百数，所妨不赀！"（见《晋书·虞预传》）所有交通设施都用于迎送官府了，哪里还有余力顾及一般商旅的需要？更有甚者，普通商旅投宿亭传，竟有被劫夺、被谋财害命的事连连发生。这种情况下，商旅们呼告无门。

3. 变公益为私利，坑民祸民

六朝战乱时起，盗贼横行，盗匪劫掠，行旅毫无安全可言。相反，官府还以交通管理的名义巧取豪夺。《南齐书·顾宪之传》讲得很痛切。齐永明六年（488）前后，吴兴郡受灾严重，多年子粒无收，而会稽郡未受灾。于是不少吴兴人就往会稽求生。而那个没有受灾的会稽郡的郡治所在的山阴县，情况也并不佳，其全县纳税户不过两万，居民家财不满三千者占二分之一以上，其中还有相当一部分赤贫户。官府对他们又百计征调，催逼严紧，其生路本也有限。当时从吴兴到会稽，要经过钱塘江口北岸的柳浦埭及南岸的西陵牛埭，再经浦阳江上的浦阳北埭、浦阳南埭等。这几个渡口风涛险恶，津渡为艰。政府便在这里设牛埭：用埭挡水挡风波，用牛牵挽船只过江，并规定格目征收过埭税。有位戍守西陵的戍主杜元懿，就在西陵牛埭把持税务。平时往往超过国家税目征收税金，甚至故意阻断别的渡口，迫使过客流民交纳超额过埭税。在这种情况下，他居然上书皇帝，报告说：西陵牛埭平时收税每天三千五百钱，吴兴受灾后，过往行人成倍增加，每日至少能收七千钱。这样算来，"赢缩相兼，略计年长百万"，一个渡口一年可收百万税金。因此他请求把柳浦埭、浦阳南埭、浦阳北埭一律划归他管，让他"自举腹心"前往征税，一年保证给国家上缴四百万钱，而且"无妨戍事"。他的这个报告，受到代理会稽郡守顾宪之的严辞驳斥。顾宪之说：国家所以设牛埭，原是方便百姓商旅的，征税也是为了牛埭的日常开支，并不是想增加百姓负担，所以人们能够接受。你杜元懿平日无视国家定规，妄自加征，又阻断别的路口；甚至船到江心，胁迫交纳，已经激起民怨。现在受灾百姓为求生路而来，你竟想从他们身上榨取，"人而不仁，古今共疾"！让你杜某征税，已经是以狼牧羊了，若再让你们那些人面兽心的家伙去把持各处埭税，百姓就更无生路了，"欲毋为非，其可得乎"！由于顾宪之的激烈反对，此事被搁置起来。

4. 撤废邮传，抒解民困

利用使者名义扰民祸民，整个南朝时期愈演愈烈。南齐萧子良有一封《请停台使书》，写得也相当惨切。他指出：平常在京，就听说各种名目使者相望于道，我以为是夸大其辞，现在到外地一看，才知道情况十分严重。所谓使者，本来就不是恭勤国事的人，他们采取各种手段，寻得一个差事，"朝辞禁门，情态即异，暮宿村县，威福便行"。只要下面有几个人为之拉场面，马上就"顾盼左右，叱咤自专"起来。他们惯于胁迫津埭，恐喝邮传。破岗地方水流湍急，商旅行至中途，却硬行逼令倒船，让自己先过；钱塘江风猛涛狂，人们不敢渡过，却又故意驱逼商旅单船独进，为自己探路，至于一路上鞭扑行人，就更不在话下了。所过之地，折辱郡县长官，花样百出，诡计无穷。未到目的地，便"飞下严符，但称行台，未显所督"，严令地方隆重接待，只称朝廷使节，不说具体职务，藉以招摇。到了地方，先设法把郡县机关有权有势的刑狱吏等镇吓住，以便任意指挥。住下之后，随即荆革侍候，敲扑鞭打，不分青红皂白，"孩老士庶，俱令付狱"，横征暴敛，假托国家名义，弄得"万姓骇迫，人不自固"。聚敛起当方财货后，又责令地方官"卖"给百姓，刻期完成……这份让人惊心的材料，出自萧齐政权的贵族亲王之手，由此我们可知当日民生所受的摧残了！在这种政治下，邮传云云，如何能够开展其应有的业务呢？

难怪齐梁时代，有些稍微清醒点的地方官，索性撤去邮传，减少一个虐民的管道。南齐始兴太守陆云就在全境"罢亭候"。这样，商贾露宿草间，人们不但不反对，反而作歌歌颂他的"神明"。晋陵太守王猛，也撤去了境内亭舍，"富商野次"，尽管有露宿之苦，外来客商却称誉说："难得这么个好官，是汉代赵广汉复生了！"

邮驿传舍本来是要替国家传递信息的，这一任务自然取消不得，撤去邮传，也只能是一种不得已的过激措施而已。这个责任，只能由六朝割据的军阀门阀来承担。

七 《水经注》：对东方世界的真切认知

《水经注》是公元6世纪北魏时郦道元为《水经》所加的注释文。是我国古代较完整的一部以记载河道水系为主的综合性地理著作。全书三十多万字，详细介绍了我国一千多条河流以及与这些河流相关的郡县、城市、物产、风俗、传说、历史等，内容十分广泛，包括自然地理、人文地理、山川胜景、历史沿革、风俗习惯、人物掌故、神话故事等等。《水经注》涉及的地域范围，基本上以西汉王朝的疆域为准，还涉及到不少域外地区，包括今印度地区与中南半岛和朝鲜半岛及西伯利亚的若干水道，如北方的叶尼塞河、鄂毕河与南方的红河、澜沧江之类，其覆盖面实属空前。

《水经注》在自然地理方面，从河流的发源到入海，举凡干流、支流、河谷宽度、河床深度、水量和水位季节变化，含沙量、结冰期以及沿河所经的伏流、瀑布、急流、滩濑、湖泊等等都广泛搜罗，详细记载。所记各种地貌，高地有山、岳、峰、岭、坂、冈、丘、阜、崮、障、峰、矶、原等，低地有川、野、沃野、平川、平原、原隰等，仅山岳、丘阜地名就有近两千处，喀斯特地貌方面所记洞穴达七十余处，植物方面所记品种多达一百四十余种，动物方面记载的种类超过一百种。在手工业生产方面，包括采矿、冶金、机具、纺织、造币、食品等，还记有能源矿物煤炭、石油、天然气等。在人文地理方面，所记的县级城市和其他城邑共二千八百座，古都一百八十座。除此以外，小于城邑的聚落包括镇、乡、亭、里、聚、村、墟、戍、坞、堡等十类，不下一千处。包括国外一些城市也有记述，如印度的波罗奈城、巴连弗邑、王舍新城、瞻婆国城等。交通地理包括水运和陆路交通，其中仅桥梁就记有一百座左右，津渡也近一百处。

《水经注》是魏晋南北朝时期纪游散文、山水散文的集锦，神话传说的荟萃，是名胜古迹的导游图，风土民情的采访录，可帮助我们对中古的东方世界获得真切的认知，也可作为一本交通旅游指南来用。

八　僧侣：国际交通线上的要角

汉末，佛教由西域传来，到五胡十六国时，走向高潮；南北朝时，已普及于社会底层了。北方，内迁各族的信教者众，自不用说；南方社会，同样佞信者众，而且上层人士还多以能揉合儒道佛三家为能事，形成风尚，于是宗教徒成为特别活跃的社会因素。僧侣们爱漫游蓬户，也出入朱门；寺院则点缀于名山名苑，也尽占都市繁华地带（对此，《洛阳伽蓝记》有十分具体的记述）。"南朝四百八十寺，多少楼台烟雨中"，更让人感慨。六朝的僧侣与寺院，构成了六朝社会区别于先秦两汉的一个最重要的直观景象。西域僧侣与中原本土僧侣，成了国际交通线上的要角，也成了中外文化交流的重要媒介。

1. 法显：西天取经第一人

法显（334—420）的跨洋航行，是中外僧侣作国际往来的典型事例。法显，十六国时后赵的一名僧人。他有见于所习读的佛学经典多由西域僧人辗转译成华语，表义不清，且只有"经"与"论"，"佛教三藏"中尚缺"戒律"的内容。而离开戒律，则无所谓宗教生活，宗教信仰也就没了着落，他常引为遗憾。于是发誓要亲赴佛国取经。399年，时已六十五岁的法显，从长安出发西行去了。在横越大漠时，"上无飞鸟，下无走兽，四顾茫茫，莫测所之，唯视日以准东西、人骨标行路尔"（《高僧传·法显传》)。在翻越葱岭时，受到高山严寒风暴的袭击，同伴死伤略尽，他毅然前行，表现了百折不回的英勇气概，终于到了天竺（印度）。

这时的印度，正当笈多王朝。法显在这里求经学法，他敬重当方人氏，以七十高龄向天竺学问僧学梵语梵文，读懂了许多中土从未见到的佛学典籍，他的佛学教养有了出色的提高。数年后他又由海路到了狮子国（今斯里兰卡），继续进修佛学。一次，他在佛前供桌上看到一柄来自中华的丝扇，不禁热泪盈眶，大兴故乡之思，于是携带大批经卷，随二百商人乘船返回广州。不意在海面上遭遇狂风袭击，飘泊十几日，漂到一个海岛（估计为爪哇岛），修好船只再航行，又遇黑风暴雨，大浪相搏，海深无底，不知所向，九十余天来到一国，名为耶婆提（有人推测为拉丁美洲之墨西哥南境），"停此国五月日，复随他商人大舶上"，打算返回广州。海上航行一个多月后，又遇大风暴，天多连阴，不辨东西。这样航行七十余日，转向西北航行，终于靠岸。一打听，原来竟是青州牢山南岸（今山东青岛市崂山）。法显喜出望外，于晋义熙十二年（416）来到建康。他没有闲着，便动手从事佛经翻译，最后死于荆州，享年八十六岁。

法显留下了一本《佛国记》，即后人所说的《法显传》，书中译记了天竺与狮子国的风物与宗教，是今天研究南亚古代史与佛教史的可贵资料。书称："凡沙河以西，天竺诸国国王，皆笃信佛法，供养众僧，……从是以南，名为'中国'（中天竺，即中印度）。'中国'寒暑调和，无霜雪，人民殷乐，无户籍官法。唯耕王地者，乃输地利。欲去便去，欲住便住。王治不用刑，罔有罪者。但罚其钱，随事轻重。虽复谋为恶逆，不过截右手而已。王之侍卫左右，皆有供禄。举国人民，悉不杀生，不饮酒，不食葱蒜。唯除旃荼罗。旃荼罗名为恶人，与人别居，若入城市，则击木以自异。人则识而避之，不相搪突。国中不养猪鸡，不卖生口；市无屠行及酤酒者。货易则用贝齿。唯旃荼罗猎师卖肉耳。自佛般泥洹后，诸国王长者居士，为众僧起精舍供养，供给田宅园圃，民户牛犊，铁券书录。后王王相传，无敢废者，至今不绝"云云。这些记载，让我们看到了古印度人的生活画面；由于印度人自身没有关于中古历史的文字记录，《法显传》就更为珍贵了。

2. 鸠摩罗什：向神州传播佛学

六朝时来华的"胡僧"很多，最著名的是鸠摩罗什。

鸠摩罗什（343—413），原籍天竺，祖父是国相，父亲则辞位而修德；西域龟兹王闻其名而相召，妻以爱女；鸠摩罗什即生于龟兹国（今新疆库车县）。幼年随母出家，初学小乘佛学；又赴天竺诸国游学，遍访名师大德，深究大乘妙义。成年后又返回龟兹，登台说法，声名远播。其母对他说："你应该去东方弘扬佛法，但这事对你本人没有好处，还有魔难。"他毅然地说："只要有利于弘扬佛法，虽付出生命我也愿意。"

前秦建元十八年九月，国王苻坚派遣骁骑将军吕光等，率领七万大军，讨伐西域龟兹及乌耆等国。临行之前，苻坚对吕光说："我听说西域有一位鸠摩罗什大师，他深解佛法。贤哲的人，是国家的大宝。如果你战胜龟兹国，要赶快护送他回来。"

建元二十年（384）吕光攻破龟兹，俘获鸠摩罗什。归途听说苻坚遇害，便在凉州自立为凉主，把鸠摩罗什留在身边，一住十七年。

弘始三年（401）三月，后秦姚兴发兵攻下后凉，于是鸠摩罗什得以前往关中。弘始三年十二月二十日，鸠摩罗什抵达长安。姚兴万分喜悦，以国师之礼待之。此时，他已五十八岁了。姚兴视罗什为奇才，唯恐"圣种"断后，便强迫罗什接受女人，以"传种接代"。姚兴对罗什说："大师聪明超悟，天下莫二，若一旦后世，何可使法种无嗣？"遂以妓女十人逼令受之。从此之后，鸠摩罗什不再住于佛寺僧房，迁往它处，供给丰盈。

这事在当时的僧人中引起震动，有人对于鸠摩罗什大师生起轻慢心，有些僧人羡慕罗什的艳福，鸠摩罗什大师便召集众僧，示以一满钵的针说："你们若能与我同样，将一钵银针吞入腹中，我就同意你们娶妻蓄妾。否则，绝不可学我的样子。"说罢，将一钵银针吃到了肚里，与平时饮食一样。诸僧不敢效仿。鸠摩罗什每次登座讲法，必定对大家说："譬如莲花，虽生臭泥之中，却能出污泥而不染。你们要像采撷莲花的芬芳一样，但取其花，不要取其泥，别学我的样。"

后秦弘始四年（402），姚兴敦请罗什到西明阁和逍遥园翻译佛经，又遴选沙门僧契、僧睿、僧肇等八百余人参加。于是译出了《摩诃般若经》、《妙法莲华经》、《维摩诘经》、《阿弥陀佛经》、

《金刚经》等"经"，和《中论》、《百论》、《十二门论》和《大智度论》等"论"，他忙碌了十一年，于413年辞世，共译出佛典74部，384卷（亦有说"译经35部，294卷"的）。其译文简洁晓畅，深受众人喜爱，获得极大成就和声望，成为佛典的"三大翻译家"之一。

法显西行取经成功后，东土去西域取经者代有其人，而南亚佛教徒来东土传经者更多。《梁书·东夷传》甚至有这样的记载："宋大明二年（458），厕宾国尝有比丘（僧侣）五人游行至其国（扶桑），流通佛法经像，教令出家，风俗遂改。"看来，中亚、南亚僧侣的东渡传经，又不仅仅是到中国了。

第七章　隋唐大联网的境内外交通

　　7世纪初，我国人民开凿了四千华里的大运河，一举改变了我国古代交通布局和经济发展态势。从此，历代王朝的建都，都要考虑大运河的因素；国家的稳定和发展，也首先要考虑大运河的畅通与否。

　　唐代国内交通干线，当时称为"贡路"。贡路的中轴线仍然是长安、洛阳一线，并以长安、洛阳分别为东西轴心，向四面八方辐射。水路则以东西向的长江与南北向的大运河为主干。扬、益、荆、广四大商业名城，除广州外，都在长江水运干线。这样，水陆通联，便构成了覆盖全国的交通网络。沿线遍设馆驿、客舍、商店，为大唐帝国空前规模的人员交流、物资交流、信息交流提供了巨大的可能。在唐室强盛的日子里，"远行不劳吉日出"，商旅可以"不持寸刃"而走遍天下，一切"取给于道"而不必常年筹措。为此，大唐诗人作过充满激情的讴歌。

　　盛唐时代的国际交流是一页璀璨的篇章。由玄奘掀起的中印文化交流热潮，由鉴真所带动的中日民间友好交流，对于亚洲地区的文明发展，具有重大的历史开创意义。

一　短命王朝的长期工程

589年，隋进军江南，灭亡陈朝，分裂动荡了四百年的中国复归于统一。但到618年，隋朝即为李渊所建立的唐王朝所取代，成了秦以后的又一个短命王朝。不过，它在政治制度设置与交通工程建设上倒有不少成就。隋政府不惜投入大量国力，营建长安与洛阳，恢复和整顿甘陇、河套与塞上的交通，修缮早已倾圮的长城，整治黄河漕运线。隋王朝三十年间的经济发展成就与交通工程进展，超过了汉唐或明清开国之初五十年内所能取得的成绩。

隋人造出的运河龙舟，要用千名纤夫去一步步地牵鞭前移；拿一辆巨型平板车运货，也要用上千人去拖挽……中国有一笔可供统治者任意挥霍的人力资源，于是无人思考运输动力的改革问题了。

1. 隋文帝复建交通网

隋代的事业，开始于隋文帝杨坚，终止于隋炀帝杨广。文帝在位二十四年（581—604），一生忙于开创国家基业，忙于疏理、整顿、恢复六朝时期被切割的国家交通。开皇二年（582），他亲自勘测了汉长安城外龙首原地区，认为这里"川原秀丽，卉物滋阜，卜食相土，宜建都邑"（《隋书·高祖纪》）。于是命将作大匠刘龙等人兴建都城，起名为"大兴城"，至次年春三月建成。这样，汉末以来，几经战争洗劫的长安城获得了新生，全国交通中心得到了整治。

新都建成后，便要解决供应问题。当时京城府库空虚，人口遽增，加之水旱不时，渭水、黄河的漕运显得尤其重要。开皇三年（583）诏令陕州、虢州、熊州、洛州、伊州、郑州、许州、汝州、汾州、怀州、卫州、汴州等十三州，一律设置募运米丁于黄河水次，以便接力漕运东方米粮。这是对于黄河水运的一次重要整顿。同时，隋政府在卫州建黎阳仓，陕州置常平仓，华州建广通仓，积贮关东及山西米粮。因陕州东境有砥柱山，水流湍急，隋文帝下令：有能从洛阳运米四十石经砥柱送达陕州常平仓者，"免其征伐"。后于开皇十五年（595）又索性将砥柱凿通。开皇四年，他又命宇文恺主持开凿广通渠，西起龙首原，东达潼关，全长三百里。新渠开通后，黄河漕运入关的米粮，就不必从渭水运送了——渭水泥沙沉淀，浅深不一，漕运困难——这是文帝疏理交通的又一重要之举。

开皇八年，文帝遣师灭陈。他先是命大将杨素为信州（治所在四川奉节）总管，大造战舰，每舰容战士八百人，作当年"王浚楼船下益州"之举。七年四月，他便命人在扬州开山阳渎，疏理春秋吴王所开之邗沟，使之更为深广平直，在通漕之外，还可以运兵，以便水师南下。

在建大兴城、开广通渠这些重大工程开工之时，隋文帝都下过"动员令"，说服臣民"不有暂劳，安得永逸"？"虽暂劬劳，其究安宅"，并反复说明这类工程"非朕一人之所独有"，大家都可以享受到实际利益（参见《通典·漕运》、《隋书·食货志》

等）。由于这样的工程确实符合国家人民的利益，因而进展神速，效益可观。"转运通利，关内赖之"。

隋文帝平时"乘舆四出，路逢上表者，辄驻马亲自临问"（《隋书·高祖纪》）。开皇十四年（594）关中大旱，饥民遍地。文帝自己带着百姓就食于洛阳。一路上男女饥民掺杂于皇帝仗卫之间，文帝命卫士好生关照，不必驱赶。车驾遇有扶老携幼者，引马避开；到险阻之处，命战士扶助病弱。这种种举动，都使他赢得了百姓的欢心。他攻下益州王谦之后，平毁了剑阁险关，另开平易大道，对百姓也有利。可以说，终文帝之世，国家交通经过整顿，已经走上了轨道，而且得到了百姓的支持。

当然，消极的限制性措施也是有的，而且贯彻得很坚决。比如开皇十八年就曾下令："吴越之人，往承弊俗，所在之处，私造大船，因相聚结，致有侵害。其江南诸州，民间有船长三丈以上，悉检入官。"（《隋书·高祖纪》）这样的诏令，在数百年动乱之后，自有其不得不如此做的理由，但从交通事业的内在要求讲，江舶海轮的大型化、普及化，是生产与交换事业发展的需要，是不该用强制性的行政命令横加阻遏的。这"悉检入官"、统统没收的办法，直接侵害了百姓的利益。

2. 隋炀帝速成国际大都会

大业三年（607），炀帝要"安辑河北（河套以外），巡省赵魏"，便大兴土木，从赤岸泽（今陕西华西渭河北岸）经连谷成（今陕西神木南部）抵榆林郡（今内蒙托克托城）一线进行了整治，下令"须开为路者，有司计地所收，即以近仓酬赐，务从优厚"（《隋书·炀帝纪》）。同时，征调河内十余郡丁男凿通太行山，达于并州（太原），以通驰道。于是隋炀帝北巡，渡过河套，至突厥启民可汗牙帐，耀武示威，然后东巡。在启民可汗帐中，他接见了高丽使者，说："回去后，赶快让你们国主前来朝见，否则我就要和可汗一起前去问罪了！"为了东进，他下令从榆林北境向东，直达蓟县（治所在今北京西南涿州境），修一条长三千余里，宽一百步（约140米）的驰道，工程浩大，"举国就役"。为了从太原南下，越太行山穿过济源去洛阳，又发卒于太行山上，开直道九十里。在此期间，他又在太原修建晋阳宫；在楼烦建造汾阳宫，在云中万寿戍（在今内蒙土默特左旗南境）为启民可汗修都城，耗费民力难以数计，极大地消耗了文帝积聚起来的财富。

大业五年，决定建洛阳为东都，隋炀帝更不惜国本，尽情投入。他说洛阳"水陆通，贡赋等，吾见天下多矣，惟见洛阳"！在杨素主持下，每月用丁二百万，迁天下诸州富商大贾数万家以实之，命各地贡献草木花卉奇禽异兽。大业三年，"迁河北诸郡工艺户三千余家居洛阳"。这些"富商大贾"与"工艺户"及"草木花卉奇禽异兽"的到来，使汉末以来被一再平毁的洛阳城转眼之间恢复生机，走向繁华，不需数年，俨然又成一座"国际繁华大都会"。但是，请千万别忘了当时人付出的惨重代价——

史载：由于役使迫促，死伤极多。每月载死尸，东到成皋，北到河阳，尸车相属于道。有时死的人多，来不及运走，只好就地掘坑埋下，然后夯平，筑室于其上，民命不如蝼蚁。为了从江南运取宫殿建材，造出了巨型平板车，平板下施铁制轮轴，用两千余人拖运！运行时，轮下戛戛直冒火星。沿途供给，费尽民力。如此巨大工程，不到一年就完成了。同时又在新安、渑池之间，建成一座周回数百里的苑囿，从苑西引谷水东注洛水，成苑中御河，供炀帝泛舟取乐。和秦始皇一样，他又一次证明：独裁政权能办大事，大事背后便是千千万万百姓的膏血与尸骸。

当然，从交通上说，洛阳的重建与塞上驰道的修筑，太行山直道的开通等，都有长远的政治、经济与军事价值，可他挥霍的人力物力，每一项都为国家财政所不堪承受。

著名的赵州桥也建成于大业年间。隋代的造桥术，达到了很高的水平。其典型代表便是大匠李春主持建造的安济桥，后人称为赵州桥。这是用石料建成的单孔大弧券桥，跨度达 37.5 米。大券两端各设计一个小石券，以减削洪水对桥身的冲击，畅通水流。桥栏上有精美的浮雕。此桥历千百年水灾地震的考验，至今尚存。其设计思想与奇特结构，不仅令隋唐人叹为一绝，今天也还是华夏一绝。

二 打开对外交往的新局面

在对外交通方面，隋炀帝也做了一些整治和开发工作。他特别重视恢复丝绸之路的商贸功能。他任命民部侍郎裴矩常驻张掖，主管中西贸易事宜。当时，南亚、西亚的使者与西域商人，往往到张掖与我国商贾互市、通好。裴矩便从这些远客中间，搜集关于西域、南亚、西亚各国的山川特产、风土人情、交通建筑、民生国计等方面的资料，广采异闻，排比订正，最后写成了《西域图记》一书。此书颇有特色，在文字说明之外，还绘制了各国的地图，并有描摹各国庶民贵族形象的插图，一目了然。此书的成功，又一次反映了中国人民迫切希望了解外部世界、迫切希望发展中外交往的要求。

隋政府为了适应日益频繁的中外交往，在新都洛阳的重建工程完成后，年年正月，都将端门外、建国门内八九里长的天津街开辟为戏场，百官起棚夹路演出伎乐，招待各国来华使节、商贾与游人，"百戏之盛，亘古无比"。隋政府又将洛阳"丰都市"辟为国际商场，广陈百货奇珍，以夸示于各国来宾与客商；并要求坊市内的所有饮食店，主动邀请外宾入席餐饮，必醉饱而后止，不收分文，以示中国之"富有"和乐于接待外宾，事后由店家向政府申领补贴。为了装门面，他甚至要求以绿绸剪成树叶，缠在树枝上，以示中原春常在，让外宾既惊讶又莫名所以。这一活动，对于刺激中外商贸的发展总算也发挥了某种作用。当时来华的国际友人很多，长安城、洛阳城都有专供外宾居住的街坊，政府还建有四方馆，"以待四方使客，各掌其方国及互市事"，外交外贸同时办理。隋代短促，这一浩大投资的真正收效，要等到唐代才能逐步显露出来。

在西北方向，为开拓对外交往的新局，炀帝也下了一番功夫。大业五年（609），他"大猎于陇西"，然后过狄道，出临津关（今青海循化，是黄河上游的重要渡口），北渡黄河，在西平郡（今青海乐都县）陈兵讲武，又大猎于拔延山（在青海西宁东南部），设长围两千余里。此举意在向西羌吐谷浑部示威，猎后即率队冲风冒寒，历大斗拔谷（在甘肃民乐县南）等绝险之地到达张掖。在这里，他让人建造了一台"观风行殿"。此殿为木结构，底基安装轮轴，可任意移转推动，由许多部分组合而成。分散开是一队大平板车，聚合起来便成为一座大殿。隋炀帝就在这座组合式大殿上接见了西域、中亚数十个国家来华的使节和商团，召开了"第一届世界商贸博览会"，主持其事的便是张掖太守裴矩，其奢豪震动西域。隋炀帝于是决定在青海新疆一带增设四郡：西海郡、河源郡、鄯善郡、且末郡，强化了对南北朝时期"河南地"的行政管辖。隋炀帝此行，巩固了中央政权对西部地区的有效统治，对于西部的进一步开发是有利的，而他本人的好大喜功、轻用民力也表现得淋漓尽致。

为开通对日本、对南洋各国的贸易，隋政府也做出了努力。大业三年就派使者常骏等出访赤土（今马来半岛）一带，带去了大量珍贵的丝织品，受到当地民众的欢迎。日本、新罗等东北亚国家来使，也总是受到隋政府的热情款待，双方关系日渐密切。

可以说，隋人为唐代的交通事业做好了全方位的奠基工作。

三　大运河的开凿与东部经济的勃兴

大运河的开凿，是历史的呼唤。当年，北魏孝文帝定都洛阳时，就已提出由洛水入大河、经汴水通淮泗而入江的设想，他说是由此路线进攻南朝，"下船而战，犹开户而斗耳"（《魏书·李冲传》）。可以说，孝文帝已经看到了沟通南北水运的历史必要性，他规划的这段水路，正是隋炀帝所开大运河中段的基本走向。

为了平陈，隋文帝时就疏浚了山阳渎，这是隋代开凿大运河的先声。隋文帝又尽力发展经济，增殖人口，到炀帝即位时，已是"户口益多，府库盈满"了。隋文帝时代的积贮之丰是公认的。直到唐太宗贞观六年（632）马周还说："隋家贮洛口仓，而李密因之；东都积布帛而（王）世充据之，西京府库亦为国家之用，至今未尽！"（《旧唐书·马周传》）正因为隋代前期已经准备了充裕的人力物力，大运河的开凿才得以实施。

大业元年（605）三月，隋炀帝开始开凿大运河的工程。他征调河南诸郡男女民夫百余万，开挖通济渠，从汜水境内之板渚开始，经浚仪东南去，穿过梁郡、谯郡、彭城郡，直达下邳郡，至盱眙入淮。通济渠建成后，再由淮河沿山阳渎直下长江，使东都洛阳与江都广陵连通起来。当年平陈之时，炀帝作为扬州总管，曾长期驻守江都，对江南地区的富庶印象深刻，对南方世家大族的游离意识也有深刻体会。

通济渠的首先建成，是为他下江都巡游服务的，更是为征调江南财富服务的。通济渠水面宽四十步，可以通行龙舟。渠旁筑御道，栽植松与柳。三十里一驿，六十里一馆，建筑豪华。到大业四年，隋炀帝又命征发河北诸郡男女百余万开挖永济渠，引沁

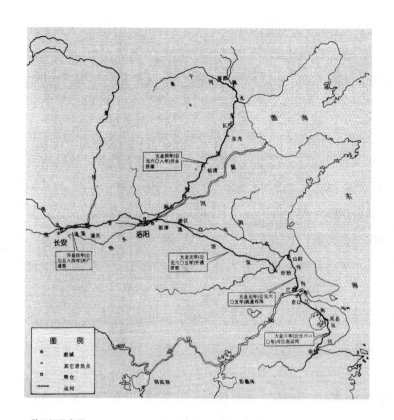

隋运河示意图

水南通于黄河,北连于涿州。沿河两岸植柳树,开驰道,水陆并
举,将洛阳和幽燕连接起来。不久,又从京口至余杭开成江南
河。至此,以洛阳为中心,北抵涿州,南到余杭的大运河全线建
成,共四千华里。这是中国最长的运河,也是世界迄今最长的运
河。由于运河两岸遍植柳树,修筑驰道,因而与运河并行的还有
贯通南北的陆路交通线与四千里绿化带。这一巨大工程完成后,

成为当时国内交通的主要干线，贯通东部财富之区，使后世深受其利。正如唐人《元和郡县图志·河南志》所写："自扬益湘南至交广闽中等州，公家运漕，私行商旅，舳舻相继。隋世作之虽劳，后代实受其利焉。"

通济渠竣工后，隋炀帝便准备南巡了。为了下江南，隋炀帝征集工匠，制成了龙船、凤艒、黄龙、赤舰及楼船、篾舫数万艘。准备就绪后，就利用这条河来巡游享乐，张扬声威。他第一次南巡江都在大业元年（605），再游江都在大业六年（610），第三次南巡在大业十二年（616），也就死在江都了。

对于炀帝的南巡，唐人杜宝在《大业杂记》中有详细记载。炀帝本人乘坐的龙船，高45尺，宽50尺，长200尺，有四层楼。顶楼由正殿、内殿、东朝堂、西朝堂组成，周围是雕画彩绘的回廊。二层三层有一百六十间房间，皆用丹粉涂饰，妆点金碧珠翠，门窗雕刻绮丽，悬挂流苏羽葆、朱丝网络。底层供内侍与水手们住，也收拾得整齐漂亮。全船用六条以洁白的素丝编成的大绦绳牵挽，纤夫用1080人，称作殿脚，一色是江淮地区的青壮年汉子。殿脚也全都穿绸着缎，十分华丽。皇后所乘之船名为翔螭舟，用900名殿脚。妃嫔们分乘九条浮景舟，每舟用100名殿脚。另外还有供宫廷美人、夫人们乘坐的漾采船36条。这些船，一律彩绘精雕，或两层，或三层，各有特色。还有朱鸟舫、苍螭舫、白虎舫、玄武舫各24艘，飞羽舫60只，青凫舫、凌波舫各10只，供宫女们乘坐，往来服役。青凫、凌波上的宫女都识水性，可以下水活动。这支队伍之后，才是由王公大臣们乘坐的大船，共52条，全是五层楼船。然后是僧侣们乘坐的三层楼船120条，后面跟着外国宾客及五品以下官员所乘的三层楼船若干。所用船夫八万余人。这支队伍，连同侍卫人员在内，少说也有三十余万，在运河中首尾连接，迤逦二百多里。每次出行，所过州县，五百里内都要贡献食品，吃不完的随时扔掉。沿途地方官又争献礼品，谁的礼品中意，谁就可以升官发财。炀帝巡游，比黄河泛滥还要厉害，闹得民穷财尽，遍地哀鸿。当他第三次出巡江都时，全国已经燃遍了农民起义的大火，他却依然登上龙舟，去过其荒淫生活，最后丢了脑袋。

就大运河本身的开凿而言，适应了帝国南北统一、大规模地开展经济文化大交流的历史形势的需要，实现了我国长江黄河两大经济区的统一与沟通。随着时间的推移，运河沿线的经济发展，越来越显现其无可比拟的历史重要性。运河，成了历代王朝的命脉所在。隋代完成了修长城、筑驰道、开运河、建洛京这样重大的基建工程，使后继的唐政府有可能腾出手来，舒解民困，以收拢人心，稳定社会。运河修成后，"商旅往还，船乘不绝"，在活跃东部经济生活上发挥了重大作用。唐政府利用运河大动脉，漕转东南，以供西北；而后的金、宋、元、明、清的政治中心与经济中心都放在运河线上，不是偶然的。周秦汉魏时期以长安、洛阳为中轴线的横向经济布局，唐以后，一变而为以运河为轴心的纵向经济布局，大运河开凿的历史意义，于此可见。

四 唐代国家交通网的全覆盖

唐代疆域辽阔，经济繁荣，文化昌明，声威远播。安史之乱前，达到王朝的极盛时期；安史之乱以后，大唐帝国由盛而衰，但"百足之虫，死而不僵"，仍然保持着泱泱大国的风度，发达的水陆交通依然发挥着它的作用。

1. 四通八达的贡路

唐代贡路，可划分为东、西两组，西部以长安为枢纽，东部以洛阳为中心。

从长安出发的贡路有六条：①正北方，从渭北过鄜州（富县）、夏州，抵河套上的安北都护府（中受降城）。这条线路的基本走向与路段，和秦直道相一致。过河套后有一支线折向西北，与六朝时通西域的新北道走向一致，很有战略意义。②正西方，由长安西去雍县（凤翔），分道，或西北向天水、兰州、肃州、瓜州，直抵安西都护府（龟兹）或北庭都护府（庭州），接通丝绸之路的中段、西段；或从雍州折向西南经大散关、剑阁直达益州；然后接西南夷道，通向邛、雅（四川雅安）、巂（越巂）、姚（云南姚安）。③正南方，从长安出发，通过子午谷可去汉中。这是长安竹木建材的主要供给线，经济上很重要。④东南方，通往蓝田、商洛与武关，去今河南南阳、湖北襄阳。分途，向西折向今四川之达县、万县、忠县、涪陵、重庆等地，当年涪陵荔枝即由此道送入长安，"一骑红尘"，历经川、鄂、豫、陕，也算不易了。另一条线从襄阳向南通往荆州、武陵（常德）、潭州（长沙）、桂州（桂林）、梧州，再转东南方向的广州。这是秦汉以来中原与岭南的传统通道，其作用十分明显，具有经济意义和战略意义。当年黄巢由广州北上攻至江陵，走的大致就是这条路线。西去可与滇桂线相联，南下可通往交址。又可从广州出海，那就是唐人说的"通海夷道"了。⑤从长安向东过潼关到洛阳，水路有渭黄漕运线，包括龙首渠、广通渠在内；陆路有经华阴、陕州、新安至洛阳的主线，又有经蓝田、洛南、卢氏、宜阳至洛阳的"偏线"。在这两条并行线上，客舍比比皆是，商旅络绎不绝，有私人"驿驴"供旅客租用。交通十分兴旺。⑥从长安向东北方向，渡过黄河经蒲州去晋州（临汾）、北都（太原）、雁门，然后分道，或北上云州（大同）；或东过飞孤道去幽蓟，通往辽海。

以洛阳为中心的交通大道主要有五条：①向北过黄河到怀州（沁阳）分道，一上太行直道，通山西上党、晋阳；一去河内卫州（汲县）、相州（安阳），再北上幽、蓟转辽海，并往黑龙江中下游流域延伸。也可从怀州、卫州向魏州（大名）、齐州（济南），去山东半岛之成山角。这组由洛阳北上或东去的线路，周秦以来一直辛苦地经营着，是洛阳通往晋中与河内、河北、山东的传统干道。它把河东、河内、山西、河北、山东地区有效地联结起来，对于控扼塞外与关东，具有重要战略意义。②从洛阳往东，经郑州到汴州（开封），或东向兖州，连接齐鲁的曹兖淄青登莱各地；或从汴州东南向徐州、泗州、楚州（淮阴）、扬州，

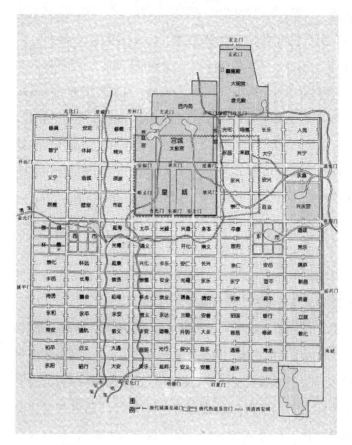

唐长安平面图

渡江以后向苏南、浙江、福建延伸，与近海航线相配合，成为一条重要的经济大动脉。它与大运河中段、南段大致平行，而且将苏皖浙闽贯通起来了。在唐宋时期，这并行的水陆两道，发挥了国家主要经济命脉的作用。后来安史之乱，就因为叛军未能突破睢阳防线南下江淮，无经济实力支撑，虽说拿下了洛阳、长安，也终归失败。③另有从郑州向汴州、宋州经寿春一线，可直达庐州（合肥）与江宁（南京），是上述东南线的有效补充。④从汴州向光州、黄州一线，经江州（九江）、洪州（南昌）、虔州（赣州）向南，跨越大庾岭可通往韶州与广州。这条南北干道，直到明清之际，都是中原与岭南联系的重要通道，其功用不下于由永州、桂州、梧州通向广州的传统大道。元明清时被称为"使节路"，可见其政治重要性。⑤另外，从洛阳南下，经信阳到随州、安陆，再转鄂州（武汉）、岳州（岳阳）、潭州（长沙），再去衡州、永州（零陵）接通桂州与广州，是又一条重要的南北通道。

若换个角度，从当时的经济重镇如成都、江陵（荆州）、扬州、广州的方位看去，它们也是各自所在地区的交通枢纽。就广州来说，就是一种四通八达的形势，自成一方中心。由广州向东有滨海通道，可以联接潮州、漳州、福州、泉州，再北上可以直达长江口。这是黄巢由闽入粤的交通线，而且有近海航线相连。从广州向西傍海而进，可以直达安南都护府，即今越南的河内。至于通往桂、黔、滇、湘、赣各地的干道，则不必重复了。

再就成都来说，它除前述过秦岭通往汉中、关中与陇西的干线外，除前述通往邛雅（雅安）、巂（西昌）、姚（姚安）的干线外，还可通过长江水运线，与渝州（重庆）、万州（万县）、荆州、江州、扬州联结起来。杜甫诗句"即从巴峡穿巫峡，便下襄阳向洛阳"，说的则是另一条水陆联运线：利用岷江、川江到荆州，再由陆路北上襄阳、南阳去洛阳。

荆州是长江中游的商品集散地，扬州是长江、大运河的交汇处，其水陆交通网络通联全国各地，自不待言。此外，在大北方，有幽州、太原与敦煌等城，处于战略要地，控扼着对东北、漠北、西北的国际交通线，唐政府也十分重视对这些地方的交通投入。

唐政府除对上述国家级干道倍加注意外，在各州郡之间，还修筑了地方干道，各县之间，也有大道相通，这样层层级级，构成一个覆盖全国的巨大而稠密的交通网络，水陆通联、江海并举，使全国经济文化交流空前活跃起来。由长安通往敦煌、疏勒、成都、荆州、广州、扬州、洛阳、蓬莱、太原、幽州、中受降城等地的干道上，除国家驿使馆舍外，夹道都有店肆待客，酒食丰足，还有私人驿驴可供租用。隋唐开科取士，全国知识分子成了在这种大道上行走、观光、徘徊的"常客"，他们每到一个邮亭、驿馆，便题笔留诗，舒发才情，博取声誉，同时也为唐贡路传扬了名声，积淀了交通文化。有史以来，道路，还从来没有如此受到文人的"青睐"。诗圣杜甫唱道：

> 忆昔开元全盛日，小邑犹藏万家室。
> 稻米流脂粟米白，公私仓廪俱丰实。
> 九州道路无豺虎，远行不劳吉日出。
> 齐纨鲁缟车班班，男耕女桑不相失……
>
> ——《杜诗详注·忆昔二首》（节录）

2. 江航与近海运输

唐代国内陆路交通发达，水上运输也很发达。

唐代的水上运输线，一是运河系统的运输线，以南北大运河为主干，包括各地漕渠在内；二是长江水运线，从成都经三峡到扬州，顺及沔汉湘赣与太湖、洪泽湖、鄱阳湖、洞庭湖等天然水道在内；三是近海航线：北方的环渤海航线，中段由胶州湾到长江口；南段由长江口到广州，再延伸到交州。这三大水运系统，是交叉并行而互补的，再加上和畅达的陆路交通线相交织，就成了社会肌体上的大小动脉，维系着国家的生命。

"俞大娘航船"在江面的出现，典型地反映了唐代长江私家水运事业发展的水平。唐人有"水不载万"之说，意思是水上船只的装载量，一般不超过一万石。其实唐代江上船只，早就突破这个界限了。八九世纪之交，长江水面，有俞大娘航船者，船上可以开巷为圃，种植瓜果蔬菜。船家生养送死嫁娶之事，全可在船上操办，仅船夫就雇佣了数百人之多。南到江西，北至淮南，每年只要往返一次，就能大获其利。这种私人巨型航船的出现，标志着唐代私营运输业的兴盛，也标志着私人造船业的发达。唐代的扬州、越州（宁波）、常州、杭州、洪州（南昌），都是造船业发达之区，私人船只很多，且品类俱全。史载：当时湖北江西一带，江湖水泊上以船为家者极多，几乎占了邑居人口的一半。而富商必有大船，船上可以征歌逐舞，使婢唤仆，生活奢华，不受地方政府节制，且常常与官府相勾结。而一般船民，则以船谋生，出入风波之间，他们是逃不脱官府的征役的。当时江上之船，还有用飞轮击水航行的。《旧唐书·李皋传》：他曾"运心巧思，造作战舰，挟二轮蹈之，翔风鼓浪，疾若挂帆席"。他所造的船舰，"省易而简固"。飞轮的使用，是造船技术史上的一大突破。唐宋时，洞庭湖一带这种足踏的飞轮船已广为民间所用。也许它本来就是船民自己的发明。

长江水运线，在唐代可粗分为五段，第一段为汶水（泯江）段，从成都以上起，下经嘉州（乐山）直至戎州（宜宾）。川西平原水网密布，自先秦李冰整治以来，水利事业代代兴隆。唐代成都织锦业发达，其外销水路，就靠这一段。其西侧的青衣水、大渡水和泸水沿线，有水陆通道分别通向雅州、汉源与越嶲。第二段为川江段，自戎州经泸州、渝州（重庆）至万州。这段水道的北侧，有中汉水（内江）从汉州、资州流来，可通舟航。有涪江水与西汉水（嘉陵江）从川北而来，大部可通舟航，贯通巴蜀腹地的水陆交通，正是以西汉水等为主干的。第三段为三峡段，自万州以下，经奉节、巴东、夷陵（宜昌）到荆州（江陵）。这一段最为惊险，也最为紧要，是巴渝通往中原或荆扬的主要孔道，当年沿江也有步道可行。第四段是江汉段，从江陵经鄂州（武汉）、岳州（岳阳）、江州（九江）直抵金陵（南京）。这是六朝以来连结荆扬的传统大江水道，自古以来就得到充分的开发利用。沔汉水系、洞庭湖水系、鄱阳湖水系，都有舟楫之利，使荆湘皖赣的经济交流与发展得到有力的保障。这一带江面宽阔，水流平稳，不仅商旅得利，也是兵家用武之地。安禄山造反时，永王李璘兵下金陵，就是想借此一段水来干一番"事业"。第五段为下江段（扬子江段），从金陵过京口、广陵，与大运河交汇；再汇同太湖水系，出长江口，连通东海航线。凡荆、益、湘、赣从长江水道运往中原的米粮木材百货，都从这里转运。唐宋时期，文人墨客、达官富豪，凡南来北往者，也往往取道金陵、广陵、楚州、汴京一线，充分利用大江与大运河提供的方便。

3. 沉重的漕运负担

唐代实行租庸调制：租，每丁每年纳粟二石（或稻三石）；庸，每丁每年服役 20 天（闰月加 2 天）；可以纳"庸绢"顶替，则每丁每日纳绢 3 尺（或布 3.75 尺）；调，蚕乡每丁每年纳绢、绫、绝各 2 丈，加绵 3 两；非蚕乡纳布 2.5 丈，麻 3 斤。全国各地把这些丝麻绸布搜集上来，再在全国范围内作储运调配或支拨发卖，这该是何等艰巨的任务！而这都依赖于漕运的便捷通达。

唐人《龙筋凤髓判》中有《工部一条·支布供军判》一文，判词说：工部员外郎赵务，支蒲陕人所交纳的"布（麻布）"供渔阳军，又把幽易各州所交纳的"绢（丝织物）"调入京师。百姓上诉，称此举"不便于民"。赵务答辩说："布是粗物，将以供军；绢是细物，宜贮官库。"此案交由作者来判决，判词指责赵务"蒲陕之布，却入渔阳；幽易之缣，反归关陇"的调配方盈，是"同北辕之适越，类东走之望秦"，徒劳往返，空耗运资；而且细绢纳库，粗布供军，"非直运者苦劳，抑亦兵家贾怨"，招惹兵家之怨，那还了得？故判词要求将赵务削职黜免。

其实，当时实物的征收调运与配发供应，原是一项十分浩繁的工程。而朝廷历来强调"大一统"，讲"全国一盘棋"，由中央按计划统一征收，统一调拨，统一发放；丝麻绢布，各有各的用途，各有各的去向，岂能由地方决定？赵务主张"布是粗物，将以供军；绢是细物，宜贮官库"，"贮官库"当然是供朝廷支用，比如给各级官员支发薪俸，供应京师各类人口的耗费等等；这是合乎国家一贯要求的。但征调时所耗人力物力惊人，地方上当然不满；军方只得到"粗物"，更是怨恨。然而，这对于赵务来说，也是一项不得不如此的差使。因此而把赵务"削黜"，听来似乎有理，但属书生议论，只是一种平民情绪的发泄而已。而此"案"给我们传递的信息则是：漕运，在当时的体制下，只是一件艰难浩大、敛怨聚恨的工程！

大运河的运输，在唐代是分段运行的。特别是漕运，南方江湖一带的船舶，难以适应汝、泗、颍、济等北方水道。特别是黄河航道的水情，因而必须换驳。唐玄宗以前，江南州郡的租庸调，在每年正二月间运至扬州，再进入运河漕道北运。但因水浅，需待四月才能渡淮入汴，而汴水又正在干浅期，船运停歇，须待到六七月份水涨才能运达河口（今河南河阴县）。而此时适逢黄河暴涨，要待入秋水势减杀才能漕运至洛。到洛阳后，要再转运长安的话，可沿偏道陆运，但"斗粮费斗金"，太不合算；若由黄入渭搞水运，又有砥柱之险，若能运达五分之四，即算成功。然唐初关中粮米所需不过二三十万石之数，到开元天宝之后，国家机器越来越庞大，"耗费浸广"，已不是一二百万石粮所能支持，因而改革由洛阳至长安的运输就紧迫地提出来了。名臣裴耀卿提出了分段漕运的方案：从扬州到楚州，为山阳渎段，即古邗沟段，用江航船漕运；由楚州入淮至泗州为淮水段，仍用南方大船漕运。到泗州换驳，即用北方船由淮入汴，运至河口县，此为汴水段；在河口县起岸，将南方漕粮暂屯于河口仓备运。从河口分两道西运，一为河漕，一为洛漕。洛漕转运至洛阳，供应东都。河漕要经三门，为避砥柱之险与避黄河汛期之险，在河清县设柏崖仓，在三门东设集津仓，在三门西设三门仓和太原仓，其间视水情变化，节节运输，节节储备。过太原仓后西运关中就便捷了。在三门东西仓之间，曾一度开出北山夹道，转用陆路车运十八里，所费不多，又能避开覆没之险。天宝年间，每年运至长安的漕米达二百五十万石之多，尚有不敷支用之虑。在这以前，玄宗常年驻于洛阳，即所谓"就食东都"。关中作为帝都所在，已经显现出它的逼促迫狭而无法支撑的缺点来了，难怪此后的王朝就不再建都于长安了。

另外，唐代也有近海航运。武则天时，营州州治设在柳城（今辽宁朝阳）。为牵制奚与契丹，此地有重兵驻守，其供应就仰给于海道运输。史载开元十四年七月"沧州大风，海运船没者十一二，失平卢军粮五千余石，舟人皆死"（《旧唐书·五行志》）。说明营州海运风险很大，但未至废弃海运。又，开元年间，宋庆礼为检校营州都督，在营州开屯田八十余所，立村寨，召集流民，开店肆，召引胡商，数年间仓廪实，于是"罢海运，免运输之劳"(《旧唐书·良吏传下》)。这里的"罢海运"是指停止给营州驻军运粮，而不是说"全面停止海上运输"。这是北段近海航线。

为了战争的需要，可从山东半岛跨海通航辽东半岛或朝鲜半岛，至于民间日常来往，敦煌发现的唐代《水部式》中，记录了登州、莱州、沧州、瀛州（河间府）的海运水手三千四百人之姓名，证明山东、河北、辽宁的近海航线一直很繁忙。杜甫诗《后出塞》"云帆转辽海，粳稻来东吴"，简洁地描述了东海海运的盛况。

南方海运，《旧唐书·懿宗纪》也有所记载：咸通三年（862），安南战事吃紧，唐政府调江西湖南军前往救援，令湖南取道湘江过灵渠南运。但运输艰难，大军乏食。有润州人陈磻石者上书皇帝："臣有奇计，以馈两军。"皇帝召见了他，他建议说："臣弟陈昕恩曾任雷州刺史，家人随海船至福建往来，大船一只可致千石，自福建装船不一月至广州。得船数十艘，便可致三万石至广府矣。"他又引东晋刘裕走海路破卢循起义军故事，说明海道可行。懿宗和廷臣商量之后，任命陈磻石为盐铁巡官，往扬子院专督海运。从这条史料可知：闽广海道，一直是畅通的。奇怪的是唐政府居然不知管理，以至陈磻石还把它目为"奇计"而献给当政者，换来一个"肥缺"。

安史之乱以后，唐代漕运出现了严重的人为的危机。名臣刘晏时任御史大夫、领东都河南江淮转运租庸盐铁常平使、后迁吏部尚书，又领益湖南荆南山南东道转运常平铸钱使，为筹划财政，克服安史之乱带来的严重危机付出了大量心血。当时，从淮阴至蒲阪的整个漕运线上，三千里"屯壁相望"，尽是各路驻军，而且都握权逞威，往往借"军食不足"的名义截夺漕船，"非单车使者折简书所能制"，朝廷使节无可奈何。河南府境内六百里河道，却又无人巡逻戍守，以致"夺攘奸宄，夹河为薮"，纵不漂没于河，也被劫夺于陆，漕运颇艰。而且宜阳、成皋、虎牢、熊耳之间，五百余里的地面上，民户不到一千，居无尺椽，炊无烟焰，野兽昼游，冤鬼夜哭，要想不经漕运搞陆运，民夫又何从而来？然而若仍漕运，则河汴久不疏浚，岸崩堤毁，所在浅淤，又怎能依赖河漕？刘晏领受了这项重任后，亲自踏勘漕路各段实情，向朝廷提出了一系列切实可行的措施，强化了对漕运的管理。他首先组织人力逐段疏浚由江淮到高师的河道，打造了两千艘坚固的大漕船，训练军士运粮，每十船为一队，军官负责押运。船工由经调为雇募。他不再征发沿河壮丁服役，而是用政府的盐利雇用船夫。他沿用裴耀卿的办法，改直运法为段运法，将全程分成四个运输段，建转运站。使江船不入汴水，汴船不入黄河，河船不入渭水，提高了运粮效率，杜绝了翻船事故。为此又在扬州、汴口、河阴、渭口等河道的交界处设仓贮粮，以备转运。漕运改革后，比过去用江南民工直运的方法提高了效率，减少了损耗，降低了运费，免除了南方人民一项旷日持久而又十分艰辛的劳役。江淮的粮食因此源源不断地输送到长安，每年运量达四十万石至一百万石，解决了粮荒还有所储备。当第一船粮到达长安时，皇帝欣喜万分，专门组织乐队到渭桥迎接，盛赞刘晏

"你真是我的萧何啊"！他大胆地破格提拔了一批"新进"，严明法纪，严明奖惩，拒绝官场商场一切请托，一切依国法处置，从公发落，终于使破坏了的漕运得到恢复，保证李唐王朝能够继续生存下去。

水路运输比陆路运输成本低，这是北魏人早就十分清楚的，但水路也很艰危，除人为的因素外，急风狂浪，往往造成重大损失。这大概就是有水运的地方也不废陆运的缘故吧。

总之，唐代的贡路交通比较发达，水路作为陆路的补充也受到一定的重视。

4. 水陆并举的中外交通线

在国际交通线的陆路方面，据唐代宰相贾耽的《皇华四达记》载，有：（1）营州入安东道：即从范阳（今北京）、营州（今辽宁朝阳）前行，或通往朝鲜半岛，或通往黑龙江下游，连接奚、契丹、室韦、勃海、靺鞨、高丽、黑水等地区或邦国，远及外兴安岭。另，朝鲜半岛之高丽、百济与新罗，与唐朝的陆路联系即从安东道而来；（2）大同云中道：这也是通往奚、契丹的重要通道，还可北上直通突厥；（3）中受降城入回纥道：这是从河套以北直通外蒙中部、西部、西北部的大道，连接那里的突厥人、回纥人、铁勒人、黠戛斯人等各部族，当时被称为"参天可汗道"。沿途设有六十多处驿站，备有马匹酒食，很是方便。可通往西伯利亚（实即"鲜卑利亚"）；（4）安西入西域道：这是唐代最重要的中西交通线，从今新疆库车、当年的安西都护府西去，通往中亚、西亚和南亚地区，甚至可达地中海、红海与波斯湾沿岸地区；（5）安南通天竺道：这有两条陆路线路可走。一是由交趾西北上，进入今广西、云南，转缅甸、孟加拉至印度；一是由交趾西南去，横穿今老挝、泰国与缅甸去印度半岛诸国；（6）广州通海夷道：由广州出发，通往南洋、印度洋近海各地。这是世人公认的香丝之路，是中西海上交通的主要通道；（7）登州入高丽渤海道：这是我国北方去朝鲜半岛与日本列岛的主要海路。除从登州（今山东蓬莱）出海外，还可以从楚州（江苏淮阴）沿淮入海、扬州沿江入海、明州（浙江宁波）等地前往日本或韩国。这是南北朝时期就已开辟的航线，而从宁波去日本者颇为近便，可以利用信风往返。

唐代的国际声誉，有赖于这些国际水陆通道的畅达。

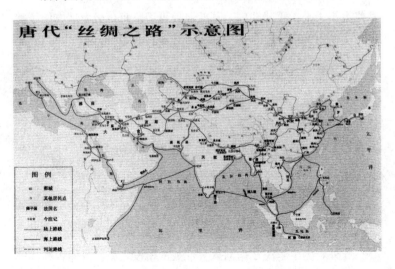

唐代"丝绸之路"示意图

第五节　凿山平险　疏理交通工程

唐人为确保全国漕运的顺畅，竭力凿山平险，进行了一系列关键性的整治工程。其新筑之路的总里程未必超过往代，但在疏凿瓶颈的"畅通工程"方面，却有突出成就。

1. 打通漕运瓶颈

灵渠，秦始皇时派史禄等人开通的，是秦汉时期溯湘入桂的主要孔道，当时可以通航，后来淤塞了。到唐敬宗时（825 年前后），大臣李渤在灵渠上立陡门（斗门，水闸）以通漕运；不久又停废了。唐懿宗年间（868 年前后），在刺史鱼孟威的主持下整修大小天平，重建斗门，从此灵渠可通巨舟，极大地方便了岭南与中原的交通运输。这一体制一直维持下来，对宋、元、明时期的湘粤桂水运也起了很大作用。

渭水漕运，秦汉就十分重视，为了节省运费与灌溉农田，历代都在渭水南北两侧修建人工渠。唐代玄宗天宝三年（744），陕州刺史韦坚，从长安城西开渠"因古渠至华阴入渭"，便是疏理关中漕运的重要一举。通过此渠每年可运二百五十万石米入关，唐玄宗很高兴，提拔韦坚当了转运使。从此，他就不必带领满朝文武"就食东都"了。

此外，为了解决江南河入大江处的覆没之患，齐翰曾在润州（江苏镇江）开伊娄渠，使直达扬子江。又在泗州与楚州之间疏浚广济渠新水道，以避开淮水入洪泽湖的波涛震荡之苦。另李齐物有见于三门峡河路湍急，便于三门之北凿石渠，以通漕船。这些工程，大多完成在开元年间（720年前后）。此前的武德年间（620年前后），曾在陇州开五节堰以通水运；永徽年间（650年前后），曾在今山东河北交界处开无棣河，沟通渤海与永济渠（大运河北段），所谓"新河得通舟楫利，直达沧海鱼盐至"，对解决这一带的民生颇有功益。

2. 打通山道瓶颈

这方面最典型的工程是开凿梅岭古道工程。大运河通航之后，东部经济日见发达，江淮人南下韶关向番禺与南洋沟通，日见频繁；而此时赣南与闽西百姓，又依赖广产海盐为生，仅此一项而言，这条孔道的重要性即不言而喻了。此路秦汉时就已存在，但它在大庾岭上的一段，却极其艰险，正如盛唐名臣张九龄所说此地"行径夤缘，数里重林之表；飞梁嵯峨，千丈层崖之半……以载则曾不容轨，以运则负之以背"，许多盘曲于峻岭悬崖上的小道，只能供单人侧身移过，要想由此运送南海奇珍与鱼盐北上，实在太难；要想将江淮物产运向两广，绝非易事。开元四年（716），张九龄奉旨"凿山开路"，他亲自深入峻岭，"缘磴道，披灌丛，相其山谷之宜，革其坂险之故"，勘测出一条线路来，乘冬闲鸠工开路，不数月而成，"坦坦而方五轨，阗阗而走四通，转输以之化劳，高深为之失险"，从此成为通途。它为其元明清三朝的进京"使节路"打通了瓶颈，意义非凡。张九龄为此留下了《开大庾岭路》一文，颇能体现"大唐气象"，可以参阅。

3. 驿路新功能：飞报经济信息

唐代宗时，有位名吏刘晏，此人很有政治才干。他一生经历了唐玄宗、肃宗、代宗、德宗四朝，长期担任财务要职，他管理财政数十年，效率高，成绩大，是一位"广军国之用，未尝有搜求苛敛于民"的著名理财家。他于丰年收粮，存入常平仓，以免谷贱伤农；当遇上荒年，或青黄不接、粮价上涨时，开常平仓以平价出售，百姓受益，国家获利。

他进行的财政体制改革中，一项最得力措施就是在全国建立经济情报网，使"四方货殖低昂及它利害，虽甚远，不数日即至"。由此他总能及时掌握各地商情。他在诸道置设"巡院官"，选择勤廉干练的士人作"知院官"，管理诸巡院。诸巡院负责收集本道各州县雨雪多少、庄稼好坏的情况。每旬、每月都申报到转运使司。刘晏又召募善走的人，将各地物价迅速申报，从中及时准确地掌握全国经济和市场动态，并根据这些情报，调剂有无，平抑物价，扶持生产，积极救灾。他用"丰则贵取、饥则贱与"的办法，防止了谷贱伤农、水旱民散。同时又多购谷物菽粟运往歉收地区，贱价出售，换取农民的土产杂物，转卖丰处，这样既救了灾，又不损国用，还刺激了生产。他在实践中总结了这样一条经验："王者爱人，不在赐与，当使之耕耘纺织，常岁平敛之，荒年蠲救之。"他认为"善治病者，不使之危急；善救灾者，勿使至赈给"。为了做到"应民之急"，刘晏还在其所辖各州县储粮三百万石，以作备荒之用。刘晏大胆改革了过去只管收取金钱，不管人民死活的税收政策，实行了安定社会，发展生产，"以养民为先"的财政方针。这一税收方针，至今有效。

刘晏初受命为转运使时，全国才二百万户，国家财政收入只有四百万缗。到了779年，户口增加到三百万户，财政收入达一千三百万缗（其中盐利过半），而国家并没有增加农民的税收，他真正做到了"敛不及民而用度足"。他的贡献是很大的，无怪乎人们经常把刘晏与管仲、萧何相提并论。

六 唐的交通设施

唐代的交通设施，比前代又有进步，这里就桥梁车舆和客舍馆驿略作介绍。

1. 石桥之外有舟桥

史载：开元十八年（730）六月，东都洛水泛涨，坏天津、永济二桥；开元二十九年（741）暴水，伊、洛及支川皆溢，损居人庐舍秋稼无遗，坏东都天津桥；元和八年（813）六月，渭水暴涨，毁三渭桥，南北绝济者一月。《旧唐书·李昭德传》说：东都长夏门外有中桥，年年为洛水冲注，治葺之事岁岁不绝。京都城门外的桥梁，怎么这么容易就被大水冲坏的呢？看来当时造桥技术并不很高明，李春的建桥技术，似乎未被广泛采用。

武则天天寿年间（694年前后）改建洛阳城，主其事的李昭德提出："积石为脚，锐其前以分水势"，从此就再没有漂损之忧了。这"锐其前以分水势"的工艺，赵州桥早已使用了，洛阳建桥却一直未被采用，直到此时（武则天统治前期）才被李昭德提出来，史书还目为"创意"。这就说明当时造桥技术普遍地说并没有过关。

唐代，"凡天下造舟之梁四（指黄河上的四大浮桥：蒲津浮桥、大阳浮桥、河阳浮桥及洛水上的孝义浮桥）；石柱之梁四（指洛水上的天津桥、永济桥及中桥；灞水上的灞桥，它们均用石柱支架）；木柱之梁三（指著名的渭水三桥：便门桥、中渭桥、东渭桥，均用木柱支架）。巨梁十有一，皆国工修之；其余皆所管州县随时营葺。其大津无梁，皆给船人，量其大小难易以定其差"。

当时主管全国水利及水上交通的国家机关所直接主管修造的桥梁不过上述十一所，而且集中在长安洛阳的灞、渭、河、洛几条水道上，尚且还有四座浮桥——相比照之下，隋代李春主持修建的赵州桥，就更为可贵了。

2. 海舶之外有轮船

据《旧唐书·职官志》二载：唐政府设有水部郎中及员外郎之职，掌管全国舟楫灌溉之利。当时江、河、渭、洛、汾、济、漳、淇、淮、汉等水，都"亘达方域，通济舳舻，从有之无，利于生人"。如此面广量大的舟楫舳舻之利，自然会促进造舟驾舟技术的提高。前述俞大娘航船便是其代表。

中国船从汉代起，已经用上了风帆，而且能逆风行船，不再靠划楫打桨了；船后又装上了舵，不仅能仿鲤鱼摆尾让船身前进，还能控制航向。唐代的船制在此基础上又有了很大进步。首先是品类繁多，有海舶，有楼船、有战舰，有航船，也有小艇、扁舟；海舶有平底的、有尖底的，适合近海沙岸航运或在远海风高浪激中保持平稳；最可贵的是出现了"轮船"。有位造船专家叫李皋，运其巧思，在船舷两侧装置了两个轮子，船中人用脚踏动机轴，驱其转动，船身即乘风破浪，飞行神速。这是在船上运用机械动力的初步尝试。

唐代水面交通工具，船之外又有竹筏、木筏、皮筏之类。木筏又称之为槎。顺流放筏，轻便快捷，其制作成本低，很适合民间使用。组合起来的木排，鱼贯而行，载重量也可以很大。

船，也有水火之灾。史载：代宗广德元年（763），鄂州大风，火发江中，焚船三千艘。大历十年（775）杭州大风，海水翻潮，溺州民五千家，船千艘。

3. 有了坐车与肩舆（轿子）

隋唐时坐乘之车已经在社会上普及了。车的形制也更多、更便利于使用了。《隋书·礼仪制》载："今辇制象轺车而不施轮，用人荷之。"没有轮的"车"，用人抬着走，这便是肩舆了。肩舆的品种不少：有一种软舆，铺着厚厚的褥垫；一种腰舆，不是抬在肩上，而是两人搭着，只有腰高，便于年老体弱者上下。当时肩舆使用范围跟汉代的安车相仿佛。《旧唐书·玄宗纪》载：玄宗二十年四月，曾欢宴百官于上阳宫，醉者赐以床褥，"肩舆而归，相属于路"，一时乘肩舆者很多。然毕竟是皇上的恩赐，不是社会通用的交通工具。值得注意的是，在山区，这种肩舆就用得比较多了。当年武则天到万安的玉泉寺去时，就因为山径危仄，要用肩舆上下，却被王方庆谏阻了——这证明当时是有人用肩舆上山的。《旧唐书·卢程传》说，卢程到晋阳宫去册封皇太后时，"山路险阻，安坐肩舆"。白居易年老退休后，与香山僧如满结香火社，"每肩舆往来，白衣鸠杖，自称香山居士"（《旧唐书·白居易传》）。另外还有一种篮舆。《资治通鉴》说篮舆"即今之轿也"，当时已很普遍。

由车子变成舆和轿，是因为中国有大量人力可供挥霍，有大量人手需要就业。据说当轿子传到法国后，人家给它装上了轮子，于是有了"轿车"，那是大大节省劳动力的。中外思维方向就是这么地不同。

交通工具向着方便行旅的方向发展，这是必然的。运输工具向着高速度、大运载量方向发展也是必然的。隋炀帝时"下施轮轴"的观风行殿之巨和唐代俞大娘航船之大，前文都已经叙述过了。

4. 私家客舍与驿驴

据《通典》记载：唐代"夹路列肆，待客酒馔丰溢，每店皆有驴赁客乘，倏忽数十里，谓之驿驴。南抵荆襄，北至太原巷阳，西至蜀州琼府，皆有店肆，以供商旅"。唐代道路冲要地区，有很多客店，"具酒食以待行人"而且有"驿驴"供租用。这就说明当时店家经营的范围是很宽的。私人可以办"驿"意味着一家商店在交通线上有许多分号，统一经营。这标志着当时商业的高度发达。唐代定州人何明远富豪，主管官家三个驿站。他就在驿站边建造客店，接待商旅，从而积累起巨万资财。又有窦乂者，住在长安城。长安西市南有十几亩洼地，人称小海子，是一片荒芜污秽之地。他买下了这片没有人要的汗地。在汗地中树一标杆，挂一个幡子，让城内小孩向中间投瓦砾，谁投中幡，就给一个煎饼团吃。街上小孩子争着去投，不到一个月，这片低洼地已经积满了瓦砾。于是他把这片地平整了，造成店铺二十间，正在交通线上，投宿客人很多，每天都有一笔可观的收入。

修建客店，有利可图。商人富豪投资开店，政府官僚也投资开店。以致唐玄宗不得不下令"禁九品以下清资官置客舍、邸店、车坊"。这一方面说明官家开店已成风气，同时说明社会有这方面的需要。

不仅中国人广开店舍，外国人尤其是中亚与西亚商人在。中国开店者也不少，时称"胡人店"、"波斯店"。洛阳、长安、扬州、广州等地都有这样的店，或营珍宝，或营餐饮，或营典当质库。他们在中国娶妻生子，成家立业，对繁荣唐代经济也作出了不少贡献。

5. 官家宾馆和驿传

唐代发展了秦汉以来的邮驿传舍制度，在水陆交通要道上，大约每三十里便设一座驿传，每驿皆置驿长一人，主管驿务。陆驿备马，水驿备船，以便官吏往来与文书传递。总计全国有驿传1643所，其中陆驿1297所、水驿260所，水陆相兼驿86所。在长安到洛阳之间，馆驿甚多：长安东去，到陕州，其间设二十七座馆驿。自陕州经新安到洛阳有三个驿；而从陕州往福昌、寿安至洛阳则有十一个驿。此路虽说迂回遥远，但山路平坦，风物秀丽，人们都爱走这条路。唐代不但内地驿制分明，边境地区也同样设驿。唐懿宗时，岭南战事多起，便给桂管地区（广西）钱三万贯，"以助军钱，亦以充馆驿息利本钱"。吐鲁番盆地唐时属西州管辖。西州东邻伊州（哈密），南邻沙州（敦煌），北邻庭州，西邻安西都护府（库车）。西州与这些地区的横向联系也很密切。其境内有十一条驿路，分别通往四邻各州。

驿传制度发展至唐代，本为通行安全而设的驿，倒出现了不少不安全的因素，利用驿传危害行人的事屡屡发生。而有的正派的人士竟也用驿传来惩治凶顽。新旧《唐书》的《忠义传》、《孝友传》、《卓行传》中，都有这方面的史实记载。

唐代驿传的业务范围很宽：

（1）要传递军政信息：如皇帝的诏书、边境的军情、州郡的奏章，都通过邮驿递送，十分紧急或特别重要的文书，由专使送达，沿途也要取给于驿传。

（2）官吏进京、赴任、出使，一律按规定乘坐驿马（船），驿传按品级规定给予接待，提供食宿车马等方便，但不许超额支给。

（3）朝廷特命征召的贤士、僧道、女尼，或贬谪官员、追捕罪犯，或传首报捷等，通常也由驿站负责依次传送，安排车马食宿。

（4）地方贡品及其他小件物品，也有交由驿站办理的。如杨贵妃嗜荔枝，就专设驿马，从今四川涪陵飞送长安，奔驰数千里，色味不变。另外，有时还递送贡花、贡茶、建材木料等。

（5）传递情报。唐代各地州县长官要定期向中央汇报地方民情政情，在京期间就租赁旅店住宿。后来唐太宗认为不妥，令政府广造邸舍，专门接待这些进京的人，久而久之，形成了一种定制，各地在京均有邸舍（驻京办事处）。为互通音信，邸店创办了《邸报》，报导京师动向，包括军事活动，皇帝起居、将相任免等。这样的邸报便通过邮驿，运往全国了。

（6）有时也为某些社会名流、政府官员通讯往来服务，传递某些私人信件。当然，这是"不合法"的。法律上不允许用驿为私。唐代私人通讯政府是不管的。

和前代一样，唐人也把驿传事业看作当地行政工作的窗口，办得很认真。交通大道上的驿，每匹驿马可得四十亩牧草地，专种苜蓿，但最多不超过十匹驿马所需的牧草地四百亩。驿舍建筑宏敞华丽，不亚于官府。高墙深院，有厩有厨，有仓房，有宿舍，还建有亭台楼阁之类，驿旁还建有客舍食店，方便行旅。

七 唐代的交通立法与管理

唐代道路维修与管理是有一套办法的。政府为此设置了专门的官员驾部郎中。由他主管国家舆辇车乘、传驿厩牧、马牛杂畜之籍。

唐代传驿给马的规定是：一品八匹，二品六匹，三品五匹，四品五品四匹，六品三匹，七品以下二匹；给传乘的规定是：一品十马，二品九马，三品八马，四品五品四马，六品七品二马，八品九品一马。有关驿站的管理条令尤为苛繁，如"诈乘驿马，加役流"，惩处是相当严格的。律文规定：在驿站乘马牛驴骡驮运私物不得超过十斤；乘车运私物不得超过三十斤，乘舟船载衣粮不得超过二百斤。凡超载者，均予惩处。

据《旧唐书·职官志》，度支郎中主管国家转运、征敛，送纳之事，"皆准程而节其迟速"。凡天下舟车水陆运载，都定下路途运费，以程途远近，货物轻重贵贱，道路平坦艰险等情来确定"脚值"。要求：陆路，马一天七十里，驴五十里；步行五十里，车三十里；水路，重舟逆水每天河行三十里，江行四十里；一般日行四十五里。空船逆行，河四十里，江五十里，其余六十里。如果顺流而下，则轻重同程；河一百五十里，江一百里，其余水行七十里。至于三峡、砥柱之类，则不在此限。遇风水浅无法正常行走时，要就近向政府申报，否则作违限处置。

关禁与街道巡警，隋唐时期也十分注意。唐时有关口二三十座上下，番客往来，查阅其行李包裹，看有无危险品、违禁品；

凡犯禁者，没收其货物，处罚当事人；凡捡到失落的东西，公开陈列于本司门外，说明来历，满一年后无人认领，就予以没收。商旅过关，先在京师所属各省办理手续，领取"过所"。外地由各州发给"过所"，凭此出入关门。出寨逾月者给行牒，猎手打猎要三个月，就给予长籍。商人还有公验，僧道需有度牒。在街道方面，则禁喧呼夜行，禁侵街建筑，街市人众中走马，禁占用或污秽道路；禁止在街路上施机关、开阱坑，妨害行人；禁夜间用火等。这一切，对于保证交通安全和维护交通秩序，防止火灾等都是有益的。

关于行船，也明确规定了开船、行船、停泊、装卸、安标、回避、损伤、事故等情况的处治条规，不执行者予以惩治，如摆渡时事先不讲明价钱而中途勒索，明知水情险急而超载运行，都要受到严肃的处治，造成人身伤亡的，要负责刑事责任。

至于要害部门、要害单位的门禁、巡查、防火、防谍、防盗措施，这里就不一一介绍了；需要说一下的是关于交通的"仪制令"问题。

《仪制令》是古代国家对全体官民的社会行为的礼仪性规范条令，内容涉及生活的方方面面。唐萧嵩等撰《大唐开元礼·序例》下所讲的《仪制令》，包括了"衣服、斋戒、祈祷、杂制"四个方面，有上千个条文，均不得违犯。

唐太宗贞观十一年（637）颁发了《唐律·仪制令》，其中有一条的内容是："凡行路巷街，贱避贵，少避老，轻避重，去避来。"违反《仪制令》者虽不算犯法，但也要受到严格的纪律惩处，《唐律》规定："诸违令者，笞五十；别式减一等，物仍没官。"犯法不可，违令也不会被放过。五代后唐长兴二年（931）八月敕："准《仪制令》'道路街巷，贱避贵，少避长，重避轻，去避来'有此四事。承前，每于道途立碑刻字，令路人皆得闻见。"（《五代会要》卷二五"道路"）

《唐律》中还有"不得在街市走马"、"不得在人众中走马"的规定。走马，即"跑马"，那势必伤人，故禁止。又规定：以船载客，需事先订价，不得超载，"不得在中流索价"；出航，要避风浪，船主对预知的可能风浪所引起的灾难，需承担法律责任……这些法令，也符合今天"交管立法"的原则精神。

唐代的文明不是一蹴而就的，是一点一滴地逐渐积累起来的。

八　玄奘孤征与鉴真东渡

唐朝是亚洲各国经济文化往来的中心，国际交往非常活跃。在中外交通史上，唐代有不少传诵千古的友谊佳话，其中尤以玄奘孤征取经、鉴真跨海传经的事迹最为动人。他们的活动，对于整个东方文明的总体进步，对于缔造亚洲人民的亲密友谊，都起了巨大作用。

1. 玄奘舍身孤征

玄奘，出身在洛州缑氏县（今河南偃师）一个通晓诗文的退职县令之家，俗姓陈，十一岁时，随已经出家的二哥到了洛阳，常听高僧讲经说法，颇有佛学的教养。十三岁被破格吸收为僧。十八岁到了长安，当时正当隋末大乱，他发现在此无法有何长进，便与二哥一起入川，到了成都。三五年间，他遍读佛学主要典籍。二十三岁时，乘船由岷入江，过三峡，到荆州，转襄阳，又回到长安。他沿途登坛说法，同时八方求教，贯通了当时已传入中土的各派佛学，被誉为"佛门千里驹"。

也正是在这种情况下，他对已有的汉文佛经译本，越来越怀疑，越来越不满足了。他想：要真正弄懂弄通佛学教义，非取得原版真经不可；而要想取真经，就非得去天竺佛国不可。然而当时唐朝刚刚立国，河西走廊还控制在突厥人手中，政府严格限制"出国旅行"。玄奘三番五次申请"过所"（即通行证）均未获准，只得呆在长安苦学梵文梵语，为将来作准备。

他二十八岁时，长安遭受特大灾害，政府允许百姓"随丰就食"玄奘便混入饥民群，外流到了凉州（今甘肃武威）。这是当时通往西域的门户，商使往还极为频繁。玄奘在登坛说法时，表示了去西天取经的意愿，信息很快传入西域各地。唐凉州都督闻信，便逼令他返回长安，不许出境。他夜到瓜州，在离玉门关十多里的一个山谷间，由别人帮助，偷渡山涧出了"关"。从此只身孤影，向茫茫荒漠的深处走去。数天之后，人困马乏，昏卧在干燥的沙碛里，醒来后又西行，终于挣出了这条无边的"流沙河"即莫贺延碛，来到伊吾（哈密），受到高昌国王的热情款待。高昌王想把他留下，劝他不必冒险西行了。他绝食三天，表示此志不回。高昌王只得盛宴送别，并派人带上国书陪伴西行。玄奘一行来到了凌山。这里终年冰雪，狂风怒号，冰山陡峭，径路盘曲于千丈壁立的山崖上，无一寸干地，无一日晴朗。一行人匍匐前移了七天七夜，才出得山来，却又是五百里热海。好不容易来到碎叶城（今托克马克），意外地得到西突厥叶护可汗的支持（当时西突厥与唐政府关系并不好），护送他跨过帕米尔高原，到达铁门关。此关为中亚通往南亚的南北交通咽喉，两侧万刃陡壁如刀削一般，只有中间一条山径可行，关门又用巨锁锁着，门上悬挂铃铛，谁也别想偷渡。玄奘过了此关，又翻过兴都库什山（大雪山、黑山），便进入北天竺了。

玄奘在印度十五年，遍历北天竺、中天竺、东天竺、南天竺与西天竺，在今尼泊尔、印度、孟加拉国与巴基斯坦一带拜师求学，并讲经说法，他深入研讨佛学并印度史地文化，掌握了印度的因明学与声明学，即逻辑学与语言学。归国之后，又把这一切献给了祖国学术界，促进了我国佛学经典的翻译研究与语言学、逻辑学的发展。

玄奘是在唐太宗贞观十五年（641）动身回国的。当他回到于阗时，便写奏章向唐政府作了为何出国、如何归来的汇报。唐太宗李世民对他的归来表示欢迎。645年，玄奘到达长安，后来驻进弘福寺，开始了翻译佛经的巨大工程。他创造了一种"新译法"，以"既须求真（忠于原文），又须喻俗（便于传诵）"为原则，这是不容易办到的。经他十九年辛苦伏案，译出了七十四部、一千三百多万字的佛经。他是佛经翻译史上成绩最突出的人。同时，他还把中国的《老子》及《大乘起信论》译成梵文向西域介绍，向印度介绍。又口述《大唐西域记》，详细录下了他本人西行求经，历一百一十国的实际经历，记下了南亚各国的风土人情、风俗特产、史地沿革、建筑交通、学术文化、社会管理等情况，成为世界难得的杰著，为印度古代史的重建与研究，提供了极其宝贵的资料，得到印度学术界的高度重视。

玄奘由于积劳成疾，六十五岁时逝世。据记载，当时为他送葬的人，竟有一百多万。他是理当获得我们民族永久纪念的人。佛教文化对我们人民精神文化生活的影响深而且广，我国哲学、文学、音乐、舞蹈、雕塑、民俗，各个领域都深得其益。

2. 鉴真六次东渡

鉴真，广陵（今江苏扬州）人，俗姓淳于。他于盛唐时期降生于大运河畔，自幼接触中外各种各样人士，熟悉国内国外、海内海外云集扬州的珍奇异物。他视野开阔，学识广博，青年时代就在佛学、文学、医药学、建筑学等领域中有所造诣，二十三岁即登坛讲授佛学，在扬州城主持佛教徒的授戒仪式。他修造了八十余座古寺，为寺院塑佛像、修宝塔，或铸佛像；又在寺院创设"悲田"，从事社会救济。由于他多方面的贡献，四十五岁时，便被尊为唐之淮南道最有名望的授戒大师，名播江淮之间，受到佛教界的景仰。

当时的日本，正处于迅速发展的时期，迫切需要学习先进的汉唐文化。早在隋代统治的三十年间，日本就三次派使团来华。

唐代建国后，派来使团十九次，每次少则一二百人，多则五六百人，除国家使节外，主要是留学生与留学僧，其任务是学习唐人的政治制度、经济理论、法律、诗文、百家经典以致各种生产技艺。733年，日本第二次遣唐使团来华，其中有两位著名法师：荣睿与普照。他们的任务是：本人要研习中国佛学，同时物色一位授戒大师，去日本主持授戒仪式。他们在长安、洛阳度过了十年岁月，终于得知鉴真大师的情况，决意邀他赴日，时鉴真已五十五岁。为了佛教事业，他决心东渡。经过一段时间的准备，鉴真出发了。但他的弟子们舍不得，报告了政府，此行未成。第二次，船只抗不住东海大浪，在浙江海面触礁沉没了。随行工匠佛

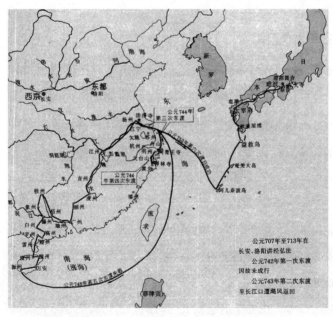

鉴真东航示意图

徒伤亡惨重，鉴真与其徒弟脱险归来。从此，中国僧俗再也不愿鉴真冒险远渡了。第三次、第四次东渡，都被政府"扣留"下来了。第五次，鉴真在巧妙摆脱徒众的守护与政府的"缉捕"后，于748年6月悄然离开扬州，一行三十五人登舟东去，不意在长江口的南通狼山脚下即遇狂风，漂至浙江海面。他们先后在两个海岛避风，到十月中旬启航。在洋面上又遇劲风，船上又无淡水，苦熬十四天却漂到了海南岛，在振州（今海南崖县）大云寺居停一年，北上抵桂林，在开元寺又住一年。在此期间，他把废圮已久的大云寺与开元寺都缮修一新，重建佛殿、讲堂、佛像、宝塔等。后又应广州太守之邀去广州住了一春。途中，一直陪同他的日本僧人荣睿因病去世。离开广州后，为了减少鉴真活动的阻力，另一位日僧普照也只得告别他去了浙江。鉴真北上，在过大庾岭后，因患疾而双目失明。

753年，日本第十次遣唐使从长安来到了扬州。扬州僧众当然知道这批人的来意，说什么也不愿让年逾花甲的鉴真冒风波之险去日本，就作了比以往任何时候都更为周密的"防护"工作，但鉴真本人去意已决，他们于当年十一月十五日又一次秘密地登船出海了。不料一到东海，又遇上风浪，不过这次倒是漂到了冲绳岛。再经几天的搏斗，鉴真一行终于战胜了狂风恶浪，到了九州岛——东渡终于成功了。

从742年鉴真接受邀请赴日算起，过去了十二个年头，其间发生了五次重大挫折，牺牲了中日僧人三十六名，其中包括祥彦和荣睿这样的忠诚弟子，还有更多的商贾百工，医师画手，玉工、船工、刺绣、成衣匠、碑刻手……代价是十分沉重的。为了中日文化交流，鉴真及其追随者们，是不惜付出一切的。

754年四月，鉴真接受日本圣武天皇的委任，在奈良东大寺主持了日本佛教史上最隆重的授戒仪式。天皇本人与皇后、皇太子一起，都先后登坛受戒。随后，圣武天皇又为鉴真一行修建了唐禅院。759年，已七十三岁的鉴真又主持修建了一座"唐招提寺"。这座寺院建筑，体现了唐代建筑艺术的最新最高成就，采用的全是新工艺，至今保存完好，是日本全国目前保存最完整、最大、最美的古建筑群之一。

鉴真在日本生活了十年，除了传授佛学知识外，还从事广泛的社会救济活动。他把自己的医药知识全部奉献给了日本人民。一直到十三四世纪，日本人仍尊奉他为日本医药始祖，印制他的画像。鉴真在榨糖、缝纫、制作豆腐、酱油等各个手工行业里，均有卓越的贡献，至今得到日本人民的怀念，尊称他为"过海大师"，一直在纪念他的恩德。

在中外交往史上，唐代鉴真与玄奘是两位很有代表性的人物。他们历尽了人间辛苦，换得了人类文明的进步。中国人民善于向外界学习一切有用的东西，也毫不吝啬地向域外传播自己最新最美好的东西。

九 名符其实的丝绸之路

唐代，从王公贵族到平民百姓，日常生活中织物使用得最多，除制作服装之外，还广泛用于居室的内外装饰，还有其他用途。丝绸，在隋唐时期，直接关系到当时的社会生产、赋税制度、对外贸易和文化交流。

1. 优质丝绸的巨量生产

唐代精美的织物多出自长安，中央官府中专门设有"织染署"，按织物品种的不同，分为布、绢、𬘓、纱、绫、罗、锦、绮、𬘘、褐等十作（十个生产车间）；又有"组绶"五作，即组、绶、绦、绳、缨等；还有"练染"六作，即红、绛、黄、白、皂、紫六色的浸染。庞大的生产组织和精细的分工，当然有利于工艺的提高。武则天时期，"绫锦坊巧儿百六十五人，内作使绫匠八十三人，掖庭绫匠百五十人"。其中，"绫匠"即身怀绝技的工匠，绫锦坊人数也反映出组织机构的庞大和内部分工的严密。

隋唐时期织物有"缯帛积如山，丝絮似云屯"之称。不仅用以满足自身的消费，大量数额还远销西方。时《关市令》规定，"锦、绫、罗、绸、绵、绢、丝布、牦牛尾、珍珠、金、银、铁，并不得度西边、北边诸关，及至缘边诸州兴易"。注意：这个规定，并非阻止丝织物出口，而是不许民间私下外贸。当时，各国使者和商人都把获得中国丝绸作为远来中国的直接动力。罗马人把中国丝绸当作无价之宝，他们便谋求与中国直接贸易。当时统治中亚、西亚的正是萨珊王朝（波斯），它一直垄断着对欧丝绸贸易。东罗马人不能忍受购买转手丝绸所蒙受的巨额经济损失，便与粟特人、西突厥人结盟，以图绕过波斯，直接获取中国丝

绸。由此爆发了公元 571—591 年东罗马与波斯间长达 20 年的
"丝绸战争"，但还是没有达成中欧的直接贸易。

2. 中古的世界得益于丝路

考古发现，中亚、西亚出土了大量隋唐铜镜、钱币、丝绸和
瓷器。在日本、朝鲜和南亚、西亚、非洲等地区，也出土了唐代
越窑青瓷。在埃及、伊拉克、印度、日本都发现有邢窑白瓷和大
量的长沙窑产品。长沙窑遗址出土了模印贴花西域骑士、卷发女
子、大胡子男人，和标有用拉伯文书写的"真主伟大"的题记的
器物，明显是为适应异国情调而专门设计生产出来的外销产品。
长沙瓷在朝鲜的龙媒岛、日本的福冈、冲绳、印度、印度尼西
亚、伊朗、伊拉克都有发现，甚至转运到非洲。此外，日本出土
唐三彩的地点甚多，集中在福冈、奈良和京都的寺院中。这说明
了隋唐国际文化交流和贸易往来，其品种内容丰富多彩。

公元 7 世纪，几乎与唐朝同时，阿拉伯伊斯兰文化在西亚兴
起了，很快占有了南起阿拉伯、北到土耳其，东及巴基斯坦、西
至摩洛哥与西班牙的广阔地带，成为崛起于丝绸之路中、西段的
巨大力量，它同时也把自己的文化成果送到了东方与西方。当西
欧（英葡西荷法德意等国）还深陷于"中世纪的黑暗"之中时，
这束文明之光就尤为耀眼。8 世纪中叶，阿拉伯人透过中亚学得
了中国的造纸术，在巴格达等地办起了造纸作坊。到 10 世纪，
纸已经全面取代了羊皮、纸草而成为最广泛使用的人造文字载
体。然后又通过北非把造纸术渡过海峡传向西班牙，传向法国与

全欧。这对人类文明建设的贡献是巨大的。阿拉伯人还引进了中国的指南针、火药、造船技术、航海知识，并传向地中海的威尼斯等地。同时，它也向中国送来了阿拉伯天文、算学、医学典籍，都倍受重视。被称为"医中之王"的阿维森纳著的《医典》，进入了中国医学宝库。其文学巨著《天方夜谭》也传入了中国，深受喜爱。因为伊斯兰反对偶像崇拜，人物花鸟不能进入画幅，于是几何图形的编织图案就异常发达，社会的艺术才智透过斑斓的五彩图案得到出奇的表现，也通过丝绸之路传向东方与西方。

阿拉伯文化的内容极为繁富，它大大拓展了丝绸之路的内涵，成为中西交流的最有力"中转站"。阿拉伯人有发达的数学知识。他们引进了印度的数字写法与十进位法与"0"的概念，形成欧洲人所说的"阿拉伯数字"。穆罕默德·伊本·穆萨（约780—850在世）的数学著作，是世界第一本代数专著，直到16世纪还是欧洲大学的通用教材。阿拉伯人还有发达的化学技能，对理化知识作出了积极贡献。阿拉伯帝国各地的清真寺都附设有图书馆与学校。10世纪时，巴格达、摩苏尔、设拉子、巴士拉、莫夫等地又都建有独立的图书馆，成为各地区的文化中心。阿拔斯王朝时期，阿拉伯人大量收藏、研习、出版古希腊学术文献，大量翻译希腊古典著作，形成文化高潮。只是经过阿拉伯人之手，才完成了古希腊—罗马文化的"记忆"与"整理"，这就为从中世纪挣脱出来的西欧进行"文艺复兴"和"启蒙运动"预先作好了科学知识和科研方法论的准备。这一切，都是在东半球古文化的双向交流中实现的。看来，"中国制造"遍天下，自古如此。

西欧文明得益于丝路。人们知道，西欧文明突出表现在"现代科学文化体系"的构建上，但假如没有阿拉伯人对古希腊哲学的研究阐发，假如离开阿拉伯人的代数学、三角学、天文学、化学的学术建树，假如离开阿拉伯人对科学实验的方法论积累，那么，"现代科学文化体系"又从何谈起呢？再说，假如没有阿拉伯人传去的中国造纸术、指南针、火药与航海知识，没有从中国输入的大宗丝绸、瓷器、漆器、茶叶，西欧人的生活水准、文化水准又从何提高？可以说，阿拉伯文化与汉唐文化一起，共同为中世纪的西欧提供了强有力的文化支撑——只不过他们总抱着"弱肉强食"的"丛林法则"不放，总想跟别人"冲突"，这是后话了。

十　中外文化映照大唐贡路

大唐建国后，因利乘便，全力推进由隋文帝开始的政治经济文化大变革，使整个社会面貌一新，国家经济文化发展到当时世界的一流水平。唐代国力强盛了，中外交往频繁了，人们的眼界打开了，胸襟开阔了，"艺术生产力"也就活跃起来了，心灵文化便飞跃发展。心灵文化主要有两个方面军：一，宗教信仰与宗教文化；二，诗文等艺术创作。信仰是根，文艺是花。继两汉之后，隋唐文化达到新的高峰，中外文化大交流也迎来了又一次高峰，它提升了整个东方文明的崇高品位。

1. 多元信仰　放飞心灵

唐代统治者推行三教并重的思想文化方针,社会可以有多元信仰,文人能坦然地放飞心灵,这就为心灵文化的兴盛提供了高度宽松的环境与瑰丽多姿的成果,交通文化也就绚丽多彩了。唐帝自认是老子李聃的后代,于是崇奉老庄与道教,取其"爱民而无为"、平等珍视各种生命形态的要旨;唐政府力兴儒学,但重点不在纲常伦理,不在经学章句,也不在性理良知方面,而是取其积极进取,经邦立业的旨趣,学者们自然要奔走于四方。又,唐代皇帝多崇信佛教,教徒们为了使佛经能掌握群众,使其教旨透入百姓心灵,又十分讲究八方宣传、讲究表达艺术。唐代的西域歌舞弹奏、石刻雕塑、丛林建筑,都为后世留下了跨时代的高水平文化遗产。儒道佛三教并重的结果,道士、游方僧、游学士子纷纷道路,促成了"交通主体"在文化素质上的高倍提升。唐人心灵文化的一流成果,也滋润了交通文化。

2. 放歌乎山水　行吟于城乡

在唐代创作中,诗歌、散文、传奇小说各领域内,关于交通游历、山水风光之篇,关于出行礼仪(祖道、饯别、洗尘)、交往聚会之咏,关于题诗题记、田野探古、城乡采风之作,几乎触处皆是,人人尽有,其珍品脍炙人口,流传至今,极大地提升了我国交通文化的品位。据统计,唐代诗人2300家,现存诗歌51000首。唐(含五代)散文作家3042名,文章今存21798篇,可谓盛况空前，无愧于我国历史上这个大有作为的时代。其有关交通旅游的诗文创作，这里无法也无必要一一列举，顺手举几个易见的例子说说，以窥一斑。

（1）关于交通游历的，请以李白为例：最有名的要算是《蜀道难》了，还有那篇《梦游天姥吟留别》。

（2）关于山水风光的：请记住李白写江、河、海的名句："孤帆远影碧空尽，唯见长江天际流"、"黄河之水天上来，奔流到海不复回"，以及"直挂云帆济沧海"……，柳宗元的"永州八记"，更大开文人山水游记之风，灌注进个性化生命体验，独领风骚。

（3）关于祖道、钱别、洗尘的：李白之"桃花潭水深千尺，不及汪伦送我情"，与杜甫之《天末怀李白》，王维之"西出阳关无故人"与王昌龄"洛阳亲友如相问，一片冰心在玉壶"等，足以代表人们此时此境下的肺俯心意。韩愈《送董邵南游河北序》的深心厚望，谁与伦比？

（4）关于交往聚会的：杜甫作《饮中八仙歌》应是其中的翘楚；其"昔别君未婚，儿女忽成行"之句，道出了多少人间契阔的苦乐！而王昌龄、高适、王之涣三位诗人"旗亭聚会"，听歌伎唱诗的佳话，则尤能打动才士之心。至于传奇小说中才子佳人巨商大侠的聚会之奇巧谲怪，更举不胜举了。

（5）关于题诗题记题辞的：唐人最爱逞露才华，游历山水名胜要题诗寄怀，在某处作过小官要"题壁留言"，遇上峭壁悬崖要搞摩崖石刻，住进名刹古寺要题额画壁作楹联……需要我们注意的是晚唐孙樵写的那篇《书褒城驿壁》一文，其由"驿站"兴废引发的深憾，抚今追昔，几让人欲哭无泪："褒城驿号天下第一，及得寓目，视其沼则浅混而茅，视其舟则离败而胶，庭除甚芜，堂庑甚残，乌睹其所谓'宏丽'哉？"当时，大凡馆驿、客舍、茶楼、酒馆、妓院、长亭、短亭，古刹、名墓、佳园、高塔……一切"公共场所"或名流居所，无不要"挥毫泼墨"，留下"雪泥鸿爪"。于是在录下先人佳话的同时，又形成新的佳话，去供后人的后人传扬。李白在黄鹤楼曾见"崔颢题诗在上头"，说是"吟不得"了，结果还是留下了自己的大作。

（6）关于田野探古的：韩愈的"石鼓文"诗作，可为代表；崔融《嵩山启母庙碑》亦足启人们的思古之幽情了；而李华的《吊古战场文》尤足为古今言兵者之戒。

（7）关于城乡采风的：这方面的歌吟著述，一部"元白乐府诗"就可以尽揽胜景了。

顺及：要说唐代交通文化，还应讲讲园林建筑、山水小品、亭台楼阁、水榭拱桥才是，那是极具中华特色的。明清时"东学西传"，这是欧人很感兴趣的方面。但本书篇幅有限，且留待它日吧。

3. 伊斯兰教、摩尼教、基督教的在华传布

不仅儒道佛各教被平等相待，域外新近传入的宗教也一视同仁。比如波斯的"摩尼教"（拜火教、明教）、阿拉伯的伊斯兰教，在华都得到了礼遇，拥有大批信众。唐初基督教的一支也传

入了中国（当时称之为"景教"）。唐太宗贞观九年（635），基督教教士叙利亚人阿罗本，沿丝绸之路来华。唐太宗命房玄龄负责接待，又引入内廷，殷勤问教，了解该教的宗旨，并命人译其经书。到唐高宗时，该教已经"法流十道，国富元休；寺满百城，家殷景福"（《大秦景教流行碑》）了。又，今从敦煌石窟中亦发现不少"景教"文书，由法国人伯希和购藏于巴黎图书馆，可见其声势也不小。一句话，基督教、魔尼教、伊斯兰教等西亚、中亚教派的东来，说明丝绸之路同样是中外"心灵文化"的交融之路。

第八章　辽金宋交通体制的大变迁

　　五代十国宋辽金时期，中华交通的总体面貌发生了重大变化。以汴京为中心，以运河为中轴线，北通幽燕辽海，南下宁杭闽粤，水陆并举，江海并举，经济文化交流空前活跃。沿江沿海地区，商业手工业城镇与商埠成串崛起。中华交通正步入一个新的发展阶段。

　　宋辽的城市建设，实现了街和市的有机结合，城内大道两旁，第一次成为百货百业辐辏陈列之区。城里居民走出周秦汉唐那种以封闭分隔为特征的坊里高墙，投入空前活跃的城市生活；酒楼茶肆、勾栏瓦舍日夜经营，士庶工商捆载负贩，填街塞巷，于是乎汉唐城市交通的管理模式失效了，宋人开始了建立新的交通秩序的努力。

　　宋代陆路国际交通有所萎缩，海上交通则打开了历史新局，迎来我国航海史上的第一个黄金季节。指南针与干支定位术，隔舱工艺和海图编制（针路），使"宋舶"从此取代汉唐时的"番舶"而直航波斯湾与红海，充分显示出宋代航海业的巨大成功。

　　如果不纠缠于我国境内对峙政权相互斗争中的强梁或软弱，而是冷静地综合地考察 11 世纪前后三百年间我国的国力与社会民生，我们将会有更多的发现，而不为所谓的"北宋积贫积弱"、"南宋半壁江山"之类成见所困扰。

一 五代十国的交通：各有进退

五代十国是中国历史上又一个纷乱割据的时期。

唐代安史之乱以后，中央王朝虚弱不堪，黄河流域各藩镇肆无忌惮地进行混战与兼并，逐步演变成割据中原的五代局面，即后梁（汉人。907—923，都开封）、后唐（沙陀人。923—936，都洛阳）、后晋（沙陀人。937—946，都开封）、后汉（沙陀人。946—950，都开封）、后周（汉人。951—960，都开封）。五个小朝廷递相嬗变，历时总共半个世纪（907—960）。

与此同时，另一些藩镇割据着中原以外的地区，史称十国，多为汉人割据政权，只有最后建国的北汉为沙陀族人。依立国次第说：

（1）吴（892—937）都扬州，汉人杨行密所建，灭于南唐。

（2）吴越（893—978）都钱塘，汉人钱镠所建，灭于宋。

（3）楚（896—951）都长沙，汉人马殷所建，灭于南唐。

（4）闽（907—923）都福州，汉人王潮所建，灭于南唐。

（5）前蜀（907—925）都成都，汉人王建所创，灭于后唐。

（6）荆南（907—963）都江陵，汉人高季兴所建，又称南平，灭于宋。

（7）南汉（917—971）都广州，汉人刘隐所建，灭于宋。

（8）后蜀（934—965）都成都，汉人孟知祥所建，灭于宋。

（9）南唐（937—975）都金陵，汉人徐知诰所建，灭于宋。

（10）北汉（951—979）都太原，沙陀人刘旻所建，灭于宋。

五代十国的统治者大都是行武出身，皇帝是大军阀，州郡长官是小军阀，他们忙于火并，顾不上建设，故中原五代的交通，破败得不成样子。但周边十国，政权相对平稳一点，为期稍长些，东南沿海的各国的滨海城市与海上运输，比起晚唐来，还有些发展。

1. 中原交通网的破败

五代对中原交通事业的破坏是十分严重的，只是到后周时才有所恢复。先说后梁。后梁朱全忠，叛唐自立，将帝京长安城焚掠一空，改都于开封。为抢夺地盘，他拼命维持庞大兵力；而军人来自民间，不愿为他卖命，他便在军中推行"文面法"，将兵士脸上刺字。有所窜匿，即行追捕。每有战斗，若主将阵亡，则一军皆斩，苛严冷酷之极。刘仁恭学他的样，将燕蓟男子十五至七十岁者尽行黥面刺臂，闹得"闾里为之一空"。还于918年决开黄河大堤，"自杨刘至于博州，百二十里连年东溃"，"漂及民田庐不可胜计"（《资治通鉴》卷二九二）。社会惨遭蹂躏，何论交通！

后唐李嗣源，为夺取帝位，纵兵将洛阳洗劫一空；后唐末帝李（王）从珂，攻下洛阳后，府藏不足以赏军，竟"预借"民房租五个月，逼得士庶工商"自绝者相继"。其盘剥小民的手法之一，是障塞境内山谷小路，禁断行人，以便于要道关口征税，以致兵士也得卖儿贴妇以求生，正常交通又从何谈起？

后晋政权的石敬瑭，沙陀族人，向契丹主自称儿皇帝，割让幽云十六州，勾引契丹兵蹂践华北。契丹兵于946年入开封，"胡兵人马，不给粮草，日遣数千骑，分出四野劫掠人民，号为'打草谷'。东西二三千里之间，民被其毒，远近嗟怨"（《新五代史·四夷附录》）。后晋政府本身也派人到民间搜刮谷米，而境内连遭水灾旱灾与蝗灾，蝗灾之重，"东自海隅，西距陇砥，南逾江淮，北抵幽冀，原野山谷城廓庐舍皆满（蝗），竹木叶俱尽"（《资治通鉴》卷二八三）。官府竟查封百姓碓臼，不留粒食。不少县令无法交差，弃印而逃，"民馁死者数十万口，流亡不可胜数"。路上除了灾民就是死尸。

后汉政权一样凶残。皇帝过生日，下令"释囚静狱"，宰相苏逢吉去承办此事。他无论轻重曲直，一律杀掉，报告皇帝说："大狱已'静'！"刽子手史宏肇"出兵警察，务行杀戮，罪无大小皆死"。有一次太白星昼见，有人抬头仰看，立即腰斩于市。

在这种种暴政下，北方人口锐减，到后周政权检刮全国人口时，中原才239812人，还不及唐代一个大县城的人口！可以想见当时劳动力的损耗与土地的荒芜程度了！半个世纪中，名城长安又一次被平毁成瓦砾堆，洛阳又遭彻底焚掠，开封也未能幸免于劫掠一空，中原已无正常交通可言。

只是到了后周柴荣时期（955—959），才做了一两件有意义的事：他派人修筑年久失修、人为破坏的黄河大堤，他下令疏浚汴口，"导河达于淮，于是江淮舟楫始通"（《旧五代史·世宗本纪》）。他恢复了荒弃已久的运河漕运，又重建开封城，拓宽街道为五十步幅宽，允许街道两侧居民向大街开门，并在门前各占五步栽树掘井、搭凉棚、摆货摊，让城市生活恢复活力——柴荣的努力，为后继的北宋作出了示范。然而柴荣在位时间毕竟太短，所做的这些好事，只是开了个头。

2. 十国的江海商埠

吴、吴越、南唐、闽、楚、南汉、后蜀等南方各国之间，没有中原小朝廷之间那么多的战争与厮杀，受到的破坏较轻较少。大环境不好，局部地区又相对的安宁，在那里，经济事业包括交通事业是能够维持并有所发展的。

十国中，吴与代之而起的南唐，主要占有今苏北、苏南、淮南、皖南和江西全境以及河南、湖北的一部分，境内有扬州（吴都城）、润州（镇江）、江宁（南唐都城）、庐州（合肥）、江州（九江）、鄂州（武昌）、洪州（南昌）、虔州（赣州）等重要都会，都建在长江下游的水陆交通干线上，都建有水陆码头，是东南货物的重要集散地，扬州润州虔州江州鄂州的造船业都十分兴隆。本国地近中原王朝，与南北割据政权都有一定联系，也屏蔽了南方各个小朝廷。

吴越占有今浙江全境及今上海和苏南的一部，对杭州地带的开发建设有重大贡献。钱镠时代建成的捍海石塘，保证了杭州地区的社会繁荣与农业的发展，使之一跃而成为东南重镇。时杭州有海道北通登莱，南达闽广，为其在宋代的发展打下了基础。

闽政权据有今福建一带，这里"三十年间，一境晏然"（《旧五代史·王审知传》）。所以交通能有所发展。福州作为重要的商业都会，其海口的黄崎山经过开凿整治，建成了优良的海港，名甘棠港，从此海上舟船，往来便利。同时，泉州港也开辟出来，而且很快发展成对南洋贸易的重要港口。当时全城遍种刺桐，中外客商就以"刺桐城"名之。后来有阿拉伯商人、伊斯兰教徒来此定居、经商，称其可与埃及亚历山大港比美。

南汉都广州，占有整个珠江流域，与中原小朝廷相隔甚远，中原官僚士大夫多有避难流寓于岭表者，所以此地文教颇见起色。广州唐代便是通海夷道的起点，交通向称发达，造船业也很兴盛。历史上，人们习惯于将交广并称，所谓"杂彩三百匹，交广市鲑珍"（汉乐府《孔雀东南飞》）。从五代时起，广州因腹地开阔纵深，终于发展成南方最大商埠，远超交州。

马氏楚政权占有洞庭湖和湘资沅澧四条水系，建都长沙。《资治通鉴》（卷三二四）说："湖南民不事农桑"，到五代时，竟然"机杼大盛"，养蚕业与丝织业迅速发展起来，蜀锦吴绫与湘绣，成为驰名内外的商品。楚每年还向中原王朝"贡茶"并进行贩卖。《旧五代史·马殷传》称："自京师（汴京）、襄（襄阳）、唐（泌阳）、郢（钟祥）、复（沔阳）等州，置邸务以卖茶，其利十倍。"而"中原卖茶之利，岁百万计"（《南唐书·楚国传》）。马氏有如此重利，湘江一带自然发展起来，但也有麻烦：一是出于中原小朝廷的掠夺，一是出于北方之荆（南平）割据势力的劫夺。《续通典·食货》说：后唐明宗天成元年（926）诏省司及诸府：置税茶场院，自湖南至京六七处纳税，以至商旅不通。而割据江陵一片土的高从诲小集团，居然以邀截南北双方的商贸资财为生，人称他为"高赖子"。

前蜀和后蜀据有今四川与汉中大部，一度北及甘南的秦凤阶成数州，泯江、嘉陵江与川江水道为这里的交通提供了方便。蜀地自古少战事，成都被称为锦城，有蚕市、药市、七宝市。每当开市，"货易毕集，阛阓填委"（《五国故事》）；"村落间巷之间，弦管歌诵，合筵社会，昼夜相接"（《蜀梼杌》）。是一个繁华去处。而秦凤阶成数州的据有，又便于开发蜀中与汉中及陇上的交通。秦岭之间，除汉唐原有大道外，此时形成密布的支道网，盘曲于山岭之间，加强了这一地区的内部通联。蜀国商贾，或出川江去湖广江浙，或越秦岭去汉中关中，或西北去甘陇以西，或西南去滇池以远，说来交通形势倒也不错；然而，山路崎岖，蜀中之人出境不易；平原之人入川更难，大宗商品的出入颇艰，可以说自守有余而扩张力不足。

十国政权相互之间，与中原王朝之间，以至和北方的契丹、西部的西州回鹘、吐蕃，西南部的大理等民族政权之间，均有交往，而且通过海道，和日本、朝鲜、印支诸国及南亚诸国，也多有商使往来。

总而言之，十国为时不长，沿江沿海的开发优于中原，养蚕业、种茶业、丝织业与造船业的发展，为宋代对外贸易的兴旺开辟了致富新路，杭州、福州、泉州、广州以及成都、长沙的口岸建设，具有更明显的示范意义。

二 辽的城建特色与驿道的开通

当黄河淮河长江珠江流域陷于五代十国的战乱纷争之中时，鲜卑族的一支契丹正崛起于长城内外。他们以辽河上游、今内蒙西拉木伦河一带为根据地，南征北讨，于916年建国（916—1125），号称大契丹，国主为耶律阿保机。他东灭渤海国，又不断向南方汉区发展，得到后晋儿皇帝石敬瑭的贡献，取得幽云十六州，有了南下中原的战略基地。946年，契丹主耶律德光率军攻下开封，灭了后晋政权，举行即位大典，改国号为大辽，表现出吞并中原成正统的政治要求，但耶律德光本人称帝后即退回去了，路上死于栾城。

1. 辽的城建特色：街与市的结合

辽的疆土，北包大兴安岭与贝加尔湖，南及今北京—大同—东胜一线；西抵河套，东到库页岛，含整个大东北与内外蒙及华北之一部，地域相当辽阔。辽政权将这片土地分为上京道、东京道、中京道、南京道、西京道等若干行政区。上京道首府临潢府，在今内蒙巴林左旗南方的波罗城，管领着内外蒙及贝加尔湖一带。东京道首府在辽阳，管领着辽河、乌苏里江、松花江、黑龙江中下游与大兴安岭、库页岛地区。中京道首府在大定，即今辽宁宁城北部之大明城，管辖今赤峰、承德、朝阳、秦皇岛一带，处于长城东段的战略要冲，是上京道与东京道的屏障。南京道首府设于析津（今北京市西南部），这是获得幽云十六州后新建的行政区，是辽对北宋的前沿阵地。宋初征辽，兵锋曾达涿州与析津；辽征北宋，一直深入到黄河边上的澶州（今河南濮阳），曾准备渡河进攻开封。这个地区的占有，对辽的社会进步与政治发展有重大意义。西京道，也是占有燕云十六州时设的新政区，首府大同，管领着漠南塞北与河套地区，今张家口、大同、呼和浩特与包头、东胜一带。由大同南下，经太原跨太行渡黄河，是辽金南攻的又一战略要道。总之，上京临潢府、中京大定府、东京辽阳府、南京析津府，西京大同府是辽国的政治和军事重镇，也是最重要的工商业都会。辽的交通，就是在这一背景图上展开的。

辽境内的主要交通线在五京的首府之间，其对外交往，主要是与五代十国和北宋的商使往还：与十国中的北汉（都太原）是陆路交往，与吴越、南唐和闽，则有海道往还，与五代和北宋的交往主要是陆路，也用海道。就陆路交通讲，辽政权也吸收中原王朝的办法，在境内遍设驿站，实行半军事化管理。辽（契丹）人本来是"秋冬违寒，春夏避暑，随水草而畋渔，岁以为常"（《辽史·营卫志》）的，可以说"脚下就是路"，原本不注重交通建设。其建设开始于上京临潢府筑城之时。

上京临潢府是辽太祖阿保机创业之地，辽太宗耶律德光将它建为都城（927）。京城高二丈，皇城高三丈，城中有各官府寺庙。城南称为汉城，南当横街，各有楼房对峙，楼下列井肆，交易不用金钱而以布帛,有绫锦等各种手工业作坊。还聚居着汉族的儒僧尼道与伎乐、教坊、角抵戏艺人。城南还有回鹘营,是回鹘商贩居留之区。这里建有同文驿和临潢驿,用以接待各国使节(参见《辽史·地理志》)。值得注意的是:临潢的城区建设,从一开始就将街道和市肆结合起来,这是对中原古老的"街市分离、市场封闭制"的重大突破,对城市交通面貌的改观有很大影响。中原城市是在后周柴世宗时期(955—959)才开始放开、搞街市结合的。

2. 辽驿道的开通

上京至中京之间,有驿道相通:出临潢府40里为祖州,州城建筑与临潢相同,皆坐西朝东,横街四隅皆有楼相对峙,下连市肆,同样把街和市结合起来,这是很高明的作法。从祖州东行40里为长泰馆,南行50里为宣化馆,再南行70里,渡黑水河,可到保和馆。再行50里,跨潢水石桥至饶州,行30里至成宁,50里至姚家寨,又50里至广宁,90里入崇信馆,这就进入原奚人所居地了。南行70里至松山馆,再行80里就到达中京了(见《辽史·地理志》)。中京大定府,是唐太宗征东时的驻跸之地,高山深谷,其险自固。辽以此地为中都后,建大同馆接待宋使,建朝天馆以接待新罗使,建来宾馆以接待西夏使。北宋使者王曾有《上契丹事》一文,称:出燕京北行至望京馆,50里至顺州,70里至檀州(密云),通过川原平旷的金沟地区,50里到金沟馆,行90里山路到古北馆。从此山险路曲,过思乡岭80里盘山道到新馆，40 里到卧如来馆，经滦州行 70 里至柳河馆，又经山间险道 120 里至牛山馆，再行 170 里，过鹿儿峡馆、铁浆馆，出山，趋于平川。再行 70 里来到富谷馆，再行 80 里即是通天馆，通天馆离中京只有 20 里，计从中京到燕京（南京析津府）约六七百里山程。

辽时，南京析津府城方三十六里，高三丈，宽一丈五尺，开八门。其中"坊市廨舍寺观盖不胜书。其外有居庸、松亭、榆林之关，古北之口，桑干河、高粱河、石子河、燕山"，从南京向南，经良乡、涿州、新城至雄州，与北宋相往还，有边界贸易。

仅从上京、中京与南京三京的建制与相互间的交通馆驿设置看，辽的交通形势与北宋是大体相当的，但比北宋开放得早。比如城市实行街市结合，街即为市，而不是已往的街市分离、坊墙隔断。北宋汴京城的建制也许是从这里得到启发的。各地主要城市之间，有驿道相通，每隔一段距离，就建有馆驿以接待行人，这与唐宋交道体制更是一致的，带有共同的时代特色与华夏文明的总体特色。这是中国历史上"政权对立、制度对接"的又一生动表现。

三　金的国家交通与巡检制

金政权是由居于我国东北松花江流域的女真族建立的，从 1115 年至 1234 年，历经一个多世纪，大致与南宋政权（1127—1279）相终始。

1. 金的国家交通

金起于按出虎水（意为"金河"，今黑龙江阿城东之阿升河）故国号为"金"，建都于会宁府，后称上京（今阿城南）。五年之后，与北宋达成协议，共同攻辽，于1120年攻下辽都上京，1122年攻占辽的中京与西京，继克南京（燕京），辽亡。1125年，灭辽以后的金政权派大军南下，分两路攻宋。西路军攻围太原，东路军进至相州，渡河，包围开封，幸得主战派李纲等筹划防守，金人退兵。1126年秋八月，金兵又一次南下，自太原而平阳而隆德（长治）、予泽州。年底，金军渡河包围开封，次年破城，掳去徽钦二宗，北宋就此灭亡。南宋建立后，金军追击宋高宗直至杭州以南海上。在以后的二三十年内，金与南宋时战时和，于1141年划定两国疆界，西起大散关，东到淮河入海口，为两国分界线。此后，金的疆土便稳定在东起库页岛，北抵大兴安岭，南至淮河，西到积石山的广阔范围内。金政权综合采用辽与北宋的官制，同时将地方划为路、府、州、县等不同政区。上京路府治会宁，辖区约当原辽之东京道的大部；东京路府治辽阳，辖境约当原辽之东京道南端即今辽宁地区；北京路首府为大定，辖区约当原辽之中京道；西京路首府大同，辖境约当原辽之西京道；中都路首府中都（今北京），后来金政权将都城从会宁迁至此地；中都路约当原辽之南京道；南京路首府在开封，是金后期的都城，辖境约当今河南省。另有山东东路，山东西路，河北东路，河北西路，河东北路，河东南路，鄜延路，京兆路，凤翔路，临洮路等，一共十九路。上述各京城（六京）之间，都有驿路相通，各路路府之间，也有纵横交错的通道。看来，金人对于大北方的开发经营是作出了突出贡献的。

金人占领了黄河中下游，而黄河屡屡泛滥成灾，南北大运河北段卫州至中都段也常常淤浅，金政权对治理黄河水灾及疏浚大运河，搞内河漕运，是十分重视的，对于山东、河北境内诸水，凡流入运河者皆疏浚之以通漕运。金继承了北宋的水利事业，发展了北方的内河交通。其时，北京路与咸平路两地开发充分，"米粟富饶，宜航海以达山东"（《金史·河渠志》）。金政权对于海上漕运也给予了重视。

2. 金的巡检制

金政权设有专职官吏从事街道、河道、关津、馆驿的管理修缮。据《金史·百官志》载：朝廷有都水监，"职掌川泽津梁舟楫河渠之事"，制定和发布有关政令，"兼管勾沿河漕运"。都水监下有街道司"掌洒扫街道，修治沟渠"。有"都巡河官"，掌巡视河道，修定堤堰，栽植榆柳。由于黄河事大任重，都巡河官分职为黄汴都巡河，曹甸都巡河，曹洛都巡河等，并责令沿河州县府路长官，兼负责河防事宜。各路总管府都指挥使，要负责本路"巡捕盗贼，提控禁夜，纠察博徒，屠宰牛马"等事。在潼关、居庸关、紫荆关、通会关、会安关、大庆关等关口，在孟津渡、三门津、集津等处，都设有关使、关令、提举、管勾、稽察等官员或职役，主管关禁，掌管锁钥，稽察奸非，在津渡处则管理舟桥济渡事宜，修缮埽岸堤坝，预备防洪防决材料，纠察奸伪。另外，又有所谓四方馆使，"掌提控诸路驿舍、驿马，并陈设器皿等事"。这些职官吏役的设置及其职掌，与辽、宋均相一致，但经过了金人自己的筛选组合，金的官制，对后来的元政府影响很深。

与北宋、南宋同期存在的政权，另有西夏政权（1038—1227），西辽政权（1132—1218），大理国（937—1253）等。西夏领有今宁夏、陕北、内蒙西部河套地区，继承了元魏以来的交通形势，塞上交通向称发达。大理领有今云南及与云南邻近的缅甸、老挝等一片土地，建都于大理，与四川、贵州保持着传统的内陆通道，在南方又分别有东通今河内、西通今缅境与孟加拉、印度的古道。

总之，辽、金等的交通体制，与隋唐时代有着明显的区别，特别是城市交通管理，在街市结合的大环境之下，比起周秦汉唐的坊里封闭式城建体制来说，有重大发展，这是最引人注目的一点。

四　宋代京师交通及其管理

公元960年赵宋建国，经过整顿，宋交通与交通管理走上了正轨，现在以两宋都城开封与杭州为例作些说明。

1. 汴京的建制：突破周秦汉唐的陈规

开封是一座历史名城，战国时代的魏国就建都于此。唐以后，后梁、后晋、后汉、后周都建都于此。后唐虽建都于洛阳，这里也是国家重镇。它居于大运河与黄河的交汇处，是水陆要冲之地，可以直接漕运江淮粮米与百货。也正是由于优越地理位置使开封取代长安、洛阳，成为历史的必然。

然而，开封原来毕竟只是一个州——汴州——的府治所在地，规模狭小，屋舍相连，民居拥挤，交通堵塞，商旅栖止为难；加之风旱火险，隐患很大。一遇风雪，则道路泥泞，步行困难。在后周柴世宗时，对它进行了一次改建扩建，开封城由原28 里方圆拓展为 48 里有余，主要街道也大大加宽，而且五十步幅宽的街道两侧，允许百姓占五步地打井栽树搭凉棚。这就改变了周秦汉唐以来城市居民只能住在封闭的坊中、不能向大街开门的传统体制，给城市生活带来了极大的方便。

赵匡胤登基后，即命令改建汴京城。工程设计人员按汉唐旧规，把城池设计得方方正正的。赵匡胤一见，很不满意，便命另取一纸，画了一个不成形的大圆圈，再划上几道不横不竖、曲曲弯弯的线道道交给工程人员，要求按他的意向设计出一幅图来，可谁也弄不清皇上的意旨，只好照办。这样造成的汴京城，街道婉曲，时人不便。他的子孙不敢轻意改变祖宗成法，只得死守着。到宋神宗时，才对城墙作了一次加高加固的修缮，"其高际天，坚壮雄伟"。到宋徽宗时，终于一改旧制，裁平取直，把街道修得平坦宽敞了。后来，金兵围困汴京城，金军统帅粘罕遥望汴京平直宽敞的街道，很高兴，便说："太好了！城里一切尽收眼底，我有办法把它拿下来！"就命令在城门外安上火炮，对准城中建筑打去，不一会儿，重要目标一一命中，于是攻下了汴京城。这时，有人记起了当年赵匡胤对汴京的"设计"，认为他倒是很有远见的。

开封新城建成时，城墙外有护城河，河面宽十余丈，岸柳成行。宫城是粉墙红门，分外醒目，但禁止百姓往来。城里每条街道，都遍植榆柳，绿荫满城。中心街道称御街，宽二百步，路两边是御廊，允许市民在御廊设店铺作买卖。周秦汉唐时期居民不得向大街开门，不得在指定的市坊之外从事买卖活动。北宋政府却允许沿御街设铺开店，充分反映出北宋城市经济生活的活跃。这样的城市结构，当然符合居民生活的需要。宽广的御街上，立着两行红黑漆叉子，行人不得越过，中间供皇帝出行专用。御道两旁，用砖石砌成两道排水沟，注满清水，栽植荷花。沟沿种上桃李杏树。春夏之间，绿荫繁花，远远望去，锦缎一般。

开封城商业活动繁忙，居民文化生活也空前活跃。酒楼、茶肆、勾栏、瓦舍，白天营业，夜间也营业，传统的宵禁政策就不能维持了。那时，开封人口超过百万，城中店铺六千四百余家。它们随处开店，不再受"坊"、"市"的限制。在这种情况下，宋政府一面放宽宵禁，一面加强巡防，搞好交通管理与治安防范。熙宁九年（1076）六月六日，宋神宗下令：京师旧城诸门，并汴河岸角门，"并令三更一点闭，五更一点开"。至于新城（外城）各门，就开得更早，闭得更晚了。

开封城的对外交通很是方便。它居于运河与黄河交汇处的南侧，南下荆扬，北去幽冀，"半天下之财赋，并山泽之百货，悉由此路而进"(《宋史·河渠志》)。西去洛阳，又修了一条"汴洛运河"引洛入汴，漕运可以不通过黄河之险。至于传统的东南西北陆路交通，随着北宋政权的稳定，更呈现一派四通八达之盛局。作为一代王朝的都城，也有通达全国各路州府军监的驿道，直接控制着全国各地。一句话，北宋都城与周秦汉唐京师相比，确有重要变化，而宋代的都市交通管理，是大致适应了经济文化生活变化的历史要求的。

北宋建国之初，承袭的是五代只有二十余万人口的烂摊子，半个世纪就达到《清明上河图》达到的兴旺程度，实属不易。

2. 交通礼法：榜刻《仪制令》

《五代会要》载：后唐明宗长兴二年（931）八月敕："准《仪制令》，'道路街巷，贱避贵，少避长，轻避重，去避来'。宜令三京、诸道州府，各遍下县、镇，准照仪制，于道路则刻碑，于要会坊门及桥柱，晓示行人。委本届所由、官司共加巡察，有违者科违敕之罪。"即于都城街道每隔两百步，或交叉路口，立一块大木牌，称之为"榜"，上书《仪制令》："贱避贵，少避长，轻避重，去避来。"此"仪制令"内容拟订于唐代，至宋，将其变为"榜刻"，在京师及各州城冲要路口，都榜刻了这份《仪制令》，普及于社会，全力提倡行路礼让之风。《宋人轶事类苑·官政治绩》中载有"榜刻仪制令"一事：太平兴国年间（976—980），大理寺丞孔承恭奏明宋太宗：在两京（汴京与洛阳）诸州道路要害去处、及街衢列肆皆"榜刻《仪制令》，以为民告诉行之"，以兴礼让而厚风俗。这一交通条规，大致符合当今国家交通监理法规的基本精神。

1981 年 9 月在福建松溪县曾发现一块宋代开禧元年（1205）石碑，所刻文字即此十二个字。1965 年与 1974 年，江苏盱眙县先后发现了两块《仪制令》石碑。可见宋代确实是推广于全国各地了。这在我国交通管理史上，应该视为一件重要措施。宋人又要求各地保证驿传桥道的完缮，做到夜中更鼓分明，道路肃清。另外，大街上每隔二三百步，便设有军巡铺，铺中有防隅巡警 5 至 30 名不等，白天维持交通秩序，梳理人流车流；夜间警备官宅、商宅，防盗防火，防备意外事故发生。

3. 临安城的交通治安与公共设施

南宋时，将东南第一州的杭州城，改称为"临安"，建都于此，人口一下子突破百万。城内店铺鳞次栉比，交易兴隆，人来人往，昼夜不绝。每天夜交四鼓，街上行人才见稀少，而一交五鼓，早市便又开张。临安仅商行就有四百多家，大小店铺，连门皆是。娱乐场所不仅城里有，城外也有，说书的，卖唱的，演杂技的，应有尽有，热闹非凡。有的有固定活动场所，有的则是流动的，街头若见有空旷些的地段，拉起围子就可以表演一番。这一来，也就不免鱼龙混杂。南宋小朝廷又面临着严重的内忧外患，对于临安城的社会治安就格外敏感。《宋刑统》规定：凡斗殴、偷盗、奸淫、纵火，均应捕系，送官司审理。南宋政府沿袭北宋的作法，对京师实行分厢管理，街道分段设军巡铺，安排防隅巡警值勤，专门负责巡察在街区寻衅斗殴、偷盗奸淫、纵火行凶、结伙生事之徒。国家规定，当巡警执行公务时，道路行人都有积极协助的责任，力势能够相助而不相助者，杖刑八十。至于在街道纵马，在众人中故意惊扰，制造交通混乱等情者，在街道施设机关，开挖陷阱，或施工而不设标志以至伤人者，侵占街路种植垦辟或营建者，或穿洞出污物而妨害公共场所卫生者，都要负法律责任，进行严惩；主管者视而不见，见而不问，处理不力，同样应负行政责任。尤其是遇有向大小商号、官府厅堂、居民住户投掷瓦石、弹射丸箭、抛掷燃火物件者，更从严加重惩处。

为了方便市民交通，南宋交通设施也有新的进步。临安城有一种油壁车，是专供仕女旅游之用的。这种车的车身甚长，上有车厢，厢壁有窗，窗施窗帘，装饰华美。车厢内铺上缎匹垫褥，很是讲究，可供六人乘坐。国外商旅誉之为"游乐之利器"。这是中国早期的"公交出租车"。临安城在世界上也算是出现公交车最早的城市了。临安城的轿肆，则备有不同形制的轿子，如步舆、肩舆、腰舆之类，还有一种兜轿，都供客户租用。至于官家出行，则由轿担库作专门供应。每到三春或三秋旅游旺季，车轿不绝于路，仕女如云，使人忘却这是一个偏安朝廷的"临时京师"。当时进入临安城的人极多，国外商贾使团与侨民，国内各地流民特别是从北方南下的人民，各地应试的举子，进京观光的人士，各种商贩，他们聚集到临安，往往来而不去，因而接待任务越来越沉重。旅馆客店酒家固然是商旅栖歇之所，各个寺庙也是文人学士、公子少爷们爱去的所在。甚至普通百姓家，每逢开科考试之时，也要腾出房子来接待各地赶考之人，于是怪相丛生。

从南北朝时起，寺庙作为公共建筑，不仅要为游方僧提供食宿方便，而且是文人士子寄宿兴会之所；尤其是应试学子，常借寺庙攻读。其管理也就繁难。据《宋稗类抄》载："临平明因寺，尼刹也。豪僧往来，多投是寺，每至则呼尼之少艾者供寝。"荒唐到这种地步！于是"寺主苦之"，于是专设一寮，以贮尼之淫滥者，供客僧"不时之需"，名曰"明因尼站"。尼寺公然办成了"尼站"，成了一种不收费的妓院。

宋代都城的管理制度，也被推广应用于全国。比如，为了维护各地交通秩序，就在国家驿道上设立"急递铺巡检"，颇有点"公路巡警"的样子；在江淮运河湖泊等重要水道，设有河道巡检，颇有"水上警察"的功能；至于在工商业都会与各路州府城设置的厢铺，则更似后世的"派出所"了。

宋代都市公共秩序管理与交通管理，比起汉唐来说，开创了一个新局面，适应了城市商品经济活跃、居民文化生活丰富、全国人口流动量急剧增加的客观形势的需要。

五　两宋的长江航运线

大运河开通以来，长江航运更显示出它的巨大优势，北宋重视它，南宋更重视它。

中唐以后，益州、荆州与扬州的财物百货，都是通过长江航运，经广陵运河漕运送抵京师的；连一般行旅北上南下也往往取水路而不走陆路，长江航运在北宋时已成为社会生活中不可或缺的重要组成部分。南宋与金以淮河为界，长江成为国家的第二道防线，战略上更为重要。通过长江，吸取巴蜀湖广与苏皖的无尽财富，更是南宋政权的命脉所在。因此，当时的长江航运，出现了前所未有的繁荣景象。

长江水运线很长。上游第一大埠为成都（古人将岷江作为长江的上源），从成都顺流而下，中经眉州（眉山）、嘉州（乐山）、戎州（宜宾）、泸州、渝州（宋称恭州、重庆）、涪州（涪陵）到万州（万县）。这一段全在巴蜀境内，开发较早。特别是在成都平原地区，水网交织，内河船只比比皆是，运输十分繁忙。四川的财货，主要就是通过这条航线出川的，而输入的物资，也大量地来自"川江"。过了万州（万县），就进入三峡航段了。这是长江航线中最艰险的一段，通过夔州（奉节）、归州（秭归）与夷陵（峡州，即宜昌）到达江陵府。三峡水道之险，是古今闻名的。

为了开通三峡航路，为了保证长江航运的终年不断，三峡船夫付出了巨大的代价，在征服三峡方面立下了不朽奇功。

原来，从川西平原滚滚而下的川江，一进入奉节县夔塘峡口，立即碰上壁立雄峙的山崖夹住江流，江水突然受到了猛烈的束缚，偏偏峡口又有一巨石挡道（滟滪堆）。奔涌的江波来到这里，便跳荡腾跃起来，电击雷轰一般。舟行其间，谁不提心吊胆！民谚说："滟预大如马，瞿塘不可下；滟预大如猴，瞿塘不可留；滟预大如龟，瞿塘不可回；滟预大如象，瞿塘不可上。"这就是说，当滟预堆如马如象时，水浅礁多，不可上下。当滟预堆如龟如猴时，水流湍急，船行至此如猛箭一般，不可有一息暂留，也不可有一点迟回，真个是一年四季，无时不险，无日不惊！商旅往返，财货进出，该要多大的胆量，多高的智慧，多丰富的航行经验才行啊！

船出三峡之后，旅客商贾将在江陵作出决定，是继续东下，还是北上中原。江陵是川货的一个重要的集散地。由转运站江陵向下，过岳州．到鄂州。鄂州在江汉合流处，是宋代兴起的又一大埠，其繁华程度已直逼江陵了。

南宋诗人范成大西行，在船过鄂城时，看到了一番景象：沿江有数万人家，迎宾的酒肆茶舍，门面装点得尤其引人注目，有的十分壮丽；整个街市，商店一家挨着一家，日夜经营，生意兴隆、范成大一打听，才知道这里是巴蜀、荆州、襄阳、淮南、江州、广州及两浙地区的商品集散地。每天只要有货物来埠，不论多少，不论品类，一天之内，就能消化掉。商人们南来北往，东下西上，熙熙攘攘，不厌其烦。仅此就可以想见当年江航的热闹了。

鄂州向下，便是江州（九江）、池州（贵池）和江宁府（南京）了。这一段是南宋重点设防的区域。这里江面开阔，放眼望去，烟水茫茫，樯橹林立，风帆片片。从战国时楚国开始经营至今，一直是沟通长江中上游与下游的中间环节。当年陆游受命赴任夔州（奉节）通判时，船过江西九江，曾遇见一个五十余丈的木筏，筏上竟居住了三五十户人家，而且妻儿子女，鸡鸭犬豕，杵臼水碓，一应俱全，甚至还有小庙一座，有船民在此烧香拜佛。木筏上有往来小道，家家互通声息，户户和睦相处，俨然一个不小的村落。筏主人告诉他：像这样的大筏子，在长江里不计其数，并不起眼，而惹人注意的是更大的木筏，那上面铺土种菜，开设茶馆酒肆，只是因为太长，不能进入三峡，其他水域则通行无阻。如此见闻，使陆游感到十分新奇。

江宁（南京）是转入扬州之前的又一个商品集散基地。船过江宁后，在北宋时期，就下行至瓜步、京口（镇江）之间，转入大运河，经扬州、楚州（淮阴）、宿州（宿县）、宋城（商丘）去汴京（开封）。南宋时则从润州（镇江）转江南运河，经平江府（苏州）、嘉兴府（嘉兴）到临安府（杭州）。六朝以来，这一段的水上运输，是最为繁忙的。这一带也是江东最繁华的区域。宋代有"苏湖熟，天下足"之谚，可以想见当年的太湖流域，对于国家是多么重要。当年，陆游取道江南河、由杭州经苏州入江时，颇有感慨地说："朝廷所以能驻跸钱塘，以有此渠尔。"（陆游《入蜀记》）

附带说明一下：由于南宋都城在临安，政府对于发展海上贸易又十分重视，而明州是当时重要港口，因此，宋政府对于经营"浙东运河"也很关心。浙东运河起自钱塘江口，东经萧山、绍兴、上虞、余姚，直达明州（宁波）。是南宋政权又一条生命线，可视为大运河的延伸。

六 邮驿分工 家书附递

在古代交通邮驿史上，宋代的一些措施，颇为引人注目。

自古以来，邮和驿就是合二为一的，混称为邮驿、邮传、传驿、驿传、传舍与馆驿等等，既承担交通接待任务，又承担邮件递送业务。而北宋建国后，即对此作了重要改革，让邮与驿分家，成了"邮递"与"馆驿"两个并行系统。馆驿主要负责接待各级各类公务人员，类似于后世的政府招待所，而邮递则专管政府通讯递运事宜。其次，是邮递工作专责化，由厢军承担，实行半军事化管理。

1. 邮递专职化，递夫军人化

宋代邮递分为三种类型：一是步递，传送一般常务公文信件。二是马递，传送紧急公文与信件如敕书之类；三是急脚递，要求一天急行 350 里以上，传送国家最紧急的军事情报，政府最紧要公文之类。承担邮递任务的机构叫"递铺"。在全国各路各州府军监以至各县的交通线上，大致每隔 10 里或 20 里设一个递铺，负责传送邮

急递铺令牌

件。递铺工作人员，从地方部队（厢军）中抽调，专人专职，实行半军事化管理。宋代实行募兵制，用厢兵任递夫，称为铺兵，使邮递业务专责化，不似周秦汉唐时那样由老百姓轮番服役了，这可以保证邮递人员的业务素质。铺兵是定员定编的，铺兵与递铺的各项开支，纳入国防开支统一拨付，不再从地方赋役中抽取，这也有利于国家的集中管理，是一项有价值的改革措施。

然而，历久弊生，时间一长，递铺任务层层加码，在递送一般公文信函之外，有时还要承运贡品、枪支、茶酒、铅铁等物件；在国家允许政府官员家书附递之后，要求递铺传送的书信更是迅速增多，然而铺兵的待遇并无改善，国家拨发的粮米薪柴，住往层层克

驿站乘马铜牌

扣，不能按期发给，弄得铺兵们衣食无着，又有严格的邮递程限追逼着，非得限时完成任务不可，于是铺兵逃亡事件日甚一日，有的公然沦为"盗贼"。宋政府穷极无策，竟然用上了刺字的办法：在铺兵脸上、臂上刺上某州某县某铺铺兵某某某的字样，防其逃亡。这样，铺兵形同囚犯，谁还愿意干这份差使呢？宋代邮递制度就这样败坏了。

国家邮驿败坏了，失去信誉了，于是有些政府机关，就改用

专人专递，哪怕逢年过节的请安问好柬帖，也要派出专差；这种人一上路即威风八面，派出单位未必能控制；特别是征粮派役巡察之类的专差，沿途下属必需迎送，陪伴、献礼，便又沦为一项妨官扰民的严重弊政。

2. 金字牌·黑匣子

为保证邮递业务的正常顺捷地开展，宋代建立了一套分工很细、管理到位的具体措施。首先，政府公文性质各别，有一般行政事务的，有关于征粮征役的，有关于刑狱案件的，有关于人事安排的……保密要求不同，责任轻重不等；再加之有的政府机关在驿道上，有的离驿道较远，有的还需收件人亲自签收；凡平行、上行、下行公文，或需委派专人递送，或交递铺依规定传送，于是采取了一些保证性措施：

凡交付邮件，要事先申领符牌，符牌有金字牌、青字牌、赤字牌几种，依紧急程度，随邮件同时付递；符牌有用纸做（加盖公章）的，也有用铜制的，由国家统一编号、颁发；邮件则封装进纸筒、竹筒或皮筒，用封泥加密；有些地方则用绿漆匣、红漆匣、黑漆匣之类，依邮件内容的性质与保密级别相区分。其中黑匣专用于装入弹劾、检举和刑狱类文书，尤需慎重保密。邮匣上要写明付递人和付递的日期、时限，途中登录交接人姓名、完好程度等。

至于匣、牌的使用，也有相应的规定：

（1）不许散帖归入牌符；不许牌符归入匣子，不得混用黑匣、绿匣或赤匣。凡不同性质的文件，要归入相应的牌，装进相应的匣。牌限定传递时限，匣标示公文性质。封题加密，不得草率违误。

（2）州主管官员及各县知县，各有往返邮匣，匣面刻"某州某县递文字匣"，并于其傍题写"某月某日发，某月某日到"。州主管官总一州诸厅之申状入匣，知县则总一县诸厅之申状入匣。

（3）县道不近驿路者，遣人就驿或就州附递；镇寨不近县道者，则遣人送至各县附匣。

（4）匣子循环附递，收件人当厅而拆，当厅而还。有关人命重事者，各官还需置册案头，每日点检，事到实时回报，事了亦实时回报；若事未了，则实时照限申请展期。如或违误，官员受罚，吏役黥面。

符牌中最吃紧的是金字牌急脚递，那是专门传送皇帝亲自交办的特急诏书命令的，传递过程中不得有任何迟误或差失；接到金字牌的人，无论有什么公私理由，都必需立即照令行事，否则以抗旨处治，绝不容情。当年，宋高宗在秦桧的谋划下，给身在抗金前线的岳飞下达金牌，要他立即离开部队，回京城去。无论按当时的军事纪律，还是按"递铺条令"的专门法规，岳飞都应立刻交出军权，返京面君，否则是要严办的。但他考虑当前战局，不能贻误战机，就没有听令。高宗不肯罢休，连发十二道金字牌，在这种泰山压顶之势下，岳飞再也不能一直硬顶下去了，他已大大触犯了高宗一伙所能容忍的底线，最终，他还是被害了。

3. 十递家书九不到

允许政府官员附递私人信件，是宋代邮递事业的又一项改革。周秦以来，历代国家邮驿都不负责私人信件的传递，尽管这是一项社会迫切需要的工作。东晋时，殷浩的父亲由京城去赣州任职，许多人便托他带封家书，总共有百十来封，他船行到石头矶下，便把这些信全抛到江中心去了，口中还念念有词："沉者自沉，浮者自浮吧，我可不干这种'邮书郎'的差事！"这典型地显示出私书付递的风险！唐代，有一些社会名流，曾利用政府邮驿为自己递送信件，唐高祖也曾一度允许当官的附递家书，但那毕竟未能形成制度。宋太宗时（985）正式下令，允许官员私书附递。办法是：凡给直系亲属的信件，可以密封后交与步递，与公家文书信件一齐递送，不得交与马递或急脚递。给朋友的信，则只能夹在给家人的信中附递。至于权势之家，将家信千方百计地混入急件交于急脚递去递送，则是另外一回事了。从此，私信传递纳入了国家邮递的业务范围，尽管它只是为政府官员开了一个方便之门，与老百姓仍然无关，但这一改革还是有价值的。到宋仁宗时，还再次申明："中外臣僚，许以家书附递。明告中外，下进奏院依应施行。"不过，由于交通条件的限制，加上铺兵编制的限制，官员们的家书并不都能及时附递，"十寄家书九不到"的情况是常见的。陆游在四川时，给山阴家中写信，要一年工夫才能接到回信：

　　东望山阴何处是？往来一万三千里。

写得家书空满纸，书回已是明年事。

七　迎来送往　馆驿有本账

馆驿不同于递铺。宋代馆驿，专管政府官吏的接待工作，不论被接待者是否有使命在身，一律按其官阶给予相应的招待。因此，宋代馆驿属交通系统，不属邮政系统。馆驿设在京师和各州府所在的城市，而在交通大道上，则每隔六七十里或八九十里设一座馆驿。在馆驿工作的人员，除官吏外，一般服务人员则是"衙前差役"，由老百姓中的服役者轮值。在京师，专门建造了"迎宾馆"。其中的班荆馆，用于接待辽使；来远驿，专门接待西北各族各邦使臣；怀远驿，专门用来接待交州、龟兹、于阗等地的贡使。各路各州各县也都有自己的馆驿，用来接待朝廷官员、政府差使。赵匡胤曾要求各地馆驿尽力作好接待工作，"欲使人无旅寓之叹"。

宋人对馆驿建设非常重视。地方官把馆驿作为一方行政的"窗口"来办，十分用心。

《东轩杂录》记载：有位范延贵，押兵过金陵。金陵太守张咏问他："使者从外地来，曾遇见好官员否？"答道："前天从袁州萍乡县路过，县令张希颜，虽不认识他，但知道是个好官员。""何以见得？""我自进入萍乡县界以后，看到那里驿传道桥都修缮得很好，土地开垦种植得也不错，没有见到偷懒不干活的人。县城里没有赌博的，市场上没有喧争斗殴的。夜宿馆驿，更鼓分明，一切都有条有理。看来这一定是个好官员。"张咏听了很高兴，称赞范延贵识人才，就把他和萍乡县令张希颜一起推荐给皇上。皇上重用他俩，他俩都成了一代能吏。从这件事可以看出，当时人对于办好馆驿有多么重视。

苏东坡有《凤鸣驿记》一文，记述了凤翔县的一个馆驿的情况："视客所居与其凡所资用，如官府，如庙观，如数世富人之宅。四方之至者如归其家，皆乐而忘去。将去既驾，虽马亦顾其皂而嘶。"可见这样的馆驿是办得很不错的。

对于馆驿，宋代有一套管理办法：馆驿所有一切应用物品，全部造册，张榜公布，让过往使客共同监护。严禁官员长期占用馆驿房间，禁止越级谋取待遇。无故在驿逗留者杖一百，超过三十天者徒一年。馆驿财产必须保管维修好，有大的改建修缮工作，需在上级批准后才能进行。馆驿周围多种白杨与柳树，成荫很快，深得百姓欢迎。

宋赵彦卫撰《云麓漫抄》卷六曾说到宋金使节交往中的一个定制，很能说明国家馆驿的使用状况。

金国每年都要派遣使者来贺正旦、生辰（宋帝生日）。使者所过州县，日有安顿。金使入界后，在盱眙、镇江、平江、赤岸，均得设宴款待。平江排办司数牵船当值。防御枪旗篙手、火台、火把、岸篙、灯笼，共用五千三百一十四人，防御禁军一百三十二人，邻州替牵船人二千零六人，使副当值一百六十人，准备阻风添牵船一百五十人，旗枪队一百二十人，运使牵船二百九十六人。盱眙、镇江、平江三押宴，防御当值牵船一百零五人，使船篙手六十人，押进马至邻州十三人。沿流五巡尉火台、火把、岸篙三千一百七十六人，火台千八百六十二座，灯笼四百七十一架，火把船九十八只；接伴使副当值五十人，牵船二百四十人，递马船十只。每程用带毛角羊二千斤，四程计八千斤。北果钱五百贯，御筵果桌十行，行十二碟，食十三盏，并双下。顿食使副每分羊五斤、猪五斤、面四斤、粳十五斤、鸡一只、鸭一只、鲤四斤、油半斤、柴三十斤、炭二秤四两，烛一对，酒一斗，果三十碟，密煎十碟，油盐酱菜料物各有数。点心栗一升，羊一斤半，猪腰子一对，面一斤半。上中下节，各有降杀。若折钱，使副折银三两三钱，都管九钱一分，上中节七钱六分，下节四钱五分半。御筵不坐，折金七钱。姑苏馆批支一千五十六贯八百十五文；公使库一千六百三十九贯四百五十八文；军资库八千七百六十七贯一百五十九文。凡贺正、生辰来回程，御筵顿食等，每次用二万贯，共四万贯；他州亦不减此。

有这么一份流水账在，人们就不难想象当年"宋金友好往来"是怎么一个排场了。不过，它总算比南北战争带来的苦难要轻些……

八　莫以"半壁江山"轻南宋

南宋（1127—1279），历来被中国史家称作"半壁江山"的"偏安小朝廷"，而且醉生梦死，"直把杭州作汴州"；为了向金进贡，又"加重了对老百姓的残酷剥削"云云，似乎不堪一提。

其实，事情并不那么简单。一个国家，是立体的、多侧面的，国之大小，不能只拿面积来说话，人们不应小视这个"半壁江山"。要知道，它的文明富裕程度，社会生产力及其科技含量，国家财政收入，都超过了汉唐；其社会产品的人均占有量也超过了后来的明清。尤其是海外贸易打开了新局，形成了覆盖东海、南洋、西洋（孟加拉湾、波斯湾直至红海）的海上贸易体制，为元代的海上大发展打下了基础，探清了海路，制订了海上管理与救助法规，积累了远洋航行的可贵经验。看来，如何评价南宋之实力，还真得下点功夫去了解它。

1. 世界一流的科技生产力

就疆域而言，中国人习惯以汉唐领土为比照，但假若作个横向对比，则南宋政府的有效管辖区域，比西欧之"英法德意荷比西葡"等各国的面积加在一起还要大，而且得到了高度的开发利用，其物产之丰饶与文明之程度，同期的西欧列国根本无法望其项背（见本章附录）。这就是说，放到世界上去看，南宋也决非"小国"。

即使就我国历史讲，也可比较一下：安史之乱后，唐代宗大历十四年（779），唐政府累计人户为三百万户，全国财政收入是1300万缗（其中盐利过半）；而南宋时期则常年超过一亿贯。江北之通、泰、淮、扬四州的盐税甚丰，仅泰州海宁一监的常年收入，竟达七百万缗之数，超过唐代全国的财政年收入（参见《通考·征榷》）。再和后来的明王朝相比：明朝在国力强盛的嘉靖年间，每年的中央财政收入为二百万两白银；万历末年，达到了五百二十万两。用购买力平价来衡量，那么，明代这五百二十万两白银所能购买的大米总额，还不及南宋时可买之大米的十分之一。这都是应该认真看待的。

南宋时，内地集群性的庞大工场分布于全国，丝绸、纺织、瓷器、制盐、制茶、酿酒、造纸、印刷业、矿冶业、兵器业、造船业，都实现了规模经营，形成一串串著名的特色产业基地；集聚着成百上千的劳动力在日夜劳作，日夜经营，有源源不绝的农业、手工业产品投放到外贸中来。丝、茶、瓷器、绸缎、纸张、印刷品的批量性大生产，满足了大规模外销的需要。这个时期的"外贸主题"是到南洋、西洋去换取木材、药材、稻米，满足东南沿海民生的需要；也换取玛瑙、玳瑁、珍珠、香料，从中拿一部分到楚州，与北国换取优质的马、牛、羊及各色皮毛产品。宋元时期"茶马古道"的繁华与覆盖面之宽广，是汉唐人所不能企及的。景德镇瓷器业发达，其原材料就不仅仅是本地的高岭土，还要从南洋购进一些特殊的"物料"才能完善配方，烧出精美的瓷器来！宋人懂得在境外、在世界上做资源组织、财源调配，懂得要"赚外国人的钱"，这比加重压榨自己的子民要高明些。

11世纪，全世界只有中国有超过百万以上人口的超大城市。欧洲最大的城市英国的伦敦，法国的巴黎，德国的汉堡，意大利的威尼斯、佛罗伦萨等城市的规模都不过一至二万人；而中国的首都有一百五十万人。中国人口超过二十万的有六个城市，十万户以上的城市有四十六个。中国城市已经有成套的旅馆、食店、公交工具的配置，有供水与消防设施，有公共文化娱乐场所，有自由讲学的书社、书院、画坊、乐坊，还有功德坊、施药局、慈幼局、养济院、漏泽园等文化福利设施，寺院"丛林化"也使宗教场所成为社会公益的策源地……这是今人认为"城市迈向现代化"的重要特征。

宋人海上交通与贸易的发展，促进了国内的造船业，促进了沿海港口城市的建设，促进了内河运输业与陆路运输业，也促进了沿海与内地手工业、农副业产品基地的发展与大批商贸集镇的形成，"其利溥矣"。

2. 第一流的造船业

首先，官府直接经营巨大的船场。北宋造船工厂分布在今江西、浙江、湖南、陕西等地，造船数量很大，宋太宗时每年能造出三千三百余艘，宋真宗时每年造二千九百余艘，以虔州、吉州、温州、明州所造为多。而且船体很大，装载量大。内河航船可载钱二十万贯（缗），米一万两千多石，相当于660吨。海船则高大坚固。宋徽宗时有两艘"神舟"出使高丽，装载量为一千一百吨。海舶制造技术也很先进，船底都是尖底，吃水深，船体稳，而且利于破浪。又首创隔仓技术。当时的巨舶用松木板作成，大船有上下四层，五六十间客房与仓房。舱与舱之间，用双层隔板，一舱破损漏水，不影响邻舱正常使用，又便于维修。全船的安全度因隔仓技术的采用而大大提高了。这是造船工艺史上的重要突破，是中国人的首创。这样的海舶，一般装四至十二只桅，八至二三十条橹，每橹用四至三十余人运作，还配备若干小舟，用以取水和救生。

宋代的造船能力确实很大，但在抗击元兵方面却未能奏凯立功。先进的物质装备不与正确的指挥相结合，是无能为力的。南宋末年，蒙古军节节逼进，发重兵围襄阳。当地南宋守军坚持斗争，最后失守了。蒙古军顺流而下，进据汉口，摆出了乘势横扫江南的态势。这时，当权的贾似道迫于朝野压力，带兵迎敌。他的队伍拥有两千五百艘战舰，如果发挥正常，本可与元军决一雌雄，取得这次战役的胜利，应该是不成问题的。可是，当船队行至安徽池州江面时，遥见蒙古军从上游浩浩荡荡而来，竟不战自溃，使敌军不费吹灰之力，下江宁，过太湖，逼杭州，取得了灭宋的决定性胜利。在这种情势下，南宋的剩余力量，仍然寄希望于闽广沿海能够奋起，谁知掌管着泉州市舶大权的欧籍人氏蒲寿庚，却背宋投蒙。于是宋军在闽海一线无法支撑，只好退到广州南部的海域中。在爱国将领陆秀夫等人的率领下，坚持作最艰苦的抗敌斗争。最后，他们把巨舰锁连起来，停泊在崖山（今广东新会南）海面。蒙军远远望去，见海面上出现了一座新城，于是发重兵围歼这座海上城堡。南宋军民坚持到最后，写下了这场反侵略战争的最后一页。这座海上城堡虽因大势已去而未能发挥其威力，但人们将永远怀念勇敢智慧的先民的创造。

3. 第一流的航海术

北宋航海技术也有极大提高。一是海船上装有磁石指南针

（罗盘针）。一是干支定位术，使海船在任何气候条件与地理方位上，都能准确地定向定位，利于作远洋航行。南宋吴自牧作《梦粱录》，详述了罗盘针的形制与功用，是世界上最早的关于指南针之制作的科学记载。宋人的磁罗盘，定位精密，颇受海师的珍视。宋人朱彧作《萍洲可谈》，生动地介绍了指南针的妙用："舟师识地理，夜则观星，昼则观日，阴晦观指针。"这是世界上将指南针用于航海的最早记录。另外，北宋人徐兢写了《宣和奉使高丽图经》，也曾说明船上装有罗盘针，而且绘有海图。海图，也是中国人对航海的一大贡献。南宋赵汝适的《诸蕃志·琼海志》中，就编绘了南海诸岛的海图，指出了南海诸岛的地理方位。而周去非的《岭外代答》一书，也明确记述了我国南海中的西沙群岛等岛屿的详情："东大洋海有长沙石塘数万里。"在海洋航行中的定向定位与海图的制作，除用指南针外，还要结合使用"干支定位术"。其办法是：在远洋商舶上，利用中国传统的十天干（甲乙丙丁戊己庚辛壬癸）、十二地支（子丑寅卯辰巳午未申酉戌亥）、四卦（乾、坤、巽、艮）织成二十四向定位法，以子午定南北。这样，干支八卦的结合运用，其定位效果就似后世的经纬定位仪一般，这是一种全新的科学的远洋导航技术。它与指南针的结合使用，形成航海史上有名的"针路"知识，使航海的安全度、可靠性有了保障，尤其在气候恶劣、不见星辰、不见岛屿的远洋航行中更见奇效。如果说，在唐代，在通海夷道上航行，还需用从大食、波斯来的"番舶"，那么，现在则是"宋舶"航行在东海、南海与"西洋"即印度洋、波斯湾了。据说，当时

"番舶"要过马六甲海峡来华，甚至在过狮子国来华之前，都得换乘宋舶才行。看来，宋人是取得了"南洋制海权"的。

航海业促进了东南沿海地区的经济繁荣，也促进了沿海港口城市与沿江港口城市的发达。我国唐代十万人口以上的都市，不过十来个，到了宋代，发展成四十六个，多数集中在沿江沿海省区。宋代都市发展很快，标志着当时社会生产力的大幅度提高。当时中外著名的城镇除汴京、洛阳、长安、密州外，南方涌现出楚州、扬州、江宁、京口、苏州、杭州、庆元（宁波）、澉浦（海盐）、福州、泉州、虔州、广州、吉州（吉安）、洪州、江州、鄂州（武汉）、潭州（长沙）、荆州、襄阳、渝州、成都，以及朱仙镇、景德镇、佛山镇等。我国经济中心的东移与南移的完成，就是在这一背景下实现的。

九　江海求利　岂不胜取于吾民

宋人对发展海上外贸非常重视，"江海求利，以资国用"，是两宋时期始终执行的一条基本商贸政策。

宋代全国商税，宋太宗时每年为 400 万缗，宋仁宗时增至 2200 万缗，宋神宗元丰元年（1078）仅广州、明州、杭州三处市舶的乳香贸易一项之收入，就达 894719 缗之数。南宋初年，海外贸易收入已达到 200 万缗，可谓惊人。南宋全国全年财政收入总数为五至六千万缗。据绍兴十年（1140）的统计，仅广州港的市舶收入，即达 110 万缗，而广、泉、明三州的外贸年平均收

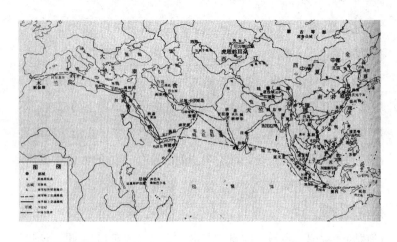

宋代海外交通示意图

入即达 200 万缗之数，占全国全年税收的五分之一。巨额的外贸收入支撑了南宋，难怪宋高宗赵构一再称说："市舶之利，颇助国用。""市舶之利最厚，若措置合宜，所得动以百万计，岂不胜取于吾民。"并不懂得经济学的赵构，也看到了中外贸易的好处，他比明清时代的一些主张"禁海"的帝王与士大夫们要高明得多。

明人沈德符《万历野获编》卷一二"户部"的《海上市舶司》条议论说："市易之制，从古有之。而宋之南渡，其利尤溥。自和好后，与金国博易，三处榷场，其岁入百余万缗，所输北朝金、缯，尚不及其半。每岁终竟，于盱眙岁币库搬取，不关朝廷。"按：南宋对金的边界易货贸易，由设在楚州的盱眙口岸实际操作，因为除农产品与手工业产品外，其大宗乃"洋货"（南洋产珍宝香料之类高级消费品）的转口贸易，换取北方的优质马匹与皮毛，所以获利甚丰。每年只需从所获盈余中，按例提取部分利润，代表国家送给金人作"贡献"，既"不关朝廷"，更毋庸"取之于小民"。

对于宋代特别是南宋发展海上交往的政策，我们应该予以积极的评价。从社会民生方面讲，宋代通过外贸获得的，绝不只是大量香药、犀象、玛瑙、珊瑚、玳瑁、水晶之类，不仅是丁香、乳香与文犀、琉璃、蔷薇水之类，还进口了大量农产品、矿产品、水产品、土产品，如木材、枣子、吉贝（棉花）、琉璃、水银、铜、银、土布、蕃锦、苏木、红驼毛、万岁桃、火油、白沙糖、镔铁、没药等等。据《宋会要》所载，当时进口的棉制品有

吉贝布、大布、番青斑布、番头巾、袜面布、白细布、海南青花布、海南白布、单青小布及白吉贝纱等。种类之繁多，足以渗入人民衣着生活的每个角落，正如明人丘浚所说："地无南北皆宜之，人无贫富皆赖之，其利视丝枲（麻）盖百倍焉。"《大学衍义补》几个世纪之后，英国人想来打开中国市场，其"洋布"却敌不过这些"大布"、"白细布"。

当然，我们不仅取之于

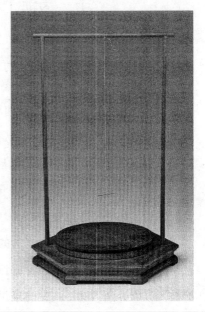

宋代缕悬磁针

外，也用之于外、赠之于外。要说中国人通过外贸贡献给世界的物质产品与科技文化产品，全都是直接服务于民生的质优量大品繁的必需品，如丝绸、瓷器、漆器以及造船与航海技术，比如指南针、火药、造纸术、印刷术、锻铁与精耕细作等各种物质成品与生产技能及科技成果。自从指南针发明之后，我国人民就首先把它应用在航海事业上。南宋时候，阿拉伯商人和波斯商人，经常搭乘我国的海船往来贸易，也学会使用指南针。他们又把指南针传入欧洲，推动了欧洲的航海事业。南宋时，造纸术与火药也传到了阿拉伯，后又传入欧陆，推进了世界文明的全面提升。

十　为海上航运立法

宋代海外贸易很有成效，这与政府的立法与有效管理分不开。早在赵匡胤建国之初，就设置了提举市舶司来掌"蕃货海舶征榷贸易之事"，到宋太宗雍熙四年（987）还特遣内侍八人，分四路出使诸国，"勾招进奉，博易香药、犀象、珍珠、龙脑"。当时京城设置了专司对外贸易的榷易署，"一年稍增其价，听商人金帛市之，恣其贩鬻，岁可获钱五十万缗"（《宋史·张逊传》）。此时，设有市舶司、市舶务或舶场的都会与商埠，像一串明珠，洒落在沿海一带，北起山东半岛的密州、青州，中经古长江口的扬州、江阴、上海、华亭、青浦到杭州湾的澉浦（海盐）、杭州、宁波及温州，南到闽广一带的泉州、福州、漳州、潮洲、广州直至今越南境内的交州等，其覆盖面之远之大，七八个世纪以后的西葡英意也梦想不到。

世界上最早的"海外贸易机构"、"海外贸易法规"、"航海安全法规"均孕育诞生于宋代的中国。北宋建国之初，朝廷就设置了"提举市舶司"，专"掌蕃货，海舶、征榷、贸易之事"。宋太宗太平兴国初年（976），又在京师设有榷易院（署），专管对外贸易，后又相继在广州、明州（宁波）、泉州设立市舶司，史称"三路市舶"。元丰年间（1076—1085），宋政府又颁发了史上第一个专项外贸法规《市舶法》，即进出口贸易法规。它规定榷易院与市舶司负责招徕外商，发展外贸。其"榷易"的基本办法是：外商船舶进入口岸后，停在海上，由宋政府派市舶官员登舶查验货品，按一定比例（大致细货为十分之一，粗货为十分之二）抽取实物，以"贡品"的名义由番商运交宋政府，这其实就是国家的"进口税"；来华的外商头领要拜会地方当局，一般还安排朝见皇上，皇上（中国政府）要给来商大量"恩赐"，其价值往往大大超过其所"进贡"，为的是让外商觉得有利可图，经常来华贸易（换句话说，"进贡"是有高额奖偿的）。抽取"贡品"之后，凡属国家统购包销的"禁榷物资"，由市舶司出钱购买，不超过全数的百分之三十；其余商品称"博易物资"，由中外商人按市价自行买卖，也可由番商自行运销内地。这成了元明清对外贸易的一个惯例。元代干脆废除了禁榷制度，只抽解其货物的十分之一到十五分之一做"进口税"，其余商品一概自由经营。

宋人懂得：为发展外贸，就得保护外商权益；而要保护外商权益，首先就要立法。北宋元符二年（1099），国家订立了关于海上贸易之防守、盗纵、诈冒的断罪法；规定外商船舶遇险时必须救助和救助办法，如商船为风浪所损，甚而船主失踪，官府也应即时进行抢救，并登录全部物品，允许其亲属取回。外商合法利润，由其自由支配，子孙继承。时定居广州的外商，生活豪华，远远"越制"，但宋政府绝不过问；外商自愿捐款修筑城池，政府也婉言拒绝，不用外人一分钱；对官员贪冒、行贿、走私（当时称漏舶）、漏税等情，宋政府加强了打击力度，撤办那些"罔顾宪章，苟徇货财，潜通交易"的官吏，用重法处置收买蕃商杂货与违禁货物的一切涉外官员，并特别规定外商如遇贪冒官员，可越级申诉，一经查实，即行"计赃坐罪"。拿这一切来与西欧一直通行的"海难法"比一比（参见本章附录），其文明程度何止天壤之别！

〔附录〕资料链接：中世纪西欧的城市

西方古罗马时期有过城市，但没有自己的经济基础，随着掠夺与奴隶劳动而兴起，公元3世纪起也就衰败沉沦了。当日耳曼人南下时，西罗马的城市毁之殆尽，只剩下里昂、巴黎、威尼斯等，在9至10世纪的文献中，还能发现其存在的踪影。

中世纪（5—15世纪）的欧洲城市里，独立工厂手工业几乎没有。史载8世纪意大利城市工匠是：卢卡有金匠3人，比萨有金匠2人，芒扎有金匠1人，帕维亚有金匠2人。9世纪时米兰提到的工匠有测量员、毛皮匠、铁匠、裁缝。10世纪时米兰有补鞋匠等。这一切，只能证明当时欧洲只有"城市"的名目而已，还抵不上中国远古的一个邑寨。

欧洲中世纪的作坊就是商铺，生产兼营销，没有内部分工，一师带一两个帮工或学徒，完成生产全过程。产品产量、规格却是由行会核定的，不许突破。1469年汉堡首饰业行会规定全城首饰匠人不得超过12人；规定冬季工作日12小时，夏季16小时，严禁夜间作业。

13至14世纪时，社会生产发展了，城市规模扩大了，人口逐渐增多。《剑桥欧洲经济史》（第三卷第39页）中引述了一些例子：其时最大的城市在意大利，14世纪中期之前，那里有米兰、威尼斯、那不勒斯、佛罗伦萨4个城市，人口超过5万。到15世纪，热那亚、罗马也达到了这个数字。法国巴黎1328年计有61098户，如以每户3.5人计算，人口超过210000，一般认为此数太高，但8万人大约还是有的。神圣罗马帝国（德国）城市人口最多的是科隆，计4万人。纽伦堡、维也纳和布拉格有2万人；英国伦敦1377年根据人头税册计算，约计35000—45000人。可以说，5万人口是中世纪西欧几个最大城市的"指标"。城市人口这么少，只能说是萌芽中的城市，这远不能和东方相比。难怪当马可·波罗向家乡人介绍元大都北京城的繁华时，被视为"疯子"而把他投入了监狱：他们哪里敢想象东方有不少个百万人口的大都会，哪里敢想到11世纪的宋代，就拥有数十万人口的城市、商埠四十余座！

中世纪时欧人经商很困难，关卡林立，道路难行，人为的破坏、干扰十分可怕。以税收而言，不仅苛重，而且名目繁多，简直匪夷所思：有通行税、过境税、桥梁税、货车税、河流税不算，还在根本不需要桥梁的地方建桥，以征收过桥捐，还强迫商人走根本不需要去的路，其收入则归当地封建主所有。如果说这还算"依法办事"的话，许多封建主更会敲诈勒索：车子颠覆了，当地封建主就把全部货物掠为己有；如果不幸货车翻倒，则全车货物都归封建主所有。最可憎恨的是流行一种"船难法"：凡遇难货船上的货物，都归当地海岸封建主所有。他们黑夜中在礁石林立的海区故意设置灯光，诱使商船碰礁，然后扣押遇难货物；如遇抵抗，船上人员还会被毫不留情地杀死抛尸。对比我国唐、宋、元、明、清的海外贸易法如"市易法"、"榷易法"等，这种野蛮程度就实在太令人惊心了。

第九章　大开放的元代海陆交通

　　元代的统一，是五代宋辽金时期所梦想不到的对于辽阔疆土的大统一；元代的交通，是对汉唐大陆交通与两宋海外交通的综合与拓展。元代的海陆交通网覆盖了亚洲大陆的广阔地区，直达东欧与阿拉伯半岛，也覆盖了渤海、东海、南中国海，并直通孟加拉湾、波斯湾与红海一带，直通非洲东海岸。它使汉唐时代人们就向往着的与欧非人民的直接交往变成了现实。

　　元人疏凿了运河新线，又开通了最便捷的近海漕运线，促进了南北商品流通，活跃了东部经济。元政府在我国内地经营的驿路，为明清两代所直接承用。

　　随着蒙元势力的拓展，亚欧大陆东西方人员交流空前活跃。中国移民特别是各种工匠技艺人才出现在西伯利亚和乌拉尔山以西，出现在阿拉伯半岛与波斯湾，出现在印支及南洋各地，对那里的文明发展作出了重要贡献。而东来的西方使者、商团、教徒，也纷纷在中国内地与东南沿海定居，参与了中国的经济文化建设，不少人还参与了国家的行政管理。其中，马可·波罗是杰出代表。

一　活跃非凡的蒙元交通

元代交通的显著特色是放射面宽，设施配套、道路畅达，物资和人员交流幅广量大，信息交流更为快速。

13世纪的前半叶，蒙古族中相继出现了颇有作为的前四汗：成吉思汗、窝阔台、贵由、蒙哥。他们统领蒙古各部崛起于阴山以北、大漠之间，以蒙古地区为大本营，东冲西荡，拼力开拓，其军事势力的极盛时期，曾直达东欧多瑙河畔，包括乌拉尔山、乌拉尔河东西，黑海、里海南北；又南下攻灭了金政权与南宋政权，把包括南中国海在内的大片疆土纳入自己的版图。兵锋所至，驿站随置，道路贯通，运输不绝，自然形成一种大辐射、大开放、大沟通的交通构架。

1206年，蒙古民族领袖铁木真统一各部，被公推为"成吉思汗"。他以蒙古中部的和林为政治中心。到窝阔台时期，这里便建成为一个都会了。从和林放射出去的主要交通干线有帕里干道、木怜道与纳林道。据《史集》记载，窝阔台时期，从汉地到和林之间，每隔五程便设一个驿站，共有三十七个驿站，每站由一位千户负责守卫。驿站备有牛马与大车，每辆大车要用八头牛来拉。每天有五百辆大车满载食物和饮料（酒）从各地运往和林。

这个时候，在亚欧大陆，已相继建起蒙古四大汗国：在乌拉尔山东西，有地域辽阔的钦察汗国；在伊朗与阿拉伯半岛一带，建起了伊利汗国；在西伯利亚与蒙古本部，由窝阔台治理；在葱岭东西，帕米尔高原与新疆地区，建立了察合台汗国。成书于13世纪中叶的《蒙古秘史》有这样一段记述：窝阔台曾与其兄察合台及其侄拔都（钦察汗）共商是否从和林向各汗国开辟驿路的问题，得到察合台与拔都的热烈响应，他们都认为："全国设立驿路，是一件极好的事情。"于是修建了钦察道。钦察道上，设置了驿站，每站有驿马二十匹，驿夫二十名，其它驮车、鞑牛、乳马都相应配备。窝阔台下令：驿站由千户掌管，要保证设备齐全足用，"如果缺少车辐，割去他半边鼻子"。钦察道从和林西北上，过唐努乌梁海、吉利吉斯去俄罗斯、索烈尔（波兰）和马札尔（匈牙利）。

　　1260年，一位具有政治远见的蒙古政治家忽必烈上台了，

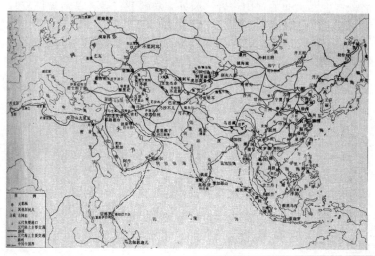

元代中外交通示意图

他在开平（今内蒙多伦）举行了继承汗位的典礼，随即对辽和西夏用兵，占据了甘、陕与中原各地，于1271年改国号为大元，1279年灭了南宋，结束了唐末以来我国五代十国、宋辽金元西夏大理等多个政权分立、对峙了三百七十余年的局面，实现了中国历史上的空前大统一。他正式定都于汗八里（汉名大都，即今北京城）。将开平命名为上都。

元帝国成立之后，一面以中央政府的名义，与察合台、伊利、钦察与窝阔台等蒙古四大汗国保持着相当的政治联系，以驿路相通联；一面将其直接统治的蒙古一部及原金政权、南宋政权与大理等地方政权统治的地区，划分为十三个地方行政单位：一是中书省直辖的腹里地，管领今山东、河北、山西与津京一带；一是宣政院辖地，管领着青康藏地区。其余为十一个行中书省，简称行省：东北有辽阳行省、内外蒙有岭北行省；黄河流域有甘肃行省、陕西行省、河南江北行省；长江流域有云南行省、四川行省、湖广行省、江西行省与江浙行省等，台湾属江浙行省，海南岛与南海诸岛属湖广行省。从汗八里（大都）到各行省首府，有驿路相通；行省之间，也有驿路相联。在行省下，又设有两级地方政府：路、州、府和属州、属府与属县。比如腹里地这一省级区，就有29个路、8个州3个属府，91个属州、346个属县。从省府至各州府属县，也有大道相通。这样，在全国范围内，就形成了中央、行省、州县三级交通网络，奠定了元明清三代交通的基本格局。

以大都为中心，通达四面八方的国家级主干道有：一，东北方向：从通州（今通州）经蓟州去辽阳行省。在辽阳分道通往本行省各路各州府，其中有一大道过鸭绿水通往朝鲜半岛，为国际通道，隔海联着日本。二，蒙古方向：有从大都向北经宣德去开平（上都）的民用道，从大都经缙山往北去开平的军用海青道；从开平北上，有纳邻道直达和林，这是蒙元初期就建成的大道。三，河套方向：从大都出居庸关去大同，通往河套地区，再西去新疆境内之伊州（哈密），取道天山北麓，通过察合台后王封地之仰吉八里（今新疆玛纳斯西部）、阿里麻里（今新疆霍城北）去钦察汗国，可直达里海北岸之克里木半岛。此为钦察道之南线；前述从和林至吉里吉斯、俄罗斯、马札尔之道为钦察北线。另有一条路取道天山南麓西去，跨越葱岭，通往今阿富汗、伊朗、伊拉克地区，是元政府与伊利汗国联系的大道，名波斯道，与钦察道一起，起着比汉唐时代之丝绸之路更大更直接的作用，它联结了东亚、中亚与西亚以至东欧，并有支线通往南亚恒河上的底里城。四，内地干线，有两组：一是与大运河平行的驿道，从通州出发，经天津、德州、徐州、扬州，向西联通江宁（南京），向南过江通往苏州、杭州，再向福州。它和大运河与近海漕运线一起，组成东部地区水陆交通网的骨架。另一是从大都西南之涿州出发，或去太原，或去汴梁，联通中原、华南、西南、西北及西藏各地，将各行省省府与大都沟通起来。其从太原出发者，首为下洛阳之线，或西去西安以远，或南下荆州以远。去西安者，可向天水与敦煌去新疆；可从天水去西宁再穿过青海向西藏；而由西安至宝鸡者，又可南下越秦岭而达成都。从洛阳到荆州的驿道，则可以转常德、沅州、贵阳去昆明；此后，定都于北京的王朝，都是经此线去黔滇的；也可以从荆州到常德转长沙、零陵、桂州去广州。这是汉唐时期中原下湖广的传统通道。其从涿州南下到汴梁者，则可以再南下庐州（合肥）；也可以南下鄂州（武昌）；然后再通往江州（九江）。由江州南下洪州（南昌）、赣州，越过大庾岭去梅州、韶关、广州。大都至广州的这条驿道，纵贯南北，跨越海河、黄河、淮河、长江、珠江五大水系，十分重要，特称为"使节路"；从海路来华之商团信使，在广州登岸后，要想到元大都的话，就得从这条使节路走。这一格局，到明清时仍是如此，直至京汉、粤汉铁道线通车之后，这才有了改变。元代内地驿路，直接为明清两代的大道奠定了基础。

据《元史·兵志》载：元代各行省均设有水陆驿站，水站提供舟船，陆站则提供车马，还有牛、骆驼以至狗，分别名为马站、车站或狗站。忽必烈时期，全国有陆驿 1095 个，水驿 424 个，站距 60 里至 100 里不等。全国驿站计用马 44300 匹，牛 8600 头，驴 6000 头，车 4000 辆，船 6000 只，轿 380 顶，狗 3000 条（宣政院辖地与各汗国与亲王封地尚不计在内）。除运输工具外，驿站还负责给过往官员与商旅军人提供食宿与安全服务。驿站的设置地点，以方便交通为原则，力求平坦、安全、便捷。比如：从大都到上都，1000 里间设 13 站；从大同到和林，4000 里间设 40 站；从汴梁到鄂州，1400 余里设 21 站；从天津杨村海口，经鸭绿江口到朝鲜耽罗城，设水驿 30 处；从大都到安南之大罗城，7700 里路，设站 115 处。这些"驿"、"站"的所在地点，不少至今仍作为地名留在当地人的历史记忆中。

元帝国对内河水运与近海漕运也十分重视。政府曾命水手实地勘测河套沿线水驿设置地点，派官员率技术人员勘测三门峡一带水驿的设置地点，并要求绘制出具体的线路图，标明方位里程与山川地势曲折高下，经朝廷核准后才能施工。为了有效组织近海漕运，从天津杨村海口起，经山东成山角，直到长江口平江府（苏州）之刘家港之间，抽调2000名水军与相应舰船，组成海运驿站，分设于沿线各处。

帝国政府在辽阔的疆土上实行有效的政治管辖，直接加强了边地与内地的经济文化交流，促进了蒙汉满回苗等数十个民族之间的相依共存关系，一扫五代以来把据有中原即视为据有天下的狭隘萎靡观念。"元有天下，薄海内外，人迹所至，皆置驿使。使驿往来，如行国中……适千里者如在户庭，之万里者如出邻家"。从此，真所谓"四海之内皆兄弟"了。由于元帝国中央政权与汗国之间保持着政治联系，在东西亚间旅行，就如国内一般，去掉了无数人为的障碍。政府使节，商团行旅、征戍人员、宗教界和其他各界人士，都可以在一个亘古未见的政治畅通条件下东来西往了。

在国际海上交通方面，元政府继承南宋以来大力发展海外贸易的传统，进一步大开放，大发展，在沿海港口城市广州、泉州、温州、庆元（宁波）、杭州、澉浦（海盐）、上海等口岸，设立市舶司，主管外贸事宜。泉州已建成东方第一大港。

值得一提的是：元军在攻灭南宋政权的时候，收降了长期主持南宋海外贸易的蒲寿庚，使其继续主持此项很有利可图的大事业，并不因残存于闽广的南宋抵抗势力而中断或削弱这种开放。原来，南宋后期就任命蒲寿庚为泉州市舶司提举，主持海外贸易三十余年。蒲寿庚是阿拉伯商人（或说是欧洲人的后代），幼年随祖父从占城（今越南中部）移居中国。他精通海上贸易，本人成为东南第一巨富。其婿办理之进口货物，先后也达八十艘海舶之多，积资巨亿。当伯颜率元军攻下临安（杭州）后，南宋君臣曾想依凭泉州市舶司的雄厚经济实力进行抵抗。然而，紧要关头，蒲寿庚向元兵投诚了。元政府十分重视蒲寿庚的作用，继续任命他主管东南海外贸易，同时又制订了《大元市舶司刑法》，促使海上贸易更加蓬勃地发展起来。

成为对照的是：清初也曾收降东南第一海霸郑芝龙，但因顾忌海上抗清势力，疯狂地搞海禁，伤害了中华海上事业。元人是有气魄、有眼光的。当时，中国海船从泉州港出发，可以直航波斯湾，进抵红海。当年马可·波罗返回意大利故乡，就是乘大元海轮往南海、波斯湾、红海而去的。

元代，是中国历史上最开放的时代。由于欧亚大陆交通的畅达，海上交往的频繁，中国与西亚、北非、欧洲的距离被大大缩短了，中国的印刷术、火药等重大发明传到了阿拉伯地区，又传到了北非，转向欧洲，也把中国印制纸币、纸牌的方法，使用的算盘的方法等也都传入了欧洲。这一切，对世界的文明的提升起了巨大的推动作用。同时，阿拉伯的数学、医学和天文、建筑知识，也相继传入了东土，大大地丰富了中华知识宝库。

这个时期，西方移居中国的侨民遍布各地，中国西北、西南、东部沿海城市甚至内地集镇，也都可以看到西亚与欧洲人的居住点。而中国人移居世界各地，也成为一时特色。

二 蜚声海外的"站赤"

"元政府在全国各地普遍地设立驿站，房屋高大宽敞，足够使用。驿站房间设备齐全，陈设豪华，被褥床帐全用丝绸绫缎制成。住进这样的房间，你根本不用发愁会有什么需要得不到满足。有的驿站，一式的大房间就有一百余间，雕镂彩绘，即使国王住进去，也不会显得简陋"。

写下这段话的是著名的欧洲旅行家意大利人马可·波罗。马可·波罗于元初来到中国，在中国生活了十六七年，曾在元世祖忽必烈的朝中任职，又曾一度在扬州做地方官，也曾代表元朝廷巡察各行省，代表中国出使南洋诸国。在这十六七年中，他对中国的山川物产，地理历史，经济文化，风俗习惯等，处处留心，事事观察。回到故乡后，用口述的办法，由别人笔录，写成《马可·波罗游记》。马可·波罗第一个用欧洲人的眼光来观察东方，描述东方，第一个热情而具体地向欧洲人介绍了中国，他用东西对比的方法来评述华夏文化，极大地刺激了欧洲人东来的愿望。《马可·波罗游记》刚出版时，曾被欧洲社会目为"天方夜谈"，基督教徒们怎么也不相信"在没有上帝的地方"，竟会有如此文明发达之邦，这分明是对基督信仰的挑战，故把他投入了监狱。著名的航海家哥伦布，他的初衷就是想看看东方到底是个什么样子。

1. 驿站的设施

驿传制度，蒙语为"站赤"。驿站，是元代交通设施的核心部分。上引马可·波罗的介绍，看来是走出大都国门的第一站，因受到元政府的高度重视，所以规模庞大而豪华。当然，元代外地的驿站也很讲究。有一个实例可以说明：在大都至广州的使节路（驿路）上，有一个小小的南浦驿（在江西），占地面积长144尺，宽72尺，"作堂其中，九架者三间；其前轩，崇广如堂而杀；其架之四堂，左右有翼如堂之深。左右廊五架者八间，皆有重屋大门；七架者五间，庖厩并厕"（虞集《南浦驿记》）。古代地方官把驿站看作本地的门面，显示地方政绩的窗口，总是倾心尽力而为之。小小南浦驿，远离京师数千里之外，还修有如此配套的堂屋敞厅、廊房、厢房一式高门崇檐，颇为壮观。并配有厨房、马房、仓库、厕所等等足够应用。由此可见，元代驿站确实不可小视。

2. 驿站的人事配置

根据元政府的规定，驿站设有站官管理站务。大站设驿令、驿丞、提领三员，另有司吏三员；冲要驿站设提领两名，司吏两名；普通小站设提领一名，司吏一名。提领统一由兵部委派，三年一期。提领管辖站户，多的三千人，少的五百人，责任重大。每个驿站，都有一批站户，专为驿站服务。站户不同于一般民户，是设站时由政府从当地民户中按上、中、下三等签发的，一旦定为站户，就不再与民户同籍。站户不负担国家赋税与徭役，专门负担驿站的需求：供应驿站的膳食住宿；造车养马随时添补更新，保证交通工具的供应；官员来往，站户出人应役，自备干粮，充当车夫、船夫、马夫、轿夫、递运夫；另外，驿站的修缮也由站户分担。单就养马一项来说：元代一站有正马 200 匹，贴马 200 匹。正马服役，贴马候备，定期轮换，均由站户喂养。仅此一项，就是站户沉重的负担了。加上官吏不法，挟势行威，恣意勒索，纵酒玩妓，奇珍异馔，无所不取，而这一切又都从站户身上榨取。小民不堪其苦。元政府却说：驿站经费由贫民负担最好，贫民资产有限，因此不会让官员挥霍，挥霍也挥霍不了多少。而且，消费的是老百姓私人的，各户自己心中有数，公家也就用不着过问究竟耗费了多少、耗费了什么、谁耗费的、耗费谁的——这无疑是公开放纵官员去侵夺小民了。

至元二十一年（1284）正二月里，从湖南道过往的使臣公然索要妓女 88 人次，一概不给银两。大都南郊的良乡驿，在大德十一年（1307）年末四个月内，被征用的站马达 13300 余匹（次），每天平均起用 120 匹以上。有的使臣，又常年占用驿房，最久的竟达十年以上，而且还索要每天的“份子”钱。这样，势必迫使站户家家破产，人人逃亡。到元代中后期，兴盛一时的驿站便走上了末路，支离破碎，无法运转，难以为继了。

本来，元世祖时，是有关于驿站管理的《站赤条划》的，同时又有《给驿条例》。各种规定原也明细而具体，比如：由各路管民官（即各路长官），负责督勒驿站，照看铺马，约束站官；管站官员不得借乘铺马，不得勒索站户，不得随意差发侵扰；驿站供应使臣有定例，使臣多取分例，要受惩处。但虽有此类规定，却无法使之长期地得到有效执行。元代蜚声海内外的"站赤"制度，当年曾以其规模之宏丽壮伟而盛极一时，不要几十年便归于破败了。

三 元代的河运与海漕

元代建都于北京，离江南很远，而庞大的国家机器，众多的京师人口，构成了一股巨大的消费力量。衣食粮饷，一律仰给于江南，这是唐宋以来的定局，元政府不能不接受这一事实。但怎样取给于东南呢？这就有赖于漕运了。

《元史·河渠志》说：元代开国之后，"内立都水监，外设各处河渠司，以兴举水利、修理河堤为务。决双塔、白浮诸水为通惠河，以济漕运，而京师无转饷之劳；导浑河，疏滦水，而武清、平滦无垫溺之虞；浚冶河，障滹沱，而真定免决啮之患。开会通河于临清，以通南北之货，疏陕西之三白，以溉关中之田……当时之善言水利如太史郭守敬等，盖亦未尝无其人。一代事功，所以为不可泯也。"这段话，概括地介绍了元代的水利事业与航运事业，并无夸饰。

1. 运河的疏通与漕运

辽金时期，大运河北段（黄河以北至通州段）被淤塞，元建国后，逐段进行了疏浚，并开凿了新水道。首先开通的是通惠河。

元世祖至元二十八年（1291），都水监郭守敬提议：从昌平县白浮村引山泉西转南下，沿途汇集它水，自西门入都城，形成积水潭，再引向东南，出城后东至通州高丽庄，与大运河接通，总长 164 余里，中设水门二十处，节制水流，"以通漕运"。此建议获得批准，至元二十九年春开工，次年秋季完工。渠成，"船既通行，公私两便"。在此以前，通州到大都五十里地，年年陆运税粮若干万石，百姓不堪劳瘁，从此获得缓解，人人高兴。其后在成宗、武宗时期，国家又添设运河管理人员，一面整治河床，修缮水闸，一面巡察船户奸非，制止沿河大户截流取水灌田等，保证了有元一代这段运河的畅通。

自通州经河西务、杨村务至天津一段，不但承运大运河漕运粮储、南来百货，而且要承运从直沽海口通过海漕运来的粮储百货，对于京师供应十分重要，一有水浅堵塞等情，京师物价立即腾涌，因此元政府一直注视这一段的水情，不断派人监视修浚疏理，"使官民舟楫直达都邑，利国便民"。

从河南卫州黄河北岸经大名府、河间府至天津府的运河段，当时称为御河。这一带土质松疏，河道容易淤塞，而沧州上下，河道又高出两旁地面，不断有决口之患。然而有一段时期，河防

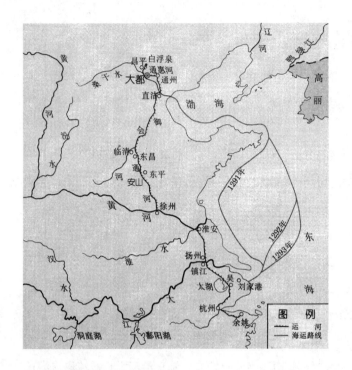

元代京杭运河与海运线示意图

却无人过问，以致有人从大堤取土，使堤坝亏缩。有人从堤下凿井，引运河水灌溉园圃。这就引起了一次次的水灾。加之两岸居民大户与地方官，为着各自的利益，以邻为壑，更加大了灾情。为着运河漕运的利益，元政府也曾多次派员治理，但始终不得要领，未能使御河名符其实地畅通。

御河的南端，到淇口（河南浚县西南）为止，与黄河还相隔一段距离，从南方沿运河北上的船只，航至今开封西南的中滦时，也不能前进了，因而中滦至淇口的一段就必须改为陆运。车船上下，迁延时日，损失颇多，耗费大量劳动力。于是，有人建议把隋唐以来的大运河中段裁直，在今山东境内须城至临清之间开通新水道，得到批准，这就修成了会通河。为了节制水流，又建了三十一座水闸，水闸规模很大，会通镇的头闸长100尺，宽80尺，可通行200料（每料合120市斤）以上的大船。

　　为使江南漕船从淮安能直接北上进入新修的会通河，元政府又在徐州、兖州、济宁之间，修成了济州河，把汶水、泗水与大运河联通起来。这一来，从淮安城北上的船只便可以顺畅地依次通过济州河、会通河进入御河、通惠河直达京师了。于是有些富豪权势之家，便大造船只，突破国家关于运河中只许航行150料的大船的规定，造出一次能装三四百料的大船来。这种船一进入北方水道，运转不灵，往往堵塞河道。于是元政府在几个重要河口，添设小水闸，限制船的宽度，从而限制船的装载量。谁知上有政策，下有对策，你修窄闸不让宽大的船过，我便造一种狭长条的船来对付，一样可装二三百料，有的船长八十尺、一百来尺，最大载重量达五六百料，比限制之前更疯狂。于是元政府又在闸前立石，限制船的长度，不许超过六十五尺长……但强横者仍然逼使管闸人员随时开闸放行，破坏管理，抢道先行，小民船只遭殃，国家受害。

　　大运河从淮安起向南的古邗沟段（隋代的直渎渠）以及长江以南的"江南河"段，疏浚较好，船行不绝，元政府未花太大功夫。

　　至此，从大都经天津到济宁、徐州，再到扬州、杭州的新的南北大运河修治疏通了，它成了元代最重要的内河交通线，每年从这条河中运到大都的漕粮有几十万石。收益更多的则是各地商人，他们把川蜀荆吴闽广的米粮竹木与百货，运集扬州，再北运京师。诸番土贡也往往由此路北上。这就保证了元廷与大都人民的需要。在运河流经的地方，兴起了一大批新都会，工商业很发达，文化生活也很活跃，促进了我国东部地区的迅速发展。

作为大运河的支线、联通线、并行线，除上述工程外，还有一些。例如，在山东半岛上，元代曾修过胶莱运河，把胶州湾与莱州湾直接联通起来，只是因为地层情况复杂，地下岩石坚硬，当时技术条件不足，不能深挖，通漕有限，没有发挥预期的作用。

在会通河开通之前，由淮入黄的船只，为了缩减由淮阴至开封中滦的一段迂回水程，避开从中滦到浚县（淇口）的一段艰难的陆运线，一度改由济州河入大清河，从利津入渤海，取海道到天津直沽港。这条内河与海运相联的水道，大致起着陆上会通河加御河的水运线的作用。但大清河入海口容易发生沙淤，治不胜治，因而这段水路也未能发挥预期的作用。不过，它的历史存在，倒是告诉后人：元人为了充分利用水道运输，确曾付出了巨大的智慧与辛劳。

2. 近海漕运线的开通

运河漕运毕竟有限，不能满足元廷巨额消费的需要，每年运河漕运粮食几十万石，还不够京师驻军的开销，于是求助于海运。

元人搞海上漕运的办法，是由丞相伯颜想出来的。

当初，伯颜率队攻下南宋临安时，曾让船队把宋廷府藏、文书、图籍、珍宝从海道运抵大都，取得了海上运输的经验。本来，春秋时越灭吴之后，就曾把都城从会稽迁到琅琊，近海航线事实上早已存在。唐代，也曾从三吴运米到辽东，支持战争，走的就是这条海路。元代起初依靠运河漕运，有此一条运河贯通南北，交通运输自然便捷，但运河的大部分在黄淮海地区，这一带泥沙最易淤积，水道常常堵塞，运力有限，人们又知道"北方转输，一切车马全不足恃。汉唐都关中，全视漕河通塞为兴衰"。陆路不行，水运有限，于是人们想到了海，想到了近海运输。公元1282年，丞相伯颜建议：由上海总管负责，造平底海船六十只，装载粮食46000石，傍海而行，航运大都，方案得到忽必烈的批准。但由于信风掌握不准，航路未搞清楚，这次航运未能及时到达，到第二年方才运到。虽然如此，但结算的结果是耗费少，损失小，比陆运仍然大大地省减，海运的优势明显，海上漕运的可行性被证实了。于是元廷成立"海道运粮万户府"，专营此事。同时在嘉兴、台州、崇明、江阴、平江（苏州）等地设立"千户府"，聚集并转运江浙、江西、湖广三大行省的税粮。

经过多年的探索，三易线路，终于选定了一条最佳航线：从平江府刘家港东航出海，由崇明进入黑水洋，直航山东半岛荣成县成山角，不必沿沙岸、依山澳、转水湾了；过成山角后即入渤海，直指直沽。这条航线风浪大，但航程便捷，十来天即可到达，不似前此的须用两三个月了。由于航海经验的积累，加上造船技术的提高，海上覆没的事很少发生，因而漕运额逐年轮番增加，而且一年可以漕运两次。在五六月间进行，顺风顺水，很是方便。每次漕运，都有成百上千的船同时行进，用水手数万人。起初各船自行前进，遇有覆没之险，难以救护，损耗多少也难以查证；后来改用"纲运"，将船只编组成"纲"，互相照顾、互相监督，既减少了海难，又减少了私吞，保证了海漕运输的安全。海漕，作为元代的一个定制，发挥了陆运所无法比拟的作用。海上漕路顺达了，商路自然顺达。元政府还采取措施，吸引在南方口岸的外番船直接北上通商，给予优遇。中国东海、黄海、渤海海面上，从来没有像元代这么兴盛过。

元代海上漕运，开始于元世祖至元二十年（1283），到元文宗统治的天历二年（1329），其间经过五十年，运粮数从开始的42000石上升到了350万石，上升八十余倍之多。这远远超过了陆路运输，也远远突破了运河漕运的数十万石的纪录。

当初具体主持海上漕运的负责人是朱清和张瑄二人。朱、张二人原来都是海盗，后来归降了元廷。元廷给以高官厚禄，让他们负责经营海运，结果为国家立了大功。看来元廷是很会利用人才的。元代后期，政治腐败，农民起义遍及江淮，红巾军常常阻绝江淮通道，福建大将陈友定从闽广组织海运，送一批日用百货到大都，救了元政府燃眉之急。元末张士诚造反，据守江浙，最后却向元廷靠近，离开了起义队伍。他曾为元廷运送粮饷三次，每次十数万石，延缓了元廷的灭亡。于此可见海运对元廷的重要作用。

但海漕并不容易，"历岁既久，弊日以生，水旱相仍，公私俱困"。"而押运监临之官与夫司出纳之吏，恣为贪黩，脚价不以时给，收支不得其平，船户贫乏，耗损益甚。兼以风涛不测，盗贼出没，剽劫覆亡之患，自仍改旧。至元（1335）之后，有不可胜言者矣"（《元史·食货志》）。元代以后，明人并不依赖海漕，这是重要原因。

四　元代外贸　海陆并举

元初，政府责成降元的汉人留楚炎、李晞贤等仿宋《市舶法》制订《大元市舶司刑法》，健全了外贸管理体制，完善了外贸管理法规。这样，中外海上交往，就不仅未因宋元易代而有所中断或有所挫折，相反，却更加蓬勃地发展起来了。这时，与中国有海上交往的国度或地区，东有日本、朝鲜等国，南有南洋群岛各国，东南亚、南亚各国，西有阿拉伯半岛各国，并延伸到东非海岸各国、环地中海各国。交往的地域如此辽阔，在世界史上也是值得称道的。

元代统一中国之后，仍然在泉州设市舶司，由蒲寿庚主理，然后在广州、杭州、庆元（明州即宁波）、温州、澉浦（海盐）、上海等口岸也建立了市舶司。元政府放宽了外贸政策，废除禁榷制度。外商来到，只抽解其货物的十分之一到十五分之一，其余商品一概自由经营。主要对外贸易的港口泉州，地处广州与杭州之间，位置适中，发展很快。到元初，泉州已成为当时世界最大商港。

为保证外商合法利益，元政府明文申禁市舶官员"勒令商舶梢带钱下蕃"，禁止私托外商购买进口物资；也不允许一市舶官员故意压价自行折卖，或借查验之机接受"呈样"（其实是贿赂）；规定中外商舶一律凭"公据"、"公凭"进出港口，从事商贸。无证贸易，"告捕治罪，货物没官"。为了防止海盗，商舶出洋，可带自卫性武器刀剑弓箭与铜锣，但一抵口岸，则需交给市舶司代管。商旅在内地经营，则将货品一一登录交柜，由所投宿旅馆代为保管与出纳，至期交验结账，十分安全可靠。

《元典章》中说过，元世祖也认为"有市舶司的勾当，是国家大得济的勾当"。这类"大得计"、"胜取于民"的认识，比起明清那些主张"禁海"的君臣来，还是颇为明智的。宋元之际的中外交往是值得大书特书的。

五　元代的旅店业管理

旅店管理由来已久，中国从春秋初年起，就已有私营旅舍业的出现。秦代商鞅变法，决定对旅馆业严格控制并加强管理，要求投宿者交验身份证明——符传，没有符传而投宿，旅客与旅店主人同样要受到严惩。汉唐时期私人旅馆业也非常发达，中间晋朝曾一度酝酿废除私人旅舍，潘岳上《客舍议》谏止了。而旅馆之为"藏纳亡命之所"这一点，也确实使历代治安当局十分头痛，于是旅馆作为一种特殊行业，需要强化管理，也就提上了议事日程。宋代，旅客除交验通行凭证之外，旅店还按《宋刑统》之规定，详细登录过往旅客。著名文人曾巩任齐州知府时，"嘱民为保伍，行旅出入，经宿皆有记籍"。老百姓家中留客尚有记籍，客舍登记就更不用说了。

元代对于客舍的安全管理更"有法可依"了。元代恢复并拓展了汉唐以来多民族统一国家的辽阔疆域，奠定了明清直至现代中国的版图基础。蒙元地跨亚洲大陆，大力发展东西交通，提倡互市、发展贸易，允许中国人四出经商，招徕西亚人、欧非人来华贸易定居，这就极大地带动了旅馆业的发展，也给旅馆业管理带来了繁重的治安任务。当时最突出的情况是两大宗：一是旅客鱼龙混杂，许多逃军、逃囚、无业流民夹杂其中，威胁元政府的安宁；二是客店主人借开店为名，牟取暴利，甚至谋财害命，刑事案件层出不穷，威胁社会安宁。这两方面的问题，决定了元政府的管理对策。其具体措施是：

1. 严查证件

（1）旅客必须申请文引，方能成行。"文引"即通行凭证，由本人所在的县司发给。申请人必须如实呈告并填写清楚本人事历、外出情由、随身货物、在外期限、所去目的地等内容。县司接得申请后，要查问邻保，由当事人具状召保之后证明确实"别无违碍"之处，这才发放文引。其他机关无权发放文引。蒙古军人在军中如因军事行动，可发给特殊证明，但非军事行动的一般公差，也得由县司开具文引。可见元代文引的发放是控制得很严的。文引期满时必须注销，因故必需延长时，持原文引到所在县的县司去倒换一张新文引。凡无文引者，"并不得安下"。无法投宿的旅客，势必要露宿、野宿。这时，又有宵禁与巡检，一旦发现，就要被笞打责罚；没有文引或文引内容可疑者，如被接待投宿，主人也要牵连受罚。

（2）旅客住宿，旅店有责任进行登录、查验。元代各旅店备有"店历"。客商到店，在验明通行文引之后，逐一进行登记，写明旅客姓名、干何营生、来去方向。"天全黑时，管理官员及其书记来舍，将留舍客人逐一点名、记簿、盖印后，闭门，使客安睡"。国家每月查验两次，遇有登录不实情况，"见发之家笞二十七下"，旅店主人要受鞭刑。这一规定，从客店方面防禁了逃军逃囚无业流民的窜逃活动，对维护统治秩序自然是有利的。

2. 旅店保安

（1）旅店有责任为旅客保管财物。客商进店住下时，钱财交店主人保管，客商住店期间购买对象物，由店方代为支付，临走一并结账。阿拉伯旅行家伊本·白图泰在中国旅行时，就了解到这一制度，他说，回教商人投宿于回教客店时，"则该店取客人钱财货物慎为保藏，客人用钱，主人代为之付，诚实可恃，毫厘不欺"。客人离开时，全数交出，若有减少或遗失，"主人担任赔偿"，在这个措施下，一般客店，信实可恃，可以更多地招揽生意；某些"黑店"也会因此而有所隔碍，难于对客人下手，钱财已当面交付明白，店家自然有所顾忌了。

（2）店家不下单客，客商必须结伴而行，结伴而往。这又是一条既针对可能的逃亡者又针对欺负单客的旅店主人的措施。由于客店不接受单身商旅，个别逃亡者就无处投宿；由于客商都结伴而行，主人倘若有污辱、谋害旅客之举，自然难于实现。这类措施看来似乎不便于商贾行客，但却是元政府对客店严密管理的一个措施。这比撒手不管客商的安全要好得多。

（3）保证旅客安全，建立旅店保安力量。元中统五年（1260），"验郡邑民众寡，置马步弓手"。这些弓手来自本州本里的民户，选家中富实丁多身强力壮者充当，归县尉、判官、巡检等指挥，负责当方"缉盗"事宜，"夜巡逻，禁出入，违者有罪，皆以防盗也"。按规定：州县城池相距五七十里以上，偏远村邑有居民二十户以上者，若设有邸舍可供居停，即需置"马步弓手"或"店舍弓手"，工作报酬由本店负责，保安业务由县尉主管。其关津渡口把隘要害去处，不受五七十里之限，随宜设置。客舍弓手可视为元代客店的专业保安人员。这个制度的实行，标志着元代旅馆业安全管理的专职化，是进步的措施。

3. 禁止宿娼

元政府明文规定，"禁使臣人家安下"，即禁止官员出差时投宿私门——这里特指私娼、暗娼。当时，娼妓不许在城内开业，而开旅店又往往在城外，商旅往还，络绎不绝，官兵来去，往往而是。于是，一切出使人臣等，每到外路，挟持威势，使酒命妓，招娼陪宿，以为故常。地方偶尔供应不上，还要受其毒打。对此，《通制条格·杂令》说，元廷下令："不畏公法官吏人等，每因差使去处，公明轮差娼妓寝宿。今后监察御史、按察司严行纠察。如有违犯之人，取问明白，申台呈省；其应付娼妓官吏，与宿娼人一体治罪，仍送刑部标籍过名。"这一条的执行，在那个时代，自然是不会认真的。但有这一条，总能说明其时旅馆业管理中，已经注意到娼妓问题，已经提到法律高度来处理了，这不能不承认也是一个负责态度。

当然，元廷对于旅馆业的种种管理措施，有其历史进步一面，也有其消极的一面。它所真正限制、取缔、惩罚的流亡者、逃军、逃犯、盗贼之类，往往是小民百姓，而实实在在的社会黑势力并不敢碰，实实在在的统治集团中的腐朽成分并不去惩治，倒是那些走投无路、求告无门的小民、流民，要被制裁、被惩办、被镇压。

六　中西大发现与地理大开发

元朝的统一，结束了五百多年来的民族纷争和血战，使得全国各地的人民有了一个比较安定的大环境，在中华民族形成史上迈出了不可逆转的一步。中西的互相发现，缩短了东半个地球的距离。元代人对爪哇地区与对叶尼塞河河畔的发现与经营，也值得今人记住。

1. 民族大融合的历史条件

唐朝以来涌入中原的沙陀、吐谷浑、党项、契丹、女真以及其他多种"色目人"，元朝以后都不见了，融合为一体了。从中亚、西亚来到我国内地的许多民族，由于共同信奉伊斯兰教，逐渐形成了回族；只有极少一部分，如阿速人等，跟随元朝末代皇帝逃到漠北，才又返回到游牧生活中去了。元朝在吐蕃设立了十三个万户府，从此成了祖国不可分割的一部分。云南在这个时候得到了进一步的开发，这是前代稀有的事情。很明显，大元的统一在中华民族的形成史上迈出了不可逆转的一步，留下了不容磨灭的影响。

2. 中西双方的互相发现

元代的超凡大一统，也为中西的互相发现、相互认知提供了可能。

阿拉伯旅行家伊本·白图泰于 1346 年（至正六年）来中国游历，考察中国风土民情。白图泰先后访问过泉州、广州、杭州以及元大都。返回摩洛哥后，白图泰将他的游历笔录成书——《伊本·白图泰游记》。这部旅行家笔录，以丰富翔实的资料，成为中世纪地理、历史、民族、宗教、民俗等方面一部价值极高的著作，被许多学者引用，至今仍是研究宋元时代中国与阿拉伯国家关系的重要资料。

马可·波罗以后，罗马天主教士接踵而来。意大利传教士约翰·孟德高维诺于1294年抵大都，建教堂三所，并用蒙古文翻译了基督教经典《新约全书》，后来还担任大都城区主教。元朝末年，元顺帝曾经派遣一个使团前往罗马，受到教皇的盛情接待。随后教皇即组织一个多人的使团东来，该使团约在大都居住三年，然后取道海路返回欧洲。欧洲人陆续来到中国和中国使者远赴西欧，这是元朝以前不曾有过的事。

中国旅行家汪大渊，于1328年—1332年和1334年—1339年先后两次从刺桐港出发远航，穿越阿拉伯海、波斯湾、亚丁湾及红海，是第一个可以稽考的去过摩洛哥和坦桑尼亚的中国人。有关其航行与旅途的综合性记叙——《岛夷志略》，对14世纪阿拉伯等地的政治、宗教，以及经济、航海和社会生活加以详细的记述，是了解该地区中世纪历史的不可或缺的资料。

在札马剌丁领导下编撰的《大元一统志》是一部古代地理与历史的集大成名著，为后人研究当时的自然及社会状况提供了既详实又珍贵的文献参考。

蒙元四大汗国的建立，本已给西亚、东南欧、东非、北非人以巨大震撼，但西亚东欧北非人对当时的中国毕竟缺乏了解。元帝国建立以后，便凭借原南宋境内高度发达的经济、文化、科技实力，对西方和阿拉伯世界的社会各界产生了巨大的吸引力。上都、大都、杭州、泉州、广州已具有国际化都市的色彩，西方旅行家、商人、传教士、政府使节和工匠，由陆路、海路来到中国，他们当中的部分人长期旅居中国，有些人还担任政府官员。据统计，这些人分别来自不丹、尼泊尔、印度、波斯、伊拉克、亚速、康里、叙利亚、亚美尼亚、阿塞拜疆、阿富汗、摩洛哥、波兰、匈牙利、俄罗斯、英国、法国、意大利等国，归国后一些人记录了他们在中国的见闻。正是这些游记，使西方人较全面地掌握了中国和东方的信息，一个文明富庶的中国真实地展示在世界面前。这些信息改变了欧洲人对世界的理解和认识。学术界普遍认为，马可·波罗等人的著作对"大航海时代"的到来产生了至关重要的唤醒作用。

3. 元代开发叶尼塞河的壮举

在大量阿拉伯人、欧洲人涌向东方的同时，中国人的视野也更加开阔，对周边国家、中亚、南亚和印度洋地区的了解也更为清晰，足迹甚至延伸到西亚、北非和西欧。其中最为令人瞩目的是：中原人被组织到辽远的国土开发事业中了，创下了前无古人的业绩。其中尤以元代对叶尼塞河上游地区的有效开发最为突出。

俄国西伯利亚有三条流向北冰洋大河，中间一条叫"叶尼塞河"（伊聂谢河）。它的上源有两大支流，一条叫昂可剌河（安可拉河），其上源直达贝加尔湖；另一条叫谦河，是叶尼塞河的主源。谦河又是由乌斯河、八河、阿浦河等多条支流汇合而成的，都起源于唐努山的北麓。元代，贝加尔湖至叶尼塞河一带，均属"岭北行省"管辖，元政府还在谦河流域设有谦州、益兰州等行政区划，负责这里的民政管理。当时这里居住着许多部族，沿着叶尼塞河分布，主要有北部的昂可剌人、中部的吉利吉斯人、南

部的乌斯人、斡亦剌（即明代的瓦剌、清称厄鲁特）人、东部的
巴尔忽（又称巴儿虎）人等部族。其中，昂可剌人住在叶尼塞河
中游，唐代称为"骨利斡"，这里"昼长夜短"，一只羊还没烤熟
天就亮了；吉利吉斯人（历史上又称做黠戛斯、吉儿吉思、乞里
吉思，今新疆柯尔克孜人便是其后裔）分布最广，他们就住在谦
河流域至唐努山北麓一带。据传其祖先是乌斯男子，与40名汉
族女人结婚后，不断繁衍而形成一个部族，史称其"颇知田作"，
"夏种秋成，不烦耘籽"；元时人有万户，分归九个"千户"来统
领。至元七年（1271），河南人刘好礼就任谦州、益兰州的"断
事官"，于此"修库廪、置传舍"，建立起行政中心，管领着各部
族的赋税刑狱等民政事宜。他发现此地土地平衍，适宜耕牧，但
"野兽多而畜字少"，居民"以杞柳为杯皿，剜木槽以济渡，不解
铸作"，有的"以桦皮作庐帐，取鹿乳、拣松实、斫山丹根为
食"，有待大力开发。他便请求元政府从中原地区调迁百户汉族
农民到此地来屯田。他们中"有工匠数局"，便在此地开设各种
手工业作坊，从事冶铁、制造农具、修造舟楫、织造绫罗锦绮
等，"土人便之"（参见《元史·世祖本纪四》、《元史·地理志·
西北地附录》及《长春真人西游记》等）。经与当地原有居民的
长期共同开发，这一带地区迅速进入文明发达之区，成为后来
"西伯利亚王国"的根基所在，今为俄罗斯的"图瓦共和国"。至
今这里的居民仍有元人遗俗。俄罗斯人向乌拉尔山以东拓展时，
其取得的最重要的文明果实就是对"图瓦"的占有。

第十章　大航海时期的明代交通

　　明代（1368—1644）正处于全球大航海时代到来之际，这是一个孕育新变和畸变的时代。我国东部沿海地区经济迅速发展，知识分子集结起来参政干政，搞社会讲学；市民商民矿工织工们罢工罢市、游行示威，道路景观迥异于前朝。但明统治集团长期推行最腐败最黑暗的宦官政治与特务统治，严重损害了中华民族的创造精神与健康的社会心态，交通则在苦压下曲折前行。

　　成祖时郑和七下西洋，把以文明与友谊为特色的中外交往推上了高峰。万历时开放海禁，恰逢葡萄牙、西班牙、荷兰人东来，于是构筑了跨太平洋、印度洋、大西洋的海上丝绸之路。但明政府没有长期稳定的中外交往政策，因而"大航海"并未能给明王朝带来更多利好，倒是开启了东学西传、西风东渐的文化交流之潮。

一　明初恢复全国水陆交通网

　　明初，承元末社会大动乱之后，国内交通运输与邮驿破败已极，海上漕运陷于停顿，南北大运河淤塞严重，黄河淮河泛滥成灾，交通事业面临困局。京城北迁后，为着维持国家的浩繁开支，明政府不得不取给于东南。南北大运河的漕运水道，便是明廷的命脉所在。政府不惜代价疏浚运河，并在运河沿岸修筑与运河平行的南北大道，派重兵护卫运河水陆线。以运河线为中轴，明代全国交通网渐次形成，保证了当时政治经济交往的需要。

1. 陆路：东北—北方—东南—华中—西南—西北干线

明初水陆交通网，是在元人开辟的交通线的基础上恢复与发展起来的。其主要干线：首先是东北干线，从北京出发，通往辽阳，直达黑龙江口的奴尔干都司（庙街）。奴尔干都司对整个黑龙江流域与外兴安岭地区实行政治管理，这里设有两座大驿站。第二条是北线，从北京北上宣化，或北通内蒙、外蒙境内；或西去大同并河套以远，接通哈密以西。通往东南、中南和西南的道路则有：第一条是大运河并行线，从北京经天津下山东到江苏徐州，分道，一去扬州、苏州、杭州，通福州，另一通安徽之凤阳、合肥到南京，此线联通南北二京，尤为繁忙；或从合肥径直去江西南昌，南下过大庾岭通广州。这条大道，是明代贯通南北的主干道，元代以来就特名为"使节路"。另外，从北京南下经卫辉、鄂州、长沙、桂林去广州的中南大道，也很重要。最后，是从北京到太原的大道。在太原以远，有过黄河向洛阳、襄阳的南下线，此线向荆州、常德，转贵阳、曲靖至昆明，是明代通往云贵的主干线；有过蒲津去西安的西去线。西北去可以到肃州，通新疆哈密卫等地；或去青海西宁，再通往乌斯藏都司（拉萨）；

还可以越秦岭转西南去成都。明代由成都通昆明的大道远不及从贵阳通昆明的大道重要。《万历野获编·入滇三道》称：从四川入云南的汉唐传统通道，这时"久已荆榛，仕人以至差役不复经由"了。原因很简单，当都城在长安时，经过四川南下昆明自然是合理的；都城在北京，经过山西、河南、湖南、贵州则更为便捷。但官与士和商不同，仕人与差旅不走的路，商人往还却是照旧的。在由蜀入滇的建昌至武定的传统通道上，仍有"商贾间走此捷径"。

2. 水路：近海—运河—内河—海外

水路方面，明代近海航线不及元前期与中期之发达。海运线从天津直沽起，北上永平府，可延伸至朝鲜西海岸。南下莱州湾，绕成山角，到胶州湾；再南下海州、上海、澉浦、杭州、明州、福州、泉州、广州。为缩短绕成山角的海程，继元之后，明又一次疏浚了胶莱河。

在整治大运河方面，明人下力不少，最突出的工程是在今山东江苏接界处疏浚了泇河。"泇以二百五十里安流，代黄三百六十里之险道。八千运艘，不两月过尽"（《万历野获编》卷一二）。本来，由淮安北上，溯黄河新道去徐州，转开封，当时也可通航。在漕运方面，起着元代济州河、会通河的作用，但风险较大，所以才疏浚泇河。另外，由洪泽湖入淮河，逆流而上，经寿春入颍水，过阜阳、沈丘，转西华、扶沟与朱仙镇，直达黄河南岸的荥阳，原为元代"贾鲁河"旧道，明时仍在发挥作用。其中，从淮安到正阳（颍水入淮之口）一段，舟楫往来，商旅不绝；从正阳到朱仙镇一段，也是舟楫通行，略无阻滞。只是郑州一段二百里左右河身略窄，然而也有船行。这是中原与华东之间的一条水上通道，当时也很重要。至于长江、珠江水系，条条水道通舟船，就不在话下了。连大北方大同至怀来一段桑干河上，也有舟舶运行着。可见时人对水运的热心。

有以上各水陆通道，配以各州府之的交通线，这些通道在多民族国家的团结统一方面，起了重要的粘合和纽带作用；加之交通线上遍设驿站、递铺、客舍、食店等，公私交往更为方便。

明初海外交通，是沿着宋元以来大发展的惯性轨道向前延伸的。洪武帝看到"军需国库，半取于市舶"的史实，鼓励对外贸易。对伴随各国使舶前来的外籍商舶，或以"向天朝皇帝朝贡"的名义而来的"贡舶"，一律实行免税政策，藉以招徕外商。因此，日本、南洋、西洋的贡舶、附贡商舶及使者相望于道，一时现出兴旺景象。万历以后，与大西洋环球航线接通，中外贸易自是另一番兴旺景象。中国产的生丝、丝织品、棉布、瓷器遍及全球，中国年年出超，入华白银占全球白银产量的三分之一至二分之一；《白银资本》的作者美国人 Frank 认为："整个世界经济秩序，当时名副其实地是以中国为中心的。"

3. 邮驿：急递铺—递运所—水马驿

明政府用于交通邮驿的设施有三种类型：一是驿传，二是递运所，三是急递铺。急递铺传送紧要军政公文，各铺接力，昼夜不停。一般十里间距，遍布城乡州县。比如湖北黄州一府有 7 个属县，101 个急递铺；安徽徽州府属县 6 个，有 81 处急递铺。公文一昼夜规定行三百里，随到随送，并须在文件封皮的排单上填报接送人员姓名与到发本铺的时间。

递运所只设在交通港埠，专用于军需物资和各地贡品的运输，有水陆两种。全国递运所最多时达 324 处。递运所的交通运输工具有车船牛骡等。船体用红油漆漆饰，民间呼为"红船"，以区别于一般船只。

另外就是驿传了。驿传是政府办的招待所，设于交通干线通衢大道上。南、北二京的国家宾馆称为会同馆，用于接待京外官员、少数民族代表、王府公差与外国宾客。各地方驿传称"水马驿"，用于"递送使客，飞报军情"，有时也押送要犯囚徒。在不设递运所的地方，也要兼理贡品的递运事宜。

为保证馆驿的正当使用，明政府订有"廪给条例"。各级官吏"依品驰驿"，按品级提供旅途方便。凡在途官员、使节公差，必需持有自己的身份凭证、使命凭证，按条例享受给驿特权，不许超额索取。明代驿传是送往迎来的机构、文人墨客会聚的地方，一般设在当地游览处，设备条件也好。在正常的政治局面下，有这样一个交通通讯系统，国家公务活动是足以保证的了。

二　道路新景观：随地宣讲　倡言人欲

明代中后期的道路上，奔走着一批面目全新的文化人。他们走南闯北，十分活跃，结社吟诗，集会传道，自办书院，自行讲学，又周游各地，无处不宣讲，随地做会场，形成一种新的社会风潮，刷新着社会面貌。其间，王学左派中有个叫泰州学派的，以王艮、颜山农、何心隐、李贽等人为主将，活跃于大江南北，他们大办"讲会"，积极开展书院活动，为后来的复社、东林书院更大规模的社会讲学活动作了"破冰之旅"。

泰州学派的首领是王艮，江苏泰州安丰场（今江苏东台）人氏，父辈是灶户，本人是个盐丁，大字不识几个，但善于经商。二十五岁时（1507）"慨然有任道之志"，便去读经、讲经。他好学深思，不守古注，自创新解，所讲无非是"百姓日用之学"。他讲课不限于学者圈子，更不受上层社会的拘禁，而以周围平民百姓为对象，也没有什么"仪规"，来学的人三教九流，要来就来，想走就走。他把这称作"讲会"。三十八岁时他亲赴南昌，谒见了著名的心学学者王阳明，相与论辩，为其"简便"的"良知说"所折服，成了王门弟子。

王艮四十一岁时自制了一辆蒲轮车，乘车北上，进京去"传道"。一路上他当街宣讲，不择场所，不计对象。所到之处，群聚围观，农夫商贩，有时不下千人。由此，他团结了一大批人物，上自朝廷名宦、地方大吏，下至贩夫走卒、佣工家奴，甚至有欧洲东来的传教士，起到了凝聚社会新知和学界新人的作用，王阳明学说由此开出了新生面。但因他的"随处讲学，男女奔忙"而"事迹显著，惊动庙廊"，引起了官家的警戒，准备围剿他，他被迫返回。

四十二岁时（1524年，明世宗嘉靖二年），王艮向王阳明建议，在浙江办了个"阳明书院"，他便与师友在此讲学。其间，他又应约到安徽广德、浙江孝丰、南京鸡鸣寺、苏北泰州等地去讲学，在复初书院、安定书院里与师友们"相与发挥百姓日用之学"。王艮四十九岁后，家居泰州，又去金山、金陵等地讲学，与王畿、唐顺之等相往还。五十五岁时系统地发表了他的"淮南格物之学"。

继王艮之后，对传统道术与修学方式作又一次颠覆的是颜钧（号山农），江西永新人。他也用"讲会"形式做民间讲学，但他的"讲会"是有规章，有制度的。嘉靖十一年他拜于王艮门下，从此遍历吴越齐鲁燕赵，以"游江湖，聚英才"为乐。他明确提出"育欲"说，承认人人有私欲，并要求"培育人的私欲"，发展个性，这正是16世纪前后东西方先进人士的共同呼唤。后来他被下狱论死。

还有一位叫何心隐（即梁汝元，1517—1579）的，江西永丰人，从颜钧"学道"，三十七岁上在家乡构建"萃和堂"，把全族聚合成一个共同体，通财互助，共教共养，创建了一个中国式的"乌托邦"。四十多岁时，因抵制县令无理加征"皇木银两"而下狱。出狱后北游京师，讲学于谷门会馆，但因事触犯严嵩，被逼出京。从此游踪遍天下，最后落脚于湖北孝感，聚徒讲学。时执政张居正力禁讲学，下令平毁书院。何心隐只得避地于泰州，又避地于祈门，终于没能逃脱，结果于1579年被下狱杖毙。他也公开宣讲"育欲（培育人私欲）"主张，宣扬"人性平等"，听者上千。这与欧陆的文艺复兴运动互相感应着，引领着一种新的时代风潮。

李贽，号卓吾，福建泉州晋江人。泉州当时是东方第一大港，是中外海上交往的重镇。李贽父祖都信奉回教，本人则"倔强难化，不信道（按：指道学、理学），不信仙、释，故见道人则恶，见僧则恶，见道学先生尤恶"。他二十六岁时应乡试中举，在南京国子监和刑部、在北京礼部都任过小吏，在河南、湖北、云南等处也做过小官。但一生坎坷。在南京时，他结识了焦弱侯、罗汝芳。他师奉王艮、王畿之说，从王襞、何心隐受学，认"穿衣吃饭就是人伦物理"，斥封建官吏为盗贼、为虎狼，成了泰州学派的后继强人。万历九年他辞了官，住在湖北黄安友人耿定理处，后移居麻城龙湖，遣家人回乡，独自借住芝佛院，削发，著述并讲学。其《焚书》、《藏书》、《续藏书》等均著于龙湖。他的讲学，"杂以妇女，专崇释氏，卑侮孔孟"，轰动一方，遭到假道学、刑部左侍郎耿定向的嫉恨，被逐出湖北。万历二十九年来到北通州，不幸被捕，自杀。

在王阳明的影响下，1526 年，江西安福举办了"惜阴会"，多达百人。1532 年，泰州学派的徐樾、林春等人，约同大学士方献夫举办了"庆寿山堂讲会"。1553 年，欧阳德等人在南京举办"讲会"。1554 年，邹守益等筹建成"复古书院"、"连山书院"、"复真书院"，举办"四乡会"。声势越来越大。时较有影响的讲会，还有江阴的君山会等；皖南地区则有泾县的水西会、宁国的同善会、贵池的光岳会、太平的九龙会、广德的复初会、新安的程氏世庙会等等。在江西，罗汝芳自办讲会，曾发出《约会同志疏》，邀集省内"缙绅士夫及高尚隐逸"到永丰城召开"全省大会"，借以"讲学明道"。总之，乡有乡会，县有县会，省有省会，还有跨省大会，一时成为风潮，道路纷纷，尽是"讲会"。

顺便提一句，当王艮、何心隐、还有李贽等人进行社会活动之时，欧洲的大地上正在搞"文艺复兴"。看来，东西方思想文化界是互相感应的，与西方的追求"个性"与"平等"，是"同曲而异工"的。看来，中华文化原本是在随历史而演进的，但结果不同。明中后期的这个"民主"势头，由于清兵入关而被截断了。

三 特务统治 道路萧然

明代实行的是一种宦官统治，搞特务政治，到了中后期，更是无事不通过宦官，无事不依赖宦官。宦官肆虐，缇骑满道，好端端的国家交通邮驿事业，被闹得乌烟瘴气，连国家漕运都搅得无法正常进行，更无论民间运输了。到了明末，宦官特务的横行，一代交通事业，也就被葬送于灾难之中了。

1. 宦官肆虐 咳唾成祸

明代宦官特务为祸，首起于朱元璋时代。朱棣又创办了"东厂"特务机关，从锦衣卫中挑选心狠手辣的人组成其基本队伍，使用社会上横行不法、亡命不逞之徒为爪牙，在其亲信太监的主持下恣意横行。这就在朝廷之上，又设了一个服从于皇帝私人的最高权力机构，不受任何个人、任何形式的约束，只听命于皇帝一人。这样，历来为各级政府专用的邮驿传舍、急递铺、运递所，也就成了宦官特务们手中的玩物了，古老的邮驿制度，受到了最彻底的败坏。

明代夜巡令牌

宦官们利用驿传残民虐物，其恶行举不胜举。明宪宗成化年间（1465—1487）宦官汪直出巡，地方都御史穿上官服，带领本地大小官员整整齐齐地跪在三百里外迎接这位"钦差"，直等到汪直车马过去了，才敢起身；起身后，立即脱掉官服，换上便装，赶到汪直下榻的下一个馆驿，去端茶送水，前后奔走，活像专门听差的小厮。都御史本是朝廷命官，是风纪大臣，专门纠弹检举查核越分非礼、违法违纪案件的，凡大臣奸邪、小人结党、作威乱政的丑事恶行，都在其弹劾打击的范围之内。而现在风纪大臣带头膜拜于尘埃之中、奔走于呼喝之下了，那么明政府还有什么"风纪"可言呢？明政府所有关于驿传的条例条令，也只成了一纸空文。

明代皇家，比哪朝哪代都要贪婪。全国上下，只要有肥美的土地，一被看中，就占为"皇庄"、"王庄"，其经营管理，一律委托给大大小小的太监去掌管。《明史》上说，明代皇差"旁午于道，扈养厮役食以万计，渔猎惨毒"。初办皇庄时，运输还不依赖驿站与递运所，多少还有点顾忌。到正德年间（1506—1521）索性明文规定由驿站负责运送，由宦官监押。各驿要保证皇差们享有上等伙食，有足够的车马舟船人夫供使唤，在路不许任何人干扰留难。稍有违误，必致大祸临头。而皇庄所在地，则任意设关卡，断桥道，有经过者，无论是驾车、乘船、步行，无论是过桥过关，都要交纳"买路钱"，甚至放牛牧马，砍柴捕鱼，也得交税，而且没有定额——随意盘剥，无孔不入，搅得民众无以为生，还谈什么"交通"！

皇家还在各处办"皇店"，同样让宦官承办。至于皇宫所用百物，则并非由皇庄、皇店供应，而是责令各地"贡献"，由宦官四处征求物色，看中的就押运回京。从禽鸟花石，珍玩宝玉，果品海味，时鲜香腊，到书画药饵，织锦刺绣，陶瓷雕绘，榆楠松桧，金铜铅锡，简直无所不取，而且没有定额，没有时限，只要风闻何处有何特产，就去搜求；有时该地根本无该物，那也得破产购置以应命。而征收到手的一应物品，又统统由驿递传送。南京下关有个龙江驿，是著名的大驿，终年忙于给北京递送贡品，穷于应付。

一次，北京宫中的针工局、巾帽局、织造局、尚膳局的太监们，同时来到龙江驿，各自索要人夫三百名，立等送出本局搜刮的"贡品"，而且谁也不肯稍候。一个龙江驿，如何承受得了？驿站两位负责人先后上吊自尽，妻离子散，家破人亡，而"任务"则绝不稍减！至于递运的车夫船夫马夫，更是吃尽人间苦头，受尽人间耻辱。而这班押运老爷，则到处行凶作恶。有个叫史宣的宦官，在船头特设两根黄棍，名曰"赐棍"，稍不如意，棍棒击人，往往致死。他船过沛县时，竟要沛县供应船夫千人，县令只招集到五百人，他便将县令告到诏狱"严惩"。这班宦官在押运皇家物资的同时，往往还要挟带私货，甚至非法贩运私盐私茶，大搞违禁活动，谁敢查问？而且宦官总是在船头挂一幅"钦赐皇盐"之类的幌子，那么连"官盐"也得让路，更何论"检查"核验！

　　宦官权威凶焰如此之大，发财如此之易，于是便孵化出一批"假宦官"来，为非作恶，无人敢问；甚而自己阉割了，或把子侄阉割了，送去当宦官，当不了就流落于社会，窜身于荒郊，劫夺商旅，杀害平民。地方政府习以为常，不加过问，更不敢惩治。天子脚下，如此混乱恶浊，外地的道路自不待言。

　　魏忠贤时，有旅客五人夜间在客店闲话，一人语及忠贤罪恶，旁人连忙止住他，此人说："魏忠贤再厉害，也不会把我弄去剥皮吧？怕什么！"到夜半睡熟，便有人举灯照面，将此客擒去，顷刻又来人带出另外四人，上了大堂，只见此人已被钉在大木板上。这四人便听座上人说："他说我魏忠贤剥不了他的皮，现在来试试看!"便命人浇以沥青,用木棰棰下皮来,吓得四人几乎死去,魏忠贤却赏给他们金钱,说是"压惊"。在特务统治造成的恐怖气氛下,人人自危,甚至连边远地区的小百姓,一听有操京师口音的人骑马而来,便惊惶逃避,如避瘟神。

祝允明《志怪录》记有一则实例:宦官王敬、王臣骚扰江西苏杭一带,"信意出一纸,录市人姓名,括取金玉,人无得免。或挈室而窜,白日闭户。途路行人,妄传其徒将来,则市人空肆而匿;东南骚然,有类大变。郡县无如之何,抑或闭门不敢治事"。

2. 市民走上街头展开和平合法斗争

然而,民心不可侮。明代"反特"的群众性斗争风潮,也打开了历史新篇。明代人民的反特斗争,发生在宦官肆虐最为猖獗的明代中后期,即正德、嘉靖、万历、天启年间,以矿工斗争、市民斗争最为典型。当时,湖北市民的反陈奉斗争,福建市民的反高采斗争,山东市民的反陈增斗争,云南市民的反扬崇斗争,都产生了震动朝野的效果,而以苏州市民反权奸魏忠贤的斗争最为有声有色,尤具政治斗争锋芒,取得的成果也最大。

神宗万历年间(1578—1620),搜刮天下财富,派矿使到各地监督"开矿"。矿使到处,任意指点,说哪里有矿,就在哪里设厂发掘,拆民房,毁坟墓,掘田垅,无所不作。一无所获时,则责令当地官民破产"抵偿"。他们到处肆虐,闹得"天下之势,如沸鼎同煎,无一片安乐之地。贫富尽倾,农商交困,流离转徙，卖子抛妻，哭泣道途，萧条巷陌"。这就不能不激起"民变"。万历二十八九年间，湖广税监使陈奉由武昌入荆州，沿途苛扰，劫掠商旅。一到荆州，便有商民数千，向他"飞砖击石，势莫可御"；到襄阳，商民数千聚众鼓噪，其势汹汹。襄阳知府办了两个参随小宦官，平息下来。又到沙市、黄州、光化、湘潭等处，处处激起民变。在武昌，陈奉又恣意作恶，于是激怒诸生（读书人），群起控诉，市民万余，蜂拥进陈奉宫，"甘与奉同死"。情绪激昂，陈奉却想用大屠杀来向当地官民示威，于是数万人围困奉府，陈奉逃匿，终日不敢出。其党羽十六人被愤怒的群众投入大江。朝廷派使臣刺探动静，两个月不敢入境。

同年，苏州织工的斗争更有气势。当时，苏杭织造太监兼税监孙隆驻在苏州，剥削机户，勒索商税，大水过后，征敛尤苛。时吴民机房出机，机工出力，相依为命。孙隆在苏州设五关，关关抽商税，商贾穷于应付。又每机税银三钱，按机按户抽税，于是机数锐减，机户罢织，从而使大批织工失业。于是人情汹汹，自分饿死，不如起而斗争。一呼百应，乱石烈火，击宦官，毙税棍，烧奸党，"民咸罢市"。有昆山人葛成，带领二千余织工，分成六队，他本人摇芭蕉扇领队，众人随之，"不挟寸刃，不掠一物，预告乡里，防其延烧。殴死窃取之人，抛弃买免之财"，其纪律性组织性之强，为"中国工运史"也为"世界工运史"写下了第一篇章。连万历皇帝也承认他们是"赤身空手，不怀一丝，只破起衅之家，不及无辜一人"，不敢过于追究，"以靖地方"。待到事平之后，葛成自己挺身而出，"愿即常刑，不以累众"。吴人为之立碑，称为"葛将军"。这样组织严密、纪律严明、万众一心、大义大勇的斗争，使朝野为之震惊。

这样的斗争，在万历年间，遍及江苏、浙江、福建、江西、广东、云贵、荆湘、关陕以至津门、辽东各地，一波未平，一波又起，有的持续数月，卷入几万几十万市民、矿工、织工、商贾及穷学生。魏忠贤当道时，派特务逮捕退职官员周顺昌，消息传出，"穷村僻落，蝇附而至，欲一识周吏部，日不下万人"。这样持续三天，第四天居民"倾城而出，执香者烟涨蔽天，呼号声闻数十里"。全城"震骇罢市"。有挺身请愿者竟遭辱骂，于是群情愤激，涌入大堂，打得宦官死的死，伤的伤，有的鼠窜，有的求饶。特务们魂飞胆落。事后，巡抚毛一鹭飞章告变，准备屠杀百姓。有颜佩韦等五人主动投案，说："杀校尉的是我们，与别人无关！"自取镣铐戴上，自己走入狱中，表现了一种大无畏的斗争精神。此后，"缇骑不敢出国门"，特务们再也不敢离京城一步，到处去张牙舞爪了。

重要的是，明代知识分子群体干政，有纲领，有组织，进行集会、结社（如复社），能与市民、矿工一起，开展群众性罢学、罢工、罢市、游行示威、联名请愿以至"反特"、"倒阁"（罢免朝廷大员）运动。它跟欧洲的文艺复兴和启蒙运动在精神上是声息相通、互相感应、互相震荡的。这样的时代景观，比欧洲同类运动起步更早、更有声势，也更有组织性——不要忘了，英国的近代工人运动是从"砸机器"开始的，其斗争艺术很难与晚明的罢工罢市游行示威之水平相较胜。

四 文明友好的海上交往

明朝初年，朱元璋和朱棣等人，对于恢复和发展社会经济比较关心，当时国内丝织品、瓷器、铁器的产量提高了，可以大量出口，景德镇等地已建成为外贸商品的生产基地。时造船业也很发达，仅郑和航海用的宝船的铁锚，就要用二三百人才能抬起，船体之巨就可以想见了。而且，东南沿海地区的贫苦居民侨居南洋者也日见增多，他们积累了宝贵的航海经验，具备相当的航海技术；他们在南洋与当地人民友好相处，共同开发，建立起可贵的民族信誉。

朱元璋和朱棣对发展海外贸易的政治经济价值都有较清楚的认识，"军需国库，半取于市舶"（《岭南文献轨范》）。是宋元以来的朝野共识，因而他们能以积极的态度从事中外交往。另外，东洋、南洋各国，从日本到吕宋到爪哇，也无不从对华贸易中获得好处，乐于和中国交往。而欧洲各国，首先是葡萄牙、西班牙、荷兰、英国也都闯入东方，寻求殖民市场。明代开办三大驿，即广州怀远驿、明州安远驿、泉州来远驿，专门接待从海道来华的外国商使。正是在这一大背景下，郑和远航实现了。

1. 郑和七下西洋

郑和，原姓马，先辈是西域人，元时定居于云南昆阳（今晋宁），世代信奉回教，父祖均去麦加朝圣过。十三岁进入明宫廷，成了一名小太监。燕王朱棣起兵"靖难",他随军作战有功,被赐姓郑。朱棣夺得帝位后,因有文武才略而被任命为宫内监太监,颇受器重,世称为"三保太监"或"三宝太监"。朱棣认为"今四海一家,正当广示无外"(《明史》本纪),便命令礼部向海外国家广泛宣传大明王朝,欢迎各国与华交往,开展对华贸易,并派出尹庆等使节,出使柯枝、古里(印度西海岸,今科泽科德)、满剌加等国。为吸引马来半岛、印度半岛以远的国家来华"朝贡",朱棣又把组织大型经济文化使团的任务交给了郑和,让他率领"宝船"去作远洋航行,郑和接受了这项重大使命。

当时,人们习惯上把黄海、东海及其以外的水域称做东洋;把泉州、广州以南直至爪哇、菲律宾之间的水域称为南洋,把这一带的国家统称为南洋诸国;把苏门答腊岛与马来半岛以西的水域称为西洋。郑和即远航于南洋与西洋。

永乐三年(1407)郑和一行第一次出航。当年七月十一日,郑和率领两万九千余人,分乘六十二艘宝船,在万众欢呼之下,从苏州刘家港出港泛海。此行历时二十七个月,访问了占城(越南南端)、爪哇(今属印尼,元代曾兵进爪哇)、满剌加(马六甲,今属马来西亚)、苏门答腊(属印度尼西亚)、南巫里、旧港(同前)等地,最远到达古里。这次远航的突出成果是与满剌加建立了最亲密的友谊,其国王极其赞同发展与中国的友好关系,特意提供一片土地,为中国建造官仓,以储存明政府分赠各国的大宗礼品与外贸商品。此后,这个官仓成了明政府海外贸易的重要中转站。此后的日子里,满剌加使团来华二十六次,国王与王

郑和下西洋之船

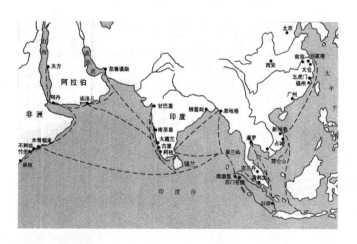

郑和下西洋之路线

后也多次来华，受到明政府最高礼仪的接待。每次都回赠大量金银锦绣，允许其商人在华开市贸易，视同国内商人，特予优惠。郑和及其他中国商船路过满剌加时，其港务官员派专人接引进港，十分重视。两国关系的友好融洽，将郑和使团的友好和平性质提升到新的水平。

这次远航，最远到达印度西海岸的古里（今科泽科德），并在那里建碑纪念。当时的古里，是东西洋航运的枢纽站，中国、爪哇、狮子国（锡兰，今斯里兰卡）的商船，在这里与波斯、阿拉伯商人聚会交易。郑和航行至此，也就把明政府愿与西亚欧非发展交往的信息传到了远方。郑和从古里回程时，又访问了旧港（三佛齐）。旧港地区早在南朝刘宋时期就与中国有交往，为中国所熟悉，它是早期华侨在南洋的一个重要聚居区，据说仅随广州人梁道明移居三佛齐的闽广侨民就有三千余家。郑和此行，加强了旧港与中国的传统联系。在此，郑和消灭了一股武装海盗。永乐五年的九月，他们乘南洋信风挂帆归来。

归国不久，他又作第二次远航，历时两年，重访旧地。到达真腊（柬埔寨）、暹罗（泰国）、柯枝、小葛兰（都在印度半岛西海岸，古里南方）、狮子国等地。这次远航的最主要成果是确立和发展了与锡兰、爪哇的友好关系。明洪武年间，使者闻良辅曾来此作过友好访问，赠予大量丝织品。郑和来此，协助当地人处理了爪哇东王与爪哇西王之间的矛盾冲突，稳定了局势，从而提高了华侨在这里的社会地位，郑和本人也赢得了尊崇。当地留存着大量关于三宝太监郑和的纪念物（地）：三宝洞、三宝祠、三宝垄、三宝墩、三宝铁锚等。这些，正是中国人民参与开发南洋，付出艰辛劳动与巨大智慧的历史见证。锡兰，即狮子国，与中国也有着久远的传统友谊。东晋名僧法显，曾在这里生活过一年之久，其《佛国记》对锡兰作了友好的介绍。郑和此行，带去了永乐帝亲自签发的国书，带了大批馈赠礼品，并立了一块祝诵佛法无边，护佑中外商旅安渡海洋的石碑，此碑高四尺五寸，今藏科伦坡博物馆。

第三次出航。永乐七年九月，刚归来的郑和又被派出远航了，历时近一年。这次出访范围，是前两次到过的地区和国家。归来时，有十九个外国使团随同来华。当这一行人穿戴南洋各国不同服饰出现在南京城时，全城轰动，政府与民众都表现出空前的热情与好客，满城洋溢着喜庆气氛。这些使节商团，也在南京城大街小巷到处观光游览，为中国的古老文明所倾服。这是明代对外关系最好的时刻。

从第四次开始，郑和便将自己的视线，移向狮子国以远、印度洋沿岸国家了。永乐十一年（1413）至十二年间，郑和一行经占城、爪哇、旧港、满剌加、苏门答腊，取道锡兰、古里，向苍茫无垠的印度洋航去。经二十五个昼夜的搏斗，到达忽鲁谟斯（波斯湾海口国家，都城在今伊朗霍尔木兹）。这是一个经济文化高度发达的国度，交通贸易极为兴旺。郑和一行在王宫里受到极为隆重的欢迎。国王十分高兴地让他们去参观繁华的都市街道。郑和一行便用丝绸、瓷器去贸换当地的药材与珊瑚，与当地人民结下深厚的情谊。回程时，国王派使臣来华，回赠麒麟（长颈鹿）、斑马、狮子、驼鸟、羚羊等珍禽异兽。永乐帝大为高兴，又回赠大宗贵重礼品。从此两国互相往来，维持了相当一段时期；两地商人的往返贩贸，更是长久化了。

当郑和一行从忽鲁谟斯返回时，曾顺道访问了海洋中的溜山国（今马尔代夫群岛）。这一带暗礁密布、风浪险恶。当地老舵手特意为郑和宝船领航。两国从此结下友谊。溜山国王曾亲自来华访问。郑和注意到，溜山人造船不用铁钉，而用椰皮绳缝合后再灌以沥清。这样造成的船，经得住风浪的袭击。这一特殊技艺，使郑和一行惊异不已。

第五次出航，从永乐十五年五月至十七年七月（1417年5月—1419年7月），船队出马六甲海峡后，直航忽鲁谟斯，然后向前进，先后抵达阿拉伯半岛南部的祖法尔（今佐法尔）、阿丹（今亚丁），又沿东北非洲海岸前行，访向了刺撒（非洲东北角）、木骨都束（今索马里之摩加迪沙）与卜刺哇（布腊伐，即布拉瓦）、麻林（今肯尼亚的麻林地）等。郑和一行是亚欧国家中首次出访非洲赤道国家的友好使团。在索马里与肯尼亚，郑和一行饱览了热带风光，了解当地民风与物产。木骨都束等国早年曾派人到过中华，这一次国王高兴地接待了郑和一行。回程时，木骨都束、阿丹、忽鲁谟斯、古里、柯枝、锡兰、苏门答腊、满刺加等十六国均派使者同行。永乐帝兴奋之极，他亲率群臣前往观看各国进献的珍禽异兽。

永乐十九年（1421）正月至永乐二十年（1422）八月，郑和第六次出访西洋各国，先到达印度半岛的甘巴里及琐里等，又前去祖法儿、木骨都束、卜剌哇、麻林地，最后到达竹步（在朱巴河入海口，赤道线上，属索马里）。这是郑和航海的最远距离。从此，非洲国家来华访问贸易的更多了，明政府一律热情接待，厚礼送回。郑和这次返程时，作了一个大胆的决策：横越印度洋（西洋）。这条航线的选定，是凭他多年的航海经验，经过周密的针路计算，又把握了本国船只战胜大风大浪的可靠性能之后作出的科学决断。郑和使团跨洋航行的成功，最雄辩地证明了当时中国人组织大规模远洋航行的巨大能量，证明中国人所掌握的造船技术、航海知识，远居世界的领先地位，它比哥伦布带三四只船，百十个人跨过大西洋到达美洲要早八十七年，比麦哲伦到达菲律宾要早一百一十六年，何况郑和是率领着二万多人的国家正式使团，携带着馈赠各国的大宗礼品，与各国进行友好通商的大宗商品呢！

这次远航归来后，郑和奉命留在南京，率领使团全部人马作"南京守备"。1424年永乐帝死去，继位的仁宗只当了一年皇帝，无暇及此；宣宗皇帝认为花中国大量财富，去西洋交换些宫廷消费品，珍禽异兽，实属不急之务，中止了下洋之举——当时朝廷上下都有这种看法，形成了一种舆论，于是中外交往的热潮低落下来。仁宣朝对永乐帝时期的不惜血本向国际社会"购买声威"的过举作反思是必要的，但因此而否定正当的海外交往，否定国际经济文化交流，说什么"不以中国事四夷"，则走向了另一种错误。期间，郑和曾作为专使去旧港一次，敕封那里的国王，表示明王朝并未完全忘怀南洋事业。

明宣宗登基四五年后，很少有海外使节来向他"朝贡"，他觉得比起乃祖永乐帝时的光彩热闹来，过于冷落了，于是在宣德五年（1439）六月，又一次命郑和率队下西洋。年事已高的郑和接到命令很兴奋，召集旧部，再整旗鼓，作了他平生最后一次带总结性的远航。沿途他一一拜访前六次访问过的绝大多数国家和地区，会见当地领袖，进行经济交流。同时，他又增访了一些过去从未访问过的地区和国家，特派副使洪保出访榜葛拉（孟加拉），副使马欢出访天方（阿拉伯）。郑和一行足迹遍及南洋与西洋各国。归国途中，其副使王景弘还转道台湾，在那里稍事休整，为当地人治病。直到宣德八年七月（1433）郑和一行才回到南京。次年，他就病逝了，葬于南京南郊的牛首山。这以后，明中央政府再没有组织过大规模远洋航海活动；而民间的海上贸易与海外侨居等，则比以往任何时期都更丰富多彩，更兴旺发达；而活跃在南洋的华人私家海上势力，也在大幅发展。总体上说，中外经贸文化往来更频密了，只不过经营主体在下沉于民间、非官方而已。

郑和七下西洋的成功，不是偶然的。他每次出航，国家都作了充分的人力物力准备。就海船来说，明政府在南京卫造船50艘，浙江布政司造船1180艘，福建造船137艘，每次出航，少者数十，多者数百。一次航海，配宝船36艘，马船700艘，粮船240艘，坐船340艘，战船180艘。这样一支舰队在大海上摆开后，其声势之大是可以想见的。当时，海船制造一律用罗盘针，有周详的航海记录，记有每天的航向、航程、方位、口岸、礁石、浅滩、风浪等详情，后人按照他们绘制的海图，沿着他们的航线走，可以保证安全。郑和一行，人员众多，他们中有医生、水手、海师、勇士、力士、翻译、书手、买办、民梢、造船工、石工、画工、阴阳生（天文官）、回教徒、佛教徒等等，各行各业，应有尽有，实行严密的军事化管理。首次出航时的政府官员有：钦差正使七员、副使监丞十员、少监十员、内监五十三员，都指挥二员、指挥九十三员，千户一百零四员、百户一百零三员、舍人二员、户部郎中一员，鸿胪寺序班二员、阴阳官一员、医官医士一百八十员。后来几次也大体维持了这一水平。这在世界航海史上是罕见的；使团所过之处，从未发生破坏中外友谊的事故，这在西方殖民者的航海史上，更是不可思议的。

2. 华人对南洋的开发与认知

郑和航海是在中国社会经济已经非常发达、国力向上发展的时期进行的，它不带有任何掠夺、扩张、占有的意图，连"赚大钱"的意图也没有。郑和船队带到南洋、西洋去的商品、礼品，有中国传统的出口物资如大宗的丝织品与瓷器，有金银器皿、书籍、铜铁器、大米、谷类、豆类、橘子、琉璃、麝香、雨伞、樟脑丸等，还有新兴产业棉织业产品（各种棉布）及漆器、纸张、茶叶等，都是中国人自己也迫切需要的必需品。而购买对方物品时，若货物不足以交换，有时便用金银钱钞支付。另外，郑和一行队伍庞大，拥有各种高水平的职业技能，所到之处，便传授打井、开渠、精耕、种植、炼铁、织丝、造船、医药等技艺，无一不直接关系当地民生，无一不是开发性、建设性的，但中方从不占有对方一寸土地，从不无原则地索取报偿。郑和船队所装运回国的东西，则主要是珊瑚、水晶、龙涎香、紫檀香等珍宝香料，狮子、麒麟（长颈鹿）、驼鸟等珍禽异兽；还有没药、血竭之类的名贵药材，沉香木、婆罗树等名贵木材与暹罗米、胡椒、吉贝（棉花）之类的农副作物、农副产品。这样的中外交往，无疑促进了南洋、印度洋沿岸地区的物质文化生活内容的更新与交汇，促进了人类文明的共同发展。

在郑和下西洋之前，"下南洋"已成为明代人口移动的一个重要方向，此后更成为民间潮流，尤以闽广沿海居民为多。值得注意的是：尽管侨民们往往聚族而居，连片垦植，有自己的经济体系，也不乏自己的领袖人物，具有高度发达的生产力与社会管理经验，却无人表达过"侨置郡县"或"独立建国"的政治意愿，未见有华人在南洋挑起过政治性"冲突"（而侨民内部的纷争倒并不少见）。这在世界移民史上或者侨民史上也是一种很独特的景观。

在文化信息方面，记述郑和下西洋盛事的有"三书一图"，各具千秋，是我们今天研究明初亚非各国史地的珍贵史籍。其时，随郑和出使的马欢著有《瀛涯胜览》，费信著有《星槎胜览》，巩珍著有《西洋番国志》，还有一本出于众手的《郑和航海图》。《郑和航海图》本名《自宝船厂开船、从龙江关出水、直抵外国诸番图》，内有《过洋牵星图》四幅。此图描绘了亚非沿海各地形势，在认识海洋和掌握航海术方面，达到了较高的水平。

所以该图在世界地图学史、地理学史、航海史上也占有较为重要的地位。

其中，费信往来南洋二十多年，所记特为详实可信，行文亲切平和，不杂芜词。如对"榜葛刺"的民风物产，就是这样记录的："其国风俗甚淳，男子白布缠头，穿白布长衫，足穿金线羊皮靴，济济然亦其文字者。众凡交易，虽有万金，但价定，打手，永无悔改。妇女穿短衫，围色布线锦，然不施脂粉，其色自然娇白。两耳垂宝钿，项挂璎珞，髻椎脑后，四腕金镯，手足戒指，可为一观。其有一种人曰'印度'，不食牛肉。凡饮食，男女不同处。夫死妻不再嫁，妻丧夫不再娶。若孤寡无倚，一村之家轮养之，不容别村求食，足见义气所尚也。田沃丰足，一岁二收，不用耘籽，随时自宜，男女勤于耕织。果有波罗蜜，大如斗，甘甜香美；奄摩勒，香酸甚佳。其余瓜果、蔬菜、牛、马、鸡、羊、凫、鸭、海鱼之类甚广。通使海贝，准钱市用。地产细布、撒哈刺、绒毯、兜罗锦、水晶、玛瑙、珊瑚、珍珠、宝石、糖蜜、酥油、翠毛、各色手巾、被面。货用金银。布段、色绢、青白花磁器、铜钱、麝香、银朱、水银、草席、胡椒之属。"

这类著作，不仅为尔后的航海提供了可贵的指南，为南亚、东非的史地研究提供了珍贵的史料，也极大地开阔了中国人的眼界，活跃了中国人的思路，助推了中国人开发南洋、探索西洋的热潮。

中国人是营造人类共同家园的积极力量。

五　中日交往与倭寇为害

从公元八九世纪起，中日之间有了频繁的经济文化交流，两国民间存在着深厚的情谊。

> 日本晁卿辞帝都，征帆一片绕蓬壶。
>
> 明月不归沉碧海，白云愁色满苍梧。
>
> ——李白《哭晁卿衡》

这是李白写给日本友人晁衡的诗。晁衡，日本学者阿倍仲麻吕的汉文名字，十六岁时作为日本遣唐留学生来到长安。在这里，他学习汉文化，并入仕于唐政府，与中国文化名人李白、王维等有密切交往。他在中国工作三十六年后，乘船回日本国。中途遇到风暴之灾，在海上飘泊，一时断了音信。李白误以为晁卿沉海了，十分感伤，写下了这一名篇，真实地唱出了他们之间深挚的友情。

1. 源远流长的中日交往

当时，日船来华有两条路线，初时以北路为主，从福冈出发，沿朝鲜海岸西北行，到辽东海域再转山东登州、江苏楚州（淮阴）或扬州，以到扬州的商旅为最多。至于来华求学入仕者，则多转楚州（淮安）去汴梁、洛阳以至长安。到后来，特别是南宋时期，日本来华人员多从南路而来了：从福冈出发，由九州岛南下，经种子岛、屋久岛、奄美岛等地西航，直达中国的明州（宁波）或泉州。如果说唐代的中日交往以日本吸收中国文化与物资为主，那么，到南宋时就有来有往了。当时中国从日本进口木材、漆器、黄金、琉璜、刀剑等，向日本出口丝绸、瓷器、中药、书籍、香料等。因为日本一时还生产不出铜来，因而又大量进口中国铜钱，以便流通。日本考古界曾发掘出中国古钱五十五万三千多枚，绝大部分是宋钱，说明宋钱在日本市场居重要地位。

元代的中日交往，正是沿着这一友好交往、平等互惠的轨道继续发展的。元代去日商船，主要从明州启运。1981年南朝鲜在其西南木浦海面打捞出一艘商船，船中遗物有陶器、瓷器、金属器皿及漆器一万两千多件，标明由庆元路运出。还有元代铜钱20万枚。此船为三桅船，长95英尺，宽25英尺，用隔舱工艺造成，可能因风暴而沉没。此商船的出世，为我们勾出了元代中韩、中日交往史的面影。

2. 沿海居民与倭寇的较量

明朝的中日交往，出现了复杂局面。一方面，汉唐宋元以来的传统力量十分强大，友好往来继续存在；一方面则出现了破坏这种传统友谊的倭寇问题。

我国元明之际，日本国的统一政权镰仓幕府走向崩溃，进入日本史上的南北朝对峙时期（1336—1396），两个天皇互相抗争着，后来演变为大名割据（1467—1573），战国纷争，社会动荡，没有一个统一的权威政权。这时，日本社会孳生出一个武士阶层。他们取得权势时，便搞武力扩张；一旦失势，又沦为寇贼，杀人、劫财、强盗为其习性，成为日本军政集团的社会基础。日本著名历史学家井上清说："从十三世纪初开始，九州岛和濑户内海沿岸富于冒险的战士和名主携带同伙，一方面到中国和朝鲜进行'和平贸易'，同时也伺机变为海盗，掠夺沿岸居民，对方称之为倭寇。"（井上清《日本历史》）对倭寇的胡作非为，日本没有任何一个政权能够加以管束，因而为害愈演愈烈。其为害最烈的时期，适当中国明代永乐至嘉靖的百十年间。时明政府搞宦官政治，无力抗倭；而倭寇之中，也混有不少中国沿海的不逞之徒，他们绞结在一起，加重了倭寇（海匪）危害的烈度。直至明后期，闽浙一带的沿海军民在戚继光的领导下，才给了倭寇以致命的打击。而日本国内，德川幕府也于 17 世纪初确立了对全日本的政治统治，有了一个能负责任的政府，中日交往在排除了倭寇影响后，才重新走上了正常轨道。

明太祖时，日本"贡舶"来华贸易，得到极优厚的报赏。日本各地豪强认为有利可图，各实力集团都派出自己的商使，以全日本的代表身份来华贸易，这就使明政府难以应付了。于是从永乐初年（1404）起，实行"勘合"制度：由明政府每年颁发一定数量的勘合（即皇帝特许的合法通商证据）给日本方面，凡持有勘合的，免交商税，而且可获优厚报偿，这就必然有一些商团得不到这一优惠，于是各门阀势力，以至寺院势力，都参与了争夺"勘合"的角逐，以致起而生事。"倭性黠，时载方物戎器，出没海滨，得间则张其戎器而肆侵掠，不得则陈其方物而称'朝贡'"（《明史·外国传·日本》）。永乐三年（1405）日本室町幕府源义满将军曾捕获倭寇二十人押送明政府惩处，严辞斥责这种"海寇旁午"、"无赖鼠窃"的罪恶行径。

就中国方面讲，倭寇问题之所以愈闹愈烈，则有两个原因：一是腐朽官僚与地方豪强相勾结，一面欺诈日方守法商民，触犯其正当权益；一面勾结倭寇，与政府海防官军作对，以从中牟取黑利。明廷以严嵩、赵文华等奸党主政，他们搞假抗倭，丧心病狂地残害忠良，出卖国家民族利益，使之敢于登陆肆虐。一时间，北到山东，南到福建，处处有倭寇作恶，有时还深入内地，骚扰侵袭到南京等地。另一方面，明廷又有一批颟顸官僚，他们对倭寇毫无办法，竟认为"倭寇起于市舶"，是"勘合"贸易带来的，妄想靠歇业来截断倭寇入侵之路，可明政府又无力将具体规定落实下去，于是"日本海商往来自如，（中国）海上奸豪与之交通，法禁无所施，转为盗贼"（《明史·食货志》）。嘉靖朝时，倭患一度达到高峰，时任浙江巡抚的朱纨，力主抗倭，他痛心地说："去外国盗易，去中国盗难；去中国濒海之盗尤易，去中国衣冠之盗尤难。"（《明史·朱纨传》）恰恰就是因为有了这两句话，他本人被投入监狱而死。另一位力主抗倭、立有战功的名臣南京兵部尚书张经也被诬处死了。

3. 中日交往的持续

倭寇问题的最终解决，是在明代嘉靖末年。

嘉靖四十年，奸党头目严嵩倒台，抗倭力量在朝中方得抬头。抗倭名将戚继光来到当时倭寇为害最烈的浙江，在金华一带召募矿工、农夫，组成戚家军。他讲求战法，阵法，创立鸳鸯阵，实行兵种配合，长短兵器配合作战。同时，他十分注重军纪，将军与士卒同甘共苦，《明史》上称其"号令严，赏罚明，士无敢不用命"，战斗力很强。戚家军在浙江沿海与倭寇抗衡，九战九捷，消灭了骚扰江浙一带的倭寇，又南下福建，解决了闽广倭寇问题，经十余年浴血奋战，在其他将领如余大猷等人的积极参与下，终于解决了为祸二百年之久的倭寇问题。

　　在这种情况下，为着对日贸易的方便，明政府在舟山的沈家门港设市舶司，专门接待和管理对日贸易。日船抵港，官府和商民一起击鼓相迎，设专门市场进行"两平贸易"。明代去日本的华人也日见增多，在博德、大阪、伊势和相模等港湾进行贸易，也颇受对方礼遇。据明代学者姚士麟《见识篇》记载，日本非常需要中国商品，大量生活必需品来自中国："大抵日本所需，皆产自中国。如室必布席，杭之长安织也；妇女需脂粉，扇漆诸工需金银箔，悉武林造也。它如饶之瓷器，湖之丝棉，漳之纱绢，松之棉布，尤为彼国所需。"因此，日本非常欢迎中国商舶前往。谈迁在《枣林杂俎》中说："中国船将至，舟声三炮。岛人出迎，登货邸主，延款一日，听岛主定值。"与中国商人去日本的同时，大批华人工匠也去日本定居，聚居于博德、平户、五岛列岛及鹿儿岛一带，在那里形成了"唐人街"。他们带去多种多样的手工业生产技艺，对日本文化的开发与发展作出了自己的贡献。比如植棉技术、织布技术、丝织技术、漆器技术等在日本的生根与发展，与赴日侨工都有密切关系。日本的漆器业、冶铜业、丝织业，都是从中国引进，并在这段时间发展起来，不久转而向中国出口他们的铜和漆器了，而且技术上有新的创造。

日本国德川幕府建立后，也鼓励与中国友好通商。德川幕府的对华友好是真诚的、坚定的，即使当西方殖民者葡萄牙、西班牙、荷兰等东来，寻求殖民市场的时候，德川对之实行闭关政策，也仍然欢迎传统的友好通商国中国继续派商船前往，到日本港口停泊经营，甚至可以在长崎街上走动，而严禁西洋人登陆贸易。延续到清代前期与中期，中日之间的这种友好交往始终维持着，长崎港建有十三座华商馆，开展特惠交易。清政府每年从日本运入大量黄铜，运去大宗生丝百货，商船每年有二百艘之多；闽浙海上商人赴日者尤为频繁。这对双方国民都是有利的。

说明一下：有人用"朝贡贸易体制"来概称明清的海外贸易，那是不恰当的。一来"朝贡"部分有明确的、公开的比例（百分之二十以内），是依法征收的进口关税，它只是抽税的一个名义而已；其二，所"贡"商品也绝不是"无偿"的，往往有高额回报。说穿了，它只是中国皇帝在挥霍巨资来"赎买"国际舆论的虚假吹捧；其三，正因为有大利可图，才会有激烈的"争贡""冒贡"出现，这部分本应从正当的"贸易"额中剔除；其四，还有大量的民间贸易在，双方的经贸活动不能只以官家往来作界定。

六 大航海时代的到来与海盗式贸易

环球航线是 16 世纪中叶由西欧人在南洋接通的。一接通便搅乱了郑和以来确立的"东洋—南洋—西洋"海上和平贸易体系，以武力介入一向由华人主导的、有日本人与南洋人共同参与的"南海—东海"商路，攫取肥利。同时，环球航线也冲击了东亚—中亚—西亚—北非—东地中海区间的传统商贸体制，使之大为失色。西欧"商团"把触角伸向中国东南沿海，其目标是马可·波罗向欧人介绍的中国大陆，一个堆满黄金白银的国度。

1. 环球航线在南洋接通

1498 年（弘治十一年）葡萄牙人达·迦马船队绕过好望角到达印度，与郑和"下西洋"的航线接通，这就开通了亚非欧航线。1510 年葡萄牙人在印度西海岸的果阿登陆，屠杀本地人，圈占土地，设立"货栈"。但他们只会当海盗，不会经营，便从莫卧儿（印度）人那里学习商贸法则与记账方法，于是创立了一家"东印度公司"，操控起当地向称发达的棉植业与棉纺业来，这就在南亚地区植入了一种"商业经营"的殖民模式。然后向东南亚发展，来到南洋群岛，图谋染指中国。

1521 年（正德十六年），西班牙王室派哥伦布西航，来到拉美的西印度群岛，一登陆便宣布是其为"西班牙国王的新领地"。接踵而来者便大肆屠杀拉美原居民，铲除其固有文化，掠夺其资源，建立起殖民地政权，创造了另一种暴力统治的殖民模式。其后，西班牙人麦哲伦又随葡萄牙商船来到了南洋，登上了印尼的"香料群岛"。他坚信地球是圆的，后来他自率船队西航，绕过南美，渡过太平洋，于1571年（隆庆五年）来到菲律宾。在菲律宾，这帮海盗照样屠杀土著居民和在当地定居的华人，确立了殖民地暴力统治体制。麦哲伦本人在枪杀土著时被乱棒打死，但"环球航线"却因此行而接通了；葡式"商业经营"与西式"暴力统治"的两种殖民模式也交融起来，成为东来殖民者所交替使用的两手。这就拉开了全球大航海、大商贸时代的序幕。

2. 葡西英荷商团介入南洋商贸

全球性大航海、大商贸的时代来到之初，葡萄牙、西班牙及随之而来的荷兰、英吉利，渐次把持了马六甲海峡，强行介入"南洋（南中国海）"与"西洋（印度洋）"的原有贸易体制中来。

据统计，1493年至1800年三百年间，世界白银产量的85％和黄金产量的70％均产自拉美，在西班牙的控制下。他们将所掠金银一部分直接运往本土，供王室与贵族挥霍；大部分则装上"马尼拉大帆船"运往菲律宾，以交换东方的农业与传统工副业产品，运往欧陆，大发横财。

1511年（正德六年）葡人侵占了马六甲海峡，又占据了印尼的香料群岛。1514年来到闽广沿海，据广州屯门岛，不与地方当局打召呼，即上岸贸易，"获大利而归"。葡人尝到甜头，即与倭寇勾结起来，武装劫夺商旅，掠卖人口。1553年侵占了澳门，1557年（嘉靖三十六年）以欺诈贿赂手法从当地官员手中获准"租用"，1561年（嘉靖四十年）获明政府认可。从此，葡人有了介入"日本—中国—南洋"的三边贸易体制的基地；但其本身所有的正当商贸额比例微不足道，只是倾力于用海盗船骚扰我东南沿海，在闽浙沿海为祸二十余年之久，至1549年才被浙江巡抚朱纨赶走。它又垄断了欧洲对东方的海上贸易，把中国丝茶运到欧洲，牟取暴利。

西班牙人继1567年占领菲律宾之宿务岛后，1571年又占吕宋岛，即以"大吕宋"名义与明朝往来。1574年西班牙人剿灭了败退吕宋的海盗林凤集团，明政府于是厚礼相待。西班牙人吸引中国商舶赴菲贸易，1583年前后，贸易额有20万比索，到1610年（万历三十八年）猛增到200万比索，商品以生丝与丝织物为主，还有棉织物、瓷器、铜器、铁器，均为大宗。但西班牙本土与菲律宾均无物品可供交换，他们便乘"马尼拉大帆船"，越洋将商品转运到墨西哥阿卡普尔哥港去，获利可达300%，然后再运回大宗墨西哥银元，与华商贸易。1626年，它以武力占据了台湾岛北部，并以此为基地与大陆开展贸易。声言可用一万两千兵拿下中国。它的活动，遭遇据守澳门的葡商的严重干扰，以及后到的荷兰商团的海盗式破坏。

荷兰人从西班牙手下独立出来后，也来到了南洋，占有了印尼巴达维之后，挤走了葡萄牙人，也搞了一个"东印度公司"。1601年（万历二十九年）来到广州。1604年两次强占澎湖，侵扰厦门，抢夺渔船，俘虏华人，逼迫劳工为其筑堡固守，抓壮丁去爪哇当奴隶。史载：1615年（万历四十三年），荷兰东印度公司的全部出口中，货物只占6%，其余为从拉美、非洲掠来的贵金属。1624年（天启四年）荷兰登陆南台湾。西方殖民势力武力犯华占地，荷人首开恶例（葡占澳门尚是以"租借"为名的）。它又进入菲律宾，血腥屠戮华人，清剿华商势力；但无力与海上郑芝龙势力抗衡。1628年（崇祯元年），荷驻台头领与郑芝龙（郑成功之父）签订为期三年的商约：荷商的对日贸易，必需由郑芝龙提供商品，不得在沿海劫掠。郑芝龙每年向荷商交付生丝1400担，绢绫5000匹，糖500担，荷商则支付299700银元。据统计，1637年（崇祯十年）荷商转手运入日本的生丝是华商的13倍。1641年荷兰人赶走了西班牙人，拿下了全台湾。而这一年7月1日，郑芝龙商船运至日本的白生丝达6000斤，黄生丝1000斤，白绸16700匹，纱绫800匹，麻布3300匹，天鹅绒625匹，它货相称。可见当时日本对中国货的需求量之大。到1662年（康熙元年）郑成功收复台湾，使西方海盗气焰大受挫折（以上数据参见夏秀瑞等著《中国对外贸易史》，对外经济贸易大学出版社，2001）。可是，清政府为消灭台湾郑氏势力，不惜几度邀荷兰人出兵相助，因而答应其"贸易"要求。

1600年，英人也成立了一个"东印度公司"，变印度为殖民地，在这里操纵棉麻产业，尤其是暴力圈地，广种鸦片，搞非法而不义的海盗式经营。1637年，英国商团到达澳门，擅自赴广州贸易，被广州官员阻止。英商悍然开炮袭击，攻打虎门炮台，击沉一艘商船和水师船一只；加之受澳门葡商排挤，其对华贸易企图未能实现。这支"上帝的选民"只能逡巡于东洋海面，遥望大陆吐口水，恶狠狠地诅咒这个"闭关锁国"。

虎门炮台

明末，在东亚与南洋，东来的葡、西、荷、英人，一时还无力确立自己的贸易体制，只是插手"倒卖"而已；但他们搞的是"全球市场"，发展势头很猛，这又是华商所不具备的，况且又碰上了清初的"禁海"，在中外两股势力的夹击下，南洋华商终于被完全击溃。

清政府不顾南洋商民侨民的利益，反而与葡（时称之为佛郎机）、西（大吕宋）、荷（时称之为红毛夷）、英（英吉利）各国"商队"发展更密切的海上交往，并借其力对付南洋"海盗"，这也就给了他们染指南洋贸易的"合法性"，并进而取代华商、操纵东方贸易。同时，葡西荷英等国从美洲掠得的大宗白银，却也流向了中国大陆，被吸纳得无影无踪。时中国商品席卷欧陆，形成"中国潮"；而西欧自身商品生产力太过单薄，无多少自产商品可供市场；中欧贸易呈严重不平衡状态。

3. 郑芝龙：左右逢源的海上势力

郑芝龙（1604—1661），一生出没于海浪波涛之中，始终左右逢源。无论是陆是海，他都闲庭信步；无论是华是夷，他都相机利用；无论入官入匪，他都变身自如；无论去国还乡，他都往来自便；无论离妻别友，他都从不挂怀——只要利之所在，他必义无反顾，终于葬身于满清屠刀之下，还连累了追随他的老老小小。

他祖籍固始县（今属河南），明万历三十二年（1604），出生于福建泉州府南安县石井乡，原名一官，字飞黄，后改名郑芝龙。十七岁赴广东香山澳（澳门）依舅父黄程，从事海外贸易，到过马尼拉。明天启三年（1623），黄程遣郑一官押送一批白糖、奇楠、麝香、鹿皮等货物，远赴日本平户，交与那里的侨领李旦（泉州人）。平户为当时日本对外贸易中心，各国商船云集。李旦资本雄厚，拥有一支船队。芝龙被李旦收为义子，交给一部分资产和船只，到越南去做生意，不数年即成为巨贾，往来于中国、日本之间。郑一官在平户建新居，并与田川氏之义女翁氏缔姻，次年诞长子郑森。此子后改名为"成功"。

17世纪上半叶，荷兰在印尼巴达维亚（今雅加达）建立大本营，到处拦截葡萄牙、西班牙商船。它也成立了一个军事和商业复合体"东印度公司"，并在日本平户设立商馆。1624年（天启四年）到台南，筑"热兰遮"和"赤嵌城"两个要塞，后又赶走占据台湾北部的西班牙人，独占了整个台湾岛。时郑一官被李旦派到澎湖，担任荷兰人的通事（翻译），奉荷兰人之命，常袭击前往马尼拉与西班牙人通商的中国商船。

明天启四年（1624），郑一官结识了逃亡日本的颜思齐，又与到长崎贸易的晋江船主杨天生、海澄人陈衷纪相知。颜思齐和一批流寓日本、从事海外冒险的闽南人密谋起事。事泄，遭幕府搜捕，只得出逃。陈衷纪建言："吾闻琉球（台湾旧称）为海上荒岛，势控东南，地肥饶，可霸。今当先取其地，然后经略四方，则大业可成。"颜思齐便率船队抵台湾，在笨港（今北港）靠岸，率众伐木辟土，构筑寨寨。又派杨天生赴漳、泉故里招募移民三千余众，分为十寨，发给银两和耕牛、农具，开始了台湾最早的大规模垦植活动。

明天启五年（1625）一月，郑一官离开了荷兰人。八月，李旦在平户去世。李在台湾的产业和事业都归义子郑一官所有。九月，颜思齐病死，众推郑一官为盟主，从此改名"芝龙"。郑芝龙又从福建招徕了郑兴、郑明、郑彩等部将，聚艇数百，聚徒数万，势力壮大，成为海上最大的武装集团。明天启六七年，闽南发生严重旱灾，郑芝龙利用此机会，招抚了泉州饥民数万人赴台拓垦。并自率船队袭击福建漳浦，劫掠金门、中左所（今厦门）和广东靖海、甲子等地，不久又回师福建，再犯厦门，袭东山，陷旧镇。明朝官兵莫可奈何。从此，厦门成为郑氏地盘。

郑芝龙集团力量的大幅度发展，对荷兰殖民者也造成很大威胁，荷兰船舶一在海上露面，就为郑芝龙截获。天启七年

（1627）还发生一场驻台荷军与郑军的战争，结果荷军败北。此时，明政府既无力剿灭郑芝龙，又要利用这支海上势力与荷兰人抗衡，并镇压其他海盗，就想绥抚郑芝龙。崇祯元年（1628）七月，皇上招抚了郑芝龙，任其为"五虎游击将军"。他便离开了海上贸易根据地台湾，坐镇闽海。此时，郑芝龙有部众三万余人，船舶千余艘。家乡安平成为郑芝龙拥兵自守的军事据点和海上贸易基地。时闽南又遭大旱，郑芝龙再度招纳漳、泉灾民数万人，人给银三两，三人给牛一头，用海船运到台湾，大规模垦荒定居。

郑芝龙受明朝招抚后，福建巡抚宣布恢复海禁，力阻其与在台湾的荷兰人私下通商。原为芝龙旧部的李魁启和钟斌先后叛离，但都遭郑芝龙扫除。合伙人刘香心有不甘，到广东继续其海上劫掠营生，并与荷兰人勾结。明崇祯六年（1633）七月，新任荷兰台湾长官普特曼斯企图武力强占大陆沿海，在刘香的帮助下，不宣而战，击沉、烧毁和弄沉了港内郑芝龙的精锐船队和明朝官兵的二十几艘战船。船上配备完善，架有十六、二十到三十六门大炮，是当时中国最先进的海上武装船队，却毁于一旦。九月，福建巡抚大集舟师，准备痛击荷兰侵略者。身任"五虎游击将军"的郑芝龙舟渡海澄，誓师出发。不久在澎湖的遭遇战中，焚毁荷船一艘，生擒荷将一名，溺死荷兵数百。十月，由郑芝龙带领，明军150艘左右的帆船（其中50艘为特大战船）在金门料罗湾追上荷兰大船9艘、刘香船五十多艘。刘香败逃，普特曼斯狼狈退回台湾。福建巡抚称："闽粤自有红夷以来，数十年间，此举创闻。"经此一役，郑芝龙声势大振，东南海疆各股武装集团李魁奇、杨六、杨七、钟斌等均唯郑芝龙之命是从。普特曼斯放弃与刘香勾结，改与郑芝龙修好，约定荷兰的对日贸易，需经郑芝龙转手。郑芝龙不久又击溃了刘香，刘香引火自尽。于是郑芝龙遂成为东方海上的唯一强权，闽广商船也源源驶向台湾了。郑芝龙与葡萄牙人、西班牙人建立贸易关系。他运往日本的丝织物，有一部分是从澳门葡萄牙人手中购进的，日本的货物也由他运到吕宋，转售于西班牙人。

郑芝龙剪除群雄，把海上力量纳入明的地方官府体制，取得制海权，合法掌控东西洋贸易体制。他航行于东南沿海、台湾、澳门和日本、菲律宾各地之间，几乎垄断了中国与海外诸国的贸易，又在国际市场上同荷兰、日本、南洋各国商贸公司逐角。据记载：崇祯四年（1631）郑芝龙两艘商船从日本长崎载货物返航泉州。崇祯十二年（1639）驶往长崎的郑芝龙商船多达数十艘。据载：明崇祯十四年（1641）夏，郑芝龙商船 22 艘由晋江县安平港直抵日本长崎，占当年开往日本的中国商船总数的 22.68%，主要货物有生丝、纺织品、瓷器等。郑芝龙极力发展海上贸易，经常满载丝绸、瓷器、铁器等货物，驶往柬埔寨、暹罗、占城、交趾、三佛齐、菲律宾、咬留巴（今雅加达）、马六甲等国贸易，换回苏木、胡椒、象牙、犀角等，成为荷兰东印度公司在亚洲商业贸易的最强竞争对手。于是八闽以郑氏为"长城"，连南明唐王政权也视郑氏海上力量为支柱，擢升郑芝龙为福建总兵官，署都督同知。1644 年崇祯帝自缢于煤山，郑鸿逵、郑彩自京口退至杭州，迎唐王朱聿键入闽，称帝于福州。郑芝龙受封平虏侯，掌握军政大权。不久晋为平国公，加太师衔。此时清兵入关了。

顺治三年（1646）六月，清军兵分两路由仙霞关、分水关进逼福建，郑芝龙决意降清，拥兵不进，不顾郑成功苦谏，于十一月北上福州见贝勒降清。清兵进劫安平，夫人翁氏自缢。郑芝龙被挟持上京。

顺治十一年（1654）十一月，郑成功派遣五镇营兵及战舰百余艘南下，勤王破敌。十二月攻漳州，十邑俱下；转攻泉属各县，望风迎降；转扰福州、兴化等郡。清廷使郑芝龙劝降，郑成功乃报书言："吾父往见贝勒之时，已入彀中。其得全至今者，亦大幸也。万一吾父不幸，天也，命也，儿只有缟素复仇，以结忠孝两全之局耳。"清廷大怒，囚郑芝龙，流郑芝豹于宁古塔。顺治十八年（1661），郑芝龙在京的全家 11 口尽被清廷惨杀于北京柴市。该年农历三月初一，郑成功在金门祭海誓师，进军台湾；四月初一郑军抵台；四月初八日登陆安平，占领台湾南部；五月攻台湾东都，改赤崁城为承天府。荷兰人战败而降，撤出，台湾全岛光复，郑成功也不再以海上力量自视了。

七　大航海时代的中西文化对接

郑和航路与欧非亚航路的接通后，西人东来成了潮流。明代中后期直至清初来华的西方人，如意大利人利玛窦、熊三拔、龙华民、毕方济、艾儒略，日耳曼人邓玉函、汤若望，西班牙人庞狄我，葡萄牙人阳玛诺，比利时人金尼格等，他们在搞宗教宣传的同时，还带来了西方的科技文化，如天文、历算、测量、水利、机械原理等知识。中国的先进知识分子徐光启、李之藻等，把这些西来的新知识概称为"天学"，在接受的同时也作了中国化的改作。中华民族是愿意向"西天取经"的，现在又一次敞开胸怀，来吸纳西方的新知了。

1. 从使节路进京的利玛窦

利玛窦（1552—1610）出身于意大利一个经营药材的家庭，成年后成为天主教"耶稣会"教士。1578 年 9 月奉命到印度传教。1582 年（万历十年）8 月来到澳门，奉罗马天主教东方教区的范礼安的指令，赴华开辟中国教区。于是他就以"来自天竺佛国"的名义，穿上和尚服，自称"姓利名玛窦，字西泰、又字清泰"，1584 年携罗明坚等一起来到广东肇庆，顺利地与中国人打上了交道。他注意研究中国学术与中国社会民情，感慨地说："柏拉图《共和国》理想，在中国已经得到实践。"这说明中国文化已楔入他的脑海。在这里，他一面力交上层朋友，一面广泛接触社会，认真学习汉语。他筹建了一座"仙花寺"，挂上圣母像、基督像与世界地图（称《山海舆地全图》），刊行了《天主实录》。他又摆弄他的三棱镜来吸引当地民众。当地人也只把他作为"佛教"的某个宗派来接待，他也不做辩白，并不坚持天主教的教旨。

1584 年他来到韶州，与当地名绅崔太素结交上，二人合译了《几何原本》。后被介绍去南雄（今属广东），引见了许多高层人士。他钻研"四书"，并用拉丁文译出，寄回欧洲。这位利玛窦，实在是位"双料文化使者"。他媒介于东西文化之间，做了很有意义的工作。他知道儒生更受社会敬重，从 1593 年起，变装为儒服，从此以"西儒"身份与中国士大夫交往。1595 年，经南雄官员的引领，他由"使节路"北上，初到南昌，后去南京，不久又折回南昌。

1596 年 9 月，他在南昌成功地预测了一次日食，于是声名雀起，得到宗室建安王的热情接待，上层人士都愿与他交往。人们奇怪他的记忆力特强。他发表的"西国记法"，很受欢迎；又发表了以汉语写成的《交友论》，使用中国典籍语言，传播西方文艺复兴中的人文思想，与中国王学左派的议论多有呼应，互成默契，获得了意外的成功。从此，他为中国精英群体所接纳。

此时，他获得范礼安的正式任命，成为中国教区的总责任人，要他准备赴京，面见皇上。1599 年 2 月 6 日他又到了南京，通过崔太素而识得叶向高、李贽、徐光启等大僚与名流，在南京建成天主教堂二所，他的传教事业初见效果。1600 年 5 月 18 日，他便与友人庞迪我一起北上赴京，于次年（万历二十九年）1 月到京，向明神宗献上了自鸣钟、大西洋琴、圣经、《万国图志》等礼品，获准永住北京，但他却机巧地未提及"传教"事宜。这样，他获得了稳定合法的京城住所，又得京师高层人士叶向高、徐光启、冯应京、李之藻等众多贤达的衷心赞助。在此，他认真著述，暗暗传教，于 1605 年即拥有 200 名信徒，不乏名公巨卿，仅因为限于"不许纳妾"的天主教义，许多高层人士未能入教，但这不妨碍他们之间发展"私人关系"。到1610年5月11日（万历三十八年）利玛窦病逝时，已收有2500名天主教教徒了。可以说，他的"曲线传教"获得了巨大成功；而所传的"天学"知识，也确实楔入了中华传统文化的肌体，将从内部诱发其变化。

2. 天学：东方社会在吸纳的新知

利玛窦身后，在华传教士们仍坚持"利氏规则"，用"西学"开路，受到上层开明知识分子的欢迎。为了照顾中国固有的文化生态，传教士也多用汉文译写，全都冠以"天学"之名，实际上含盖天文、历算、乐理、数学、理化、机械等多方面的知识。利玛窦的早期著作即冠以《天学实义》之名（后来改为《天主实义》），并由此引出了传教士们的一系列著作，如《天学初函》、《天学真诠》、《天主经解》、《天学汇通》等等，到清顺治前夕，已出了150本西学专著。如：

（1）《泰西水法》 熊三拔译述，徐光启记，将中国机械制作推向高峰。徐光启并将其引入《农政全书》。该书显然超出中国原有经典农书《王祯农书》对农业机具所作的介绍。

（2）《万国舆图》 利玛窦制，第一幅1584年曾于肇庆大堂悬挂过，已佚；1608年应万历帝之请重制，付印。迄今为全世界所保存者尚有五幅：①存罗马梵蒂冈图书馆，原刻；②存日本东京帝国大学图书馆，原刻；③存伦敦，为手绘之图；④存北京，系仿刻图；⑤存北京历史博物馆，题"大明万历壬寅年"，长七尺，宽三尺。此图打开了中国人认识地球的窗口。

（3）《同文算指》 利玛窦口授、李之藻笔录。自加减乘除至开方乘方全有，还有练习题，有些习题取自《九章算术》等书，把中西算学熔于一炉，故名"同文算指"。

（4）《地震解》 龙华民撰。用问答体。地震学在中国本来很发达，但只有极少数精英能掌握，经此书而成了社会性的知识。

（5）《火攻挈要》 汤若望口授，焦勉作。文3卷，附图27页。论火药制法，火器制法，兼论火攻秘要。还具体介绍了"神威炮"的图样、制造、应用，对兵器学与兵器制造有启动之功。其几何图样的精确规范，为中国文史典籍所初见。

（6）《崇祯历书》 徐光启撰，入清后汤若望又易其名为《新法历书》。龙华民、邓玉函、汤若望、罗雅谷、李天经等均曾参与修历。共译成历书137卷，分五次进呈。此书对中国传统天文历法知识冲击很大，抹去了东方"天命说"、"天人感应论"的神秘色彩。

（7）《奇器图说》 邓玉函口授，王征译著。专讲力学原理及其应用，其出版冲破了儒生"不为淫巧奇器"的历史惰性。

（8）《泰西人身说概》 邓玉函译述，毕拱辰写定。讲人的生理学、解剖学知识，打破了儒生"身体发肤，受之父母"，不许剖析的愚昧思想，在中国学术界特别是医学界、卫生界有开风气的作用。

综上，不难得出结论：晚明对异域文化的吸纳是多层次、全方位的，利玛窦、邓玉函、龙华民等人的"天学"主要著作，后来也被吸收进《四库全书》了，完全融入了中华文明体系。中国人何尝"故步自封"！

顺便说一下，在15至17世纪，中国文化界出了一批文化新人，比如李时珍、宋应星、徐霞客、徐光启、李之藻等杰出科学家，比如王阳明、唐寅、王艮、李贽等杰出思想家，比如杨升庵、徐渭、汤显祖（他与莎士比亚是同年同月去世的）等杰出文学家，还有位高权重的叶向高、冯应京等极富个性特色、敢于冲决牢笼者。利玛窦、邓玉函、龙华民、汤若望等人的来华适逢其会，双方的接应，自然会顺利传播中西文化的花粉而结出硕果来。事实证明：文化自身无"冲突"，真的知识总是能对接、能相容而相融的。

3. 徐光启推广甘薯、棉花与水稻

全球航线的开通，给中国带来了两样意外的收获，一是西方学术的吸纳，一是五大农作物推广。中国原有的农业，是以稷、粟、麦、菽（豆）、稻、麻为主体的，所谓"五谷"主宰着一切。汉代通西域以后，大量境外农林果蔬作物被引进，丰富充实了中华农业生态景观，那算是"锦上添花"；元明时代，易种易活而又稳产高产的玉米、甘薯、棉花、花生、烟草等"五大农作物"被引进，并迅速地推广于中华大地，当中国人口破亿、向着两亿、四亿冲刺的时候，这无疑是"雪中送炭"。

是拉美的原住民玛雅人、印加人培育了的高产农作物玉米、甘薯、蕃茄、土豆以及花生、烟草、可可豆等等，它们对水肥土要求不高，却又高产稳产。在全球航线开通之后，这些作物走出了拉美，被引入欧洲，也被带到了南洋（主要是印尼、菲律宾与马来西亚一带）。明万历二十一年（1593），福建长乐人陈振龙在吕宋（菲律宾）经商，看到甘薯，心想将之传入祖国可以代粮食，遂以重价买得几尺薯藤捎带回国（因为吕宋不准薯种出口），在福州城外试种成功，迅速向内地传开。不久福建遇上大荒年，依靠大种甘薯度过了灾荒。再如棉花，原称"木绵"，早已从西域引进，唐僧为披一件"木绵袈裟（棉布僧衣）"，历尽辛苦。宋代海南也有种植，但未能向中原及江南普及。南洋航线开通后，从海上引进玉米、甘薯、土豆时，也引进了优质棉花与棉织业，烟草与制烟业，花生与榨油业，保证了我中华上亿增长的人口的基本衣食需求，也给广大贫苦农民丰富了家庭手工业的内涵，提供了经济来源；改善了种植结构，反过来又成为后来抵制"洋布"、"洋油"、"洋面粉"的有效手段。这是中国农耕文化在内涵与外延上同时实现的一次革命性拓展与更新。

对甘薯、棉花在长三角等地的引种与推广，徐光启有特殊贡献。他先在老家上海徐家汇种试验田，努力改进栽培技术，提高单产，取得成功后又在京津地区推广，还专门写了《甘薯疏》来指导种植。植棉也是试验成功后才全力推广的。徐光启还在天津一带搞军民屯垦，对这片国土做深度开发，在这片盐碱地、沼泽地、萑苇地上引种高产水稻，又种棉花、甘薯，打破了"北麦南稻"的产业布局，成效十分显著。经过实地考察与反复试验，他和他的同僚们亲身踏勘、指导耕作，于是明确提出在京东、京南、京西发展水稻种植的方案，从根本上解决"南粮北调"问题，保证京师供应与北方的边防供应。这本是一项战略性产业布署，完全可行，可惜却因朝中保守势力的无端阻遏，加之明清之际的社会变乱，而未能付诸实施。

4. 中外有成熟的海上贸易秩序

东亚、南亚、中亚及环地中海（中东、北非、西欧、南欧）区域之间，拥有悠久的古老文明，一直存在着发达的国际贸易网络。14 至 17 世纪（元明两代），亚欧大陆存在着几个贸易大国：在东亚则有明清帝国（1368—1911），在中亚有波斯的萨菲王朝（1502—1722），在南亚有"莫卧儿帝国（1526—1857）"，跨中东与东南欧的是"奥斯曼帝国（1326—1640）"。它们相互间进行着发达而持续的海陆交往，共同构建了稳定成熟的良性国际贸易秩序，其主流始终是国家主导、民间参与、正态交流、和平贸易，而中亚南亚的"胡商"则一直是其间最活跃的因素。东西各国各地区有着和平的经济交往，不受地区、人种、国别的限制，不以种族屠戮为手段，不搞奴隶买卖、毒品贸易，反对海上劫夺、暴力挟持，共同维护国际商道，互通有无。至若商货的采办、运输、交接、推销、结算……各环节上的业务处理之法则程序，都是相关方议定或约定俗成的。在这个体制下，中国的丝、茶、瓷走遍全球，莫卧儿的棉花、棉布、亚麻衣被天下，波斯、奥斯曼

"胡商"手中的银元滋润着亚欧大陆的国际性商品流通：真正是互补双赢。而且，中国、莫卧儿帝国（印度）、萨菲王朝（伊朗）、奥斯曼帝国（土耳其）等都制定有相关法律、条例（大多以"国内法"的形式出现），积累了开展跨国贸易的丰富经验，也为其后西方"殖民贸易"中所包涵的"正当商品贸易"成分，就来自这个体制的法规示范——当初，葡萄牙人就是从印度商团那里习得"经商之道"，从而创办"东印度公司"的。

八　中华文明的存在让西方走出迷惘

与此同时，传教士们也惊异于东方传统文化的博大精深，惊异于广袤中国维持数千年之久的政治制度、社会理念，即开始大力向西方介绍中国学术、中国文化与中国社会；而往来于环球航线上的中外商团，为着弁取暴利，更倾力组织中国丝绸、瓷器、漆器、茶叶等等，供应欧美市场，一时间汇合成强劲的"中国潮"席卷欧陆，形成空前景观，展现了中外文化正态对接的巨大潜力。

1584 年（万历十二年），西班牙教士冈萨雷斯·德·门多萨，经多方搜集资料，出版了西班牙文《中华大帝国风物史》，其中提到中国法律不仅用于惩治犯罪，而且用于奖赏善举。据此，法国散文大师蒙田（1533—1592）发表了《论经验》一文，认为欧洲法律只讲惩罚犯罪是片面的、不正确的，而中国的法律则不仅"惩非"，而且"赏善"，他表示钦佩。蒙氏是近代欧洲史上赞颂中国传统政法体制的第一人。

1590 年（万历十八年）葡人在澳门出《绝妙论著》一书，向西方介绍中国历史地理人口物产，赞誉中国的瓷器、印刷、绘图、航海、天文、火药等科技成就，也称颂中国的礼法制度。英人将其辑入百科文集《哈克路特》时，还特意增加了对中国政府行政效能的肯定。其后，意大利人卫匡国的《中国历史》、法国人冯秉正的《中国通史》相继问世。这使欧人对中国情况有了更切实的了解，激发起欧人研究中国的兴趣。

利玛窦于 1593 年（万历二十一年）便将"四书"翻译为拉丁文寄回本国了，其继承人金尼阁又于 1626 年译出了"五经"，也寄回了欧洲。他们开了个好头，使东学西传有了实质性的学理开端，占有了较高的文化平台。

1624 年，英人赫伯特发表了他的《真理论》，奠定了"自然神"论基础。其后，笛卡儿、斯宾诺莎、洛克、休谟等"自由思想者"都从这种新思维出发，利用他们所掌握的关于中国的信息，对欧洲中世纪的宗教神学与专制制度发起冲击。史蒂芬就指出：中国有五千年连绵不绝的历史，拥有三亿人口，跟整个欧洲差不多大，它根本不知道世间有什么"天主教义"，没有享受过"天主的光辉"，但人们并没有因此而"吃无穷的痛苦"。"这是一个惊人的事实"。史蒂芬之言，在欧洲搅起了掀天揭地的大讨论，于是在整个 18 世纪主张"自然神教"的人们，就利用中华文明的存在这一个"惊人的事实"，不断地向天主教进攻。这对欧人的破除迷信、解放思想起了巨大作用，沉重地打击了中世纪以来的神学积威，解放了"人"的力量，为早期启蒙运动开拓了可贵的阵地。

历史是这样地爱跟人开玩笑：东来的传教士们把东方学术、东方制度、东方社会热心地介绍给欧洲，他们或许是出于好奇，感觉新鲜，殊不知正是这种介绍，动摇了中世纪宗教神学在西欧持续了十几个世纪的绝对权威！恰恰是东方文明的存在这一客观事实本身，直接否定了"上帝的光辉"的必然性和普世性，助推了欧洲的人本主义思想解放运动，让西欧走出了迷惘——这当然不是传教士们所希望的结果。

然而，西风东渐，在中华大地持续发酵，迄今不止；而东学西传，毕竟只时兴了一段时期，两百多年而已。何以如此，这也应该引起我们的深深反思。

第十一章　集大成的清代交通

清代交通，是中华古代交通发展的一个综合性高峰。它突出而集中地反映出古老的中华交通文化的优势与弊端。

清代的交通布局，比以往任何时候都合理而有效。然而，纵观其交通工具、交通设施、交通动力、交通服务、交通管理，包括路面状况与邮政体制之类，比起既往，除了量的增减变易外，几乎没有什么质的突破。因此，当西方电话电报火车轮船破关而入时，我们固有的一套便失去其活力而归于寂灭了。

郑成功的抗清斗争给清廷以沉重的打击。清廷对南方各种形式的反清抗清力量怀有长久而刻骨的怨恨、仇视与恐惧。清初推行的全面而严厉的禁海措施，康雍乾三代对南洋商贸的无理禁断，都根植于这种仇视与恐惧。清初的海禁，严重戕害了我们民族正常发展的内在力量，终于陷入被列强瓜分的惨境而难以自拔。

一　清代的官马大路

清朝奠定了近代中国的基本疆域，在北到外兴安岭与唐努乌梁海，南抵南沙群岛，西含葱岭、帕米尔，东及库页岛与台湾的辽阔疆域内，建立了高度集权的庞大帝国，对各地实行着强有力的行政管理。清王朝从1644年建立，到1911年被推翻，历时二百六七十年之久。若以鸦片战争（1840）为我国古代史的下限，则清朝在其中也占了最后"集大成"的二百年。能够支撑这个庞大帝国大厦的力量当然很多，其中通达全境的清代官马大路则应该是重要因素之一。

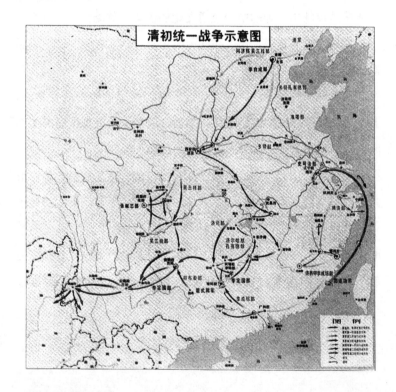

清初统一战争示意图

清人将国家官路称之为官马大路，民间干脆称为马路；把各省内部州县之间的通道称作官马支路，即支马路；把州县内各乡镇站铺之间的交通要道称之为大路。"大路朝天，各走半边"，倒也不失为一个很实在的对于交通秩序的形象概括。清代官马大路，即国家级官路，以北京为中心，向全国各省区辐射。当时在京城东华门外设有皇华驿，是全国交通的总枢纽。

1. 官马北路系统

官马北路系统中首要的一条，是通往大东北的干线。从北京经通县、山海关到盛京奉天府（沈阳）的一段称奉天官路。从奉天向前延伸，经吉林、齐齐哈尔通往黑龙江城（瑷珲）的一段称龙江官路，龙江官路又延伸到雅克萨以远。从吉林城通向宁古塔、伯力以至庙屯（庙街，在黑龙江入海口处）的一段，称作吉林官路。这两条路均通过"金源故地"，受到清廷的特殊重视。从奉天府南去，跨过鸭绿江通往朝鲜半岛，构成东北方向的一条国际通道。

属于官马北路系统的还有：从北京向北，出喜峰口或独石口通往内蒙古的多伦与呼伦（海拉尔市南），叫呼伦官路；从北京通往乌里雅苏台的库伦（乌兰巴托）及恰克图、科布多，叫恰克图官路。这是连结北京与外蒙古各部的主要干线，又是通往西伯利亚（鲜卑利亚）的国际通道。

同样属于官马北路系统的横向交通线，是塞上通道，从北京到宣化出张家口，东北连接多伦，西通大同、绥远以至于甘肃的凉州，接通由兰州而来的新疆官道。

上述恰克图道与龙江官道、吉林官道、塞上通道一起，在开发清代北疆，捍卫北疆的斗争中发挥过极为重要的战略作用。

2. 官马西路系统

官马西路系统包括兰州官路与四川官路两大干线。从北京出发，过保定府、正定府去山西平定州与太原府，纵贯山西至蒲州，渡过黄河去西安、兰州。从兰州分道，一条支线去青海西宁、格尔木与玉树，通往西藏拉萨、日喀则与阿里，联接着青藏各部；一条支线去凉州、肃州，在新疆境内有南北两道：北道通迪化（乌鲁木齐）与伊犁，出境西去，称新疆官路。南道经叶尔羌、喀什去葱岭以西。这两条道从来就是内地与中亚、西亚交往的重要通道。在清廷的经营下，新疆官路对于我国西部地区的政治统一起了重要的历史作用。

四川官路则是通往大西南的干线。它由西安通过东西古栈道越过秦岭去四川。在四川，成都是一个枢纽站，向东有官马支路联结三台、南充、达县、万县；向东南联接内江、重庆，并进至遵义、贵阳；向南方通往乐山、宜宾、叙永，并进至曲靖、昆明、大理，接通云南官路。向西伸展到雅安、打箭炉（康定），是川康通道，此道也是通达拉萨的干线。

官马西路系统覆盖面很宽，可以说将我国西部地区全包括在内了。在大清帝国创建和巩固的过程中，起过十分重要的作用。失去"西路"，国土面积将丢掉一半。

3. 官马南路系统

该系统包括云南官路、桂林官路、广东官路等三条干线。

云南官路与桂林官路，均从太原南下过黄河到洛阳，分道，云南官路与元明时代相一致，直接南下襄阳、荆州、常德，西去沅州、贵阳，直通曲靖、昆明。桂林官路则由洛阳折东至开封，再南下信阳、武昌、长沙、桂林。云南官路到达昆明后，也分成若干支马路四处辐射：北去曲靖、毕节、叙永、泸州，与四川官路相连；东去兴义、百色和桂林，与桂林官路相接；东南经蒙自通越南，南方经普洱、思茅通老挝；西去大理、保山或腾越，出境去缅甸、孟加拉。云南官路与桂林官路的开辟，在清初发生吴三桂等"三藩变作"时，起过重要的战略作用，又是清政府推行"改土归流"等政治措施、强化中央对云桂湘黔的政治控制的必要纽带。

广东官路有两条可供选择的途径：一是桂林官路的延伸，从桂林沿桂江、西江东下，经梧州、肇庆抵广州，这是中原王朝通岭南的传统大道。作为它的辅助线，从湖南衡州直下韶关通广州，此线虽在汉武帝平岭南后已经开辟，但一直未见重用。广东官路的主干道，则是指：从北京出发，经涿州、雄县、河间、德州到山东济南府，过江苏徐州、安徽合肥，进入江西南昌，沿赣江去赣州，越大庾岭至韶关通广州，这是元明以来由北京至广州的主要官道，历来称作"使节路"，清政府对它特别重视。元明清三代纵贯中国南北的大道，无过于此。

在广东官路上，南昌是一个重要枢纽，从这里出发，也有许多支马路通往四方：取道饶州向东北去杭州或徽州；取道临川向东南去福州与泉州；取道庐陵（吉安）南去虔州与潮汕；取道袁州西去长沙，取道岳州西北去武昌，取道九江西上武昌、荆州，东下芜湖与南京。这些路线，多为水陆兼通，十分方便。至于广东官路之终点站广州，历来是中西海上交往的主要港口，其交通之发达自不待言。它在清代的政治经济地位极为重要，即使在鸦片战争前后极为复杂的国际政治形势下，广州港也从来没有闭关过，它曾是清代对外开放的唯一的通商口岸。

4. 官马东路系统

官马东路系统的唯一干线是福建官路，它穿越今天津、河北、山东、江苏、上海、浙江、福建，沿途通达天津、德州、济南、徐州、扬州、南京、镇江、苏州、上海、杭州、衢州、福州等重要城市；杭州以北，与大运河平行，杭州以南，经富阳、睦州到衢州，这一段与钱塘江相并行，然后下建安经南平到福州，这是南宋以来的闽浙大道。当清初实行严厉的海禁措施时，它一直是清政府赖以沟通华东与东南的主要军政通道。

桂林官路、广东官路与福建官路一起，纵贯内地各行省，联通海河、黄河、淮河、长江、珠江各大水系，比起北路系统、西路系统来，它们布网密，水陆通行率高，是清政府的主要财路。不难设想，如果广东官路或福建官路被截断，清政府将是如何狼狈（其实太平天国就做了这件事）。清政府要牢牢控制长江经济区，要牢牢控制东南沿海，是不能不紧紧抓住广东官路与福建官路的。

5. 长江官路系统及其他

前述云南官路、桂林官路、广东官路与福建官路，都是纵贯型的大路，而东西横通型的官马大路中，最突出、最主要的就是长江官路系统了。

长江官路的四川段，从成都经泸州、重庆南，到达万县、夔州；湖北段经宜昌、江陵到汉阳、达黄州；下江段又分皖江与扬子江两段，先经九江过芜湖而到南京，再从南京经镇江、到苏州、过松江而达上海。它让四川官路、云南官路、桂林官路、广东官路与福建官路串联通达起来了。另外，在江汉、江淮之间，还有几条很重要的支马路，如与汉水并行的联通汉中与湖北的通道，与丹水并行的联通关中与豫西的通道，以及联通开封、合肥、南京的通道，联通衡水、沧州、济南、青岛的通道等，在组成内地水陆交通网方面，都起着勾连串接的作用，使江汉、江淮、黄淮地区声息相通，兴衰与共。

清代设有里甲马，负责邮驿通信。里甲马所行路线，就是省城之间、省内州县之间的支马路，以及码头站铺集镇之间的大路。清政府通过官马大路、官马支路以至大路，实现对全国各省各县各乡镇甚至自然村落的政治控制与经济榨取；各地各族人民也就通过这一交通网络实现经济文化交流，通过这些网络去求生存，谋发展。

清代交通线路分布比前代合理，依人口密度讲，配置匀称，管理上不似过去的粗放，更注意修筑保养，更注意交通设施包括水陆码头的建设，更注意发挥社会力量来维护交通安全。然而，当世界进入 19 世纪时，美国人已在试办铁路了，而中华古国的土地上，依然有"古道西风瘦马"的状况，水路上"孤帆一片下扬州"的状况也还在继续。两千年前老祖宗把栈道架上峻岭绝壁时的智慧与勇气，未能启迪后世去变革求新，古道还在延伸着，尽管已经不合时宜。

二　辽阔国土的文明共建

勤劳的中华民族，不仅开发了中原大地，完成了当今国境范围内的所有山川平野的水陆开发与近海开发以至远洋探索，还开发了当今境外的无尽山川，为人类的文明发展奉献了智慧与血汗，也历尽了沧桑与苦难。

清人国土开发的特征是：不以领土扩张与殖民掠夺为动力，而以与当地原住民的文化互融、经济互渗、总体推进为特征；它带来的是地区土著文化特色的强化、提升，而不是消失；因而是客主互动的"和平开发"，是双赢共享的"文明共建"；而绝不是一种文化对另一种文化的"弱肉强食"。今天，应该对这一历史进程做一次有序梳理。

1. 以满语为大东北的库页岛命名

大兴安岭与整个黑龙江流域是满人的故园，清廷在这里有完全的军事驻防与政治控制，著名的海兰泡等"江左六十四屯"就在清廷"黑龙江副都统辖区"内，在今爱珲、黑河市的对岸。此辖区与黑龙江江南的"齐齐哈尔副都统辖区"、"墨尔根（嫩江）副都统辖区"同等重要，是东北先民充分开发的祖籍地。

名城伯力居黑龙江和乌苏里江汇合处，庙屯（庙街）居黑龙江之入海口，这一带是包括库页岛在内的"三姓副都统辖区"，与"吉林副都统辖区"、"宁古塔副都统辖区"处于同等重要的行政区划内，而顺、康、雍、乾、嘉、道时期内地的"流放犯"，也大多流放在"宁古塔"以远。"几林乌喇"是"吉林"的满语旧称。清代的"吉林"非常辽远，含今吉林省与黑龙江下游两岸、乌苏里江东岸直及库页岛在内。这里的地名，大多源于满语。

库页岛，元朝译语称为"骨嵬"，明朝译语为"苦夷"、"苦兀"，清朝名"库页"，也写做"库叶"，其实都是指当地同一个土著群体的活动区域。苏联时期把它改称为"萨哈林岛"，而"萨哈林"在满语中就是"黑土地"的意思，从词源上说仍表明它原是清的疆土。而今岛上一些村寨屯所的名称，也大都来自满语。这里自古居住着库页、恰克拉、费雅喀、黑津（今译写做"赫哲"）等部族。他们的村长称为"噶珊达"，氏族长称为"噶喇达"，都由清政府任命，发给委任证书与顶戴。居民定期定量到指定地点（黑龙江下游的德勒恩衙门）交纳赋税，每户每年交纳0.5—1张貂皮，不合格的头人将受到惩罚，合格足数的头人会受到奖赏。他们的实物交换也在清政府任命的"三姓副都统"

的监管之下，貂皮、人参的采集货卖都要凭所颁"执照"进行，不得私掘人参、私采参珠（珍珠），并设有"红桩禁区"，严控采捕发掘。但利之所在，趋之若鹜，大批汉人、满人，包括流放中的刺字人犯，便不顾禁令，陆续迁入。清高宗时，"十数年间达数千人"，他们大都住在深山沟里，被称为"沟民"，而且内部有严密的组织，"有'老大哥'为之长，群听令焉"（《清宣宗实录》）。

由俄国谢苗诺夫编撰、1895 年出版于彼得堡的《美丽的俄罗斯》一书中说：19 世纪中叶，来到乌苏里江以东滨海区与库页岛的俄国人发现："这里有很多完全定居的汉人和满人，他们的村落分散在所有的河谷……他们种植玉米、大麦、小麦、猫尾小麦，还有一些大麻、马铃薯、黄瓜、南瓜和其它蔬菜……天朝的居民以他们特有的勤劳从事田地的耕作……差不多每一家都有磨盘，有的还有小型酒坊。"而且，"他们取的地名很确切，从地名就可以看出当地的特色，如大西南岔、小西南岔、大尖山、头道沟、二道沟、山羊沟、蛤蟆河子、红高粱沟等等。"这一切，无不证明着东北各族人民对库页岛一带文明开发的历史贡献，无数先民也就长眠于此了。

2. 鄂博与卡伦：守住大清的北界

从努尔哈赤时代起，满族贵族集团就与蒙古贵族联姻，以巩固满蒙联盟，这也促进了下层人民间的通婚。清廷为了联合蒙、回等兄弟民族，定期在"左通辽沈、右引回回、北控蒙古、南制天下"的承德举行木兰秋狝（狩猎）。每年秋季皇帝率领八旗禁旅，骑射练武，组织蒙古等各兄弟民族上层分子来到木兰围场打猎。蒙古科尔沁、喀喇沁、巴林、翁牛特、敖汉诸部派出大量骑兵枪手，来协同行围。青海蒙古、喀尔喀蒙古等蒙古诸部以及其民族代表也前来聚会、联谊，为各族的共处相安做出了历史性的努力。

清朝对民族聚居地区的行政管理，采用了因地制宜，照顾传统的方针，分别推行盟旗制、伯克制、土司制等特殊政策。比如对蒙古人的行政管理，清廷就采取了如同满族八旗形式的"盟旗制"。这既表示满蒙一家之意，又符合蒙古的习俗。如对科尔沁等二十四部，分为四十九旗。清廷对他们上层人物授以爵号：亲王、郡王、贝勒、贝子、公、台吉等。各旗行政事务，由一旗之长即扎萨图管理之。扎萨克（旗长）由王公、台吉等选派。旗各一人，掌一旗之政令。

乾隆二十六年（1761），设察哈尔都统，驻于张家口，掌察哈尔八旗的游牧之事。在内蒙古地区则分设六盟：（1）哲里木盟，拥有科尔沁大草原；（2）昭乌达盟，拥有巴林、翁牛特、赤峰等重镇；（3）卓索图盟，今建昌、朝阳在其境内；（4）锡林郭勒盟，今二连浩特、锡林浩特在其境内；（5）乌兰察布盟，白灵庙、阴山与四王子旗在其境内；（6）伊克昭盟，拥有河套以南，今东胜市、鄂尔多斯大草原、毛乌素大沙漠在其境内。另有"套西二旗"，即阿拉善旗与额齐纳旗，古居延湖、弱水在其境内。后又添设了热河都统，驻防于承德。道光八年（1828），明令其兼管承德刑名、钱粮，为当地军政长官。在绥远城（今属呼和浩特）设绥远将军，兼管土默特蒙古事务，称"归化城土墨特"，境内有包头、绥远、和林、大青山。

在外蒙，清王朝于雍正九年（1731）设乌里雅苏台将军，职掌喀尔喀蒙古四部（土谢图汗、赛音诺颜、车臣汗、扎萨克图汗四部），兼掌唐努乌梁海的军政大权。在科布多，设参赞大臣、办事大臣各一人，管理杜尔伯特、辉特等部及阿尔泰乌梁海八部的军政事务。在库伦（乌兰巴托）设办事大臣、邦办大臣各一人，掌管外蒙对外贸易事务。恰克图司员一人，具体管理对俄贸易事务。乾隆元年（1736），又在西宁增设办事大臣一职，管理青海蒙古三十六旗事务。至此，蒙古各部都统一在满清大旗之下了。

《清史稿·兵志八》载：从康熙时起，与邻国签订了有关划定国界的条约，慎重对待边防事务。边界设有墩台、卡伦，"因山河以表鄂博，无山河则表以卡伦。鄂博者，华言石堆也。其制有二：以石为鄂博，以山河为鄂博"。早在顺治四年（1647）就订有"军台制度"，边境设有墩台营房，有警则守兵举烟。如来犯者有百人，挂一席，鸣一炮；至三百人，挂二席，鸣二炮；至万人者，挂七席，连炮传递。清廷对边境有定期巡察制度。其时，中俄接界，以尼布楚、恰克图为重地。例于每年夏季五六月，由齐齐哈尔、墨尔根（今嫩江）、黑龙江（今瑗珲）三处疆吏，各遣协领、佐领等官，率兵分三路，至格尔毕齐、墨里勒克、楚尔海图等处巡视，岁末具疏朝廷。康熙二十三年（1684）

后，清廷增派官兵镇守。在蒙古，乾隆年间筑城于乌里雅苏台及科布多以镇守之。同治年间，曾调大同、宣化练军两千人驻防库伦，修复推河以北至乌城十五台站，尔后改建乌里雅苏台石城，整顿沿边台务，以固边防。

3. 因俗立制 团结新疆各部

清廷对哈密、吐鲁番、巴里坤、乌鲁木齐等部回众，采用了原有的伯克制，即封其长为郡王，各编一旗。郡王管理本部旗务，听命于朝廷的驻防大臣和将军（即乌鲁木齐都统及副都统，哈密办事大臣及邦办大臣）。清廷因民族习俗，采取多种形式，实现行政管理，"西北边陲，守以重臣，绥靖蒙番，方轨'都护'，斯皆因俗而治，得其宜矣"（《清史稿·职官志一》）。

清廷在大西北设伊犁将军，统掌天山南北路的军政。其辖境含今新疆北部的塔尔巴哈台（塔城）地区、西部的伊犁地区，直达阿姆河流域的哈萨克地带，南至葱岭地区，包括南疆的喀什噶尔（疏勒）、库车、和田、阿克苏、乌什、库车、叶尔羌等城，和前述"回部"（哈密、吐鲁番、乌鲁木齐）一起，为新疆的发展打下了基础。

乾隆二十四年（1759）后，清廷加强了对新疆地区边防建设。凡山川隘口，悉置卡伦台站。各卡伦设索伦、锡伯、厄鲁特兵丁十至三十余名。各台站设满洲、绿营、察哈尔兵丁各十五名。道光时，凡通霍罕、巴达克山、克什米尔外夷之路，增筑土堡，以都司等官率兵驻守，兵数自数十人至二百人不等。

4. 对西藏宗教与行政的疏理

明亡之后,清廷承继了对西藏的行政管辖。达赖、班禅先后来到京师,清世祖册封五世达赖,授以金册金印;封五世班禅,也授以册、印。康熙四十八年(1709),清廷以户部侍郎赫寿主理西藏事务,这是清代在西藏设行政官员办公务之始。《清史稿·藩部八》载:雍正五年(1727),清廷以驻藏大臣正副二人,"留川、陕兵二千,分驻前后藏镇抚。是为大臣驻藏之始"。乾隆十五年(1750),清廷平定西藏内部叛乱,于次年颁布《西藏善后章程》,规定在西藏不再封以汗、王、贝子等爵号,而以噶伦(三俗一僧)组成"噶厦"(地方政府),主管西藏行政事务。地方一般事务由噶厦成员秉公会商,妥善办理。重大事项,须请示驻藏大臣与达赖喇嘛共同办理。清廷并明确了长期驻军藏地的制度。乾隆五十六年(1791),清廷击退了廓尔喀对西藏的侵犯。《清史稿·兵志八》说:乾隆五十八年(1793),清廷派大臣和琳会勘后藏边界及鄂博情形,于险要处增设番兵,修寨落以备栖止,立鄂博以守界画,并颁布了《钦定西藏章程》。《章程》明确规定,朝廷驻藏大臣督办一切藏内行政事务。噶厦对所处事务,"事无大小,均应禀明驻藏大臣"办理。达赖、班禅的转世神童,均由驻藏大臣制签于金瓶,并由驻藏大臣亲往监同抽掣。达赖、班禅的亲族人等不得干预公务。外番人入藏,藏民往外番朝山,均得经驻藏大臣核准,方得出入。与外番通商、书信等事,须禀明驻藏大臣。噶厦成员不得与外番私行发信。这些规定,便于维护国家的统一，也预先设置了种种屏障，防护着列强及其走狗对西藏事务的无端干涉。

5. 苗瑶诸部　改土归流

清廷对西南、中南地区的苗、瑶、僮诸少数民族实行土司制度。所谓"土司"，有宣慰司、宣抚司、招讨司、安抚司与长官司等名目，由兵部管辖，子孙可以世袭，但要将支派宗图报部，经兵部武选司查验核准，方可继承。这类土司分布在甘肃、西藏、青海等地。

另有一种土司，设在云贵川及湘桂等地，为州县级的土通判、土县丞、土巡检等，受当地州县长官节制。《清史稿·土司》说：土司制度的核心是世袭制。"各君其君，各子其子，根深蒂固，族姻互结"。雍正时，推行"改土归流"，把世袭土司制改成品官委任制，这对统一政令、开发地方收到一定成效。

在西南沿边地区，与越南、缅甸等接壤处，清廷设有八关九隘，以土兵、练兵驻防。广西镇南关与越南相接，原有隘所百有九处，分卡六十六处，也多以戍兵与沿边土司协力防守，这就有效地守卫了国家西、南部的陆地边境线。清朝对民族聚居地区的行政管理，采用了因地制宜，照顾传统的方针，总体上是成功的，为近现代中华民族的大一统奠定了根基。

值得注意的还有清廷一贯推行的宗教政策："兴黄教，即所以安众蒙古"，这是清廷争取蒙古和藏族群众的又一基本策略。康熙在多伦建汇宗寺，雍正时在北京勅建雍和宫，康熙与乾隆在承德先后修建溥仁寺、溥善寺、普宁寺、安远庙、普乐寺、殊像寺、普陀宗乘之庙（小布达拉宫）、须弥福寿之庙（班禅行宫）等"外八庙"。它是蒙藏贵族聚会和宗教领袖的重要宗教活动场所，也是远方边民向心奉国的标志性建筑。

另外，据《清史稿·兵志六》说：清初，对东部海疆的安全，也很关注，有水师"出巡"、"会哨"之制。乾隆十五年（1750），以旧例二月出巡，九月撤巡为时太久，乃令水师总兵官每两月会哨一次。其会哨之月，上汛则先巡北洋，后巡南洋。下汛则先巡南洋，后巡北洋。定海、崇明、黄岩、温州、海坛、金门、南澳各水师总兵官，南北会巡，指定地方，蝉递相连。后先上下，由督抚派员稽查。

三　邮驿：在传统体制下艰难运行

我国古老的邮驿制度，在清代发展到它的高峰，并终于走向衰落；近代邮政开始在中国土地上兴起，整个交通运输邮政事业面临着一场巨大的变革，然而清廷未能使这一变革正常发展。

1. 传统邮驿走向何方

康熙十二年（1673）军阀吴三桂在云南发动反清叛乱，发展迅猛，军情紧急。消息传到贵州，正出使贵州的兵部郎中党务礼与户部两位官员得悉后，飞马疾驰到贵州东境的镇远驿，而这里的驿马已被吴军所控制，他们只得继续前奔，到湘西沅州（芷江）换上驿马，飞驰十一昼夜到北京告变，清廷因而得以从容地作好平叛部署。此事使康熙帝深切地认识到"置邮而传命"实在太重要了，于是立即着手整顿明末以来荒弃破败了的邮驿，确立起有清一代的邮驿体制。

清代邮驿体制是对汉唐宋元邮驿的综合。

经整顿后的清代邮驿，其特点有二：一是让驿站直接承担递送信息的任务，在干线官马路上设驿，由里甲马递信；在无驿之县设专用县递，使政府邮驿下伸到社会基层；二是政府统一掌管，统一拨付邮驿经费。这是在对前代经验教训做分析、筛选的基础上形成的。

本来，汉唐时代驿传就是负责传递信息的，同时兼管接待过往信使与官员；宋人将邮与驿分开，驿只管交通食宿，将通讯交给递铺。又从厢军中抽调士卒为铺兵去送信，这比起汉唐的抽丁轮值来，向邮递专职化方向前进了一步。元明继承了这一传统。元代之驿站用于传送军需物资与各地贡品，中央与地方的军政文书则由急递铺接力传送或派专使送达，邮驿分工是明确的。明代以水马驿接待客商，递运所递运物资，急递铺传送公文。这样做，分工固然明细了，但互相牵扯推诿或争夺的事故就增多了，且加重了国家与地方的财政负担：各有一般人马需要养活。清代改邮归驿，驿夫就是邮差，驿马载人，也用于送物，简化了行政管理。清政府在社会基层设置县递、里甲马之后，军令政令也可以直接传达到村到户了，这对加强中央集权显然有利。为着财政管理的方便，清廷统一管理全国邮驿经费，定期按定额拨付，改变了过去让民户包管，由地方加税的办法，减轻了地方负担。清代驿站人员有更强的职业色彩，是国家雇佣人员，每天计值领酬，发给日工食银。驿夫的责任是邮递搬运驾车驾船抬轿之类。不过，清政府依然不考虑私人信件的附递问题，这是我国旧式驿传的一个严重缺陷。

2. 冠冕堂皇的败坏

在驿站管理制度上，清政府集唐宋元明之大成，制定了严明的管理条例，包括驿站职责、驿站设施的配备与管理维修，驿站物资的筹集和经费管理，过往官员客商的接待与管理等等，都有明细的规定。这些规定，在康乾时代，宏观地说，大体上是得到执行的，与政府条例规定相背离的人和事尽管很多，但尚未形成颓风，到嘉定道光年间便步步溃败了。

就拿《给驿条例》来说吧：清代政府官员出差用的凭证名为勘合，兵役驰驿时使用火牌。在这种通行凭证上，有奉差官员的姓名、职级、所应支取的口粮标准、舟车数额、随员名额、在途期限等，勘合后并附有尾单，由沿途驿站填写有无额外需索情节，是否延误程限，并要求加盖驿印，以示负责。若发现多支多给现象，无论上司察觉还是它驿揭发，均由受授双方承担行政责任；知情不报，与之同罪。勘合与火牌用完后，必须于三日内上交备查。当官差有紧急军情要务时，沿途驿站必须切实保证其畅通，不得稽延。

然而，这类条例执行得如何呢？

有位何刚德，是光绪年间的吏部官员，他在其《春明梦录》中讲了自己的亲身经历：钦差出都门后，沿途本应骑驿马，但各处驿马是骑不得的，只好乘坐车轿。沿途伙食，按规定由州县馆驿向国库依例支领，但极为俭薄；而各处的招待事实上又十分丰厚，无不酒肉丰足。钦差们明知这是非分的招待，却不好拒绝；可是不加拒绝呢，又怕什么时候国家检查起来，担当不起"非分求索"的罪名；若真的拒绝呢，一个在途官员，不在馆驿进餐，又能到哪里去？去私人家中？那就更加违法了。不过，这种考虑又往往是多余的。因为不论你如何享用，在驰驿"尾单"上，各地政府总是给你填上"并无额外求索"字样。万一地方不签发这样的尾单，钦差大人也不敢自行离去；必须挖空心思，满足地方的需求，然后才能上路。而地方州县长官，就其本心来说，也是多一事不如少一事，巴不得尽快把钦差们打发离境。于是双方具体承办的衙役书吏们便利用这种心理，两边挟持，从中牟利。钦差随从若不给地方差役一些甜头，则休想拿到"依例给驿"的放行手续；县中差役若不与钦差随从许多方便，那给你一个"贻误军国大事"的罪名，谁也担当不起。这样互相欺诈，无非都是利用政府政策条例来做文章，却谁都干得冠冕堂皇。

然而，这种被挟持的钦差与地方长官毕竟是极少数。多数的情况则是直接参与和指使各种名目的巧取豪夺。自清中期起，每当钦差出行，所到之处必是铺毡席、挂彩灯、设围屏、搭牌楼、扎天棚、贴对联，人马未到，已是盛筵接风。钦差们一出京门便威风大涨，官越大声势越横，差越紧勒索越多。地方稍有懈急，必致"拖延误事"，然后拿对方军法从事。而且，在这样的授受过程中，双方心照不宣，都办得不留痕迹，不留把柄，授受双方谁也别想有什么证据在手。在这种气候下，有才德的官员，其才智也一半用于应酬，一半用于奔走了；无才德的墨吏，则正中下怀，可以借机摊派盘剥，敲骨吸髓，巧取豪夺，无所不用其极。

清政府为了统一筹措安排邮驿经费，就把邮驿费摊入租税一起征收，在每一行省专设一个驿道库，将这笔专款保管起来供邮驿专用，这本来未尝不是一条善政。然而，在实践上，它又变成地方官自肥的一个管道。当地方邮驿支领钱粮时，驿道库可以借"手续不全"等寻机索贿，或虚报本省驿站数、驿夫数冒支钱粮；或虚开已领工料银、雇夫银、牛马价、车船费、草料费等等以中饱私囊。各州县地方把这已被克扣的钱粮领到手之后，又如何发放呢？按政府规定的驿站章程，各驿均有长期雇员与短期雇员、临时雇员之分，日工银数标准是不一样的；舟车马匹都有定额，损耗折旧都有定规。然后，在支发钱粮时，那上报时有名有姓的长雇，原来是短雇，要么干脆就无其人。在驿站当差的，往往是附近居民中拉差勒派的。真正在驿站工作的马夫厨师轿夫等等，不仅领不到分文，往往还要自备衣食，自带用具，可是谁也不敢揭破这个事实。就这样，本来还算周密严明的《给驿条例》之类，在实践中竟然变形成坑剥小民的手段和墨吏贪赃的挡箭牌。这样的"善政"给老百姓造成的危害，更令人痛心而绝望。就这样，传统邮驿制度走上了末路，再也无法维持下去了。

3. 驿路上的苦角：流放与充军

清代顺康雍乾嘉时期，除立即执行的斩绞死刑犯就地处决外，大量的罪犯是沿用历代的惩处方式：判以流放、徒刑、充军、发遣为奴等。罪犯宣判后，要由专人将其押送到千里、直至数千里之外的边远蛮荒烟瘴地区去服刑：服兵役、服劳役、当苦差、做奴隶；而且多是带着家属去的。这就要求负责长途押解或短途递送的"公差"，需有能力冲风冒雪、防匪防劫地把罪犯安全送达；要求目的地有驻屯军、有良民，具备监管资格、监管能力和监管设施（但这显然又与"流放极边蛮荒烟瘴地区"的总体要求直接冲突）；还要求监管方定期不定期地上报监管动态，及时上奏外逃、伤亡、重新犯罪之类的事态及其处置情况；稍有差池，必遭严厉追责！这么实行下去，"原籍办一贼犯，配所多一窃匪"，"押送一名重犯，八户公差受苦"。从国家全局上看，未必能收到惩治的效益，投入的法制成本却很大。到嘉庆十七年（1812）十二月，"刑部议准黑龙江将军所奏：黑龙江等处遣犯聚积众多，分别改发、减发"。其后新疆、云贵、闽广也都相继提出了同样的吁求而获准。于是"充军"、"流放"的政策就再也不能照样沿袭下去了，便以"改派"形式来减轻特定流放地区的负担。后来山东、四川又提出就地羁押的办法来替代：让罪犯就地戴上石锁长链服劳役，以防逃逸，又便于监管。至此，徒流、充军这类十分古老的刑种，才得到了改变执行方式的机会。

但从另一个角度看，作为清代前中期主要流放目的地东北黑龙江、吉林地区，新疆回部与伊犁地区，云贵两广"烟瘴"地区，因着这样一支特殊力量的参与，对当地的开发多少也起了一点作用。在发生外敌入侵、内部暴乱的非常时期，"征发刑徒"也曾是办法之一。

四 徽商和晋商：与清廷共兴衰

中国私商一直很活跃，是各种军政势力的重要支撑力量，是确保社会经济血脉流通的重要保障力量，也是构成历代交通发展的主体要素之一。历代政府都标榜"重农抑商"，其实哪个朝代都要倚重商人。当年，李渊父子从太原起兵时，武姓木材商人（武则天之父）从财力上大力资助，李渊父子凭借太原精兵和武氏财力而兴兵，最后夺取了全国政权。满清兴起于东北时，是靠了晋商的财力支持，才能兴兵入关，挥师全国的。终清一代，徽商与晋商是大陆私商中两支最大的群体，其财团式的运营模式，具有中国本土商团的代表性意义。

1. 徽商：商而兼儒的企业文化

据说，宋元明清时，皖南徽州六县的富商已近千人，拥资百万的巨贾有二百三十家之多。尤其是江浙一带，徽商云集，势力强盛。在湖北汉口，徽商不但建有豪华的同乡会馆，而且还在江滨建设有"新安码头"，专供徽商停泊船只之用。在沿江其他城市，徽商也是聚集成帮，雄据市场核心地位。

明中叶以后至清乾隆末年的三百余年间，是徽商发展的黄金时刻，无论营业人数、活动范围、经营行业与资本，都居全国各商人集团的首位。徽商的活动范围遍及城乡，东抵淮南，西达滇、黔、关、陇，北至幽燕辽东，南到闽粤，甚而远至日本、暹罗、东南亚各国，也曾与葡萄牙商团竞争。它的营运特点是：

（1）雄厚的营运资本。如休宁人任福光在江淮从事贩盐，拥有船只千艘，所销之盐占淮盐的二分之一以上。在扬州从事盐业的徽商拥有资本四千万两白银，而当时清朝的国库存银也不过七千万两。

（2）综合的经营行业。包括盐巴、棉布、粮食、典当、文具（文房四宝）各行，而以盐巴、典当、茶叶的经营为最著，其次是米谷、棉布、丝绸、纸墨、瓷器之类。其中婺源人多茶木商，歙县人多盐商，绩溪人多营菜馆业，休宁人多作典当商，祁门、黟县人多经营布匹、杂货。

（3）儒商的经营之道。徽商信守"讲道义、重诚信"，"诚信为本、以义取利"的经营理念；认为义重于财，信奉"君子爱财，取之有道"的原则；讲究商业道德，提倡以诚待人，以信接物，义利兼顾，做到货真价实、童叟无欺，秤准尺足斗满，薄利多销，让利于客；反对强取豪夺，鄙视对顾客欺诈行骗，这就取得了良好的市场信誉。徽商以勤奋和吃苦耐劳著称于世。在外经营，三年一归；新婚离别，习为故常。

（4）商儒仕一体，人才素质优异。徽商固然要"在商言商"，但更注重人才素质的综合养成。商而兼儒，儒而入仕，出入商儒官三界，是徽商的一大特点。于是把商之求实精明，儒之诗礼风雅，官之统筹全局集于一身，适应了时代要求。明清时，徽州名臣学者辈出，很多商人本身就是理学鸿儒，是诗人、画家，有人还精于金石篆刻与书法，自成一家；还有著名的戏曲家和收藏家。五个小县城就有进士2018人；而歙县一地，明清时即有43人被列入诗林、文苑，出现十里四翰林、父子同为尚书的盛况，这就催化了皖南社会人文素质的总体提升。

（5）培育企业文化，厚植发展潜力。徽商坚持任用儒雅之士，注意培养经营者学习思考的习惯、吃苦耐劳的精神和坚韧不拔的意志，坚持勤苦、诚实、谦和、忍耐、变通、俭朴、有主见、不忘本、知义理、重身命的为人标准；在生活情趣上，徽商人家特别崇文、重教、孝亲、讲礼；倡导谦以交友，和以生财，勤以补拙，俭以兴业的公关文化。在内部，强调对族谊、戚谊、世谊、乡谊、友谊的五谊并重，使徽商群体始终能保持和谐共进的状态，始终具有深厚的发展潜力。现代企业都讲究"企业文化"，其实，早在二三百年前，徽商就已经树立了成功的样板。

（6）热心社会公益。徽商经商致富以后，总是热衷于文化建设与社会公益活动，办学、刻书、藏书、建戏班、办文会，是徽商世代不变的主题；而修造精美住宅、建楼院、修祠堂、路桥、办会馆、拯贫恤孤、乐善好施、形成良风美俗，也为后世留下了丰富的历史人文景观。

综观徽商这个历史群体，商而重儒是它的总体特色，这让它能够在中国社会所提供的最高平台上优雅地运作，并取得成功；

然而，放眼全球商界的大势，却用得上"成也萧何，败也萧何"这句话：它未能将其重儒特色适时地扩及重视现代知识的武装；它未能将其营运理念适时地转轨到现代资本的运作上来；它可以投巨资于乡土的传统文化建设，却未能顾及实体产业、新兴事业的营建；尽管客观条件具备，历史机遇也有，徽商却未能实现其原本可以实现的华丽转身，终于让位于"得风气之先"的沪商、浙商、粤商了。

2. 晋商：用票号交结清廷

晋商指明清五百年间的山西籍商人及其所从事的商贸事业。早在明末，一些山西商人即以张家口为基地，往返于关内外，从事贩贸活动，也为满族正在草创中的那个政权输送物资，甚至代其传递特殊文书情报。顺治初年，清政府将山西旅蒙的富商范永斗召为内务府皇商，赐产于张家口。他受朝廷委托，往来关内外，这就为晋商打开了局面。满清在统一全国的过程中，及其尔后历次大规模军事行动中，始终都得到晋商雄厚的财力资助。康熙中叶，在平定准噶尔部骚乱期间，皇上特召晋商随军贸易，深入到蒙古草原各地，贩运军粮、军马等军需品，于是松辽平原和内外蒙古大草原，都成为山西商人贩运贸易的新市场，晋商于是也就打出了一片"天下"。清王朝在平定三藩之乱、平定准噶尔部噶尔丹叛乱、平定大小金川叛乱，及在镇压川楚陕白莲教大起义，镇压太平天国、捻军起义等的大型军事行动中，也都得到了山西商人财政上的鼎力资助。当时，蒙汉贸易必须经过张家口和杀虎口（后移至归化城）。张家口的八大家名商都是山西人，得到清政府的特殊照顾，获得了很高的利润，进而垄断了中国北方贸易和资金调度，而且插足于整个亚洲贸易体制，甚至把触角伸向欧洲市场。

（1）票号：晋商出入官场的法宝。

山西票号的创立，是晋商发展中登上的又一个台阶，具有时代进步的品性。尔后，山西商人又为清廷代垫代办、汇兑军协饷，甚而筹借汇兑，抵还清吏在不平等条约下欠负的外债，直至代理部分省关的财政金库等。这就给了晋商以参与国家级资本竞合的机遇，用好这个机遇，将给晋商带来世界性红利。

然而，山西票号却把注意力用于与清政府的人事交结上。其操纵人事，上下其手，几达无孔不入之境，把本来就已错踪复杂的官场文化、官场潜规则置于金钱红利的操控下，使之加速腐败。比如对有应试能力的穷儒寒士，就先从经济上帮助其入都应试，一旦考中，票号便代为运动，使放为外官，以取得其人最大限度的"回报"。对于清寒官员，即放钱助其走马上任，铺平仕途，于是这些人便成为票号的"特殊关系户"。另外，咸丰时，清政府大开捐纳鬻官之门，规定文官可捐至道台，武官可捐至游击。票号就乘机居间揽办，为他人代捐官职；而票号也就可得这类官员的特殊庇护。票号就是倚仗这样的政府去吸血聚脂的，它的发达，能有助于国计民生的发展吗？

对于在任的王公大臣，山西票号更是施尽交结伎俩。最著名者，如蔚盛长号交好庆亲王，百川通号交好张之洞，大德通号交结赵尔巽，三晋源号交结岑春煊，日升昌号交结历任粤海关监督……。据说张之洞因母守制三年后，从原籍赴京想谋取更高官位。为了订通关节，张曾拜访日升昌票号，想借银十万两，日升昌因数目太大，未能爽快答复。张又改去协同庆票号，该号经理早已派人打听到张去日升昌的用意，对张的要求满口允承，并声称："十万银不算什么，但不可能一下子用完，不如立个折子，用多少，取多少，不必限定数字。"张闻言大喜。而经理打的算盘是：先拢住张，看他究竟能出任个什么官，借银多少则随机应变，收放自如。后来张之洞外放，担任两广总督，便把两广财粮国税均让协同庆负责解交，协同庆因此三四年就盈利百万两。这种赢利，当然不是出于资本自身的运作规律，而沦为官商勾结的工具。今天看来，此时的晋商，如能注意于国运，存心于实业，注资于"洋务"，那么，其面貌、其命运将完全改观。

山西票号对清政权的渗透是全方位、多层次、全覆盖的。比如每次"解款"，自库兵以至郎中，它都给予"分例"（红包）；每逢年节，必有赠款。一到年关时节，自旧历十二月二十日起至除夕日止，每天两三辆轿车，专门送礼。自王府管事至老妈子，都有名单，按名奉送。

由此，中国官场文化中又添设了一条潜规则：商无重利不见官，官无重礼不办事。因此，晋商成为商人中最保守最落后的一群，它在加速催化着清政权的彻底腐败，也让自己走上了末路。政商勾结的危害，于此可见。

（2）活跃在国内外商路上的驼帮船帮。

晋商拥有一支庞大的驼帮和船帮，成为国内外商路上最活跃的一支力量。

在西口（山西左玉之杀虎口），会说蒙语的晋商被称为"通事行"，其中最大的"通事行"就是山西人开办的"大盛魁"，从业人员达六七千人。人们曾形容"大盛魁"的财产能用五十两重的银元宝铺一条从库伦到北京之路。在宁夏，著名的大商号多是万荣、平遥、榆次、临猗一带的山西商人开办的。在青海，山西商人以西宁为根据地活动于各州县。在北京，粮食米面行多是祁县人在经营；油盐酒店多是襄陵人在经营；纸张商店多是临汾和襄陵人经营；布行多为翼城人经营，鲜鱼口以西有布巷，全属翼城人所主；北京大商号都一处、六必居、乐仁堂等，都是浮山、临汾等山西商人首创和经营的。此外，山西商人还到四川、云南、贵州、湖北、湖南、江西、安徽、广东等地贸易和经商。由海上出口茶叶。运往印尼的茶，由山西人在产地收购，运往广州，由潮帮商人转运南洋。扬州的盐商、江西和福建的茶商，以及由长江口出海与日本的商贸，也都以山西人为最活跃。

晋商还开拓了国外市场，南自香港、加尔各答，北到伊尔库茨克、西伯利亚、莫斯科、彼得堡；东起大坂、神户、长崎、仁川，西到塔尔巴哈台（新疆塔城）、伊犁、喀什噶尔，都留下了晋商的足迹。有些商人甚至能用蒙古语、哈萨克语、维吾尔语、俄语同北方少数民族和俄国人商谈，对答如流。从陆路对俄贸易最早最多的也是晋商，莫斯科、彼得堡等十多个俄国城市都有山西人开办的商号或分号。榆次常家从中国输出夏布，从朝鲜输入人参，被称作"人参财主"；介休范家，几乎垄断了对日本的生铜进口和百货输出。

清朝雍正五年（1727）清政府和俄国政府确定把库伦（乌兰巴托）北方之恰克图作为双方商人的贸易点。自此，恰克图贸易日益繁盛。嘉庆、道光（1796—1850）以来，中国从恰克图输往俄国的商品是以茶叶为大宗，其业务皆为晋帮商人所垄断。咸丰十一年（1861）以前，一直是晋商垄断着湖北、湖南的茶叶贩运，他们将两湖茶叶经陆路运往恰克图销往俄国。在晋商称雄过程中，陆路交通靠的就是驼帮。驼帮是晋商中以骆驼运输为主、从事贸易活动的重要商帮之一，他们主要经营的产品为茶叶。晋商经营茶叶的独到之处，就是运销一条龙。晋商在福建、两湖、安徽、浙江、江苏一带购买茶山，收购茶叶以后就地加工成砖茶，然后经陆路、水路运往各个分号。晋商的茶叶主要路过杀虎口销往蒙古及俄国一带。

第二次鸦片战争以后，俄国通过《中俄天津条约》、《中俄北京条约》，不费一兵一卒，打开了侵略中国蒙古地区的通道，取得了沿海七口（上海、宁波、福州、厦门、广州、台湾、琼州）的通商权。俄国商人在上述地区建立茶栈，收购和贩运茶叶。俄商将茶叶用船从汉口沿江而下运至上海，再沿海运至天津，然后走陆路经恰克图贩运欧洲，大获其利。而恰克图的晋帮商号则由原来的120家下降到同治七年（1868）的四家，从此败落下去。

船帮出现在清代中叶，随着商品经济的发展，货币流通量猛增，但当时中国产铜量极低，仅靠云南一地产的滇铜远远满足不了铸币需求。在这种情况下，山西商人组织船帮对日贸易采办洋铜。介休范家就是最为突出的代表。范毓宾时期，范家的商业发展到了鼎盛时期，被人们称为著名的"洋铜商"。

顺及：驼帮船帮以外，大力举办职业教育，提高商队素质，是晋商成功的又一个妙着。清代在包头城，有山西商人自办的子弟学校。旅蒙大商"大盛魁"商号，在外蒙古的科布多也设有本企业的训练机构，从晋中招收十五六岁的男青年，骑骆驼经过归化、库伦到科布多，接受蒙语、俄语、哈萨克语、维吾尔语及商业常识的训练，一般只给半年的工夫，然后分配到各分号去实习，跟随老职工学习业务，这是很有远见的一项措施。

（3）商贸网的集结点：会馆。

晋商在各城镇商埠普遍建立会馆，这是群体经商活动的内在需要。据不完全统计，晋商除在京师一地就设立了四十多处会馆外，先后在天津、上海与山东之聊城、馆陶、东阿、济南；江苏之扬州、镇江、南京、苏州、盛泽大馆圩、盛泽西杨圩等处；还有河南之淅川、洛阳、开封、赊旗（社旗），安徽之芜湖、涡阳，湖北之汉口、钟祥、当阳、郧西、随州、江陵、公安、沙市，以及广东之佛山、广州，四川之成都、灌县，湖南之长沙、湘潭，还有吉林、沈阳、杭州、重庆等地，加上福建福州、广西南宁、青海西宁、新疆巴里坤、内蒙多伦诺尔等地，也都设有晋商会馆，几乎遍布于全国各行省、各商埠。

以河南南阳赊旗镇的"山陕会馆"为例来说：这里在明代只是方城县的一个过路小店，清代才有了赊旗镇。它地处汉水支流

的唐河上游，唐河南流
入湖北襄阳，汇入汉
水，直通汉口；而北经
方城、平顶山，可直达
洛阳、开封，于是成为
一个四通八达的水陆要
冲，为两湖、江西、福
建、安徽、河南、河

全晋会馆

北、山西、陕西九省通衢，也是北京通往云贵驿道的中间站，于
是山陕等省商人纷纷到此建房设店，流寓定居，使赊旗舟楫车
马，热闹非凡。粮食、棉花、食盐、布匹、煤炭、竹木、茶叶、
桐油、生漆、药材、曲酒等各种物资汇集于此，进行贸易、储
存、转运，形成一个物资贸易中心。时仅从事南北货物过往成交
的"过载行"就有48家，赊旗店迅速发展为"北走汴路，南船
北马，总集百货"的繁华巨镇。山西茶商采买福建武夷山或湖
南、湖北等地的茶叶后，由水陆两路运抵汉口，再由汉水运至襄
阳，转唐河北上达赊旗店。在此改行陆路，由马匹驮运北上，
过平顶山、洛阳而渡黄河，入山西，经晋城、长治、祁县，到
太原、大同，再经张家口或归化（呼和浩特），用骆驼穿越戈
壁沙漠，运至库伦（乌兰巴托）、恰克图，与俄蒙商人进行贸
易。赊旗店正是这条"茶叶商路"上的一个重要中转站。于
是，山西商人为了适应贸易的需要，首先在赊旗店创建了晋商
会馆。

五 禁海：对沿海经济的严重摧残

中国有漫长的海岸线，中国人民对发展海上交通事业，作出过辉煌的历史性贡献。从周秦汉唐直到宋元明时代，历代政府一直奉行着开放政策，海上交往总是在发展中。只有明朝统治集团，为对付在沿海滋扰作恶的倭寇，才一度推行海禁政策。然而，明政府在这以前与在这以后，都允许开发近海交通，允许沿海居民以海为生，与南洋各国一直友好相处。明代人民对开发南洋，作出了突出的贡献。中华航海与外贸业，是一个有着悠久传统、根基深厚的大好事业。可是，它到了清代，却日见萎缩而消沉了。

1. 东南形势与清初的禁海

清初的海禁，首先是用来对付郑成功的。郑成功之父郑芝龙，拥有一支强大的海上力量，长期横行于东海海面，南海海域也由其经营，势力之大，明朝官家无可奈何。当葡萄牙、西班牙、荷兰海上势力在南洋交结时，郑芝龙成了他们共同的对手。"洋商"们只能化为小股海匪，在沿海岛屿搞些偷摸袭击，掠卖人口，扰乱治安。清军攻下杭州、南下福建时，南明唐王政权曾希图以闽广为基地，借助郑芝龙的力量作最后一搏。不意郑芝龙却暗通清军，私自撤防。之后，郑芝龙被清人带回北京，再也无行动自由了。他北上前，其子郑成功毅然选择了下海抗清的道路。郑成功团结闽广群众，与清军周旋，累挫其锋，一度攻到南京城下。

清军于 1643 年 5 月入关，只用不过十来天时间，就攻下了北京，然后大举南下，一直推进到淮河一线，没有遭遇明军实质性抵抗，兵锋甚锐。到 1645 年，进至长江一线，五月攻下南京，七八月间攻入杭州。在这期间，清军遇到了前所未有的强烈抵抗：扬州、嘉定、嘉兴、宁都、海宁等一个个"弹丸之地"，既无大军镇守、又无险要可据，居然使清军付出了高昂的代价，清军便以一次次血腥的"屠城"求进，总算席卷大江南北，攻下了闽广湖湘，大致确立起对全国的军事控制。殊不料一个郑成功，却凭其海上优势，与清军抗衡了十五六年之久，到 1659 年竟然能在友军的配合下，从舟山攻入长江口，直逼南京城下，并攻占安徽、江苏大片土地！此举不能不使立足未稳的清廷上下，大为惊骇。从此，清廷对海上力量的恐惧与仇视深入骨髓。

郑成功于 1661 年 4 月率军进据台湾。赶走了窃据宝岛三十八年之久的荷兰殖民者。他大力召集闽广人民迁居台湾，开发台湾，在这里设官府、练士卒、兴学校、办农工，使海岛迈开了文明发展的大步。次年，郑成功三十九岁上不幸去世。他的儿子郑经准备与清廷作持久抗衡。

吃尽海上抗清力量苦头的满清政府，对郑成功父子无计可施，穷极生谋，想出了一条笨主意：沿袭前明政权为对付倭寇而采用的禁海措施，变本加厉，实行彻底的"禁海"。顺治十二年（1655）五月，清廷就下令："沿海省份毋许片帆入海，违者治重典!"但它未能阻挡1659年的郑成功进攻南京。郑成功去台后，顺治帝便下令"迁海"："将山东、江苏、浙江及闽广滨海居民，一律迁于内地，设界防守。"宣称"片板不得下海，粒货不许越疆"。数千里滨海线，五十里内不许住人，不许有大小船只，造成了一条沿海无人区。事实上此举只是逼使沿海居民采取更稳蔽、更巧妙、对清廷来说也更难对付的斗争方式。然而这一海禁，却实实在在地剥夺了东南居民的正常生计，破坏了已经相当发达的造船业，深深挫伤了民力民志。清初的这次海禁，是针对中国人自己的一种凶恶的内政措施，毫无排外反洋的意含。

此时，清政府在康熙帝的领导之下，花了不小代价，平灭了军阀吴三桂等人挑起的"三藩之乱"，稳定了清政权对全国大陆的政治统治。但三藩变作，也是以"反清"（它不同于明末的抗清）相号召的，波及江南所有省区。三藩之乱解决后，清廷再次看到了"南方人"与"海上势为"对它的统治的潜在威胁。这对清廷后来推行的一系列政策有着深刻的影响。

康熙二十二年（1683）清廷统一了台湾。在台设一府三县：台湾府、台湾县、凤山县与诸罗县，驻兵八千，设总兵一员统领之；在澎湖驻兵三千，设副将一员，强化了对台澎的军事防守与政治管理。但清廷有一批臣僚却主张放弃台湾，退守澎湖或福建，认为台湾"守之太难，保之无益"，不如弃去。这一谬论遭到有识之士的痛斥：兰鼎元指出，台湾是闽广同胞世世代代辛勤开发的热土，有沿海居民生息长养的衣食之资，怎能弃而不顾呢？况且，在蛮夷（指西方殖民势力）侵逼的大势下，"台湾雄踞海外，直关内地东南半壁、沿海六七省门户相通，非与国家渺无轻重者"（见蓝鼎元《平台纪略》）！这一见解，在后来列强东来时得到了验证。清廷没有放弃台湾。

2. 清前期的外贸管理

康熙二十四年（1685）台湾问题已经解决，康熙帝便下令部分地解除海禁，在广州设粤海关，在漳州设闽海关，在宁波设浙海关，在云台山（江苏连云港）设江海关，收取贸易税，管理对外贸易——主要是对日、对西洋的贸易。当时，以澳门为口岸的英、葡、荷兰等老牌殖民国家，都与清廷建立了经常性的贸易关系，从未被禁止过，来华的西方船只还在增加。清代前期为着管理对外贸易，大体采取了如下措施：

（1）对从事贸易者发给"票照"，凭照贸易。出海贸易的沿海船民、商人，或经陆地边境的商民，都发给"票照"，以便凭照出入港口、边境进行贸易。出入海港的船只，发给凭证。如规定商船、渔船前后分别各刻"商"、"渔"字样，两旁刻上省府县的编号，船户姓名；船户、舵工、水手都发给腰牌。腰牌上要刻明姓名、年貌、籍贯。雍正时还规定，船头起至鹿耳梁头，大桅上截一半，各照省别油漆，江南用青漆、白色勾字，浙江用白漆、青色勾字，以资识别。这些规定，目的在于使官府掌握商民、船工的身份，以防盗贼及其他被视为不良分子的混入。

（2）对出入货物的管理。如禁止武器与作武器的原材料铁、硝磺出口。重要生活必需品粮食也不得出口，以防接济"叛逆"、

"匪类"。但对友好邻国确要粮食接济者，仍准出口。清廷还鼓励粮食进口，以满足人民生活之需。生丝与丝织品是我国出口的大宗货物，也是外国商人经营的主要货物。由于出口量大，使内销量也有减少，价格上涨。清廷采取了限制出口之策。曾规定出东洋船只每船糙丝一千二百斤；江苏赴闽、粤、安南等处，海船糙丝三百斤；闽浙二省商船，每船上丝一千斤，粗丝一千斤。但在沿海官吏日趋腐败情况下，对货物管理，特别货物出口量的限制，也就徒具形式了。

值得提到的是，雍正七年(1729)，清廷就曾下令禁止鸦片进口，但未能阻止西方侵略者利用鸦片作为其抵偿入超的重要"商品"。

(3) 海关监督与征税。海关是管理对外贸易的重要机关。粤海关监督素为皇帝亲信满族官吏所把持，也是皇帝在南方的重要耳目。陆上边境关口有云南的永昌、腾越、顺宁为征出口税之关，而杉木笼、暮福、南河口则为征入口税之关。新疆喀什喀尔、叶尔羌，蒙古多伦多尔，以及恰克图、尼布楚都设有边关。由于清廷内地货物交易有征税之制，对外贸易在当时并不占重要地位，对外贸易的海关与内地的税关，在体制上大体一致。《清史稿·食货志》六说：边境口岸的关税，例有明文确定。如外洋船只到达广州，"其税法每船按梁头征银二十两左右，货税照例征收"。乾隆二十九年（1764）规定：外番商货回部贸易者，三十抽一，皮货二十抽一，回商往外番贸易，二十二抽一，皮货十抽一。牲畜货物不及抽分之数，按所值折算。

但是，由于吏治腐败，正税之外，各种陋规与附加杂税繁多。外国船只到达广州，除纳正额税银外，办理每一项手续，如丈船、验货、验证都得付给"规费"（小费）以及杂税，多达三十项。它不仅增加外国商人的负担，而且败坏了国家声誉，加剧了腐败。

（4）口岸管理。清廷指定恰克图、尼布楚、广州等处为对外贸易口岸。广州从乾隆时起，成为清朝对西方、南洋贸易的唯一合法口岸。乾隆二十四年（1759），经两广总督获奏而批准，旨在防范外国商人的章程。道光十一年（1831）、十五年（1835），续颁有关通商章程。清廷颁布的章程中规定外国兵船不得进入内河、商船如有炮位必须先行卸下方可进入黄埔港，返航时归还再装；外国船进入中国内河港口，由中国引水员带进等等，具有反西方殖民主义侵略的民族自卫作用。

在管理对外贸易中，清廷以地方官审查核准的殷实商户作为与外国商人作"中介"的行商。因他们为西方洋人购买货物与生活用品，出售外商货物，俗称为洋商。明代就有十三家行商，于是有"十三行"之称。实际上当然不限于十三家，或增或减，不过仍保持十三行的称呼。这些洋行商人组织"同业公会"性的"公行"，垄断与外国商人贸易事宜，并兼有某些政府公务职能，传达政府有关命令、告示、规定，行商便成为早期买办。

据载，仅康熙五十九年（1720）欧船来华就有二十九艘，运来自鸣钟、呢绒、玻璃等机械工业品、纺织工业品及其他生活用品，而中国的茶、丝、瓷器等传统出口商品，也远销欧洲。就中英贸易来说：1708 年至 1712 年间，中国进口商品不足五千英镑，而英国进口的华货支出白银合五万英镑以上。中方的这种出超优势，是建立在大量出口中国人自身也十分需要的生活必需品的基础上的，而进口的产品，除了宫廷垄断消费外，在刺激新产业的建立、新生产力的形成方面，在改善国民生活条件方面，作用几近于零。

六　清廷反海盗　船民陷深渊

台湾问题解决后，康熙为了在南洋"反海盗"，并未真的完全解除"禁海令"，仍然维持着对南洋的禁令与措施，历康雍乾嘉至道光各朝，百十年间愈演愈烈。这样的"反海盗"严重戕害了闽粤与南洋的民生，也妨碍了国家外交外贸的根本改观。许多情况下，清廷往往与在南洋活动"夷商"联手剿"匪"。殊不知，它也为东南沿海人民与广大华侨的持久有力的反满斗争深深地埋下了火种。

1. 何以独禁南洋商贸

原来，康熙部分地开放海禁后，苏州船厂很快恢复造船生产，一年有上千只船下海，远航南洋与欧非，开展丝瓷贸易。然而当康熙得知出洋船舶如此之多而又多被出售，出洋人员如此之众而又多半留外不返，立即下令：如此"有伤国本"之事"不可再行"。明令严禁商民私自出海贸易，严禁商民侨居国外，严禁与南洋贸易，断绝和吕宋（菲律宾）、噶喇吧（马来亚）、南洋诸岛（印度尼西亚、婆罗洲等地）的经济往来，严禁向南洋出卖海船、硝黄、军器、铁器、书籍、米粮，甚至铁锅；严禁在南洋安居的侨民“非法”归国。同时，他也再次颁布《防夷章程》，禁断夷人登岸上街行走；不许外人带华人出境（因洋人在沿海掳掠贩卖人口的事时时发生）。

雍正五年（1727）九月，清廷又下令：“嗣后凡出洋船只，俱令各州县严查船主、伙长、头楗、水手并客商人等若干名，开明姓名，籍贯，邻保甲，出具切实保结……如有报少载多，及年貌箕斗（指纹）不符者，即行拿究；保甲之人一并治罪。”回棹时，照前查点，如有去多回少，先将船户人等严行治罪，再将留住外洋之人之家属严加追比。不仅如此，甚至还通告南洋各国，限期遣返或就地严惩前往经商定居的汉民。推行了一套自我摧残的严厉措施。

又，康熙晚年就下过侨民的归国禁令，雍正进而诬称“此等贸易外洋者多不安分之人”，凡出洋逾期者均“应不令其复回内地”。乾隆把贸易时限定为三年，逾期者不许回国；在外有家室者“永远不许入口”。理由是他们“在外日久，忽复内返，踪迹莫可端睨；倘有与外夷勾结，奸诡阴谋，不可不思患预防”。即使应命而归者，也不许返故乡，而要远远地安置于新疆伊犁等地，以防其“再谋出国”或“造捏无形，煽惑人心”，对出洋人员的敌视心理暴露无遗。

基于这种对侨民的严重不信任感，清政府对“情甘异域”的侨民们，一律斥为“背弃祖宗庐墓”的“莠民”，“自外王化”、

"叛民"而加以排斥，绝不许其与国内联系，为此还禁绝国内人民与南洋侨民聚居最早最多的菲律宾、印度尼西亚、马来西亚等地作经济往来，当然也就谈不上关心侨民在海外的正当权益了。乾隆五年（1740）"红毛夷"荷兰殖民者在菲律宾巴城肆虐，下令杀尽城内华人。"挨门排户，搜执唐人，不论男女老幼，擒住便杀"。一下子屠戮华人近万名，尸积如山，血流成河。清廷漠然视之，竟说："此等汉种……实与彼地番种无异"，听任屠戮不算，还明令"仍准照旧通商"。其冷酷与颟顸，表现得如此露骨！从此，我国从南朝齐梁以来，特别是明代以来，积极开发南洋的中国公民，竟成了"海外孤儿"，而乾隆竟以尧舜再世自炫！

至若禁止华人去南洋，禁止与南洋经商贸易的问题，也是表现得顽梗不化。清初能吏蓝鼎元曾就此发论说：自天地开辟以来，南洋数十岛国人民，从未侵扰过中华，从未给内地带来过麻烦。不过货财贸换，通济有无而已。他指出：闽广人岁收南洋诸岛银钱百十万入我中土，从吕宋等地运入大米以济丰歉，输入白银以益市场；所出口者不过沿海手工产品，针黹女红之类。他问道：大西洋、小西洋诸国，皆凶悍异常，……到处窥觇，图谋人国，何不严加防范？却允许"西夷"以市舶名义占地、雇人，以传教名义深入内地，侦伺机会？他愤慨地说："今日本不禁，红毛（指荷兰）不禁，西洋不禁（指马六甲海峡以西各国各地区），天主教布满天下，且以广东澳门为其盘踞之地，修炮台，筑城楼，时时威胁我广州。此之不禁，何独对于柔顺寡弱、有益无害之南洋必欲严禁而远绝之呢？"

他提出的开放海禁、发展南洋商贸、整顿闽广海防的意见，尤为贴切。他说，"既禁之后，百货不通，民生日促，居者苦艺能之罔用，行者叹至远之无方。故有以四五千金所造之洋艘，系维朽蠹于断港荒岸之间"，"一船之弊废，中人数百家之产，其惨目伤心可胜道耶"。他愤慨地指出："沿海居民肖索岑寂、贫困不聊之状，皆因海禁。"他斥海禁为"坐井观天之见，妨民病国之事"，"使沿海居民富者贫、贫者困，驱工商为游手，驱游手为盗贼尔"。他大声疾呼"大开网禁，听民贸易"。当康雍乾把海禁奉为基本国策的时候，蓝鼎元这样说等于直指皇帝骂其昏聩，真是有胆有识！

2. 官府藏污　海盗为患

值得注意的是，清政府对正当的南洋贸易禁这禁那，颇为卖力，而对于横行海上的中外海霸海盗海匪，却是无能为力，只好听之任之。

南洋海面早就有海盗势力：荷兰、葡萄牙无力染指台湾与东南沿海之后，其海盗行径更加肆无忌惮。他们以中外商船为目标，肆行劫掠，危害深重。在近海海域，也是见船必夺，有货就抢，能运的运走，运不走的沉之海底，不屑"光顾"就击碎算事，还要杀人毁尸，无恶不作。那些以闽广滨海山岙荒岛为盘踞点的海盗，对沿海居民的陆上生活也恣行骚扰，构成严重祸患。清政府建有"镇海水师"，配有巡哨兵船，却总是"茫茫海面，不见海贼踪影"。其实兵匪早已是一家了。闽广的达官们，初上任时或许还有人试图办一两件好事，率队下洋缉盗，但"官怠于宦成"，他们沉缅于灯红酒绿，安享陆上繁华平稳的生活，哪里还愿去蹈涉海上风波！有的守港官员与巡防哨船，通同为非，坐收渔利，民间有"坐港之利，甚于通蕃"之说，道破了其中奥妙。民间又有"民船犯禁，官兵可缉；官船作弊，谁敢撄锋"之叹，揭出了海盗难办的症结。兵匪相通，往往以武器粮食财宝相接济，番夷连手，专以守法商旅为目标。而清政府对于守法商船，却是严禁携带自卫火器，在茫茫洋面，只好一任劫夺了。有时，官弁们迫于上司的功令考核，勉强巡海一次，事先必大肆张扬，到期则鼓乐旗幡，迤逦前行，鸣炮示警，喧嚣出海，吓唬百姓；名为巡海，实是通知对方：稍弱者及早暂避，以免"公事公办"；强梁者请让出一条通道，以后"还有商量"。海盗海霸们自然明白如此用心，也就配合默契。几个海盗对付不了，又怎能指望清廷抗御外侮呢？在这种情况下，当外强带着洋枪洋炮临门逞凶的时候，清廷有人想到了变"海禁"为"闭关"，然而清政府连关门的一手也做不到，"关"，何尝"闭"住？

所幸我中华凭着本身的地域优势、人口优势、体量庞大的农业、手工业的产业优势和传统的民族凝聚力，顶住了西人将我瓜分豆剖、亡国灭种的灾祸，保留了百年之后再展雄图的根基。

七　文化原来无冲突　清人本不拒洋人

清初，沿袭了晚明对西方文化的态度与政策，积极吸收"天学"文化成果，肯定天主教义可以与儒学"互补"。顺治到康熙时传教士成批来到中国，一时蔚成了文化界的异样景观。中西文化原本是正态对接的，并无"冲突"；是罗马教廷挑起了"礼仪之争"，是法兰西教会掀起了妖魔化中国人、贬斥中华文化的意识形态阴风，其消极影响极为深巨。

1. 康熙帝接纳"天学"

清初，东来传教士汤若望以他的天文历法科学知识受到清廷的信任，顺治元年（1644）十一月被任命钦天监掌印官，由原来聘请的"客卿"（外籍专家）转变为朝廷命官，开创了西洋传教士直接掌握钦天监的先例，后又授予通政司通政使之职，光禄大夫之位，进秩正一品，间或还参与朝政机务。谁都知道，中国历代王朝，都视"天文"为国家最高机要，由专职史官、天文官世家主管，大权从不旁落。汤若望能执掌如此这般的要害部门，占有显赫地位，实属难得。他也使天主教在华得以顺利传播，而来华传教士也就更多了。

中国信奉天主教者，从顺治八年（1651）至康熙三年（1664）达到十万有余。康熙皇帝亲政之后，又让比利时传教士南怀仁执掌钦天监。他们利用西方传教士的自然科学为清王朝服务。康熙帝本人读了《天主实义》等书，服膺"天学"，还御笔为北京新建的教堂题匾额、书楹联、作颂诗，表现出他对教义有相当深切的理解。现今教会流行的名联"全知全能全美善，至公至义至仁慈"就是康熙帝的杰作。他还有一首"十字歌"，尤能显示康熙帝在意识上对"天主"并无纤毫抵触，所抒写的信仰之情比教徒并无差别。今录其《十字歌》于次，以为史证：

功求十字血成溪，百丈恩流分自西。

身列四衙半夜路，徒方三背两番鸡；

五千鞭打皮肤裂，六尺悬垂二盗齐；

惨动八埃惊九品，七言一毕万灵啼。

康熙熟悉《圣经》内容，他的这首《基督死》，因为诗句中巧妙地嵌进了十个数目字及百千万等字样，世人称之为"康熙十字歌"。本诗记述耶稣从被捕到殒命的基本情节，所述场面悲痛，历历在目，情真意切，遣词造句极为工整，闪射着中西文化相融汇的智慧光华。

2.《大清舆地图》的测绘

康熙是一位有科学头脑的领导人。《大清舆地图》的诞生，雄辩地证明康熙有这种科学精神。康熙二十五年（1686），他对编修《大清一统志》的总裁勒德洪说："疆域错纷，幅员辽阔，万里之远，念切堂阶。"要他搜集历代地理地图知识，编撰一本新地图出来。

到康熙四十七年（1708），康熙让传教士张诚组织人在北京附近测绘京畿地图，半年后张诚呈上新图，康熙看了很满意，亲自校勘，说是"远胜旧图"，当即决定实施于全国各省区。

当年，康熙命法国来华传教士白晋率雷孝思、杜德美等测绘了长城与直隶省新图；次年测绘成"东北全图"，取得了丰富的测绘经验。康熙很兴奋，为加快进度，他下令扩充队伍，兵分两路，一队由雷孝思、麦大成带队，测绘山东与沿海一带，一队由杜德善、雷隐负责，测绘喀尔喀蒙古地区，完成任务后，又合作完成了山西、陕西、甘肃的测绘工作。康熙五十一年至五十四年，他又派人完成了河南、安徽、江苏、浙江、福建与云南、贵州、湖广的测绘工程。期间，不少野外工作的传教士染上了重病，有的身亡于岗位上。康熙五十六年，在钦天监工作的喇嘛楚儿沁藏布奉旨测绘了康藏地图。至此，历时十年的野外测绘告一段落。参加者有来自法国、葡萄牙、日耳曼的传教士，也有满蒙藏汉要员。康熙五十七年（1718），由杜德美负责汇总各地测绘资料，辑成《皇舆全图》即《大清舆地图》呈览。康熙十分欣赏。

此图科技含量极高，不少技术指标走在世界前列。比如康熙亲订的以地面二百里合地球经线 1 度的比例，就早于法国采用的等效比例尺八十二年。又如在东北的实测过程中，发现北纬 47 度处的经线要比 41 度处的经线长 258 尺，从而证明地球是偏圆形的；这是个了不起的发现。又如，此图由楚儿沁藏布实测并命名的珠穆朗玛峰，比英人埃弗勒斯早一百三十五年。再说，当时的测绘点分布于全国，所测经纬度点达 641 处，其中有的由三角测量法推算出来，有的由天文测量法予以测定，充分证明当时的测量法是走在世界前列的。

此图于 1921 年发现于沈阳故宫，完好如初，极为珍贵。相关史料见《清圣祖实录》。

最后，交待一下，白晋本人深受中国政府的信赖，皇上还让他参与了"尼布楚条约"从谈判至签约的全过程；但他却把谈判"底线"透给了俄国人；而测绘地图所得的全部数据资料，也被他全数送回了欧洲，交给了法国政府，这便是后来列强势力能够深入云贵川内地偏远山村作诡秘活动的"奥妙"所在。

八　贬华阴风起于罗马　盛于法兰西

陷身西欧宗教改革风暴而焦头烂额的罗马教廷，在欧洲只剩下了法兰西教会与西班牙教会两个"追随者"了。它希图失之西隅、求之东方，挑动了"礼仪之争"，法兰西教会发出了第一通贬斥中华文明的谰言。

清廷在重用传教士的同时，也对传教士活动作了若干必要的限制，如允许南怀仁在京传教，但不许他到各省去设堂传教。后来，正陷身西欧宗教改革风暴而焦头烂额的罗马教廷，希图失之西隅、求之东方，在接到以菲律宾为基地的西班牙天主教会的恶意告状后，便向中国教徒直接下令，"不准崇拜偶像、不准崇拜天主以外任何神"，并以"开除教籍"相威胁，想就此从东方捞回一点颜面，却受到民间的强力抵制，罗马教廷于是便派遣使者来华，直接要求康熙帝下令，阻止中国教徒进行祭祖、拜孔等传统礼仪活动，这引起了本来对教义抱有好感的康熙皇帝的警惕。他与罗马教皇作了十三次往复交涉，始终召致强硬拒绝。康熙帝受到深重折辱，但他不吃这一套，说"天下哪有不忠不孝的神仙"? 于康熙五十九年（1720）下令禁止天主教的传播，向罗马教皇的使者明白表示："尔天主教在中国行不得，务必禁止。教既不行，在中国传教之西洋人亦属无用。除会技艺之人留用，再年老有病不能回去之人仍准存留，其余在中国传教之人，尔俱带回西洋去。"可见，在禁止传教、让传教士回国之时，仍表示留用有技艺的"洋人"，并非一概"排外"。对于留在中国的西洋人，清廷仍允许其信奉"洋教"，并不干涉。仅就这一举动本身而言，也比天主教对付任何一个"异教徒"来得宽容而仁慈，哪里有"排外"的影子? 后来，雍正帝厉行禁教，将西洋人一律送到广东或澳门安置，各地天主教堂遂被改为公所。

《清朝文献通考》卷二九八：乾隆五十年（1785），发现西方传教士多人在直隶、山东、山西等地非法传教，被议处"永远监禁"，经乾隆皇帝核准，全部释放，"如有愿留京城者，即准其赴堂，安分居住；如情愿回洋者，着该部派司员押送回粤"。应该说，这种做法还是通情得体的；比起罗马教廷在中世纪一千年间一再残酷清洗"异教徒"、"审判异教徒"来，要仁慈千万倍! 此后，意大利画家郎世宁等人，仍在宫中充任画家，也颇受器重。

教廷的图谋在华未能得逞，法兰西教会便污称此次风波为"中国人事件"。本来，政教分离是中国的传统，这使得西方教会无法在华称雄。"西方意识"遇到了在"新大陆"、在"黑非洲"和在"南亚次大陆"从未遇到的上下一致的有效抵制，这在欧洲引起很大震动。教徒们不甘心"天主的光辉"怎么就没法照亮东方！从此，他们就更加痛恨"东方异教徒"了。由此掀起了全面妖魔化中华文化的恶意攻击运动，大规模丑化孔子、丑化中华礼仪、丑化东方学术，妖魔化中国人的生活方式，风俗习惯，包括语言文字，无不恣意攻击。

但是，这时欧洲的"天主教"自身也在面临着宗教改革的风暴，斗争十分激烈，1773年（乾隆三十九年）罗马教廷宣布解散耶稣会（利玛窦所在之组织）；又把一肚子怨气撒到中国人身上，企图从精神上开刀，泯除中国人的民族文化。此风愈演愈卑劣，到后来，在不少西方人心中、口中、书中，中国就只剩下贫穷、落后、分散、愚昧，中国人只是一群头顶"猪尾巴"（辫子）跪拜"偶像"的"东亚病夫"。他们要为其"弱肉强食"的行径制造理论依据，寻找某种心态平衡。

本来，欧洲先哲对中华文明是肯定的，有崇高的评价。1697年德国哲学家莱布尼茨出版《中国近闻》，他在其《序言》中说："我们从前谁也不信在这个世界上还有比我们的伦理更完善，立身处世之道更进步的民族存在。现在从东方的中国，竟使我们觉醒了。"他抨击了西方的宗教神学和宗教狂热。伏尔泰也指出中国史上"没有连绵不断的宗教战争"。相形之下，你就知道罗马教廷法兰西教会对中华文明的刻骨深仇是从哪里来的了，也就知道"西方优越论"的根子何在了。

第十二章　近代世界与中华交通大转轨

　　清代后期，中国人口由两亿向四亿过渡，是当时世界总人口的三分之一以上，西方列强的商品生产力联合起来也不足以占领中国市场；国际市场的滚滚白银，一到中国，就被吸纳得无影无踪；而中国人生产的大量手工业产品丝、茶、瓷器等源源不断地输入欧洲。英人以政府武力为毒品保驾护航开路促销，确立了列强们所需要的"条约秩序"；于是中国历史走向"近代"，中华交通便随之大转轨。历来把道路交通、商贸运输与邮驿通讯视为一体的传统理念，也被突破而"分道扬镳"了。

一　鸦片战争前后中欧在正常贸易

　　清中叶，中国当局划定了与外洋的通商口岸，习惯于横行无忌的西方殖民势力，悻悻不平了，他们声称要"自由贸易"、"自由传教"，却又根本没有足够的"商品生产力"，无力支撑其进入中国大市场做正当贸易；西班牙、葡萄牙、荷兰，无力进行商品生产，却凶横一时，只想掠夺，终因白银告罄而沦落，就是铁证；中国实体经济体量庞大，到第二次鸦片战争时仍然出超，也是铁证；何况他们压根儿就没有这份善良心愿，有的只是发动侵略战争，胁迫清廷去为周期性危机中的欧美列强不断地输血供氧！

1. 中国潮作证：清代一直有大宗商品输欧

此际，中国的商品生产力一直远超西欧，在大体满足本国上亿人口的温饱之需的同时（否则就不可能出现人口由 1 亿向 2 亿、再向 4 亿的急速增长），还有巨量的农业产品、工副业产品持续地投放国内外广阔市场。从 18 世纪 20 年代起，北欧国家与英、法、德各国上层社会中卷起一股"中国潮"，中国的茶、瓷器、丝绸、漆器、刺绣，连同室内布置、庭院建筑与园林建造，都深深地介入了上层贵族绅士们以至普通人的生活，时人普遍追求"中国风味"。

17 世纪中叶，茶在英国是珍稀饮料，从皇后、亲王到诗人、时髦女郎、贩夫走卒都以喝上中国名茶为高贵的象征。但进口茶要耗费大量国帑，1756 年（乾隆二十一年）英人为是否要"禁茶"引发了一场大讨论。从 1760 年到 1833 年的七十年间，英对华年平均出口额从 47 万余两白银增至 733 万余两；年平均输入中国商品由 97 万余两激增至 995 万余两。其间，1769 年至 1772 年英国每年要从中国广州一口运茶 1068.9 万磅，需要量之大可以想见。

同时，中国瓷器也在风行欧陆。当时欧洲各国的王室之间，正在争豪斗富，他们竞相利用宫廷的豪华来博取外交上的声誉，宫廷日用和宫廷布置都以拥有瓷器为无尚光荣，于是便以赛过黄金的价格大批收买中国瓷器，一件1.2尺的青花五彩盘就值上万钱。瑞典王室于1731年至1789年间，进口中国丝、茶与瓷器，仅瓷器一项就达5000万件，可谓"罄其国库以购

清代出口青花楼阁圆盘

瓷"了。1740年，有一艘中国货船满载丝茶瓷器，经一年零四个月到达北欧，不幸沉没于瑞典哥德堡外海100公里处。后被打捞出来，瑞典皇家为此专门成立了"沉船博物馆"。作为持续供应大宗商品的中方基地，从明中叶到清中叶，历届政府做了大量的货源组织工作，高档外销瓷年产达250万担。乾隆帝甚至亲身参与外销瓷的品牌设计，特为欧人定制大批量瓷器，并让欧人自行设计其所喜爱的装饰图案。这批欧洲风味的中国瓷，现在在欧洲相关博物馆中还能看到。

为了旅游与休闲，欧人重视园林建筑。在这方面，首先是英国，然后是欧陆各国，也掀起了一股"中国风"：他们引进中国人"师法自然"的艺术风格，造山造水造林，力求"风景如画"的效果；在园中引入拱桥、亭榭、宝塔、花草、楼台、曲径、山

洞这类东方特有的建筑小品，造成一种"东方风情"。士绅们以拥有东方园林为荣，连室内装饰也以绘有人物花草的糊墙纸（或有中国风情画的绢帛）来代替壁毯，认为它轻巧、雅致又符合卫生要求。英国大建筑家钱伯斯就于1761年在丘镇建造了一座著名的"中国宝塔"，并以亭台相映衬。人们可以围坐在高大宝塔的塔影中，瞻望远山近水与错落有致的座座亭台，倾听着塔檐风铃传出的悠扬乐音，细细地品茶，放飞自己的遐思梦想，享受"中国式"的悠闲与宁静。法国于1785年建的著名的"雷斯荒漠"园林中，特辟"中国山庄"，里面造了不少有曲径相通的中国房子，而且镀金着色，十分吸引人，被戏称为"英式中国花园"。因为新奇，也就形成时风，使得欧洲原来流行的、以几何图形为基调的"规则式法式园林"大受冷落。这种意想式的"中国风格"以它的师法自然、模仿自然的艺术思想，渗入欧洲人的艺术生活和工艺品制作，适应了18世纪欧人普遍要求刷新生活面貌、改变生活环境、提高生活质量的时代要求。

顺便说一下，当欧陆卷起"中国风"时，中国乾隆帝修建圆明园，却是综合了中西风格设计的。其长春园之"西洋楼"大水法、海晏楼等等，倒是采用了法式蓝图。而这座中西合璧的精美建筑，恰恰又毁在英法"两个强盗"之手（雨果的话），这是让人扼腕的。

交待一下：向西方介绍中华文化的主要推手是一批学兼中西的传教士，而向西方源源不绝地运去"中国制造"的主要力量则是活跃在欧亚航线上的中西商团。评价"中国潮"对欧陆的意义，不能忘了相关各方的努力，尽管各自有自己的特定动机与特殊选择。其中，清廷禁海而不禁洋，保持了中欧外贸势头，是不该被忘记的。

必需明确一个历史认识：明清之际，世界东半球原本拥有稳定成熟的国际贸易体制，它适应了文明世界求生存谋发展的共同需求；中国的综合生产力一直居于世界前列，对走出"中世纪"、渴望新生活的欧洲，更是一种有力而有效的支持；而西欧正是这种贸易体制的最大获益者，坐享其成者。

2. 西方无意也无力进行正当贸易

19世纪，清政府不仅"禁海而不禁洋"，还利用荷兰、西班牙的武装海盗，来钳制在东南沿海与南洋洋面活动的华商与中国籍海匪海盗，而对洋人屠杀华人的罪行则置若罔闻。中西经贸关系的"不正常"，责任不在中方，而在于西方无意也无力进行正当贸易。

（1）葡西荷的殖民贸易不具先进性。

处于"工业革命"前夕的西方殖民势力葡萄牙、西班牙、荷兰、英国等，尚未真正进入"资本主义社会"的大门，尚未获得"资本主义先进生产力"，他们的对外扩张也只是掠夺、屠杀加殖民；其行径实质上只是"海盗活动"的"国家级"恶性升级，根本算不上近代"资本主义扩张"。西葡荷三国除了从殖民地掠夺的白银外，没有可供交换的商品，手中白银一枯竭，这种暴力贸易体制便坍台了。

清顺治康熙时，葡西荷各国武装商船来华，清廷开放了广州、漳州、宁波、云台山四口以接应之，并组织"十三行"经办欧人的对华贸易。到1757年，鉴于葡、西、荷海盗在东南沿海与倭寇相交结，横行不法，掠卖人口，危害治安，清政府限定广州一口通商。1760年乾隆颁布《限夷五事》，禁止"夷商"任意居住、与华商私下往来；嘉、道年间又连下禁令，更有所强化，禁止外船擅入内港、偷运枪炮、私雇买办及禁止"洋妇入城"、严禁粮食、五金及史地书籍的私自出口；其对"夷商""夷妇"的种种"禁令"，都是在长期实践中有所鉴戒而形成的。这一举措，疏导了也保护了正当的外贸活动，而禁限了那些非法贸易与借机的妄行捣乱，这当然是国家起码的主权范围内的事，由此而遭到外国殖民势力的同声诋毁，咒骂它是"锁国政策"，自是意料中事。对中国来说，这样的收缩实在必要。至于个别条款的修改增订，那是实践中的问题，它本身也需要一个积累经验的过程，何况"事出有因"呢！这一切，遭到所有"洋商"的同声诋毁，并不奇怪。

（2）英国没有正当贸易的意愿与商品。

至于英国，在1773年（乾隆三十八年）在印度开始鸦片专卖，此后每年输送一千箱到中国。在1781年至1793年这十三年内，英输华商品共1687万元，仅及清输英之茶叶这一单项的六分之一。这使英人焦虑万分，又无法减少对华进口。1792年派马嘎尔尼率"商团"来华洽谈"贸易"，似乎真要"通商"了，但它正式提出的要求是什么呢？是：①增开天津、舟山、宁波等口岸；②划舟山岛与"广州附近一地"为英人居留地；③允许英国派员驻北京；④要求撤消广州"公行"，允许其自由传教、自由贸易，并降低关税……这些要求远远超出了主权国家之间的"正常商贸"之需，强横之约，当然皆遭拒绝。1816年（嘉庆二十一年）英王又派使团来华重申其上述强横要求，又一场"聋子的对话"，未果。其实，凡与列强"对话"的全球各国，又有谁与之有过"平等地自由贸易"的好果子？

史载：

1825年（道光五年）英铺设第一条铁路。英法爆发第一次"经济危机"。

1836年（道光十六年）英输华货物总值130万英镑。

1837年7月至1838年6月（道光十七八年）一年间，中输英310万英镑货物（丝、茶、瓷）；英输华560万英镑，其中东印度公司之鸦片占60%，合340万镑。就正当贸易部分（220万）而言，英尚欠90万镑货物。

1837年（道光十七年）：欧洲爆发"工业危机"。林则徐虎门销烟，英商交出20283箱（在印度生产）、美商交出1540箱鸦片（在土耳其生产），计约230万斤。林通告各国商船具结保证：今后来华贸易，"永不准夹带鸦片；如有带来，一经查出，货即没官，人即正法"。

1840年（道光二十年）2月，针对林则徐的禁烟令，英政府派出"东方远征军"犯华。事先，英议会曾有辩论，反对派"拒绝为支持一种恶毒的、有伤道德的交易而进行战争"；主战的内务大臣罗素则说是要为英商"在恐吓与暴力下所受的虐待与损失要求赔偿",说是为英商"今后免受暴虐与残忍的待遇、并能够在正常的情况之下经商"。听!这就是英人开战的"理由",竟如此地颠倒黑白!这也恰恰证明:它根本没有正当贸易所需的诚意!

再看:两次鸦片战争之后,到1871年—1873年(同治年间),中国对英年均出口仍达110万,进口仅106万。直至此时,中方仍然是出超。

1891年—1893年(光绪年间),中国对英年均出口167万,进口219万。中英贸易由此才发生逆转,而且只是靠了从印度贩运来的烟土。

事实证明:当时的英国根本就不具备与中国作"平等通商"所需要的生产力与白银储备。这一点,连英人的东印度公司本身都可作证:它插手东方贸易可获超额红利,故连本国政府关于"对华贸易需有十分之一是国内产品"的命令都不肯接受。在这种情况下,反而要中国放开口岸、出租海岛,允许自由传教,否则就责备你是"闭关锁国"!这分明是恶人告状。其实,"锁国"论原是西方不法商徒的攻讦之词,也是他们自己扯起的一种方便的遮羞布而已。

问题的关键还在于:清廷并没有阻断外贸,更与政治、经济、文化上对外的"全面封锁"毫无关涉。当时,作为国策,根本不存在对西方政治、经济、科学、宗教的全面封锁;至于吸纳西方文化,当然需要一个过程,而且早在明清之际就已经开始了。片面指责清廷"闭关自守"的人也该想想：

1803 年（嘉庆八年）中国人口突破三亿。1835 年（道光十五年）中国人口突破四亿（全球资本列国的人口加在一起也没有这么多），国内政治危机也正在激化。在这种状态下，打开大门，广辟口岸，出让沿海"小岛"（给列强以内犯的桥头堡），让其自由贸易（自由贩卖鸦片），自由传教（自由诋毁中华文明），自由转嫁经济危机，行吗？清代的"落后"不在于"闭关自守"，恰恰在于它没有坚持"自守"的意愿，没有组织相应的力量去"自守"而一败涂地！

二　在条约秩序下：危机·战争·赔款

事实上，到 19 世纪初，以英国为首，其对华贸易已经达到一定的规模。据记载：1825 年至 1833 年间，来华商船计 1181 艘，其中英国 723 艘，美国 348 艘，其余 110 艘为荷兰等各国商船，但却一直存在着巨大贸易逆差：中国的土特产品丝绸、瓷器、茶叶、漆器之类为西人生活所必需，他们要大批量地进口，英人的白银流向了中国，殖民势力怎能容忍这种状况存在下去？于是通过东印度公司对华倾销鸦片。这种毒品贸易理所当然地受到中国人民的广泛抵制。于是英政府便动用坚船利炮，来保护和拓展其殖民利益，这就引发了"鸦片战争"，于是"老大中国"跟"西洋夷人"建立起了"条约关系"。

史载：

1839 年至 1842 年（道光年间）：中英第一次"鸦片战争"，签订第一个不平等条约——《中英南京条约》。割让香港，开放五口通商，加上巨额赔款。而后，美法等国便起而效尤，与清廷签订了一系列"条约"（如《中美望厦条约》、《中法黄埔条约》），在"条约"掩护下恣意掠夺。"条约"此后成为中国与西方各国打交道的"惯例"。

这样，面临"经济危机"风雨浸袭的欧美，一次再次地获得了复苏的启动资金：

1847 年至 1848 年（道光年间），欧洲爆发"经济危机"。

1857 年（咸丰七年）前后，欧美又一次爆发"经济危机"。

1858 年（咸丰八年）中与英法俄美签《天津条约》、《中俄签瑷珲条约》。中外"条约秩序"更形强固。

1870 年（同治九年）第二次鸦片战争，又是巨额赔款。

按：周期性爆发的"经济危机"证明：这样的西方世界，不是人类社会发展的成功样板或最佳选择，它不可能救治古老而庞大的中国社会。且鸦片战争之后，英于 1842 年输华 33000 箱鸦片；1843 年至 1855 年十三年间，英输华货物总值大致在 150 万—220 万英镑之间。唯有 1852 年达 250 万英镑，合银元 1100 多万元，而期间输入中国的鸦片 5300 箱，获利年均 3000 万元！自 1858 年鸦片贸易"合法化"后，英输华鸦片一下子提升到 78000 箱。有此巨额的鸦片红利加赔款，对挽救其走出经济危机，该是多么地"及时"而"给力"！巨大的中华经济体总能在西方经济危难时及时地输血供氧！而贫困线上忍受饥寒交迫的中国人却被视为落后卑贱的一群！

条约秩序下根本无国格、无出路可言。条约秩序拯救的是西方列强。"危机—侵华—赔款"的交替出现，说明如果没有中国输血，西方资本是难以持续发展下去的。而这时清廷正在自虐自贬，依"条约"让洋人进入中国市场，把丝、茶、瓷、棉花与棉织业之类的市场拱手让出去，让鸦片合法地涌进来，让传教士自由地走遍中国，把中国置于西方"瓜分战争"与"经济危机"的折腾之中，那绝不是对"锁国"的突破，恰恰是民族危机的加深。此时此际，跟西方的"接轨"意味着什么，决不是说说而已的轻松事。

无论是就其国土面积、人口规模来说，还是就经济体量、文化传承、民族自立能力来讲，中华都是泱泱大国，这都毫不夸张。然而，在近世的中西交手之后，我们毕竟溃败了！这不能不促使中国人睁开眼睛来看世界，思考自己在世界上的生存权，要为自己找出一条生路来，绝不放弃。

三　中国近代交通邮驿的发端

晚清以降，一轮东西方文化的非正态激烈碰撞，在全国规模上展开了，它把数亿中国人都卷了进去，反对者与拥护者的声音都有，你未唱罢，我即登场，一切药方都拿来试一试。今人若只记得大清政坛上有过对"西风"作抵拒的僵硬声音，看不到社会各阶层中奔涌的护变革求新力量，看不到他们的大量实绩而揪住其征途上的疲乏反应，也是一种片面性，一种历史认识上的误区。

利玛窦的《世界山川舆地图》让中国人看到了"全球"，看到了中国在哪里。清初，连康熙帝也在读"天学"，用洋专家，并无拒纳西学的主观愿望。晚清，由林则徐支持，著名作家魏源撰成了《海国图志》（百卷本）一书，中国人总算开始正视"西洋夷人"的真实存在了！于是一批批人走出国门去看世界：出国贸易者本来就有，而今，出国考察者有，出国留学者有，出国观光者也有，于是形成对大清的"强刺激"，要求变法，要求立宪，要求办洋务，要求筑铁路、办邮政、开矿山……人们在呼唤一个新时代的到来。

就中华交通史而言，其进入近代社会的标志性变化是：一，旧式服务于政治军事需要的、由政府统管的国家水陆交通邮驿网络全面溃烂，无法继续生存下去了；二，由西方列强侵华而带来的交通邮驿理念及其资本运营模式，启发了中国人自办现代交通、邮政、电讯、江航、海航的意愿，并作为"洋务"的首发内容提上了日程；三，西方列强以"租界"形式，以"工部局"主持市政建设与管理，客观上为中国人提供了近代城市的参照性市容改建模式，中国人开始着手城市生态与交通事业的大转轨；四，上海、武汉、天津等一批城市，开始拓宽街道、自办交通管理，自建商埠、码头、货栈、宾馆、报社、公共游乐场所，公共消费设施；这就启动了中国社会的全面转型；而交通变革，作为这种社会转型的突出景观出现于东方大地。

1. 交通理念的近代转换

鸦片战争前后，西方殖民者开始打入我国内地，也将西方近代的邮政、矿业、铁路、轮船带进了中国。道光十四年（1834）英国驻华商务监督拿皮楼就在其广州驻所办了个"英国邮局"。道光二十二年（1842）四月，英人璞鼎查在香港尚未割让的情况下，在那里办起了"香港英国邮局"，探取我国家主权，清政府却称之为"客邮"。此后，德、法、美、俄群起仿效，大办其"客邮"。法国人利用白晋发回的"大清舆地图"之详细情报资料，深入云贵川，公然自设邮路，自办邮政局。这一切，当然是为其自身的殖民利益服务的，但却引发了中国人对传统驿邮体制的反思：原来只靠国家投资、只为国政国务服务的交通邮驿，是可以纳入商业营运的轨道的，是应该为实体产业服务、为民生需求服务的：这是中华交通史上的一次重大的思想转轨。

1875年慈嬉总揽大权，启用李鸿章，开始了洋务运动。于是近代产业的经营理念在中国扎根，产业家队伍开始出现；一批新政实力派人物如张之洞、袁世凯、陈炽、张骞、刘坤一、陶模（两广总督）等人，各自都在着手以新的交通邮驿经营理念，去取代沉疴莫治的固有交通邮驿体制。

1900年八国联军进京，这一惊天巨变使逃到西安的慈禧太后猛醒，重新审视被她刚刚废弃的变法主张，决心搞"君主立宪"。1901年1月29日，她以光绪帝的名义发布上谕：要求"兴学校以广教育、办巡警以保治安，行自治以申民权，练新军以固国防"，使用的全是维新变法派的语言。光绪三十四年（1908）十二月，又颁布了《城镇乡地方自治章程》。该《章程》赋予社会变革的"合法性"，让政治界知识界普遍接受思想转轨。然而，作为旧体制的符号与象征，她本人和以她为核心的那个旧政权毕竟走到了终点，寿终正寝了。

2. 自办邮政　自建铁道　自造轮船

光绪四年（1878），由李鸿章建议，清政府委托英人赫德试办中国邮政，从北京天津牛庄（营口）烟台上海等沿海口岸的海关办起，印制了一套"大龙邮票"。这种由外国人主持的中国海关邮政，试办了十七八年，后转为正式的"大清邮政"。于是在全国范围内改驿为邮的工程便渐次启动。

由中国人自己独力开办的邮政，始于台湾巡抚刘铭传的改革。台湾省于光绪七年（1881）从福建行省分出，第一任巡抚为颇具革新思想的刘铭传。他在大陆时便力主开办铁路、煤矿。他于光绪十四年（1888）初，创办成"台湾邮政总局"，为官府与商民的通信服务，还发行了"台湾邮票"与"邮政商票"。这个邮政系统，是在原台湾驿站系统的基础上改建而成的，原驿站的站头兵丁役夫一律留用，改为邮政工作人员。刘铭传的成功试验，为大陆的改驿归邮积累了经验，是很可贵的。大陆驿传到民国三年（1914）才全部撤销，一律改为邮政局，依现代企业模式进行经营管理。如果从1888年台湾举办新型邮局之日起算，到1914年大陆驿传全部撤销改制时为止，中间不过二十五六年的时光，就把西周以来运行了三千年的邮驿制送进了历史，这不能不说是一个巨大成功。

现在，说说"民信局"与"侨批局"的自发产生。

我国早在南朝刘宋时期，就已有"私传"与"私邸"的出现，均由门阀权势之家自办自用，自生自灭。私传提供商旅往来食宿之便，私邸满足商贾存放货物之需。当然，私传私邸也都兼管捎带私人信件，但不是专营必营的业务。隋唐时期，私人旅舍业十分兴旺，"东起宋汴，西至岐州，夹路列店肆待客，酒馔丰溢"（《通典》卷七）。这种店肆能为行人提供驿驴。有记载说，当时旅客携带私书，从吐鲁番到洛州，行程六千里，三个月便可送达。宋代允许官员私书附递，一般的民间通讯，仍靠私家传送。另外，大概从明初起，湖北麻城孝感乡的一批去四川的移民，因渴念家乡亲友，创制了有名的"麻乡约"，由移民中推派专人定期往返于川鄂之间，传送亲友书信与小件物品。这是中国民间有组织的通讯活动的自发尝试。它虽然未能持久，也未能向全国推广，但却清楚地标示出民间通讯是一件多么值得重视的事业。大约是永乐年间（1403—1424），为适应商业的发展，产生了一种叫作"民信局"的单位，它算是民间自办的邮递机构。

晚清民信局的活动就向社会展开了。光绪八年（1882），仅宁波一地就有八家大型的民信局，各有字号，并在上海等地设联号（分局），负责两地间的商旅通讯。广州、汉口、芜湖、镇江等地，也相继办起了这样的民信局，但它竞争不了西方殖民者办的"客邮"，也无力与后起的国家邮政相抗衡，不久便归于衰败。

另外还有一种服务于南洋华侨的特种通信机构"侨批局","批"是福建老方言,意为信件。侨批局自然就是侨民通信局之义了。

中国邮政的发端是畸形的,受到西方殖民者的侵扰与旧有邮驿体制的双重钳制,未能正常发展。

与此同时,中国的铁路、轮船的发展,也经历了相似的进程。

1825年英国人为了开矿运煤起见,用双木轨铺地,使煤车沿轨道运行,颇称方便。不久,又将木轨换成铁轨,再换成钢轨。在钢轨上运行的车辆,也改用蒸汽机推动。这是个了不起的创造。这样的洋设施,后来传到了中国,中国人将其称之为"铁路"、"火车"。同治四年(1865)有位英商将这种铁路与火车携来,在北京宣武门外作演示,意在取得在华筑路权,清政府却视为"淫巧奇技"而责令其拆毁了。直到光绪二年(1875),英人为扩大其在上海的商务,在上海与吴淞之间修了一条9公里长的小铁路,不久因出了人命事故而被清政府购回销毁了。到光绪六年(1880)清政府批准在开平煤矿修成"唐山—胥各庄"运煤铁路,中国工人运其巧思,用废旧物资造成中国自己的第一台机车"龙号"机车,采用4.85英尺的国际轨宽。后来经一再展筑,到1888年底,终于修成天津至山海关的"津榆线",铁路与火车正式在中国落户生根了,这比英国人试创铁道也仅仅晚了半个世纪,原是不难赶上去的。

至于用轮船于海运和内河航运,同样起源于英国殖民主义者的对华侵略。鸦片战争后,英人首先在香港与广州之间开辟定期航线，后来延展到上海，成港沪航线。同治四年（1865）洋务派在上海设立"江南制造总局"，开始自造海轮。至同治六七年间，又办起了"轮船招商局"，购进四条外轮用于漕运，这可视为中国自办航运的开端。从此，我国内河与江海航运的动力，也就由人力畜力而进入广用机械动力的阶段了。由此，近代道路交通运输与邮驿，也就从国家一体管理的体制下引入实体运营机制，其业务重心也转向了为近代产业服务、为民生需要服务了。

不要小视这段铁道的修筑，这是中国筑路史上的一次转轨性实践，它把修路与现代产业结合起来，与为民生服务结合起来了；而这以前，从周代起，从修路目的到筑路的幅宽、走向，都是服从于政治需要的，国家很少为生产基地与商贸服务的道路修建作投入，不知"营运"为何物。也不要轻视"江南制造总局"的开张，它是在为中国人自办的现代产业开路，它唤醒的是中国人沉睡数百年的海上之梦！

四　城市道路的改扩建与管理

1842 年中英南京条约规定开放五口通商，由英商在各大港口划界租地，筑路建屋，作为外侨"居留和经商"的专用区，名为"租借地"。英国人首先骗取了"租界市政建设与管理"权，于是中国土地上出现了一片"西洋景"。

1. 租界市政的示范作用

窃取租界行政权的主意是英国人发明的。开放五口通商后，上海英领事在黄浦江边租得千亩荒地，1845 年（道光二十五年）领事与上海道台协商租房建房事宜，订了个《上海租地章程》。这份不起眼的《章程》规定了 23 条不起眼的"杂项事务"：允许英国人向上海私人"立契租地"（意即中国政府不予干预），英商租得之地可以"转让"，可以"停租"，但中国业主则不得"停租"（意即永远不许收回）；规定他国商人"转租"时"应先向英国领事申请"；规定租地租屋的英商"应会商修建木石桥梁、保持道路清洁、树立路灯、设立灭火机、植树护路、挖排水沟、雇佣更夫"。还规定"领事官经各租主请求，召集会议，公同商议，摊派以上所需各项经费"等；如此这般的条文计 23 条，后来又陆续增补了若干文字。这些文字的表述看起来非常琐屑，清政府觉得无庸去管这些"洋人自己的事务"，乐得放手。殊不知英人由此入手，打开了缺口，竟将这些"事务性规定"——权力化、制度化了：他们根据"领事官经各租主请求，召集会议，公同商议"及"应先向英国领事申请"的相关约定，自然而合法地取得了主持公议决定租界一切事宜之行政权，进而使"领事官"演变为合法的"租界当局"了（拥有殖民地总督之权）。租界当局为经营管理"修建木石桥梁、保持道路清洁……"等市政工程，便成立了"工部局"。"工部局"有权"依约"去"雇佣更夫"等等，于是又组建起租界警察（巡捕）来……什么叫"篡权"？英人作出了这个样板。后来的《中英通商行船条约》、《中日马关条约》等便写出了"其管理道路及稽查地面之权，专属该国领事"之类文字，清政府承认了列强的"治外法权"。

从1845年上海开始设立"英租界"起，到1904年止，西方列强计在中国的16个城市设立了37个租界。租界内的市政管理事宜，清政府无"法"管无"力"管，却也认为无"需"去管，均由外国人"市政自理"去了。于是各租界之工部局均"自理"其税收、道路、桥梁、邮政、水电、消防、监狱、警察、军队等项，使一个市政业务部门扩充为集行政、立法、司法、驻军于一身的"租界当局"，这就篡取了"治外法权"，终于演化成"国中之国"。

其时，重要的租界地有上海之英租界、法租界、美租界、公共租界；汉口之英租界、九江之英租界、镇江之英租界、厦门之英租界；天津之比租界、美租界、日租界；汉口之德租界、日租界，苏州之日租界、杭州之日租界，还有青岛、大连、宁波、广州均设有外国租界。日本人说：租界的选址，要考虑地质、地势、地价、交通、商业分布、居民构成、与周边联系各要素。这显然是由列强的经营理念为前导的。

因为租借地潜窃有"治外法权"，当局心目中的政治异己分子、维新人士、革命党人，以及"买办"等各种势力，都视其为"政治庇护所"。1898年百日维新失败后，上海租界又成为维新人士重集之地，文廷式、康有为、黄遵宪均因此而获得庇护。相对于清廷、北洋军阀之统治秩序来说，"租借地"的存在无疑是一种异己势力的孵化器。他们当然并不情愿有此"国中之国",正好"民心可用",于是向列强讨回了"国家主权"。

从"国际法"上说,列强在租界行使"行政权"也无法理依据,因而中国有权随时以任何方式将其收回。1917年3月,第一次世界大战期间,北洋政府对奥"宣战",凡中德、中奥间一切条约均告废除,中国警察进占德国的汉口租界、天津租界,首次收回了国家主权。1926年11月,中国政府经与比利时交涉,在一年未成的情况下,断然宣布中止"中比条约"。1927年1月4日,北伐军进入汉口英租界,成立"临时管理委员会",收回了行政权、治安权;英当局被迫签订协议,一并交还九江、镇江之租界地。1942年10月南京政府向美国提出废除不平等条约的要求,至1943年1月,中美、中英签署《关于取消在华治外法权及处理有关问题之条约》,租界制终于废止。英美宣布废除在华领事裁判权、通商口岸特别法庭权,英籍海关总税务司权、使馆区驻兵权、沿海贸易与内河航行权、外人引水权等。从此,"法理上的中国"成为享有独立自主权的"现代国家",有资格成为创建联合国的"五常"之一。

租借地的市政建设与治安管理,是按照西方现代城市模式实施的,从另一角度看,它为中国旧式传统城市的"转型"提供了契机与示范。租界内市政的建设与改造、现代公用设施的配置,现代交通、邮电的兴办,使中国沿江沿海一带城市一新耳目,也就刺激了城市社会的转型。上海美租界于同治年间修成第一条经营性"火轮车路"三十华里。车有四轮,"火车一辆带货车八辆,每辆坐三十人",虽只运行了一年,总算开了个头。张之洞任湖广总督时,在武汉大办洋务,即以租界为样板,大刀阔斧地推进旧城改造。其时之"工部局"兼市政与治安,可指挥警力去动员市民拓宽街道,办得很顺手。

说来古怪,租界当局的"市政自理"倒意外地给中国当局与民间传递了一个信息:市政是可以"自理"的,国家不必为市政改造作投资,城市就能变样。

2. 近代市容改造的启动:以上海为例

清末的"城市转型"发端于"开放口岸"及"使馆区"、"租界地"的市政改造,起步于洋务派在上海、武汉、长沙、天津、九江等地的"工部局"对市政管理的诸般更新举措。

1901年1月29日,避祸在西安的"老佛爷"以光绪名义发布《上谕》:下决心"预备立宪"。光绪三十四年(1908)十二月颁布了《城镇乡地方自治章程》。此时出现了上海地方自治组织,湖南地方自治组织,武汉、天津自治局等,他们均取得城市改造的实绩,成为中国第一批近代化都会。其中,上海"工部局"做出的成绩最为显著。

"上海城厢内外总工程局"(简称上海工部局)成立于1905年10月。因本地精英李钟珏、叶佳棠等有见于租界管理之善而发起,经苏松太道(即俗称之"上海道",在江苏巡抚治下)袁树勋之核准而成立,其领导集体"议事会"、"参事会"成员(76人),来自市区各善堂、书院、警务及各铺段董(商人),由投票公推组成。它是上海商界、学界的自发组织，是"地方精英权力的制度化"。按照核准的批文："所有马路、电灯以及城乡内外警察一切事宜均归地方绅董公举。"开办不到两年，即办成了填河、筑路、电灯、水厂等公益事宜，部分地段设置了警察，成绩卓有可观。

宣统元年公布《城镇乡自治章程》，工部局自愿办理"选举局"之任务，通过上海市选民的公选，自行转型为"自治公所"，这就纳入了清末立宪新政的轨道，成为推行自治的行政机构。1911 年辛亥革命之后，经沪军都督府同意，成立了"上海市政厅"，主要领导成员即由"自治公所"转制而来。它主办过一次临时选举，两次普选。李钟珏任市民政局总长后，其重要举动即是下令拆除了上海建筑三百五十年之久的老城墙。他把墙基修成了公路，城砖用于砌城内河道的硬岸和城中的下水道。

上海拆墙之举是近代史上城市转型的标志性事件之一。拆墙，使上海完全摆脱了"旧城"的感观。"上海城"建于明嘉靖年间，周长 9 里，城内居民 20 万。光绪三十二年正月工程局李钟珏、郁怀智等提出拆城之议，引发争议；反拆派认为不利于治安，地方士绅曹骧等人说："城内地方辽阔，警察既未大备，又无租界之团练兵舰严密保卫，如无城墙保护，奸贼更易生心，后患何可胜言。"反对拆城以保家园，既防所谓窃盗奸民，又防法租界乘机扩界；但他们并不反对"多设警察，清洁街道"。争议双方逐级上书至苏松太道、江苏巡抚、两江总督。最后经过协调，双方达成妥协：增开城门、修筑马路，保留城墙——但终究还是被完全拆除了；而"修筑马路、拓宽街道"等举措，也成了仿效者武汉、天津等城之市政改造的首发之举。

历经多次"转轨"，中国城市终于从单纯的"政治中心"向"多功能中心"转化，又向"现代经营城市"转化，这里的历史经验是值得总结的。从此，上海、武汉等地相继有了由现代建筑与商号形成的宽阔街市，街市设有行道树、路灯之类近代城市的标志性景观；有了自来水、现代公交车、现代公厕，有了邮政、电灯、电话、下水道、消防站、垃圾站，有了大型商场、大型旅馆、大型游乐场，又有了游艺厅、电影院、戏院、公园、体育场、大会堂、公共图书馆、博物馆、展览馆之类。上海滩上报人满街跑、买办处处有，操洋泾滨英语者比比皆是，兴中会、光复会相继成立并积极活动起来，以留学生为主干的新型知识分子队伍也开始出现；更新鲜的是有了新的产业，大型工厂、大型公司、银行、邮局，成了"现代城市"的"身份证"。

城市市政面貌的改观还在其次，最重要的是"新型城市管理模式"的出现，新生社会力量的出现，新型职业群体与新型社团的出现，以及近代产业与产业经营思想、经营理念的兴起与扎根；是产业家队伍与无产者队伍的同期形成并登上舞台，这才标志着新时代的到来。

五　透析清末道路交通法规

20世纪初，清廷开始推行新政，制定了一批关于首都的

"城市管理法规"，涉及当时社会公众生活的方方面面，其中新发现的 39 种经田涛、郭成伟二位整理，归入《道路交通管理法规》（主要是清道与车辆管理）、《市场管理法规》（特指内城东安市场与外城广安市场的管理）、《矫正收容法规》（专指教养院、教养工厂、习艺所、济良所之类）、《特种行业管理法规》（指对戒烟局、娼妓、乐户的管理）、《医药卫生管理法规》（主要是救急药品使用、防疫、化验、种痘与官医院的管理）、《饮食服务行业管理法规》（主要是食物、牛乳、汽水、剃发、旅店、浴堂的管理）等五类。其中的"交管法规"，集中反映了当时市民新旧交通手段的并存，清廷对新的交通文明的规范与塑造。这里就来重点探讨一下清末"交管法规"的相关问题。

1. 清末新定交通管理法规的概貌

清末的"道路交通管理"仅指"清道"业务与"车辆管理"业务这两项，就是说，当时只把清道与车管视为"交通管理"的对象。其中，光绪年间颁布执行的三类法规全是关于车辆管理的，宣统年间颁布执行的两类法规则仅是关于清道的，另有一种是关于车辆燃灯的；故所谓"交管"，当时的理解是相当幼稚而粗糙的，但从中也能看出：它是清廷在努力挣脱传统公众交通的秩序管理的旧习，致力于刷新城市面貌的产物，这倒也值得肯定。

清代北京城的城市市政管理，内城原是由步军统领衙门（九门提督）主管，近郊由五城兵马司主管，远郊由大兴、宛平两个京县主管的。它们融行政管理、政治保卫、治安防范于一体。在交通管理方面，同样以维护宗法等级秩序为核心，将编户齐民、凭证通行、守礼避让，以及宵禁、消防和市面管理等任务做一体化推进，可收综合治理之效，但缺乏专门法规去作系统的周全的规范。

清末对北京市政管理作了体制性变革。先是于光绪二十七年（1901）成立了"工巡总局"，后于光绪三十一年（1905）成立了"巡警部"，三十二年又改组为"民政部"。民政部在京师设置了"内外城巡警总厅"，其下有九个分厅（内城巡警有五个分厅，外城巡警有四个分厅）。巡警厅主管着京师的交通、市场、餐饮、卫生、特行管理、收容矫正等项业务，设置了相应机构、组建了相应队伍，制订了相应章程、法规，力图规范市民生活新秩序，塑造新的城市形象。其有关交通的专项章程与法规中，对交管的机构设置、队伍构成、业务分工、业务模式、职业福利、勤惰奖惩等，都做了明确的硬行规定。

2. 清末交通管理法规的若干条款

（1）《管理地排车专则》　由巡警部于光绪三十二年（1906）七月定。对拥有地排车的车行有多项基本要求，特别是"车辆须呈报警厅、盖用火印，其无火印者不得使用"；地排车的容积是高六尺、前后左右之出幅各一尺；"往来靠左傍行走，不得径行中间"；"不得两车并行，前后须有五尺以上之距离"，"往来杂沓或狭隘处，及街角桥上行车时，宜徐行扬声"之类，就很有那个特定时期的特色。

(2)《管理大车规则》　由外城总厅于光绪三十四年（1908）九月定。其基本内容有：凡用牲畜拉的大车，"往来都要顺着道儿左边走"，"不准虐待牲口"，坐车人或者"遗留物件"，或者"有非常事故"，或者"形迹可疑"，都要"当时告知守望巡警"，显然是人性化、法纪化的规定，适应了社会变革期的要求。

(3)《管理人力车规则》　同样由外城总厅定于光绪三十四年（1908）九月定。其基本内容有19条，其中"有人力车的主儿，都得到本管区上呈报"（凡小车用手推的、手拉的、脚踏的都是人力车）；"报过的车由总厅发给一个有号码的铜牌，钉在车上，就准你们走"，"拉人力车的都要到总厅领一件号坎"，"不准光着脊梁拉车"，"不得半途卸下催车主儿"，……此类规定之语言，本来就是北京人力车夫的口头用语，以此入法，旷古未见。

(4)《车辆夜不燃灯处罚章程》　宣统元年十二月颁布。要求日落后各项车辆（马车、轿车、人力车、敞蓬车、货车、自行车），无论自用或营业，无论是停放、住铺、候客、装货、运行时，均需燃点防风的玻璃罩方灯，违者罚款（无力交款者酌改拘留）。

(5)《改定清道章程》　由内外城总厅会订，宣统元年（1909）闰二月初八日民政部批准。其基本内容是：清道管理所，内城13所，共780名清道夫，设39名夫头（班长，20名为一班）；外城10所，共700名清道夫，设35名夫头。各所分属各区领导。经费由总厅拨发，工食费半月一发；清道用器由区开单呈厅分期请领，衣帽统一，由总厅置办（自费）。各区派员"经理一切事务"。各区、厅所派之巡官长警"对于清道夫宜为严重之干涉"，有巡逻守望、监督报告之责；区、厅要定期不定期地将情况向卫生处通报。

（6）《清道执行细则》 也由内外城总厅会订，于同月二十六日由民政部立案。其基本内容分为五章，是"清道管理"的核心内容：

①管理：巡官长警的督催条目：对不着服装、做工懒堕、紊乱规则者"加以干涉，令其悛改"，抗违者报告区长、区员照章惩罚。有下述情形之一经"严重干涉"而抗违不遵者即"解区罚办"：与车马或路人冲撞而不避让反肆口骂詈者；故意溅湿行人衣履及车马者；作工时嘻聚谈笑或高声歌唱者；休忽时躺卧路侧或墙隅者；以污秽水土垫泼道路者；工作事项不遵定章或命令者；为不法之行为者。

②充补：要求年龄在 16 至 60 之间、有人担保者，需"详开姓名年龄籍贯住所"；凡吸食鸦片、有残疾恶疾疮症者、患传染病者、曾被斥革者不得充补清道夫。夫头要能耐苦劳、会写字、会珠算。

③勤务：工作面是马路及马路两旁之便道、街巷胡同土路及沟准坡塘堤防等处。在指定时间、路线作业，进行"洒泼、扫除、平垫、疏浚沟渠、拉运秽水土"以及"其他关于道路之事"如浇灌路旁树木"等。

④清洁：其中有数条禁止性行为，如不得掀开沟眼使泥水流

入沟内,不得以沟渠之尘芥淤泥等撒布或留置于道路,不得以炉灰瓦砾及其他秽土铺垫道路,不得以沟渠陂塘之水及其他污水泼洒道路。凡有"洒泼、扫除、平垫、疏浚沟渠、拉运秽水土"不合格者。

⑤稽查:这是对区厅长警履职的规范,重点是对夫役队伍、出勤纪律、使用器具作定期查验,对夫役之勤务按标准作监督核查。

⑥点检:每月三次由区署点检,每三个月由总厅调集点检;平时则依命令临时点检。点检人数、年龄、服装、身体、器具各项。

⑦赏罚:按月核计,赏有三等:一次酌赏五文至二三角不等;罚有申饬、罚饷(夫不过二角,夫头不过三角)、斥革三等,情节重大者按律惩办。

(7)其他法规中"街道清洁"的相关条目 光绪三十四年定《预防时疫清洁规则》中有:"各街巷不得堆积尘芥、污秽、炉灰及倾倒泔水与一切不洁之物"、"住户各扫除其户内外"、"住户门外各置秽物容器"、"沟渠不准抛弃芥土灰石粪尿及动物皮毛肠肯及其它鼠猫犬等死体"、"凡鱼肉市场易生臭秽者,需随时由该管厅监督扫除,并令用石灰水洒泼以消恶毒"等若干规定。

光绪三十二年定《市场管理规则》中,有市场启闭有时、依时清洁,不得任意倾泼秽水秽物及"遭踏作践损害公益"、货品"均需顺行陈列不得参差错乱致碍交通","不得男女杂坐及嘲骂戏谑"、各式车辆应停于指定停车场,不得进入市场、不得随意停放等。

同年定《管理乐户规则》中，有"不准于道侧设玻璃窗格"、"不准于临街为引人观玩之建造或装饰"、"楼房不得于临街一面作廊"等规定（上引资料参见田涛、郭成伟整理《清末北宋城市管理法规》，北京燕山出版社，1996）。

另外，光绪三十四年（1908）四月初十日奉旨颁布了《违警律》，其中第四章为"关于交通之违警律"，第五章为"关于通信之违警律"，这里一并介绍于下（摘要）：

一，犯以下各款者，处五日以下、一日以上之拘留，或五元以下、一角以上之罚金：

（1）于私有地界内当通行之处有沟井及坎穴等，不设覆盖及防围者；（2）于多人聚集之处及弯曲小巷，驰骋车马，或争道开车不听阻止者；（3）乘自行车不设铃号者；夜中无灯火疾趋车马者；（4）以木石堆积道路，不识防围或疏于标识点灯者；（5）以瓦砾或秽物及禽兽骸骨投掷道路或投入人家者；（6）未经官准于路旁、河岸等处开设店棚者；（7）毁损道路、桥梁之题志，及一切禁止通行或指引道路之标识等类者；（8）渡船桥梁等曾经官署定有通行费之处、而于定数以上私行加索或政阻通行者；其浮收之款概行充公，不得轻减。

二，凡犯下列各款者，处五元以下、一角以上之罚金：

（1）于渡船、桥梁等应给通行费之处不给定价而通行者；（2）于路旁罗列玩具及食物等类不听禁止者；（3）滥系舟筏致损毁桥梁堤防者；（4）将牛马诸车横于道路、或堆积木石薪炭等类妨碍行人者；（5）并牵牛马妨害行人者；（6）并舟水路妨害通船者；（7）将冰雪尘芥投弃道路者；（8）受官署之督促不洒扫道路者；（9）于路旁游戏不听禁止者；（10）疏于牵系牛马等类妨碍行人者；（11）于谕示禁止通行之处而通行者；（12）消灭路灯者。

三，凡犯下列关于通信之各款者处十五日以下十日以上之拘留，或十五元以下十元以上之罚金。

（1）妨害邮件或电报之递送，情节较轻者；（2）损坏邮政专用称件，情节较轻者；（3）妨害电话、电报之交通情节较轻者。以上各款，新旧体制交接的痕迹很明显，但变革求新的愿望有更明白的表现。我们对这一代人的选择应予肯定性的评价。

3. 对清末交通法规的简单评议

光绪三十二年（1906）改组成的"民政部"，在京师设置了"内外城巡警总厅"，其下有九个分厅（内城巡警有五个分厅，外城巡警有四个分厅）。巡警厅主管着京师的交通、市场、餐饮、卫生、特行管理、收容矫正等项业务，也设置了相应机构、组建了相应队伍，制订了相应章程、法规，反映了政府力图规范市民生活新秩序，塑造新的城市形象的迫切愿望。其中，交通管理法规与其他法规一样，都是仓促制定的，主要是参照了甚至是移植了日本明治维新以后的相关律条，尚未及真正附诸实施，清廷就被推翻了，故其局限性很明显。但这些法规并没有因政权易手而"过时"或"失效"。因为社会机体基本上还是那个样子，人们的社会行为范式也不可能一夜之间就发生巨大变化，因而它对后继的民国政府（民国初建时期、北洋政府时期、南京政府时期、国民党统治时期）的相关立法所起的先期示范作用仍然不可轻视。它有一些新时期的意含，比如在管理主体与管理对象的行政关系上，强调监管与服从，但在法律地位上、在人格关系上，并不讲究高低贵贱之分，不再讲宗法等级制了；又，它把作为专业管理法规中的奖励与惩罚从行政法与刑法中分离出来了，这也是一个进步。另外，在法律条文的表述上，也有平民化倾向，比如《大车管理条例》中，就用北京口语方言"有车的主儿"之类入法，这是中国法制语言高度书面化、程式化的一次重大突破。总之，清末新订法规对其后的立法工作、对近代社会法纪秩序的塑造与规范，其影响是明显的。

书末献辞

写完《中华交通史话》，感慨良深。

回顾两千年来的中国交通史，我们知道：中华文明从来就不是一个"自足的封闭体系"，它本身就是一个多元组合体，它具有先天性的开放基因；而交通，正是其中最活跃的因素。如果说，没有炎黄舜禹文武的筚路褴缕，就没有中华民族的血脉认同、文化认同、政治认同；没有先秦两汉交通文化的深厚根基，就没有"五胡十六国"时期的各地交通的对接，就没有胡人"汉化"与汉人"胡化"的民族大融合；没有唐宋对境内外江海水陆交通商贸的大充实、大开拓，就无力应对辽金元异质因素的冲击与吸纳、融汇，就不会有此后东方文化对中亚、西欧与环地中海的深巨影响；没有宋元明清对国际商贸体系的构建与有效管理，没有明清对中华各地各族文化的大整合、大集成，就无法在大航海时代到来后，开展中西文化的正态对接，就无法维持我中华文明在列强瓜分、欧风美雨凌压下的精神存在与我中华民族的实体存在。中国人非常清楚中外交流对于自身发展的巨大意义，中国人更明白发展自己、壮大自己对于推动当今世界和谐发展的重要功能。

不错，近代史的百十年间，我们被撕裂过、被吞噬过，我们对人类的贡献也似乎少了一点。其实，不然！近代史的百十年间，正是我中华民族通过百年浴血抗争，阻遏了自由资本主义对世界的自由占领与自由掠夺；正是我中华民族砸开了垄断资本集团妄图构建东亚共荣圈的链条，阻遏了列强的资源垄断、市场垄断、金融垄断以至话语垄断。环顾全球，唯我中华从未灭种灭族，在列强环伺下却是颠而不殒，倒而又起，起而立兴——因为我们有自己的文化根基！

中国人喜欢龙。瞧！它的犄角、它的头型、它的卷须、它的利爪、它的身段、它的金鳞……各有来历：它是诸多动物优点的有机综合，它是中华多元向心文化的美妙象征，它是中华开放兼容气概的生动显示。数千年来，它和中亚的雄狮、南亚的凤凰（孔雀的神异化）、阿拉伯与北非的麒麟（长颈鹿的神异化）一起，和睦相处着，共同祈求人类的幸福、安康与吉祥。它们之间，何尝知道人间竟有"弱肉强食"的"道理"？何尝用过"适者生存"的口号去剥夺他人的"生存"？

鉴古思今，取法中外，我们自能找准在当代条件下弘扬中华文明的正确方向；能放即活，兼容则壮，在整合当代世界先进文明成果的基础上，中华文明定将给人类照亮一条持续延伸的康庄大道，而它的开辟与维护则有赖于世界人民的齐襄盛举！

谨馨香以祝。

作 者

2011 年 8 月 15 日

文史知识文库典藏本

佛教基本知识	周叔迦
古文字学初阶	李学勤
汉语音韵	王　力
中国古代礼仪文明	彭　林
金石丛话	施蛰存
科学发现纵横谈	王梓坤
书法谈丛	刘　涛
与青年朋友谈治学	文史知识编辑部
怎样学习古文	周振甫
中华交通史话	陈鸿彝
中国古代心理诗学与美学	童庆炳
中国诗体流变	程毅中